Meriwether Lewis · William Clark

DER WEITE WEG NACH WESTEN

Die Tagebücher der Lewis und Clark Expedition

Herausgegeben von Hartmut Wasser

EDITION ERDMANN

FSC
www.fsc.org
MIX
Papier aus verantwortungsvollen Quellen
FSC® C083411

Titel der amerikanischen Originalausgabe:
The Lewis and Clark Journals – An American Epic of Discovery
(abridged version)
Herausgegeben von Gary E. Moulton, The Board of Regents of the University of Nebraska, USA, 2003

Bibliografische Information der Deutschen Nationalbibliothek
Die Deutsche Nationalbibliothek verzeichnet diese Publikation in der Deutschen Nationalbibliografie; detaillierte bibliografische Daten sind im Internet über
http://dnb.d-nb.de abrufbar.

Cover & Umschlag: Anja Carrà, Weimar; Karina Bertagnolli, Wiesbaden
Bildnachweis: Christopher Zariello by Unsplash
Gesamtherstellung: CPI books GmbH, Leck – Germany

ISBN: 978-3-7374-0053-4

Mehr über Ideen, Autoren und Programm des Verlags finden Sie auf
www.verlagshausroemerweg.de und in Ihrer Buchhandlung.

Inhalt

Geleitwort

Zwei Jahre lang, von 2004–2006, wurde in den Vereinigten Staaten von Amerika an das zweihundertjährige Jubiläum der Lewis und Clark-Expedition erinnert. Das *Corps of Discovery* unter dem Kommando der Captains Meriwether Lewis und William Clark war beauftragt, »den direktesten und brauchbarsten transnationalen Wasserweg für Handelszwecke« zu erkunden. Diese Mission ist vom dritten Präsidenten der USA, Thomas Jefferson, konzipiert und politisch durchgesetzt worden. Er hat auch die vielfältigen Aufgaben formuliert, die im Kontext dieser Mission erfüllt werden sollten. Die gefahrvolle Expedition von St. Louis den Missouri aufwärts und über die *Rocky Mountains* zum Pazifik ist ein Ereignis von nationaler, mehr noch: von weltgeschichtlicher Dimension gewesen, hat es doch den Aufstieg der jungen USA zur regionalen Vormacht und späteren Weltmacht angekündigt. Freilich hat das Jubiläum dieses großen Unternehmens hierzulande nicht die ihm zukommende Beachtung gefunden. Vor allem deshalb hat das Deutsch-Amerikanische Zentrum/James-F.-Byrnes-Institut gerne der Bitte des Erdmann Verlages entsprochen, die deutschsprachige Edition der Tagebücher von Lewis und Clark, einer kulturhistorischen Quelle von höchster Bedeutung, zu unterstützen. Dies umso mehr, als mit dem Politikwissenschaftler und Amerikanisten Hartmut Wasser ein ausgewiesener Kenner der Jefferson-Ära das vorliegende Projekt entwickelt und als Herausgeber die Verantwortung für seine Umsetzung übernommen hat. Es bleibt zu hoffen, dass das Buch eine breite Leserschaft findet – das wäre der schönste Dank an alle, die zu seiner Verwirklichung beigetragen haben.

Ulrich Bachteler, Deutsch-Amerikanisches Zentrum Stuttgart – James-F.-Byrnes Institut e.V.

Thomas Jefferson

Vorwort

Zum zweihundertjährigen Jubiläum jenes kühnen Unterfangens, das als Lewis Clark-Expedition Eingang in die Geschichtsbücher gefunden hat, legt die Edition Erdmann die Aufzeichnungen der beiden Captains Meriwether Lewis und William Clark vor, die das »Corps of Discovery« in den Jahren 1804–1806 von St. Louis den Missouri aufwärts zum Pazifik und wieder zurückgeführt haben. Damit wird nicht nur einem der großen Menschheitsabenteuer der Neuzeit Reverenz erwiesen, sondern auch eine kulturgeschichtliche Quelle in deutscher Sprache zugänglich gemacht, die in den schriftlichen Zeugnissen der Entdeckungsfahrten kaum ihresgleichen findet und als fester Bestandteil der amerikanischen Nationalliteratur gelten darf. Der Übersetzung liegt die auf lange Sicht gültige Kompilation der »Lewis and Clark Journals« zugrunde, die der Herausgeber der wissenschaftlichen Gesamtausgabe des Schrifttums aus den Reihen der Expeditionsmitglieder, Gary E. Moulton von der University of Nebraska, im Jahr 2003 vorgelegt hat. Sie enthält die Essenz der Tagebücher von Meriwether Lewis und William Clark, da und dort ergänzt um Aufzeichnungen anderer Teilnehmer an der »Tour der Leiden«. Mit der Rechtschreibung, gelegentlich mit der Grammatik, taten sich die Autoren schwer, Clark mehr als Lewis. Verlag, Herausgeber und Übersetzer haben der Versuchung widerstanden, die Eigentümlichkeiten ihrer Sprachgestaltung im Deutschen nachzuahmen oder produktiv fortzuspinnen; sie sind der Auffassung, dass der Inhalt der Tagebücher im Vordergrund des Interesses steht.

Seit 2003 zelebrieren die Amerikaner die zweieinhalb Jahre dauernde, zwölftausenddreihundert Kilometer umfassende Reise des »Corps of Discovery« mit Lewis und Clark – Festivals, Ausstellungen und Fernsehserien; seit 2003 nehmen Lewis und Clark-Publikationen Spitzenpositionen auf den Bestsellerlisten ein, haben sich Zehntausende auf den Weg gemacht, um die Lewis- und Clark-Route zu bereisen, mit dem Auto, dem Schiff, zuweilen auf Schusters Rappen. Sie alle beschwören bewusst oder unbewusst im Gedenken an die Captains und deren Truppe den Mythos des Westens, der auch der Mythos Amerikas ist: Pioniergeist, Wagemut, Flexibilität – Tugenden, auf denen die Nation gründet, Tugenden, die eine Gesellschaft »on the road«, stets auf der Suche nach neuen Grenzen, hervorgebracht haben. Die Jubiläumsfeierlichkeiten sind am 18. Januar 2003 im virginischen Monticello, dem Lebensmittelpunkt von Thomas Jefferson, dritter

Präsident der USA und Spiritus Rector der Pazifikunternehmung, eingeläutet worden – auf den Tag genau zweihundert Jahre, seit er in einem vertraulichen Schreiben an den amerikanischen Kongress um die Bewilligung von zweitausendfünfhundert Dollar für eine Expedition »den Missouri hinauf und weiter zum Pazifik« ersuchte. Wenngleich der Aufbruch in die unbekannten Weiten des Westens erst am 14. Mai 1804 von Camp Dubois, oberhalb von St. Louis am Ostufer des Mississippi gelegen, erfolgt, werden die notwendigen Vorkehrungen für das große Abenteuer schon 1803 getroffen, könnte man seinen Beginn etwa auch auf den 26. Oktober 1803 datieren, als Lewis und Clark mit einigen Männern des »Corps of Discovery« zum ersten Mal gemeinsam das »keelboat« bei Louisville, Kentucky, besteigen und den Ohio abwärts zum Winterlager in Camp Dubois reisen. Zwar liegen für Teile des Jahres 1803 schon erste Aufzeichnungen von Lewis und Notizen von Clark vor; recht eigentlich beginnen aber die »Journals« als durchgängige Reisebegleitung mit dem 14. Mai 1804.

Der Herausgeber dankt der Verlegerin, Frau Kolb-Rothermel, für die spontane Bereitschaft, die Tagebücher der Captains Lewis und Clark im Rahmen der Edition Erdmann einem breiteren Publikum zugänglich zu machen. Dass das Projekt verwirklicht werden konnte, ist auch der finanziellen Unterstützung durch das Deutsch-Amerikanische Zentrum in Stuttgart und seinem Direktor, Ulrich Bachteler, geschuldet.

Der Herausgeber

Einführung

»Das Ziel ihrer Mission ist es, den Missouri und einen mit ihm zusammenhängenden Fluss zu erkunden, der durch seinen Lauf und seine Verbindung zum Pazifischen Ozean, sei es der Columbia, Oregon oder Colorado ... den direktesten und brauchbarsten transkontinentalen Wasserweg für Handelszwecke bietet ...«, schreibt der amerikanische Präsident Thomas Jefferson am 20. Juni 1803 an seinen Privatsekretär Meriwether Lewis. Er hat kurz zuvor den neunundzwanzigjährigen Virginier, Captain des 1. US-Infanterie-Regiments, für die Leitung einer Expedition ausgewählt, die dem Missouri stromaufwärts folgen, die »Stony Mountains« überqueren und zum Pazifik führen soll. Seit vielen Jahren treiben den Autor der Unabhängigkeitserklärung, den Privatmann auf seinem Herrensitz Monticello und das Mitglied der »Amerikanischen Philosophischen Gesellschaft« mit Sitz in Philadelphia Pläne zur Erforschung der westlichen Regionen des nordamerikanischen Kontinents jenseits des Mississippi um, immer wieder versucht er, freilich lange Zeit ohne Erfolg, sie in die Tat umzusetzen. Als Delegierter Virginias im Kontinentalkongress hatte Jefferson im Winter 1783 bei seinem langjährigen Freund und hochdekorierten General des Unabhängigkeitskrieges, George Rogers Clark angefragt, ob er gegebenenfalls eine Expedition »zur Erforschung des Landes vom Mississippi bis nach Kalifornien« leiten würde. Drei Jahre später, inzwischen »Minister Plenipotentiary« (Gesandter) der USA am Hof Ludwigs XVI, unterstützte Jefferson das abenteuerliche – bald darauf fehlgeschlagene – Projekt eines jungen Landsmannes, John Ledyard, der an der dritten Weltumseglung James Cooks teilgenommen hatte, und jetzt auf dem Landweg quer durch das Russische Reich zum nördlichen Pazifik zu gelangen hoffte, um dann, auf welcher Route auch immer, vom äußersten Westen Amerikas her dessen Osten zu erreichen. Während seiner Amtszeit als »Secretary of State« im ersten Kabinett George Washingtons überzeugte er die philadelphische Philosophengesellschaft vom Nutzen einer Überlandexpedition in westlicher Richtung und schien am Ziel seines Wunsches angekommen, als der französische Botaniker André Michaux, der bislang im Auftrag seines Königs die »neue Welt« auf nützliches Pflanzen- und Saatgut durchsucht hatte, 1791 an die Sozietät mit der Idee eben einer solchen Expedition zum Pazifik herantrat. Auch dieses Unternehmen kam bloß unwesentlich über das Planungsstadium hinaus, ohne dass Jefferson deshalb der Resignation verfallen wäre.

Jetzt aber, 1803, als dritter Präsident der USA, kann der »Herr von Monticello« seine »West«-Visionen nachdrücklich verfolgen. Dass sich mitten in den Vorbereitungen der Glücksfall des »Louisiana Purchase« ereignet, vertraglich am 2. Mai fixiert und auf den 30. April vordatiert, der den USA die Verdoppelung ihres Staatsgebiets – 2,1 Millionen Quadratkilometer zwischen Mississippi und Rocky Mountains – für den Schnäppchenpreis von 15 Millionen Dollar beschert, ist keinesfalls, wie gelegentlich vermutet, ursächlich für die Realisierung des Projekts gewesen, hat es aber nach Kräften befördert und vielschichtiger dimensioniert. Ein komplexes Motivbündel lässt den Virginier die Promotion seines Lieblingsprojekts mit stupender Hartnäckigkeit verfolgen. Machtpolitische und wirtschaftliche Überlegungen spielen dabei eine zentrale Rolle. Die dreizehn Kolonien, seit 1776 Kern der späteren Weltmacht USA, fühlen sich nach ihrer gemeinsamen Staatsgründung fürs Erste eingekreist von der »Alten Welt«, von den Großmächten der Zeit, von England, Frankreich und Spanien. Mit den Briten im Norden des Kontinents, dem imperialen Ambitionen nachhängenden Napoleon Bonaparte, seit 1800 im Wiederbesitz des vorübergehend spanischen Territoriums »Louisiana« im Westen, und Spanien im Süden und Südwesten, blieb die Existenz der jungen USA fragil, tat macht- und territorialpolitischer Zuwachs not, um der vielfach beschworenen Gefahr der Strangulierung zu entgehen. Vor allem die Mississippi-Region galt es, im Auge zu behalten. Thomas Jefferson hat um die ökonomische Bedeutung des großen Flusses gewusst, auf dem erste Pionier- und Siedlerscharen Felle, Getreide, Holz und Vieh in die geschäftige Handelsmetropole New Orleans oder weiter zur Mündung des Mississippi in den Golf von Mexiko verschifften. Wenn Spanien oder Frankreich die freie Schifffahrt sperrten, wenn sie amerikanische Handelsrechte in und um New Orleans herum aufkündigten oder verweigerten, würde der Separatismus in Staaten wie Kentucky oder Tennessee um sich greifen, war der Bestand der Union gefährdet. Amerikanische Präsenz in der Region schien deshalb geboten, Flagge zeigen auch in Form einer Expedition angesagt.

Ideologische Triebkräfte verstärken Jeffersons Drang nach Westen. Obwohl in seiner kulturellen Lebensart überzeugter Atlantiker, bleibt er als Virginier auch einem »Südstaatlertum« verhaftet, das sich im Drang nach Westen manifestiert, den Aufbruch in das Unbekannte als Chance für eine sich erweiternde Union versteht – im Gegensatz zu den »Neuengländern« des Nordostens, die darin Risiken für Überkommenes erblicken. Der »Herr von Monticello« predigt den Segen des Republikanismus, der solange bewahrt werden kann, wie freie Farmer auf eigenem Grund und Boden als eigenverantwortliche Individuen politische Bürgertugenden entfalten können: territoriale Expansion, Erkundung der »Terra incognita« diesseits und jenseits des Mississippi auch unter landwirtschaftlichem Aspekt geraten zu programmatischen Fixpunkten des Botschafters, Außenministers und Präsidenten Thomas Jefferson. So kräftig nährt die Ideologie des »Empire of Liberty« den Landhunger ihres Advokaten, dass selbst indianisches Schicksal in der Vision vom Westen »aufgehoben« ist: Eine vorläufige Lösung für die anhaltenden Konflikte zwischen »Rot« und »Weiß« mag in der Umsiedlung der im Osten lebenden und auf ihre Eigenständigkeit bedachten »red brethren« – später als »red children« apostrophiert – in Transmississippi-Regionen zu finden sein; östlich des großen Stromes neuer Siedlungsraum für die Weißen, westlich davon eine garantierte Schutzzone für indianische Stämme, jedenfalls solange die embryonale US-Armee den Ansturm von Abenteurern und Landsuchenden an der Trennlinie aufhalten kann. Nicht zuletzt beflügeln aber auch genuin wissenschaftliche Motive die einschlägigen Intentionen Jeffersons. Der »Aufklärer« und produktive Dilettant auf fast allen Feldern der Wissenschaften offenbart ein unbändiges Interesse an Erweiterung und Vertiefung gesicherter Kenntnisse von der Beschaffenheit »Louisianas«, umso mehr, als man mit Blick auf das jüngst erworbene Territorium vorerst auf schiere Vermutungen angewiesen war. Er will seine Vision vom »Westen« – ein »Garten Eden«, eine Region, die im Wesentlichen die Gegebenheiten der östlichen Hälfte des Kontinents widerspiegelte – von den Realitäten bestätigen lassen, hofft, nicht bloß den geistigen Horizont seiner Landsleute weiten zu können, sondern mit der Expedition dem Menschheitswissen zu dienen. Nicht zufällig lesen sich seine Instruktionen an Meriwether Lewis wie das Inhaltsverzeichnis einer Enzyklopädie des amerikanischen Westens. Jefferson legt großen Wert auf ethnografische Erkundungen; die einschlägigen Nachforschungen des »Corps of Discovery« dürfen auf Jahrzehnte hinaus als umfassendste Bestandsaufnahme der »Native Americans« westlich des Mississippi, ihrer Sprachen, Traditionen und Lebensformen gelten. Geografische und geologische Kenntnisse gilt es über »Louisiana« zu erlangen, Flüsse und Berge sind zu kartografieren, mineralogische Vorkommen festzuhalten, astronomische und meteorologische Beobachtungen aufzuzeichnen, das Wissen um Fauna und Flora zu mehren – und manches andere dazu.

Verwundert es da nicht, dass der Präsident mit Meriwether Lewis, der bis dato gewiss keine wissenschaftlichen Meriten zu verzeichnen hatte, im unfertig-unwirtlichen Weißen Haus nicht bloß an langen Abenden einschlägige Pläne schmiedet, sondern ihn auch mit Leitung und

Durchführung der Expedition beauftragt? Einem Briefpartner vertraut Jefferson die Aussichtslosigkeit an, »eine Persönlichkeit zu finden, die neben einer völligen Beherrschung der Botanik, Naturgeschichte, Mineralogie und Astronomie über eine kräftige Konstitution, Charakterstärke, Umsicht, geeignete Verhaltensweisen für das Leben in der Wildnis und Vertrautheit mit Sitten und Wesensart der Indianer verfügt, die für dieses Unternehmen erforderlich sind.« Während der Ausersehene die letzteren Eigenschaften uneingeschränkt besitze, eigne ihm, obwohl kein ausgebildeter Naturwissenschaftler, darüber hinaus eine scharfe Beobachtungsgabe, die es ihm gestatte, bislang Unbekanntes im Reich der Natur zu erkennen und zu beschreiben. Junge, leidensfähige Männer, keine Schreibtischgelehrten waren bei der Expedition gefragt, und was Lewis fehlte, würde ihm so gründlich, wie es die Kürze der Zeit erlaubte, von Wissenschaftlern in Philadelphia privatim eingetrichtert. »Er hat sich«, so der Briefschreiber, »für jene Ermittlungen von Längen- und Breitengraden qualifiziert, die notwendig sind, um die Geografie der eingeschlagenen Route zu fixieren«; es fehlt nicht viel, und Lewis wäre der amerikanische Alexander von Humboldt geworden.

Unterweisung durch Gelehrte und Experten war eines; da gab der Übervater Jefferson ganz selbstverständlich die Richtung vor. Die organisatorische Vorbereitung des kühnen Projekts war ein anderes; da hatte Lewis selbst die wesentlichen Entscheidungen zu treffen. Auf seinen Rat hin wurde ein Kokommandeur ernannt; William Clark, vier Jahre älter als Lewis, erfahrener »Grenzer«, Soldat und Captain einer Kompanie, in welcher der Jüngere 1795/96 als Fähnrich gedient hatte, wird sich durch sein ausgeglichenes Wesen, seine soldatischen Tugenden und kartografischen Fertigkeiten sowohl als Stützpfeiler des »Corps of Discovery« erweisen, als auch zum wissenschaftlichen Ertrag des Unternehmens beitragen. Die beiden Captains haben ein kongeniales Team gebildet, sich in ihren Stärken und Schwächen vollkommen ergänzt; ohne solche Harmonie wäre die Expedition schon frühzeitig gescheitert.

Nach mehrmonatigen Vorbereitungen im Jahre 1803 und dem Transport lebenswichtiger Expeditionsgüter den Ohio hinab bezieht die Truppe ein Winterlager am Ostufer des Mississippi nahe St. Louis. Am 14. Mai 1804 bricht das »Corps of Discovery« zur Reise in unbekannte Territorien auf. William Clark schreibt in sein Tagebuch: »Ich ließ 4 Uhr nachmittags im Beisein vieler Leute aus der Umgebung ablegen. Wir fuhren unter einer sanften Brise vier Meilen den Missouri hoch bis zum oberen Ende der ersten Insel ...« Die Expeditionsmitglieder, vermutlich 50 an der Zahl, zeitweilig dienende Hilfskräfte eingeschlossen, ahnten an jenem 14. Mai, dass sie eine gefahrenträchtige Reise antraten. Einer von ihnen, der spätere Sergeant Patrick Gass vertraute seinen Reiseaufzeichnungen ihre Stimmung an. »Es war uns aus sicheren Nachrichten bekannt, dass das Land, das wir durchreisen sollten, von zahlreichen mächtigen und kriegerischen Völkern bewohnt wurde ... Wenn wir dem Gerücht und einer allgemeinen Tradition Glauben beimessen wollten, so würden wir auch auf unserem Marsch durch völlig unübersteigliche Berge aufgehalten. Allein dagegen war die gesamte Truppe von Mut und Entschlossenheit beseelt. Es herrschte allgemein ein festes Vertrauen in die beiden Anführer, und wir selbst waren von dem Gefühl der Ehre und der Pflicht so lebendig durchdrungen, dass auch nicht die geringste Furcht oder Besorgnis Zugang in unsere Herzen fand.« Nur ein Einziger aus der bunten Truppe, die im Frühjahr 1805 zur »permanent party« reduziert wird – 34 Personen, die den gesamten Weg zum Pazifik und zurück bestehen, die zwei Captains, drei Sergeants, Soldaten, französische Bootsleute, Waldläufer und Dolmetscher, eine junge Indianerin, Sacagawea mit Mann und Baby, die im Winter 1804/05 zum Corps stoßen, der schwarze Yorck, Sklave William Clarks – ist nicht zurückgekehrt; am 20. August 1804 stirbt Sergeant Charles Floyd, wahrscheinlich an einer Bauchfellentzündung.

Schwer beladen setzen sich an jenem 14. Mai 1804 ein »keelboat« (Flussbarke) und zwei Pirogen flussaufwärts in Bewegung, transportieren Handelswaren und Geschenkartikel (für die zu erwartenden Begegnungen mit indianischen Völkern), Nahrungsmittel, Waffen, Schießpulver, Arzneien, wissenschaftliches Gerät, Schreibutensilien, Whiskey und Tabak nicht zu vergessen, zehn Tonnen wohl alles in allem – drei Boote, die durch Rudern, Staken, Ziehen, günstigenfalls durch Segeln in Fahrt gehalten werden, wobei die Besatzungen, Tag und Nacht von Moskitoschwärmen bis aufs Blut gequält, angesichts von Sandbänken, Treibholz, Unwettern, tückischen Winden und widrigen Strömungsverhältnissen Schwerstarbeit verrichten müssen. Da verwundert die Disziplin der Truppe, die sich im Fortgang der Expedition stetig verfestigt. Vereinzelte Desertionsversuche, aufrührerisches Verhalten oder die Vernachlässigung von Dienstpflichten in der Frühphase des Unternehmens werden von den Captains und ad hoc einberufenen Standgerichten streng bestraft; die Abschreckung wirkt ebenso wie das Vorbild der beiden Befehlshaber und die sich ausbreitende Erkenntnis der Notwendigkeit verlässlicher Loyalität und opferbereiter Pflichterfüllung als Voraussetzung für das Gelingen des Projekts.

Mit kaum zu erschütterndem Optimismus bestehen Lewis und Clark selbst äußerste Widrigkeiten; und bis zum Sommer 1805 wähnen sie sich auf einer Tour, die in einer halbwegs exakt kalkulierten Zeitspanne zu bewältigen sei. Man würde auf der ersten Etappe bis zu den Dörfern der Hidatsa- und Mandan-Indianer reisen, dem äußersten Punkt in »Louisianas« Nordwesten (beim heutigen Bismarck, der Hauptstadt von North Dakota gelegen), der wenigstens einer Handvoll französischer Händler und Trapper noch halbwegs bekannt war; dort würde man den Winter verbringen – wie es denn in der Tat im selbst erbauten »Fort Mandan« geschehen ist. Im Frühjahr 1805 sollte das »keelboat« mit der naturwissenschaftlichen Ausbeute der vergangenen Monate, den bis dahin gefertigten Landkarten und Tagebuchaufzeichnungen nach St. Louis zurückgeschickt werden. Die »permanent party« würde mit den Pirogen und selbst gefertigten Kanus weiter stromaufwärts in absolute »Terra incognita« möglichst bis zum Ursprung des Missouris vorstoßen, dann entweder die Boote in ein oder zwei Tagesmärschen über die kontinentale Wasserscheide der »Stony Mountains«, einem bescheidenen Bergrücken vom Höhenmaß der Appalachen, tragen oder für die Überquerung Pferde von den dort beheimateten Indianern vom Stamm der Shoshonen erwerben. An der Westflanke der »Stony Mountains« fände sich jener Fluss, vermutlich der Columbia, auf dem das »Corps« spätestens im Sommer 1805 den Pazifik erreichen könnte. Anschließend wäre rasch die Rückreise zur neuerlichen Überwinterung in »Fort Mandan« anzutreten, um schließlich im Frühjahr 1806 wieder St. Louis zu erreichen.

Es ist viel passiert zwischen 1804 und 1806, was die Fragwürdigkeit, mehr noch: den illusionären Charakter dieser und anderer Annahmen und Vermutungen offenbart hat. Die Tücken des Missouris und Naturgewalten haben ein viel bescheideneres Vorankommen erzwungen, als es die Planungen vorsahen. Einige »Indian nations«, besonders die von allen Missouri-Indianern gefürchteten Sioux, betrachteten das »Corps of Discovery« als unerwünschten Eindringling – die Botschaft ließ die Sioux kalt, die Meriwether Lewis ihnen verkündete. »Der weiße Vater hat uns Kriegshäuptlingen aufgetragen, diese lange Reise zu unternehmen …, um mit euch und seinen anderen roten Kindern an diesen trüben Wassern (dem Missouri, der Verf.) Rat zu halten, euch seine guten Ratschläge zu übermitteln und jenen Weg zu weisen, den ihr gehen müsst, um glücklich zu werden …« Auch die anschließenden Drohungen – die roten Kinder sollten den Einflüsterungen schlechter Menschen widerstehen, »damit sie nicht durch einen falschen Schritt das Missfallen des Großen Vaters« auf sich zögen, »der sie zerstören könnte, wie Feuer das Gras der Plains vernichtet« – beeindruckten den kriegerischen Stamm nicht. Die Konfrontation nahm Ende September 1804 bedrohliche Ausmaße an, verzögerte die Weiterfahrt und hätte ohne das mutige Agieren der beiden Captains zum gewaltsamen Konfliktaustrag mit unvorhersehbarem Ausgang geführt. Die Kunde vom energischen Auftreten des »Corps of Discovery« verbreitete sich wie ein Lauffeuer stromaufwärts; von Indianern hatte die Expedition fürs Erste nichts mehr zu befürchten.

Mit nahezu fünfzig Indianerstämmen ist die Truppe während ihrer Reise in Berührung gekommen; Sprachbarrieren zwischen diesen »sovereign nations« (Jefferson) wie zwischen den Indianern und dem »Corps« haben alle Verständigungsbemühungen erschwert. Entbehrungen und Strapazen nehmen in den Wintermonaten 1804/05 zu, die man im selbst gezimmerten »Fort Mandan« in Nachbarschaft zu den fünf Mandan- und Hidatsa-Dörfern verbringt. Ohne die Maislieferungen der ansässigen Indianer, mit denen sich ein freundschaftlicher Verkehr anbahnte, hätte der Hunger die Truppe im Fort noch stärker geschwächt, deren Kräfte in Eiseskälte und Winterstürmen ohnehin rapide schwanden.

Dass sie sich nicht hat unterkriegen lassen, sondern sich in verringerter Zahl – ein Teil der Truppe kehrt mit dem »keelboat« nach St. Louis zurück – und voller Zuversicht im April 1805 mit den zwei Pirogen und sechs selbst gefertigten Kanus wieder dem Fluss anvertraut, signalisiert ein Tagebucheintrag von Meriwether Lewis: »Diese kleine Flotte, obzwar nicht ganz so eindrucksvoll wie die von Columbus oder Kapitän Cook, wurde von uns dennoch mit ebenso großem Vergnügen betrachtet, wie die zu Recht berühmten Abenteurer die ihrigen gesehen haben … Wir schickten uns jetzt an, ein Gebiet zu durchdringen, mindestens zweitausend Meilen weit, das noch kein Fuß eines zivilisierten Menschen je betreten hatte. Welches Gut oder Übel es für uns enthalten würde, musste sich im Fortgang unserer Reise erweisen …«

Bald aber muss die Hochstimmung wieder stärkste Belastungsproben ertragen. Verborgene Sandbänke, gefährliche Flusswirbel und tückische Winde treiben einzelne Boote an den Rand des Kenterns, Begegnungen mit Grizzlybären machen aus den Jägern rasch Gejagte; der Oberlauf des Missouris erweist sich als kaum noch schiffbar, die »Great Falls« des Stroms sind majestätisch schön, aber von solchen Ausmaßen, dass ihre Umgehung viele Tage verschlingt und die Männer bis zur totalen Entkräftung fordert. Spätestens im August 1805, als Meriwether Lewis auf der kontinentalen Wasserscheide am Lemhi-Pass, an der Grenze zwischen den künftigen Staaten Montana und Idaho, steht, »von wo aus ich immense Ketten hoher Berge, immer noch weiter westlich von uns, sah, deren Spitzen teilweise mit Schnee bedeckt waren«, muss das »Corps of Discovery« der Hoffnung Valet sagen, es gebe eine direkte Wasserstraße über den Kontinent via Missouri und Columbia. Die Begegnung mit den Shoshonen verläuft positiv und ermöglicht den Kauf von Pferden; aber Marsch und Ritt durch die Bitterroot Mountains, einer endlos erscheinenden Häufung von winterlichen Schluchten und Bergrücken, erweisen sich als wahres Martyrium. Erst nach Wochen erreicht die Truppe halb erfroren, fast verhungert, von Krankheit und Entbehrungen ausgezehrt, die Ebenen Idahos und verdankt ihr Überleben indianischer Hilfsbereitschaft, dem Wohlwollen der Nez Percé. Der Columbia – da und dort mit den rasch gefertigten Kanus nur unter Mühen passierbar, sein Mündungsgebiet, Anfang November 1805 erreicht, ganz und gar unwirtlich. »Fort Clatsop«, das improvisierte Winterlager, beim heutigen Astoria in Oregon gelegen, ersäuft fast im Regen; grassierende Krankheiten, die Monotonie des Lagerlebens und die unzulängliche Nahrung machen dem »Corps« schwer zu schaffen. Ende März 1806 tritt die Truppe den Heimweg an; vom Umstand abgesehen, dass kein Schiff gesichtet worden war, verboten auch die Fährnisse der Landroute ihre ursprünglich geplante Aufteilung. Wieder erweist sich die »Bitterroot«-Kette als nahezu unüberwindbares Hindernis; erst Ende Juni gelingt mit indianischer Hilfe die Überquerung. Die zeitweilige Trennung der Captains samt Truppe – Clark folgt dem Lauf des Yellowstone, Lewis erforscht den Marias River zur britisch-kanadischen Grenze hin, – beschwört neue Krisen herauf. So gerät Lewis mit einigen Soldaten an eine Gruppe von Blackfeet und muss Fersengeld geben, nachdem zwei Indianer beim Diebstahl ertappt und getötet worden sind. Die Wiedervereinigung der Truppe am Zusammenfluss von Yellowstone und Missouri setzt noch einmal ausreichend Kräfte frei, um schließlich am 23. September 1806 wieder St. Louis zu erreichen, wo die Verschollenen oder Totgeglaubten mit Jubel empfangen werden.

Ungefähr 8000 Meilen hatte die Truppe bei der Rückkehr nach St. Louis zurückgelegt, William Clark die Wegstrecke mit schlichter Technik und indianischer Mithilfe erstaunlich genau ermittelt. Die Kosten des Unternehmens hatten sich über die Jahre hinweg vervielfacht. Wo Jefferson beim amerikanischen Kongress ursprünglich um die Bewilligung von 2500 Dollar nachgesucht hatte, beliefen sich die Gesamtausgaben schließlich auf 38 000 Dollar. Ob dieses Geld gut angelegt war, ist noch einige Jahre lang zwischen den »Jeffersonians« und der oppositionellen »Föderalisten«-Partei umstritten geblieben.

Für die beiden Captains und ihren Auftraggeber bestanden am Erfolg der Reise wenig Zweifel. Zwar mussten Lewis und Clark einräumen, dass die erhoffte transkontinentale Wasserstraße, die »Nordwest-Passage«, nicht gefunden worden war, vermutlich auch gar nicht existierte; dass sich die erkundeten Regionen nicht durchweg als der imaginierte »Garten Eden« präsentiert und die Kontaktbemühungen zu den Missouri-Indianern schwierig gestaltet hatten.

Dafür verwiesen die Captains vor allem auf die wissenschaftliche Ausbeute des glücklich bestandenen Abenteuers. Ein halber Kontinent war erkundet, kartografiert und halbwegs vermessen worden. Lewis hatte 178 neue Pflanzen entdeckt und beschrieben, mehr als zwei Drittel davon westlich der kontinentalen Wasserscheide beheimatet, hatte 122 Tierarten aufgelistet und vorgestellt, und gemeinsam mit William Clark fremde »Indian nations« in all jenen Bereichen untersucht, die zu erkunden der Präsident aufgetragen hatte. Thomas Jeffersons Glück hätte fast vollkommen genannt zu werden verdient, wäre es gelungen, das neue Wissen möglichst rasch und vollkommen einer breiteren Öffentlichkeit in der »Neuen« und »Alten Welt« zugänglich zu machen. Dieses Vorhaben ist gescheitert (vgl. Literaturhinweis). Vermutlich ist Meriwether Lewis, vom Präsidenten als Lohn für seine Verdienste zum Gouverneur im »Louisiana Territory« ernannt, mit der editorischen Aufgabe überfordert gewesen, auch mit dem schnelllebigen Ruhm des Nationalheros nicht zurechtgekommen; wie anders wäre sein früher Tod von eigener Hand am 11. Oktober 1809 zu erklären. William Clark fehlten die Voraussetzungen für die literarische Aufbereitung der »Journals«; er hat sich als Agent für indianische Angelegenheiten im »Louisiana Territory«, seit 1813 als Gouverneur des neu eingerichteten »Missouri Territory« politisch bewährt und starb im Jahr 1838 nach einem rundum erfüllten Leben. Freilich haben Briefe der Captains an Freunde und Verwandte mit ausführlichen Schilderungen der Expeditionserlebnisse, die auch zur Veröffentlichung in Zeitungen und Magazinen bestimmt waren, ebenso wie mündlich Tradiertes oder die rasche Verbreitung der Aufzeichnungen von Sergeant Patrick Gass (vgl. Literaturhinweis) nicht allein Thomas Jeffersons Fantasien vom »Westen« als Zukunftsgaranten für die jungen USA bestärkt, sondern auch die imperialen Träume vieler Amerikaner beflügelt. Bald nach der Rückkehr des »Corps of Discovery« beginnt die gelegentlich schleichende, zumeist aber unverhohlene Inbesitznahme des riesigen Raums zwischen dem Mississippi und Pazifischen Ozean; sie wird Ende des 19. Jahrhunderts abgeschlossen sein.

Der Herausgeber

1. Die Expedition rückt vor

14. Mai – 24. August 1804

14. Mai [CLARK] Ich brach um vier Uhr nachmittags in Anwesenheit vieler benachbarter Einwohner auf und steuerte unter einer sanften Brise vier Meilen den Missouri hinauf bis zur oberen Landspitze der ersten Insel, wo wir lagerten. Die Insel liegt nahe an der rechten (oder Steuerbord-) Seite, gegenüber einem kleinen, Coldwater Creek genannten Bach. Heftiger Regen heute Nachmittag.

15. Mai [CLARK] Es regnete den größten Teil der letzten Nacht und auch noch an diesem Morgen bis sieben Uhr. Um neun Uhr brachen wir auf und reisten neun Meilen weiter. Wir kamen an zwei Inseln vorbei und schlugen unser Lager auf der Steuerbordseite am Landeplatz eines Mr. Pipers gegenüber einer Insel auf. Das Boot lief heute drei Mal auf Baumstämme auf, weil sein Heck zu schwer beladen war.

16. Mai [CLARK] Wir kamen um zwölf Uhr in St. Charles an. Eine Reihe französischer und indianischer Zuschauer scharte sich am Ufer, um das Expeditionskorps zu sehen … Ich wurde eingeladen, mit einem Mr. Ducett zu speisen. Dieser Herr war einst ein Händler aus Kanada. Aufgrund eines Missgeschicks, das zum Verlust einer dem verstorbenen Richter Turner verkauften Ladung führte, geriet besagter Herr in erhebliche Geldnöte.

17. Mai [CLARK] Ein feiner Tag. Drei Männer wurden wegen schlechten Benehmens eingesperrt, ich ließ ein Kriegsgericht zusammentreten und das Vergehen bestrafen. Mehrere Indianer informierten mich, dass die Saukees kürzlich aufgekreuzt waren, um gegen die Osage-Nation Krieg zu führen.

[CLARK] George Drewyer kommt an.

18. Mai [CLARK] Ich ließ die Ladung im Boot und der Piroge untersuchen und so verändern, dass der Bug schwerer beladen werden kann als das Heck … Ich schickte George Drewyer mit einem Brief zu Captain Lewis. Zwei mit Whisky, Hüten etc. beladene Kielboote kamen heute aus Kentucky an.

[WHITEHOUSE] Ich verbrachte den Abend sehr angenehm, da ich mit den französischen Damen tanzte.

19. Mai [CLARK] Ich hörte heute von der Krankheit meines Bruders, die mir viel Sorge bereitet.

[CLARK] Ein heftiger Wind wehte letzte Nacht aus WSW, von Regen begleitet, der ungefähr drei Stunden dauerte. Diesen Morgen klarte es um acht Uhr auf, ich quittierte für die Bezahlung der Männer bis zum 1. Dezember. Danach … erhielt ich eine Einladung zu einem Ball, leider war ich verhindert, sie anzunehmen. George Drewyer kehrte aus St. Louis zurück und brachte 99 Dollar, er verlor einen Brief von Captain Lewis an mich, sieben Damen besuchten mich heute.

20. Mai [LEWIS] Der Morgen war schön und das Wetter freundlich. Um zehn Uhr vormittags entsprechend einer Festlegung des vorangegangenen Tages wurde ich von Captain Stoddard, den Lieutenants Milford und Worrell zusammen mit den Herren A. Chouteau, C. Gratiot und vielen anderen ehrbaren Bewohnern von St. Louis zur Ortschaft St. Charles begleitet, nachdem ich meinen Gastgebern und der vortrefflichen Gattin von Mr. Peter Chouteau und einigen meiner aufrichtigen Freunde aus St. Louis ein herzliches Adieu entboten hatte, um meinen Freund, Reisegefährten und gleichberechtigten Mitarbeiter Captain William Clark zu treffen, der mit der für die Entdeckung des Inneren des nordamerikanischen Kontinents bestimmten Truppe früher an diesem Ort angekommen war.

21. Mai [CLARK] Den ganzen ersten Teil des Tages ordnete und besorgte unsere Truppe die verschiedenen für sie an diesem Ort notwendigen Artikel. Ich speiste mit Mr. Ducett und brach um halb vier Uhr unter einem dreifachen Hoch der Herren am Ufer auf und zog weiter.

22. Mai [CLARK] Verzögerung von einer Stunde wegen vier französischer Männer, die Erlaubnis erhielten zurückzukehren, um etwas Geschäftliches zu regeln, das sie in der Stadt vergessen hatten. Um sechs Uhr rückten wir weiter vor, passierten mehrere kleine Farmen am Ufer und einen großen, Bonom genannten Wasserlauf auf der Backbordseite sowie ein Lager der Kickapoos auf der Steuerbordseite. Diese Indianer erzählten mir vor mehreren Tagen, dass sie herkommen würden, um zu jagen. Bis ich ihr Lager erreichte, hätten sie einige Vorräte für uns … Bald nachdem wir vor Anker gegangen waren, kamen auch die Indianer mit vier Hirschen als Geschenk an, für welche wir ihnen zwei Quarts Whisky gaben.

23. Mai [CLARK] Wir liefen auf einen Baumstamm auf und wurden eine Stunde aufgehalten, setzten den Kurs von letzter Nacht zwei Meilen weit zur Mündung eines 30 Yards breiten, Osage Woman River genannten Wasserlaufes auf der Steuerbordseite fort … (an diesem Wasserlauf sind 30 oder 40 Familien sesshaft). Wir setzten zur Siedlung über und nahmen R. und Jo. Fields auf, die geschickt worden waren, um Getreide, Butter etc. zu kaufen. Viele Leute kamen, um uns zu sehen, wir passierten eine große, etwa 120 Fuß breite, 40 Fuß tiefe und 20 Fuß hohe Höhle auf der linken Bordseite. Viele verschiedene Bildnisse und Namen sind an diesem Ort auf den Fels gemalt und geschrieben. Indianer und Franzosen huldigen hier. Hielten ungefähr eine Meile oberhalb wegen Captain Lewis, der die Felskuppen bestiegen hatte, die an der besagten Höhle 300 Fuß hoch sind und über dem Wasser hängen … Captain Lewis fiel beinahe die 300 Fuß den Steilhang hinab, konnte sich aber nach 20 Fuß festhalten.

[WHITEHOUSE] Wir kamen an einigen Plantagen vorbei, die Boones Siedlung heißen und auf der Nordseite des Flusses liegen. Diese Ortschaft wurde von Colonel Daniel Boone, dem Entdecker Kentuckys, gegründet, der mit einer Reihe Angehöriger und Freunde an diesem Ort hier lebte.

24. Mai [CLARK] Wir passierten einen sehr schlechten Teil des Flusses, der Teufels Renngrund genannt wird. Dort fließt die Strömung eine halbe Meile weit gegen einige hervorspringende Felsen auf der linken Bordseite … Wir versuchten, unterhalb des linken Bordufers stromaufwärts zu gelangen, aber die Strömung war so heftig, dass die offensichtliche Gefahr uns zwang, zwischen der Steuerbordseite und einer Sandbank in der Mitte des Flusses hindurchzufahren. Sandbewegung und Schräglage des Bootes ließen es auf dem Sand auflaufen. Die Schnelligkeit der Strömung drehte das Boot im Kreis, zerriss unser Schlepptau und war beinahe so weit, das Boot zu überfluten. Jeder Mann sprang auf die obere Seite hinaus und hielt es dort fest, bis der Sand unter dem Boot weggewaschen wurde und es auf die nächste Sandbank drehte. Bei der dritten Drehung gelang es uns, ein Tau an seinem Heck festzumachen. Schwimmer zogen es zum Ufer. Später kehrten wir wieder zu der Insel zurück, auf der wir zuletzt gelagert hatten, alle in gehobener Stimmung.

25. Mai [CLARK] Wir lagerten an der Mündung eines River »à Chauritte« genannten Wasserlaufs, oberhalb eines kleinen französischen Dorfes, das nur aus sieben Häusern und genauso vielen Familien bestand, die sich an diesem günstig gelegenen Ort niedergelassen haben, um zu jagen und mit den Indianern zu handeln. Hier trafen wir mit Mr. Louiselle zusammen, der direkt von der im Land der Suxex[1] 400 Seemeilen flussaufwärts gelegenen Zederninsel heruntergekommen war. Er gab uns ziemlich viele Informationen und einige Briefe. Er informierte uns, dass er keinen Indianer auf dem Fluss unterhalb der Poncaras gesehen habe. Die Häuser in diesem Dorf sind klein, die Leute arm. Sie schickten uns Milch und Eier.

26. Mai [LEWIS und CLARK, Truppenbefehle] Die befehlshabenden Offiziere legen fest, dass die drei Abteilungen unter dem Befehl

---

1 Es handelt sich um die Sioux-Indianer.

der Sergeants Floyd, Ordway und Pryor, die bislang in jeweils zwei Gruppen organisiert waren, bis auf Weiteres nur noch insgesamt drei Gruppen bilden werden, wie folgt verändert und organisiert:

1 Sergeant	*9 Sergeant*	*18 Sergeant*
Charles Floyd	John Ordway	Nathaniel Pryor
Gefreite:	*Gefreite:*	*Gefreite:*
2 Hugh McNeal	10 William Bratton	19 George Gibson
3 Patrick Gass	11 John Colter	20 George Shannon
4 Reuben Fields	12 Moses B. Reed	21 John Shields
5 John B. Thompson	13 Alexander Willard	22 John Collins
6 John Newman	14 William Werner	23 Joseph Whitehouse
7 Richard Windsor	15 Silas Goodrich	24 Peter Wiser
+ François Rivet	16 John Potts	F 25 Pierre Cruzatte
8 Joseph Fields	17 Hugh Hall	F 26 François Labiche

Die befehlshabenden Offiziere ordnen des Weiteren an, dass der Rest der Truppe zwei Gruppen bilden wird; und dass dieselben folgendermaßen zusammengesetzt werden:

Patron Baptiste Dechamps	1 *Corporal* Richard Warfington
Dienstverpflichtete:	*Gefreite:*
Etienne Malbœuf	2 Robert Frazier
Paul Primeau	3 John Boley
Charles Hebert	4 John Dame
Baptiste La Jeunesse	5 Ebenezer Tuttle und
Peter Pinaut	6 Isaac White
Peter Roi	
und Joseph Collins	

Die befehlshabenden Offiziere ordnen des Weiteren an, dass die Gruppen der Sergeants Floyd, Ordway und Pryor bis auf weitere Befehle die Truppe des Bateaus bilden werden; die Gruppe des Patrons La Jeunesse wird die ständige Truppe der roten Piroge bilden; Korporal Warfingtons Gruppe bildet diejenige der weißen Piroge …

Die Aufgaben und Pflichten der Sergeants werden folgendermaßen festgesetzt: Wenn das Bateau unterwegs ist, wird ein Sergeant am Ruder stationiert werden, einer im Zentrum auf der Rückseite des Steuerbordkabuffs und einer am Bug. Der Sergeant am Ruder wird das Boot steuern und darauf sehen, dass das Gepäck auf dem Achterdeck richtig angeordnet und in der vorteilhaftesten Art und Weise verstaut ist; darauf schauen, dass keine Kochgerätschaften oder loses Gerümpel auf dem Deck herumliegt, die den Durchgang zwischen den einzelnen Teilen der Ladung blockieren können; er wird sich auch um den Kompass kümmern, wenn notwendig.

Der Sergeant im Zentrum wird die Wache befehlen, die Segel handhaben, darauf sehen, dass die Männer an den Rudern ihre Pflicht tun; dass sie zur richtigen Zeit am Morgen an Bord kommen und dass das Boot wie geplant unterwegs ist; er wird eine aufmerksame Ausschau nach den Mündungen aller Flüsse, Wasserläufe, Inseln und anderen bemerkenswerten Orten halten und wird über dieselben sofort den befehlshabenden Offizieren berichten; er wird sich um die Ausgabe von Spirituosen kümmern; er wird die Halts des Bateaus während des Tages regeln, um den Männern Erfrischungen zukommen zu lassen, und wird auch die Zeit des Aufbruchs festlegen, wobei er darauf achtet, dass nicht mehr Zeit als notwendig bei jedem Halt aufgewendet wird – es soll auch seine Pflicht sein, eine Wache am Ufer in der Nähe des Bootes zu postieren, wann immer wir im Verlauf des Tages anlegen und halten. Zur selben Zeit wird er (begleitet durch zwei seiner Wachen) den Wald rund um den Landeplatz im Umkreis von wenigstens hundert Schritten auskundschaften. Wenn wir zum Zweck des Lagerns bei Nacht anlegen, soll der Sergeant der Wache zwei Wachposten unmittelbar an unserer Landestelle aufstellen; einer von ihnen soll in der Nähe des Bootes postiert werden und der andere in einer zweckmäßigen Entfernung hinter dem Feldlager. Bei Nacht hat der Sergeant immer für seine Wache erreichbar zu sein, und ihm wird ausdrücklich verboten, irgendeinem Mann seiner Wache zu erlauben, unter welchem Vorwand auch immer sich zu entfernen. Er wird bei jeder Ablösung während der Nacht, begleitet von den zwei abgelösten Männern, in jeder Richtung um das Zeltlager bis zur Entfernung von wenigstens hundertfünfzig Schritten absichern und auch den Zustand des Bootes und der Pirogen untersuchen und sich vergewissern, ob sie sicher am Ufer liegen.

Es soll die Pflicht des Sergeants am Bug sein, wachsam nach jeder Gefahr Ausschau zu halten, die sich nähern könnte, entweder in Form eines Gegners oder von Behinderungen, die die Durchfahrt des Bootes erschweren könnten; von der Erstgenannten wird er den Sergeant im Bootsinneren benachrichtigen, der die Informationen an die befehlshabenden Offiziere weiterleiten wird, und von der zweiten, der Behinderungen für das Boot, wird er den Sergeant am Ruder benachrichtigen, er wird auch den befehlshabenden Offizieren durch den Sergeant im Bootsinneren alle Pirogen, Boote, Kanus oder anderen

Fahrzeuge berichten, welche er im Fluss entdecken kann, ferner alle Jagdlager oder Indianertrupps melden, die während der Fahrt in unser Gesichtsfeld rücken. Er wird zu jeder Zeit mit einer Schifferstange ausgerüstet sein und dem Bugmann helfen, den Bug des Bootes zu staken und zu lenken. Es wird auch seine Pflicht sein, alle Signale zu geben und zu beantworten, welche nachher für die Abstimmung zwischen den Pirogen und den Trupps am Ufer festgelegt werden.

Die Sergeants werden an jedem Morgen vor unserer Abreise einander in der folgenden Art ablösen, (nämlich): Der Sergeant am Ruder wird mit der neuen Wache paradieren, den Sergeant und die alte Wache ablösen und die mittlere Station im Boot einnehmen; der Sergeant der alten Wache wird den Platz am Bug einnehmen, und der Sergeant, der am vorangegangenen Tag am Bug stationiert war, wird sich an das Ruder stellen. Über diese Pflichten hinaus sind die Sergeants beauftragt, ein gesondertes Reisetagebuch Tag für Tag mit allen Vorkommnissen zu führen und sämtliche Beobachtungen über das Land etc., die ihnen als notierenswert erscheinen, aufzuzeichnen.

Die Sergeants sind von der Arbeit des Feuermachens, des Zelte Aufschlagens oder Kochens befreit und werden die Männer ihrer eigenen Gruppen so einteilen, dass sie einen gleichen Anteil an der Erfüllung dieser Aufgaben haben.

Die Wache soll aus einem Sergeant und sechs Gefreiten und Dienstverpflichteten bestehen.

Patron Dechamps, Korporal Warfington und George Drewyer sind von der Wachtpflicht befreit; die zwei Erstgenannnten werden sich zu jeder Zeit insbesondere um ihre Pirogen kümmern und dafür sorgen, dass ihre Ladung in guter Ordnung ist, und dass dieselbe vor Regen oder anderer Feuchtigkeit geschützt wird; der Letztere wird bestimmte Pflichten am Ufer durchführen, welche ihm von Zeit zu Zeit übertragen werden: Alle anderen Soldaten und verpflichteten Männer, welchen Dienstgrades auch immer, müssen ihren regulären Anteil an der Wachtpflicht leisten.

Sergeant John Ordway wird fortfahren, die Vorräte auszugeben und die Details der Abkommandierungen zur Wache oder anderen Pflichten regeln. Übermorgen werden Getreide und Schmalz an die Truppe ausgegeben, darauf Schweinefleisch und Mehl, dann Maismehl und Schweinefleisch; gemäß den mitgeführten Vorräten bleibt es bei dieser Nahrungsausgabe an die Truppe. Sollte irgendeine Gruppe Mais dem Mehl vorziehen, können sie diesen bekommen. Wenn wir frisches Fleisch zur Verfügung haben, ist kein Schweinefleisch auszugeben.

Labiche und Cruzatte werden das Backbord-Bugruder abwechselnd bemannen, und der am Ruder nicht Beschäftigte wird wie der

Bugmann Wache halten, und falls die Aufmerksamkeit beider dieser Personen am Bug notwendig sein wird, ist ihr Ruder durch irgendeine müßige Person an Bord zu besetzen.

27. Mai [CLARK] Als wir heute Morgen ablegten, legten zwei mit Pelzen etc. beladene Kanus von der Mahar-Nation an, am Ort, den sie vor zwei Monaten verlassen hatten. Gegen zehn Uhr gingen vier mit Pelzen und Häuten beladene Cajaux oder Flöße vor Anker, eines von den Paunees, das andere aus Großosage; sie hatten nichts Wichtiges mitzuteilen.

29. Mai [ORDWAY] Einen Mann, Whitehouse, beim Jagen verloren, die Piroge des Franzosen liegt für ihn bereit.

1. Juni [CLARK] Dieser Osage River steht sehr hoch, alle Bäume an dem Ort gefällt, um Beobachtungen zu machen. Blieb bis zwölf Uhr wegen der in dieser Nacht gemachten Beobachtungen wach.

[GASS] Die zwei Männer, die zu Lande mit den Pferden unterwegs waren, stießen hier zu uns: Sie stellten das von ihnen durchquerte Land als das beste dar, das sie je gesehen hatten, und befanden das Nutzholz, welches hauptsächlich aus Eiche, Esche, Hickory und schwarzer Walnuss bestand, für gut …

2. Juni [CLARK] Von diesem Ort, der auf beide Flüsse Aussicht gewährt, hatte ich einen herrlichen Ausblick den Missouri aufwärts und hinunter, auch den Osage Fluss hinauf. George Drewyer und John Shields, die wir auf dem Landweg mit den Pferden die Nordseite entlanggeschickt hatten, schlossen sich uns an diesem Abend völlig erschöpft an, da sie während ihrer siebentägigen Abwesenheit allein auf sich selbst gestellt waren. Den größeren Teil der Zeit regnete es, sie waren gezwungen, viele Wasserläufe mit einem Floß zu befahren oder zu schwimmen. Diese Männer gaben einen begeisterten Bericht von dem Land, das unterhalb des ersten Hügels auf der Nordseite beginnt und sich parallel mit dem Fluss auf 30 oder 40 Meilen ausdehnt.

3. Juni [CLARK] Wir machten am Abend nach der Rückkehr von Captain Lewis von einem drei oder vier Meilen betragenden Marsch weitere Beobachtungen … An der Mündung des Murrow Creeks sah ich viele Anzeichen von Indianerkriegstrupps, die an der Mündung dieses Flüsschens übergesetzt hatten. Ich habe eine schlimme Erkältung mit Halsschmerzen.

4. Juni [CLARK] Der Sergeant am Ruder fuhr unter einen gekrümmten Baum und brach den Mast ab … Ich kletterte aus dem Boot und ging auf der linken Seite eine Meile weit durch einen Binsengrund und eine kurze Distanz durch Nesseln, die mir bis zur reichten. Bestieg einen Hügel von ungefähr 170 Fuß an einer Stelle, von der die Franzosen berichten, dass Bleierz gefunden worden sei. Ich sah kein Mineral, auf das diese Beschreibung zutrifft.

[WHITEHOUSE] Wir brandmarkten mehrere Bäume.

5. Juni [CLARK] Um elf Uhr stießen wir auf ein kleines *Caissee* [Cajeu], in dem sich zwei französische Männer befanden, sie kamen 80 Seemeilen vom Kansas River herunter, wo sie überwintert und eine große Menge Biber gefangen hatten. Den größeren Teil davon verloren sie durch Feuer aus den Prärien. Diese Männer teilten uns mit, dass die Kansa-Nation jetzt in den Prärien draußen sei, um Büffel zu jagen. Sie jagten letzten Winter an diesem Fluss. Wir passierten einen vorspringenden Felsen, auf den eine Figur gemalt war, und ein Flüsschen zwei Meilen entfernt von diesem besagten Felsen, oberhalb des »Little Manitou« genannten Wasserlaufs. Mein Diener York schwamm zur Sandbank, um Grünzeug für unser Abendessen zu sammeln, und kehrte mit einer ausreichenden Menge wilder Kresse zurück … Unser Pfadfinder entdeckte frische Zeichen von ungefähr zehn Indianern. Ich vermute, dass diese Indianer auf dem Kriegspfad gegen die Osage-Nation sind, wahrscheinlich sind es Saukees.

6. Juni [CLARK] Wir reparierten diesen Morgen unseren Mast und brachen um sieben Uhr unter einer angenehmen Brise aus Südost zu Süd auf … Nach acht Meilen passierten wir auf der linken Seite die Mündung eines Saline oder Salzfluss genannten Wasserlaufes. Dieser Fluss ist ungefähr 30 Yards breit und hat so viele Lecken und Salzquellen an seinen Ufern, dass das Wasser des Flüsschens brackig ist … Einige Büffelfährten heute. Ich bin noch sehr unwohl mit Halsschmerzen und Kopfweh.

7. Juni [CLARK] Frühstück an der Mündung eines großen Wasserlaufes auf der Südseite des 30 Yards breiten, Großer Monitou genannten Wasserlaufs … Ein kleines Stück Weges oberhalb der Mündung dieses Wasserlaufes sind mehrere merkwürdige Gemälde und Felszeichnungen in den vorstehenden Kalkfelsen erhalten, der weißen, roten und blauen Feuerstein von ausgezeichneter Qualität einschließt. Die Indianer haben von diesem Feuerstein große Mengen entnommen. Wir landeten an dieser Stelle und fanden eine Klapperschlangenhöhle.

8. Juni [CLARK] Wir passierten den Mine River nach neun Meilen. Dieser Fluss ist an seiner Mündung ungefähr 70 Yards breit und es heißt, er sei für Pirogen 80 oder 90 Meilen schiffbar … Die Franzosen teilen mit, dass an verschiedenen Stellen dieses Flusses Bleierz gefunden worden sei … Captain Lewis ging oberhalb des Flusses an Land und verfolgte ihn eine Meile weiter, wobei er fruchtbares Land fand, die Gräser und Reben so dicht und hoch, dass er kaum zum

Boot gelangen konnte … Wir lagerten ungefähr vier Meilen oberhalb des Mine River. An dieser Stelle fand ich Kochgeschirr, Äxte, Pumice [Bimsstein] und Pelzwaren [Felle] versteckt und vergraben (ich nehme an, von irgendwelchen Jägern). Nichts von alledem (außer dem Bimsstein) rührten wir an.

9. Juni [CLARK] Wir hätten unser Boot besser vorher versteift, da es auf einen Baumstumpf auflief. Sein Heck stieß auf einen Baumstamm unter Wasser, und es drehte sich ruckartig auf dem Baumstumpf um, mit der breiten Seite zu der Treibholz führenden Strömung hin, durch die aktiven Bemühungen unserer Truppe bekamen wir es in wenigen Minuten frei.

10. Juni [CLARK] Wir passierten die zwei *Charleston*-Flüsse, die oberhalb einer Hochebene zusammen einmünden. Diese Gegend ist reich an einer Gesteinsart, die zur Herstellung von Schleifsteinen bestens geeignet ist … Ich marschierte drei Meilen hinaus und fand die Prärie voll von gutem Boden und reich bewässert … Sie ist voller Haselsträucher, Weinbeeren und einer wilden Pflaume von überragender Qualität, die Osage-Pflaume genannt wird. Sie wächst an einem Baum von der Höhe eines Haselnussstrauches und ist drei Mal größer als andere Pflaumen und hängt in großen Mengen an den Zweigen. Ich sah sehr viel Rotwild in den Prärien … Unsere Truppe in Hochstimmung.

12. Juni [CLARK] Um ein Uhr stoppten wir zwei *Caissees*, eines mit Pelzen und Fellen beladen, das andere mit Schmalz, Büffelfett und Talg. Wir kauften 300 Pfund Schmalz, und wir stellten fest, dass der alte Mr. Dorion mit von der Partie war. Wir befragten ihn, bis es zu spät war weiterzuziehen, und beschlossen, über Nacht zu lagern. Diese Leute teilten uns nichts Nennenswertes mit. Beschlossen, den alten Dorion bis zur Sioux-Nation mit der Absicht mitzunehmen, einige ihrer Oberhäupter dazu zu bringen, den Präsidenten der Vereinigten Staaten zu besuchen (dieser Mann ist ein sehr vertrauter Freund dieser Leute, da er mit der Nation über 20 Jahre gelebt hat) und sie dorthin zu begleiten.

13. Juni [CLARK] In der Flussbiegung ist eine Prärie, in der einst die Missouri-Indianer lebten, und die Stelle, wo 300 von ihnen der Wut der Saukees zum Opfer fielen. Diese Nation (Missouris), einst die größte Nation in diesem Teil des Kontinentes, ist jetzt auf ungefähr 80 Feuerstellen reduziert, und die Verbleibenden stehen unter dem Schutz der Otos am Platte River, die ihrerseits auch weniger werden … Wir gingen in der Mündung des Grand-Flusses auf der Südseite vor Anker und lagerten für die Nacht, dieser Fluss ist an seiner Mündung 80 bis 100 Yards breit und für Pirogen eine große Strecke schiffbar … Captain Lewis und ich selbst gingen zu dem Hügel, von dessen Spitze wir eine wundervolle Aussicht auf das umliegende Land hatten. In der offenen Prärie fingen wir einen Waschbären.

[GASS] Dies ist ein Ort, wie ich in seinem ursprünglichen Zustand nie zuvor einen schöneren gesehen habe.

14. Juni [CLARK] Wir trafen ein *Caissee* von den Panias[2] auf dem Platte River, wir hielten es zwei Stunden in der Absicht auf, einen der Männer dafür zu gewinnen, zur Pania-Nation zu gehen, um diese Leute dazu zu bringen, uns auf dem Fluss zu treffen …

George Drewyer gibt den folgenden Bericht von einem Teich … Er hörte darin eine Schlange, die kollernde Geräusche wie ein Truthahn von sich gab. Er feuerte seine Flinte ab und das Geräusch wurde lauter, er hat erfahren, dass die Indianer diese Art von Schlange erwähnen. Ein Franzose gibt einen ähnlichen Bericht.

15. Juni 1804 [WHITEHOUSE] Die Truppe trank einen Schluck Whisky und fuhr weiter.

16. Juni [CLARK] Wir ankerten auf der Steuerbordseite an einer Prärie bei der Stelle, wo Mr. Mackey ein altes französisches Fort vermutete, ich konnte keine Spuren von irgendeiner Besiedlung entdecken. Abends ging ich auf der Südseite spazieren, um zu sehen, ob irgendein Nutzholz geeignet wäre, um Ruder herzustellen, woran wir großen Mangel litten, ich fand irgendein leidliches Holz … Lagerten an einer schlechten Stelle, die Moskitos und Zecken sind zahlreich und unangenehm.

17. Juni [CLARK] Ich schickte Sergeant Pryor und einige Männer aus, die Eschenholz für Ruder besorgten, und beauftragte einige Männer, ein Schleppseil aus den Schnüren einer Trosse zu fertigen, welche von Captain Lewis in Pittsburg für das Ankertau des Bootes besorgt worden war. George Drewyer, unser Jäger, und ein weiterer Mann kamen mit zwei Hirschen und einem Bären an, auch einem jungen Pferd, das sie in der Prärie entdeckt hatten. Dieses Pferd ist lange Zeit in der Prärie gewesen und ist fett, ich nehme an, es ist von einem gegen die *Osage* gerichteten Kriegstrupp zurückgelassen worden. Dies ist ein Übersetzplatz für die Kriegstrupps der Saukees, Aiaouez und Sioux gegen diese Nation. Die Truppe wird sehr von Furunkeln geplagt, und mehrere Männer haben die Ruhr, die ich dem Wasser zuschreibe … Die Zecken und Moskitos sind sehr lästig.

19. Juni [ORDWAY] Wir erhielten von Captain Lewis Moskitobären[3], um darunter zu schlafen.

---

2 Gemeint sind die Indianer vom Stamm der Pawnee.

3 Bezeichnung für ein Moskitonetz.

20. Juni [CLARK] Wir passierten heute einige sehr heftige Stromschnellen, ich sah heute *Pelikane* auf einer Sandbank, mein Diener York verlor beinahe ein Auge durch einen Mann, der mit Sand nach ihm warf. Die Truppe am Ufer haben wir nicht mehr gesehen, seitdem wir den Tiger River passierten – … Wir machten einige Mondbeobachtungen, die uns bis ein Uhr aufhielten.

21. Juni [CLARK] Nachdem sich der Bugmann Pierre Cruzatte einen Überblick über die Wasser auf jeder Seite der Insel verschafft hatte, die einen ausgesprochen ungünstigen Anblick von Stromschnellen über heftig bewegtem Sand präsentierten und wie ein immenser Wasserfall tosten, beschlossen wir, auf der rechten Seite hinaufzusteigen. Unter großen Schwierigkeiten und mithilfe eines langen Stricks oder Schleppseils und dem Anker schafften wir das Boot ohne irgendeine weitere Beschädigung nach oben, als ein Kabinenfenster zerbrach, und wir verloren einige Ruder, die unter den Fenstern hin- und herschwangen … [Das Land] kann folgendermaßen eingestuft werden, nämlich: die unteren oder überfluteten Landzungen oder das tief gelegene Land mit Bewuchs von Silberpappeln und Weiden, das zweite oder höher gelegene Land mit reichen, fruchtbaren Böden und Bewuchs von Silberpappel, Walnuss, einer Eschenart, Zürgelbaum, Maulbeere, Linde und Bergahorn. Das dritte, oder Hochland, steigt allmählich vom zweiten Bodenlevel ungefähr 80 oder 100 Fuß auf und erstreckt sich nach hinten, von kleinen Bächen mit Wasser gespeist (die sich im unteren Land verlieren) und ist mit einer Vielfalt von Nutzholz wie Eiche verschiedener Arten, blauen Eschen, Walnuss etc. bewachsen.

24. Juni [CLARK] Ich bestieg heute Morgen das Boot um acht Uhr. Ich will nur anmerken, dass während der Zeit, als ich auf das Boot wartend am Ufer lag, eine große Schlange auf das Ufer zuschwamm, direkt unter den Hirsch, den wir dort über das Wasser gehängt hatten, und als sie nicht mehr weit davon entfernt war, warf ich Klumpen ins Wasser und vertrieb diese Schlange mehrere Male. Sie schien aber so entschlossen, an das Fleisch des Hirsches heranzukommen, dass ich gezwungen war, sie zu töten. Ich nehme an, dass es die Milch aus dem Euter der Hirschkuh war, die diese Schlange angezogen hat.

25. Juni [CLARK] Nach drei Meilen kamen wir auf der Südseite an einer Kohlengrube oder einem großen Vorkommen an Steinkohle vorbei. Dieses schien eine große Menge feiner Kohle zu enthalten, da aber der Fluss hoch stand, hinderte er uns daran zu prüfen, ob in den Steilufern die beste Qualität enthalten war.

26. Juni [CLARK] Ich beobachtete heute Abend eine große Anzahl von Sittichen.

27. Juni [CLARK] Wir beschlossen, uns an diesem Ort drei oder vier Tage aufzuhalten, um Beobachtungen zu machen und die Truppe sich erholen zu lassen … Luden eine Piroge aus und drehten sie zum Trocknen nach oben mit der Absicht, sie durch Anbringen einer starken Versteifung zu reparieren. Das Land über der Mündung dieses Flusses ist auf jeder Seite großartig … Wir maßen die Breite des Kansas Rivers mittels einer Winkelberechnung und berechneten ihn auf 230 ¼ Yards, er ist oberhalb der Mündung breiter. Der Missouri ist an diesem Ort ungefähr 500 Yards breit.

28. Juni [CLARK] Selbst nur den glaubhaftesten der zahlreichen Berichte über diesen großen Fluss Kansas zu schildern, dauerte zu lange und wäre zu unzuverlässig, um ihn hier einzuschieben. Er beginnt mit dem Fluss Del Nord in den Schwarzen Bergen[4] oder dem Kamm, der die Gewässer des Kansas Del Nord und Callarado von diesen des Missouris trennt. Dieser Fluss erhielt seinen Namen von einer Nation, die noch immer an seinen Ufern ansässig ist und nur aus zwei Dörfern besteht, eines ungefähr 20 Seemeilen und das andere 40 Seemeilen flussaufwärts. Diese Indianer sind heute nicht mehr sehr zahlreich und durch Krieg mit ihren Nachbarn geschwächt etc. Sie lebten früher an den südlichen Ufern des Missouris 24 Seemeilen oberhalb dieses Flusses in einer offenen und schönen Ebene und waren damals sehr zahlreich, als die Franzosen als Erste den Illinois besiedelten. Mir wurde erzählt, dass sie ein wildes und kriegerisches Volk seien, aber da sie schlecht mit Feuerwaffen ausgestattet sind, werden sie leicht von den Aiaouez und Saukees besiegt, die besser mit solchen Kriegsgeräten versehen sind. Diese Nation jagt augenblicklich draußen in den Prärien Büffel … Eine wunderschöne Stelle für ein Fort, guter Landeplatz.

[ORDWAY] Ich ging 2 ½ Meilen zum Jagen aus und kam an einer großartigen Quelle vorüber, welche unter den Hügeln hervorsprudelte. Ich trank kräftig von diesem Wasser und fand es das beste und kühlste, das ich in der Gegend gekostet habe.

29. Juni [CLARK] Ein aus fünf Mitgliedern bestehendes Militärgericht wird sich heute um elf Uhr zum Gerichtsverfahren gegen *John Collins* und *Hugh Hall* zusammensetzen, das auf die von Sergeant Floyd gegen sie vorgebrachten Beschuldigungen beschränkt ist.

4 Die Rede ist vom Rio Grande und den Black Hills.

Nähere Einzelheiten zu dem Gericht
Sergeant Nat. Pryor Vorsitzender
1 J. B. Thompson
2 John Colter
3 John Newman (Beisitzer)
4 Pat. Gass
John Potts fungiert als Ankläger.

Das Gericht kam weisungsgemäß zusammen und schritt zur Verhandlung gegen die Angeklagten, nämlich John Collins, der beschuldigt wird, »sich diesen Morgen auf seinem Wachposten draußen mit Whisky betrunken zu haben und Hugh Hall erlaubt zu haben, Whisky aus dem besagten Fass zu ziehen, das für die Truppe bestimmt war«. Zu diesem Anklagepunkt bekennt sich der Angeklagte nicht schuldig.

Das Gericht ist nach reiflicher Erörterung aufgrund des vorgelegten Beweismaterials etc. der Meinung, dass der Angeklagte gemäß der gegen ihn vorgebrachten Anklage schuldig ist, und verurteilt ihn deshalb, hundert Peitschenhiebe auf den nackten Rücken zu empfangen.

Gegen *Hugh Hall* wurde vorgebracht, [»]diesen Morgen von dem am Ufer gelagerten (und unter der Aufsicht der Wache stehenden) Whisky entgegen jedem Befehl und jeder Vorschrift oder Weisung aus einem Fass Whisky genommen zu haben«. Zu dieser Anklage bekennt sich der Häftling »schuldig«.

Das Gericht befindet den Häftling für schuldig und verurteilt ihn, fünfzig Peitschenhiebe auf den nackten Rücken zu erhalten.

Die befehlshabenden Offiziere billigen das Gerichtsurteil und befehlen, dass die Bestrafung diesen Abend um halb vier Uhr stattfindet, zu welcher Zeit die Truppe zum Appell Aufstellung nehmen wird.

[FLOYD] Ich habe Waffen und Munition inspiziert. Alles in guter Ordnung.

30. Juni [CLARK] An diesem Morgen kam ein riesiger Wolf zum Ufer und beobachtete uns. Wir passierten die Mündung eines Flüsschens zehn Meilen oberhalb des *Kansas,* das von den Franzosen Petite River Platte genannt wird. Wir ankerten um zwölf Uhr und ruhten uns drei Stunden aus, die Sonne brannte heiß und die Männer wurden sehr schwach, Fahrenheits Thermometer stand um drei Uhr bei 96° über null … Unser Mast brach.

1. Juli [CLARK] letzte Nacht rief einer der Wachhabenden entweder ein menschliches Wesen oder ein Tier an, welches aber wegrannte; alle sind vorbereitet für den Kampf … Einer unserer französischen

Männer erzählt mir, dass die Franzosen einst beabsichtigten, sich hier anzusiedeln. Sie brachten Kühe mit und setzten sie auf diese Inseln über. Mr Mackey sagt, das erste Dorf der Kansas befand sich ein wenig oberhalb dieser Insel. Seine Bewohner legten dort Felder an. Keinerlei Spuren davon sind auf den Inseln zurückgeblieben.

2. Juli [CLARK] Wir lagerten nach Einbruch der Dunkelheit auf der Südseite gegenüber dem ersten alten Dorf der Kansas, das in einem Tal zwischen zwei Landzungen gelegen war … Die Franzosen unterhielten früher ein Fort an diesem Ort, um den Handel dieser Nation zu schützen. Die Lage scheint sehr günstig für eine Siedlung zu sein … Wir fertigten einen Mast aus Silberpappelholz.

4. Juli [CLARK] Wir passierten einen etwa 15 Yards breiten Wasserlauf auf der linken Seite, der aus einer ausgedehnten Prärie herausströmt. Da dieser Wasserlauf keinen Namen hat und dieser Tag der 4. Juli ist, nennen wir ihn Unabhängigkeitsfluss …

Die weiten Ebenen dieses Landstrichs sind mit lauchgrünem Gras bedeckt, und es lässt sich vermuten, dass daraus duftendes und nahrhaftes Heu gewonnen werden kann. Verstreut finden sich Hügel mit Bäumen, die ihre hochragenden Äste über Quellen oder Bäche mit gutem Wasser ausbreiten. In jeder Richtung sieht man Gruppen mit Büschen, die die herrlichsten Früchte tragen, und es hat den Anschein, als habe die Natur sich bemüht, die Szenerie noch durch eine Vielzahl unterschiedlichster Blumen zu verschönern, die sich zierlich und wohlduftend über das Gras erheben. Dieser Anblick ergreift und überwältigt die Sinne und erfreut die Seele und gibt Grund, darüber nachzudenken, weshalb sich eine so großartige Szenerie nur in einem Landstrich findet, der so weit von der Zivilisation entfernt ist und an dem sich nur eine große Zahl von Büffeln, Elchen, Rehen und Bären und die wilden Indianer erfreuen können.

[FLOYD] Eine Schlange biss Jo. Fields außen am Fuß, der stark anschwoll. Man wendet Rindenumschläge an.

[GASS] Wir feuerten bei Sonnenaufgang zu Ehren des Tages eine Drehbasse ab … und ehrten den hinscheidenden Tag mit einem weiteren Kanonenschuss.

5. Juli [CLARK] Wir schritten nahe am Ufer, wo das alte Dorf stand, zwei Meilen voran … Der Ursprung dieses alten Dorfes ist unsicher. Mr. de Bourgmont, ein französischer Offizier, der ein Fort in der Nähe der Stadt der Missouris um das Jahr 1724 befehligte, besuchte im Juli des gleichen Jahres dieses Dorf. Zu dieser Zeit war die Nation zahlreich und den Franzosen wohlgesinnt … Sie muss damals so zahlreich gewesen sein, dass Mr. de B. von 300 Kriegern, 500 jungen Leuten und 300

Lastenhunden aus dieser Ortschaft begleitet werden konnte. Die Ursache dafür, dass diese Indianer hinüber zum Kansas River zogen, habe ich nie erfahren … Ich beobachte große Mengen von Sommer- und Herbsttrauben, Beeren und Wildrosen entlang der Uferzonen. Rotwild kommt nicht so zahlreich wie üblich vor, sehr viele Wapitihirschspuren.

6. Juli [CLARK] Ungewöhnlich, dass das Wasser dieses Flusses oder irgendeine andere Ursache starken Schweiß verursacht. Männer, die überhaupt nicht arbeiten, schwitzen ein Hemd in einigen Minuten durch und denjenigen, die arbeiten, fließt der Schweiß in Strömen.

[ORDWAY] Eine Viper war einen kurzen Augenblick auf dem Boot.

7. Juli [CLARK] Die Prärien am Fluss sehen vom Missouri betrachtet aus wie Farmen, geteilt durch schmale bewaldete Streifen, die an den zum Fluss führenden Wasserläufen liegen … Ich sah eine große Ratte am Ufer. Tötete einen Wolf … Ein Mann ist sehr krank, er hat wohl einen Sonnenstich. Captain Lewis ließ ihn zur Ader und gab Kaliumnitrat, das hat ihm sehr gutgetan.

[ORDWAY] Ich ging am Nachmittag am Ufer an der Nordseite entlang mit den Pferden, überquerte abends einen Wasserlauf zwei Meilen aufwärts. Da dieser Wasserlauf ohne Namen ist und ich ihn für meinen Captain beschrieben habe, nannte er ihn Ordway Creek.

8. Juli [LEWIS und CLARK, Abkommandierungsbefehle] Die befehlshabenden Offiziere bestimmen die folgenden Personen, die Vorräte zu empfangen, die von Zeit zu Zeit für ihre jeweiligen Gruppen ausgegeben werden, zu kochen und die Verantwortung für sie zu übernehmen, nämlich John B. Thompson für Sergeant Floyds Gruppe, William Warner für Sergeant Ordways Gruppe und John Collins für Sergeant Pryors Gruppe. Diese Vorratsverwalter sind den befehlshabenden Offizieren unmittelbar verantwortlich für einen umsichtigen Verbrauch der Lebensmittel, die sie erhalten, sie sollen das Gleiche für ihre verschiedenen Gruppen in angemessener Zeit kochen, und zwar so, dass es höchst zuträglich und geeignet ist, das Beste aus den Nahrungsmitteln zu machen; sie sollen auch darlegen, welcher Bestandteil und welche Menge der Gruppenvorräte bei jeder festgesetzten Mahlzeit konsumiert werden soll, (d. h.) morgens, mittags und abends; auch ist keinem Mann zu irgendeiner Zeit erlaubt, irgendeinen Teil der Gruppenvorräte ohne Kenntnis, Wissen und Einverständnis des Verwalters an sich zu nehmen oder zu verzehren. Der Verwalter ist auch für sämtliche Kochutensilien seiner Gruppe verantwortlich. In Anbetracht der somit Thompson, Warner und Collins auferlegten Pflichten werden sie künftig vom Wachdienst entbunden, obwohl sie auf dem Dienstplan noch für diese Pflicht eingeteilt werden sollen, und ihr regelmäßiger Postengang soll von einem Mitglied ihrer jeweiligen Gruppe durchgeführt werden; sie sind ebenfalls vom Aufschlagen der Zelte, dem Brennholzsammeln etc. für das Kochen und das Trocknen von Frischfleisch, das ihnen geliefert werden kann, befreit, diese Aufgaben sollen von den anderen Mitgliedern der Gruppe durchgeführt werden.

9. Juli [CLARK] Wir lagerten bei einer Landzunge auf der Backbordseite gegenüber der Inselspitze, unsere Truppe lagerte auf der gegenüberliegenden Seite. Dass sie unsere Signale nicht beantwortete, ließ uns befürchten, dass die uns gegenüber kampierenden Personen ein Kriegstrupp der Sioux waren. Wir feuerten das Buggeschütz ab, um die Truppe am Ufer zu warnen, sammelten uns, bereiteten alles vor, um uns bei einem Angriff verteidigen zu können.

10. Juli [CLARK] Wir überquerten den Fluss in der Absicht festzustellen, welcher Trupp auf der anderen Seite lagerte, wir erkannten bald, dass es sich um unsere eigenen Männer handelte! Sie erholten sich gerade, aber waren sehr erschöpft.

11. Juli [CLARK] Ich schloss mich dem Trupp auf einer großen Sandinsel unmittelbar gegenüber der Mündung des *Nemaha Rivers* an, genau dort, wo sie kampiert hatten. Diese Insel besteht aus Sand. Etwa die Hälfte von ihr ist mit zweierlei kleinen Weiden bedeckt, einer schmalblättrigen und einer breitblättrigen.

12. Juli [CLARK] Wir beschlossen, heute hierzubleiben mit der Absicht, Höhenmessungen und Beobachtungen zu machen, sowie unsere Männer, die sehr ermüdet schienen, sich erholen zu lassen. Nach einem zeitigen Frühstück Ruderte ich mit fünf Männern in einer Piroge den Fluss Nemaha entlang, ungefähr zwei Meilen bis zur Mündung eines kleinen Wasserlaufes, hier stieg ich aus der Piroge aus, und nachdem ich zu mehreren kleinen Erdhügeln in einer ebenen Prärie gelangt war, bestieg ich einen solchen Hügel. Auf seinem Gipfel waren mehrere künstliche Erdhügel errichtet, oben vom höchsten dieser Hügel hatte ich eine ausgedehnte Sicht auf die umliegenden Ebenen, die einen der angenehmsten Anblicke boten, die ich je genossen hatte. Unter mir ein wunderschöner Fluss mit klarem Wasser von etwa 80 Yards Breite, der sich durch eine flache und ausgedehnte Wiese schlängelt, so weit ich sehen konnte, und die von prächtigen Bäumen und Büschen belebte Landschaft, die das Ufer des Flusses säumt, und die Bäche und Zuläufe, die in ihn einmünden. Das unterste Land ist mit Gras von ungefähr 4½ Fuß Höhe bedeckt und scheint gleichmäßig eben, das »zweite Bodenlevel« ist auch mit Gras und reichen Unkräutern und Blumen bedeckt, die mit Ansammlungen von Osage-Pflaume durchsetzt sind. Auf den ansteigenden Flächen sind kleine Haine von

Bäumen zu sehen, mit einer Anzahl von Weinbeerstöcken und einer Wildkirsche, die der gewöhnlichen Wildkirsche ähnelt, aber größer ist und auf den höchsten Stellen dieser Hügel überall an kleinen Büschen wächst. Ich beobachtete künstliche Hügel (obwohl ich sie richtiger als Gräber bezeichnen mag), was für mich ein starkes Anzeichen dafür ist, dass dieses Land einst dicht besiedelt war. (Die Indianer des Missouris halten noch die Sitte aufrecht, ihre Toten an höher gelegenen Stellen zu begraben) … Auf einer Sandsteinklippe etwa eine Viertelmeile von seiner Mündung entfernt beobachtete ich mehrere indianische Zeichen, ging zu dem Fels, der über das Wasser hinausragte, und verzeichnete meinen Namen und den Tag des Monates und Jahr.

[LEWIS und CLARK] Captain M. Lewis und W. Clark konstituierten sich selbst als Militärgericht für die Verurteilung solcher Angeklagten, die eines Kapitalverbrechens schuldig sind und nach den Kriegsbestimmungen und -gesetzen durch Tod zu bestrafen sind. *Alexander Willard* wurde »*des Hinlegens und des Schlafens auf seinem Posten, während er Wache zu stehen hatte in der Nacht des 11. dieses Monats*« (durch John Ordway, Sergeant der Wachtruppe) angeklagt. Zu dieser Anklage bekannte sich der Angeklagte *schuldig, sich niedergelegt zu haben*, und *nicht schuldig, schlafen gegangen zu sein*. Das Gericht ist nach ordnungsgemäßer Erörterung der vorgebrachten Beweise der Meinung, dass der *Angeklagte* Alexander Willard nach jedem gegen ihn erhobenen Anklagepunkt schuldig ist. Da es ein Verstoß gegen die Kriegsbestimmungen und -gesetze war (der die wahrscheinliche Vernichtung der Truppe hätte verursachen können), verurteilten wir ihn, *einhundert Peitschenhiebe auf den nackten Rücken zu vier unterschiedlichen Zeiten in gleichem Verhältnis zu empfangen*. Und wir ordneten an, dass die Bestrafung heute Abend bei Sonnenuntergang beginnt und man damit fortfährt (und zwar die Wachmannschaft), sie jeden Abend zu exekutieren, bis das Urteil vollstreckt ist.

13. Juli [CLARK] Meine durch einen ausgesprochen unglücklichen Zufall bei einem Sturm am Morgen des 14. über Bord gewehten Aufzeichnungen des 13. Juli zwangen mich, auf die Tagebücher der Sergeants und meine eigene Erinnerung an die Ereignisse, Kurse, Entfernung etc. dieses Tages zurückzugreifen.

14. Juli [CLARK] Der Sturm, der über eine offenen Prärie aus Nordost hinwegfegte, traf unser Boot an der Steuerbordseite und hätte es auf die Sandbank hochgeworfen und in einem Augenblick in Stücke zerschmettert, hätte sich nicht die Truppe auf die Leeseite gestürzt und es mithilfe des Ankers und Taus gehalten, bis der Sturm zu Ende war. Die Wellen brachen über seine dem Wind zugewandte Seite, und das

Boot hätte sich mit Wasser gefüllt, wenn die verschließbaren Kästen, die mit Persennings bedeckt sind, die Wassermassen nicht abgehalten und das Boot daran gehindert hätten, in die Bilge zu geraten. In dieser Situation verblieben wir ungefähr 40 Minuten, als der Sturm plötzlich aufhörte und der Fluss augenblicklich spiegelglatt wurde … Kamen an einem kleinen Handelsfort auf der Südseite vorbei, wo Mr. Bennet aus St. Louis mit den Otos und Panias zwei Jahre handelte … Auf der Südseite tritt ein großer Wasserlauf in den Fluss ein, der von den *Mahar*-Indianern *Neesh-nah-ba-to-na* genannt wird … Mehrere Männer unwohl wegen Furunkeln, Nagelgeschwüren etc.

15. Juli [LEWIS] Heute Abend entdeckte ich, dass mein Chronometer nicht mehr geht, doch kann ich keine Ursache für dieses Missgeschick anführen; er war den vorhergehenden Mittag wie üblich aufgezogen worden. Das ist das dritte Mal, dass dieses Instrument in einer ähnlichen Art und Weise nicht läuft, seit es in meinem Besitz ist, jedoch erst das erste Mal seit unserer Abreise vom Dubois-Fluss … Aufgrund der Tatsache, dass das Chronometer damals zufälligerweise stehen blieb, beschloss ich, an der ersten zweckmäßigen Stelle zu ankern, um mittels Beobachtungen ihre Abweichung zu bestimmen, die Breite und Länge festzulegen und die Abweichung der Nadel zu bestimmen, damit ein *zweiter Ausgangspunkt* festzusetzen war.

16. Juli [CLARK] Diese Prärie nenne ich *kugelförmige Prärie*, nach einer Kette von Rundhügeln parallel zum Fluss und in drei bis sechs Meilen von ihm entfernt.

[LEWIS] Ich stelle jetzt den Chronometer möglichst um die Mittagszeit, wenn meine Beobachtungen es mir ermöglichen.

17. Juli [CLARK] Wir beschlossen, heute an diesem Ort anzulegen, um seinen Breiten- und Längengrad festzustellen und um den am Sonntag abgelaufenen Chronometer zu korrigieren.

18. Juli [CLARK] Sehr wenig Baumbestand ist zu sehen, außer auf den tief gelegenen Landzungen, auf Inseln und an Wasserläufen, der Bewuchs besteht im Großen und Ganzen aus Silberpappel, Maulbeere, Ulme, Sykomore etc.

[FLOYD] Wir sahen einen Hund am Ufer, der wohl Indianern gehörte. Hatte sich wohl verirrt. Dies ist das erste Anzeichen von Indianern, das wir gesehen haben.

19. Juli [CLARK] nach dem Frühstück, das aus ein wenig gerösteten Hirschrippen und ein wenig Kaffee bestand, ging ich am Ufer entlang … Kam plötzlich in eine offene und grenzenlose Prärie. Ich sage grenzenlos, weil ich das Ausmaß der Prärie in keiner Richtung erkennen konnte. Der Baumbestand schien auf den Fluss, Bäche und

Zuflüsse begrenzt zu sein, diese Prärie war mit ungefähr 18 Zoll oder zwei Fuß hohem Gras bedeckt, sonst wuchs kaum etwas, außer dem am Fluss und Bächen etc. erwähnten Baumbestand. Diese Ansicht war so unvermutet und unterhaltsam, dass ich den Gegenstand meiner Beschäftigung vergaß und meine Aufmerksamkeit auf die Vielfalt verwandte, die sich meinem Anblick präsentierte.

[ORDWAY] In der Mittagszeit sammelten wir eine Menge Kirschen und legten sie im Whiskyfass ein. G. Drewyer schloss sich uns diesen Abend mit zwei Hirschen an. Bratton ebenso. Er entdeckte Kalmuswurzeln gegenüber der Stelle, wo wir zelteten, und zwar eine große Menge.

20. Juli [CLARK] George Drewyer krank ... Bratton durchschwamm den Fluss, um sein Gewehr und Kleidungsstücke zu holen, die er letzte Nacht zurückgelassen hatte ... Überquerten die Mündung des *L'Eau qui pleure*, seine englische Bezeichnung ist Weeping Water Creek ... Ich tötete einen riesigen gelben Wolf.

[CLARK] Der Boden dieser Prärien erscheint fruchtbar, aber wegen der häufigen Feuer stark versengt.

21. Juli [LEWIS] Da die Partikel des [Platte River-] Sandes bemerkenswert klein und leicht sind, wird er leicht aufgewirbelt und durch den ungestümen, reißenden Strom in großen Massen mit unwiderstehlicher Kraft von einer Stelle zur anderen weitergespült. Dabei sammelt er sich im Verlauf von wenigen Stunden an und bildet Sandbänke, die genauso plötzlich verschwinden, um wieder andere zu bilden und vielleicht Platz für die tiefste Fahrrinne des Flusses freizugeben. Wo er in den Missouri einmündet, verändert seine gewaltige Macht die Strömung dieses Flusses und lenkt sie gegen sein nördliches Ufer, wo er in einer Fließrinne zusammengepresst wird, die weniger als ein Drittel der zuvor vorhandenen Flussbreite ausmacht. Er stattet den Missouri jedoch nicht mit seinen Farbpartikeln aus, wie von einigen Seiten behauptet worden ist, aber er spült immense Mengen Sand in ihn herein und gibt seiner Strömung eine Geschwindigkeit, die er bis zu seinem Zusammentreffen mit dem Mississippi kaum verringert. Das Wasser dieses Flusses ist zu allen Jahreszeiten trüb, aber auf keinen Fall so sehr wie das des Missouri. Das Sediment, das er ablagert, besteht aus sehr feinen Teilchen weißen Sandes, während dasjenige des Missouris hauptsächlich aus dunklem, sattem Lehm, aber in viel größerer Menge, gebildet wird.

[CLARK] Captain Lewis und ich selbst fuhren mit sechs Männern in einer Piroge den großen Platte River ungefähr eine Meile hoch, fanden, dass sich die Strömung sehr schnell über den Sand wälzt, durchquerten verschiedene Flussbetten, von denen keins mehr als fünf oder sechs Fuß tief ist, etwa 600 Yards Breite an der Mündung – mir wird von einem unseres Trupps, der zwei Winter an diesem Fluss verbracht hat, erzählt, dass »selbiger weiter oben viel breiter ist und nicht mehr als fünf oder sechs Fuß ansteigt«.

[GASS] Um eins kamen wir zu dem großen Platte, der von Süden her in den Missouri eintritt und an der Mündung eine dreiviertel Meile breit ist. Das Land ist rings um den Zusammenfluss flach. Weiter flussaufwärts leben drei Indianernationen, die Otos, Panias und Loups oder Wolfsindianer.

22. Juli [CLARK] Da dies eine gute Position ist und die Oto-Siedlung viel näher liegt als die Mündung des Platte, beschlossen wir, uns an diesem Ort ein paar Tage aufzuhalten und nach einigen Häuptlingen dieser Nation zu schicken, um sie vom Regierungswechsel, den freundschaftlichen Interessen unserer Regierung und den Zielen unserer Reise wissen zu lassen und ihnen eine Flagge und ein paar kleine Geschenke zu überbringen.

23. Juli [CLARK] Um elf Uhr George Drewyer und Pierre Cruzatte mit etwas Tabak ausgesandt, um die Otos, falls sie in ihrer Siedlung sind, und die Panias, wenn sie sie sähen, einzuladen, mit uns in unserem Lager zu reden etc. (In dieser Jahreszeit jagen die Indianer an diesem Fluss Büffel, aber aus einigen Andeutungen von Jägern ist zu schließen, dass in der Nähe dieses Ortes und in der Nähe ihrer Siedlungen die Ebenen in Flammen stehen. Es ist also anzunehmen, dass diese Indianer zurückgekehrt sind, um etwas grünen Mais oder geröstete Maiskolben zu bekommen.) Errichteten einen Flaggenstock, legten unsere Vorräte zum Trocknen aus etc. Ich beginne, eine Landkarte des Flusses stromabwärts zu skizzieren, um sie an den Präsidenten der Vereinigten Staaten zu schicken … Ein Mann mit einem Geschwür auf der Brust.

[GASS] Unsere Leute waren alle sehr eifrig mit Jagen, der Herstellung von Rudern, dem Bearbeiten von Häuten und dem Lüften unserer Vorratslager, Vorräte und des Gepäcks beschäftigt. Wir töteten zwei Hirsche und fingen zwei Biber. Der Biber scheint in diesem Teil des Landes zahlreich vorzukommen.

24. Juli [CLARK] Ich bin sehr damit beschäftigt, eine Landkarte zu verfertigen. Captain Lewis ist ebenfalls sehr mit der Ausarbeitung von Unterlagen in Anspruch genommen, um sie durch eine Piroge zurückzusenden, die wir vom Platte River zurückzuschicken beabsichtigten. Messungen an diesem Ort ergaben den Breitengrad 41° 3' 19" nördlicher Breite. Heute Abend fing Goodrich einen weißen Wels.

[FLOYD] Wir hissten am Morgen unsere Flaggen zum Empfang der Indianer, die wir erwarteten. Als Regen und Wind aufkamen, waren wir gezwungen, die Flaggen wieder einzuholen.

25. Juli [CLARK] Um zwei Uhr kehrten Drewyer und Pierre [Cruzatte] aus dem Oto-Dorf zurück und teilen mit, dass keine Indianer in ihren Siedlungen waren. Sie sahen einige frische Spuren eines kleinen Trupps, aber konnten ihn nicht finden. Auf ihrer Strecke zu den Siedlungen (welche etwa 18 Meilen westlich sind) durchquerten sie eine offene Prärie, setzten über den Papillon- oder Schmetterlings-Fluss und einen kleinen wunderschönen Fluss, der etwas oberhalb der *Corne de Cerf* genannten Stadt in den Platte fließt.

26. Juli [CLARK] Der den ganzen Tag über von Süden tosende Wind, der derart Sandwolken aufwirbelt, dass ich meinen Plan im Zelt nicht vervollständigen konnte, machte mir schwer zu schaffen. Das Boot schaukelte so, dass ich nichts darin tun konnte, ich war gezwungen, in die Wälder zu gehen und mit den Moskitos zu kämpfen. Ich öffnete das Geschwür eines Mannes auf der linken Brust, das einen halben Liter Flüssigkeit absonderte.

28. Juli [CLARK] G. Drewyer brachte einen Missouri-Indianer mit, dem er beim Jagen in der Prärie begegnet war. Dieser Indianer ist einer der wenigen, die von dieser Nation übrig geblieben sind, und lebt bei den Otos, sein Lager ist ungefähr vier Meilen vom Fluss entfernt, er teilt mit, dass die »Große Horde« der Nation gerade Büffel in den Prärien jagt. Sein Trupp war klein, da er nur aus ungefähr 20 Wigwams bestand.

29. Juli [CLARK] Ich schickte einen französischen Mann *La Liberté* mit dem Indianer zum Oto-Lager, um die Indianer einzuladen, uns oberhalb am Fluss zu treffen.

[ORDWAY] Ich habe Willard zum Lager der letzten Nächte zurückgeschickt wegen seines Tomahawks, den er zurückgelassen hatte, wir verloren ungefähr zwei Stunden Zeit. Willard verlor in einem großen Wasserlauf namens Boyer auch sein Gewehr.

[FLOYD] Der Grund dafür, dass sich dieser Mann mit einem so kleinen Trupp abgibt, ist, dass er keine Pferde hat, um in den großen Prärien den Büffeln nachzustellen; stattdessen bleibt er in der Nähe der Siedlung und des Flusses und jagt Wapitihirsche, um die Familien zu ernähren.

30. Juli [LEWIS] Heute tötete Joseph Fields einen Braro (Dachs), wie er von den französischen Dienstverpflichteten genannt wird. Dies ist ein eigenartiges, nicht in jedem Teil der Vereinigten Staaten vorkommendes Tier. Sein Gewicht beträgt sechzehn Pfund. Es ist ein Fleischfresser. Beiderseits des oberen Kiefers sitzt ein langer und scharfer Eckzahn. Seine Augen sind klein, schwarz und stechend.

[CLARK] Captain Lewis und ich gingen in die Prärie auf den Rand des Steilufers und beobachteten von dort die schönsten Aussichten, die

Büffeljagd

man sich vorstellen kann. Diese Prärie ist mit ungefähr zehn oder zwölf Zoll hohem Gras bedeckt, steigt im Hintergrund etwa eine halbe Meile höher und geht so weit das Auge reicht. Unter diesen höher gelegenen Flächen liegt nahe beim Fluss ein wunderschöner, mit Baumhainen aufgelockerter Grund. Der Fluss ist auf eine große Entfernung in Schleifen sichtbar und mäandert sowohl oberhalb als auch unterhalb durch die Ebenen zwischen zwei Hochlandketten, welche vier bis 20 Meilen auseinander zu sein scheinen. Jede Biegung des Flusses bildet eine Landzunge voll hochragender Bäume, hauptsächlich Weide, Silberpappel, eine Art Ulme, Bergahorn und Esche. Die Haine enthalten Walnuss, Kaffeenuss und Eiche, außerdem Hickory und Linde.

[CLARK] Alles in bester Ordnung. Männer in gehobener Stimmung.

31. Juli [FLOYD] Ich war eine Zeit lang sehr krank, aber habe nun meine Gesundheit wieder zurückerlangt.

1. August [CLARK] Da dies mein Geburtstag ist, ordnete ich an, dass ein Rückenstück aus fettem Wildbret, eine Wapitihirsch-Lende und ein Biberschwanz gekocht werden und ein köstlicher Nachtisch aus Kirschen, Pflaumen, Himbeeren, Johannisbeeren und Weintrauben zubereitet wird. Die Indianer sind noch nicht gekommen. Ein prächtiger kühler Abend. Die Moskitos sind sehr lästig, die Prärien enthalten Kirschen, Äpfel, Weintrauben, Johannisbeeren, Himbeeren, Stachelbeeren, Haselnüsse und eine für die Vereinigten Staaten ungewöhnliche Vielfalt von Pflanzen und Blumen. Was für ein Betätigungsfeld für einen Botaniker und einen Naturforscher.

2. August [CLARK] Bei Sonnenuntergang kamen Mr. *Fairfong* und ein Trupp der Oto- und Missouri-Nation zum Lager, unter den Indianern waren sechs Häuptlinge, und zwar die tonangebenden. Captain Lewis und ich trafen die Indianer und zeigten uns erfreut über ihre Anwesenheit. Wir sagten, wir würden morgen mit ihnen sprechen, und schickten ihnen etwas gebratenes Fleisch, Schweinefleisch, Mehl und Schrotmehl, als Gegenleistung schickten sie uns Wassermelonen. [Jeder?] Mann auf seinem Wachposten und auf alles gefasst.

[FLOYD] Die Indianer kamen zu der vereinbarten Stelle. Sie feuerten viele Gewehre ab, als sie in Sichtweite waren, und wir antworteten ihnen mit der Kanone.

[WHITEHOUSE] sie [Otos und Missouris] sind eine hübsche, stämmige, gut aussehende Schar von Indianern und haben angenehme offene Gesichtszüge, sie sind von einer hellbraunen Farbe und haben lange schwarze Haare, die sie offen und lang tragen. Alle benutzen Farbe, um ihren Aufzug zu vervollständigen.

3. August [CLARK] Nach dem Frühstück versammelten wir die Indianer unter einer Überdachung aus unserem Hauptsegel in Gegenwart unserer angetretenen Truppe und hielten eine lange Rede, um ihnen die Absichten unserer Regierung bezüglich unserer Reise klarzumachen. Wir erteilten ihnen einige Ratschläge und Weisungen, wie sie sich selbst führen sollten. Da der Oberhäuptling der Nation nicht anwesend war, schickten wir ihm die Rede, eine Flagge, Medaille und einige Kleidungsstücke. Nachdem wir angehört hatten, was sie zu sagen hatten, übergaben wir eine zweitrangige Medaille für die Otos und eine für die Missouri-Indianer, ebenso ein Geschenk und vier drittrangige Medaillen an die untergeordneten Häuptlinge, zwei für jeden Stamm. Diese zwei Teilnationen, Otos und Missouri, die jetzt zusammenleben, sind etwa 250 Mann stark und bestehen zu zwei Dritteln aus den Otos und zu einem Drittel aus den Missouris. Beide Häuptlinge hielten eine Ansprache, welche ihre Zustimmung zu unserer Rede dankbar zum Ausdruck brachte, und versprachen, die ihnen gegebenen Ratschläge und Weisungen zu befolgen, und dass es sie zu sehen freute, dass sie Väter hätten, auf die sie sich verlassen könnten etc. Wir gaben ihnen einen Kanister Schießpulver und eine Flasche Whisky und überreichten einige Geschenke an die Gemeinschaft, nachdem wir ihnen Beinkleider, einige bunte Hosenbänder und eine Medaille für diejenigen gegeben hatten, die wir als Häuptlinge anerkannt hatten. Nachdem Captain Lewis mit dem Repetiergewehr einige Schüsse abgefeuert hatte (was die Eingeborenen erstaunte), brachen wir auf und zogen fünf Meilen weiter voran …

Der Mann *Liberté*, den wir zu den Otos ausschickten, ist noch nicht zurückgekommen.

4. August [CLARK] Wir zogen weiter. Die Ufer werden weggespült, und ständig liegen auf einer Strecke von einer Meile Bäume im Fluss. Linkerhand liegen die Überreste einer alten Handelseinrichtung, wo sich Pierre Cruzatte, einer unserer Männer, zwei Jahre aufgehalten hatte und mit den Mahars Handel trieb … *Reed*, ein Mann, der seines Messers wegen zum Lager zurückging, hat sich uns noch nicht wieder angeschlossen.

5. August [LEWIS] Ich tötete eine große Schlange am Ufer des an eine große Prärie angrenzenden Flusses.

Länge von der Nase bis zum Schwanz	5 Fuß	2 Zoll
Umfang im dicksten Teil –		4 ½ Zoll
Anzahl von Schuppen auf dem Bauch	221	
Desgleichen auf dem Schwanz	53	

Sie hat keine Fangzähne, deshalb halte ich sie für vollkommen ungefährlich – Augen, Mittelpunkt schwarz mit einem Saum von blasser braungelber Hautfarbe, auf dem Kopf gelbliches Grün mit schwarzen Flecken am äußersten Rand der spitz zulaufenden bzw. dreieckigen Schuppen. Farbe des Rückens, quer laufende Streifen von Schwarz und Dunkelbraun von einem Zoll in der Breite, gefolgt von einem halb so breiten gelblichen Braun. Das Ende des Rückens hart und spitz zulaufend wie ein Hahnensporn. Die Flanken sind mit gelblichem Braun und Schwarz gefleckt. Zwei Reihen schwarzer Flecken auf einem hellgelben Grund durchziehen ihre ganze Länge, die beiden Schuppenreihen am Bauch und am Schwanz liegen einen halben Zoll auseinander. Diese Schlange wird gemeinhin die Kuh- oder die Bullenschlange genannt, sie soll mitunter ein Geräusch von sich geben, das sich so anhört, doch bin ich nicht in der Lage, diesen Sachverhalt zu bestätigen, da ich selbst nie irgendein Geräusch von ihr gehört habe.

Ich habe häufig einen Wasservogel beobachtet, während wir diesen Fluss hinauffuhren, aber ich konnte bis heute keinen fangen. Er legt seine Eier auf die Sandbänke ohne Schutz oder Nest, woraus zwischen dem 15. und letzten Juni Jungtiere schlüpfen. Wir fingen mehrere, sie sind mit gelblich weißen Daunen bedeckt und haben auf dem Rücken kleine dunkelbraune Flecken. Sie sind einem 10-tägigen Wachtelküken ähnlich und können wie diese herumrennen und Futter picken, sobald sie ausgebrütet sind. Dieser Vogel lebt von kleinen Fischen, Würmern und Käfern, die er am Ufer pickt. Es wird selten beobachtet, dass er sich auf Bäumen niederlässt, ebenso selten lässt er sich im Wasser nieder und schwimmt, obwohl die Füße anzeigen, dass sie ihrer

Natur nach mit Schwimmhäuten versehen sind. Dieser Vogel ist sehr geräuschvoll, wenn er fliegt, was außergewöhnlich schnell geschieht. Die Bewegung der Flügel ist der des Regenpfeifers sehr ähnlich. Er hat zwei Rufe, einer gleicht dem Quieken eines Ferkels, nur auf einem etwas hohen Kiii, und der andere (kit'-tii'-kit'-tii') klingt annähernd so wie diese Buchstaben.

[CLARK] In jeder Biegung stürzen die Ufer aufgrund der gegen die Sandzungen drängenden Strömung ein, wodurch das Flussbett breiter wird. Es sieht ganz danach aus, als ob von einem Hügel zum anderen der Grund aus Schlick oder älterem Flussschlamm besteht, der mit leicht löslichem Sand oder Lehm vermengt ist und leicht den Fluss hinunterrutscht. Der Schlamm verbindet sich mit dem Wasser, und der ausgewaschene Sand lagert sich auf den Landzungen an. Es gibt große Mengen Weintrauben an den Ufern, ich beobachte drei verschiedene, zu dieser Zeit reife Arten, eine davon ist groß und hat den Geschmack der Purpurtraube.

6. August [CLARK] Wir haben allen Grund zu glauben, dass ein Mann namens Moses B. Reed desertiert ist. Er ist schon drei Tage fort, und auch ein Franzose, den wir zu den Indianerlagern schickten, ist nicht wieder zurückgekommen. Wir nehmen an, dass er sich beim Versuch, am Council Bluff wieder zu uns zu stoßen, verirrt hat.

7. August [CLARK] Um ein Uhr schickte ich George Drewyer, R. Fields, Wm. Bratton und Fr. Labiche mit Befehl zurück, den fahnenflüchtigen Reed zu stellen und wenn er nicht friedfertig aufgäbe, ihn zu töten, des Weiteren zum Oto-Dorf zu gehen und nach La Liberté zu forschen und ihn zum Mahar-Dorf zu bringen. Bei der Gelegenheit auch eine Rede bei den Otos und Missouris abzuliefern und einige ihrer Häuptlinge anzuweisen, zu den Mahars zu kommen. Wir würden Frieden zwischen ihnen und den Mahars und *Sioux* stiften und ihnen eine Wampum-Schnur und eine Rolle Tabak zum Geschenk machen.

[FLOYD] Am 4. dieses Monats kehrte einer unserer Männer mit dem Namen Moses B. Reed zu unserem am Morgen verlassenen Lager zurück, um sein Messer zu holen, das er dort zurückgelassen hatte … Bei der Kontrolle seines Tornisters stellte sich heraus, dass er auch seinen Umhang und all sein Schießpulver und Kugeln mitgenommen hat und in der Nacht draußen versteckt hat. Die Sache mit dem Messer war nur vorgetäuscht, um ohne ernsthaften Grund von uns zu desertieren.

8. August [GASS] Den Sack unter dem Schnabel und dem Hals des Pelikans, den Lewis tötete, füllten wir mit fünf Gallonen Wasser.

9. August [CLARK] Die Moskitos waren heute Abend schlimmer als je zuvor.

11. August [CLARK] Ein heftiger, von Regen begleiteter Wind wehte aus Südosten.

Nachdem der Regen vorüber war, stiegen Captain Lewis, ich selbst und zehn Männer den Hügel auf der Backbordseite hinauf. Dort wurde der Mahar-König Blackbird vor vier Jahren verbrannt. Ein sechs Fuß hoher grasbewachsener Erdhügel, der an der Basis etwa zwölf Fuß im Durchmesser misst, ist über seinem Grab errichtet, und eine acht Fuß hohe Stange steht im Zentrum. Auf dieser Stange befestigten wir eine weiße, mit Rot, Blau und Weiß gesäumte Flagge.

[FLOYD] Die Captains Lewis und Clark … hissten ihm zu Ehren eine Flagge auf [Schwarzvogels] Gruft, was allen Indianern gefallen wird.

[GASS] Sein Name war Blackbird, König der Mahars; ein absoluter Monarch, solange er lebte, die Indianer glauben, dass er immer noch Macht ausüben kann, obwohl er tot ist.

12. August [CLARK] Ein Präriewolf kam in die Nähe des Ufers und kläffte uns diesen Abend an. Wir versuchten vergeblich, ihn einzufangen. Dieses Tier bellt wie ein großer, feister Hund. Biber kommen an diesem Flussabschnitt häufig vor. Ich legte einige Geschenke für die Indianer der Mahar-Nation bereit. Wiser eignet sich als Koch und Verwalter der Vorräte von Sergeant Floyds Trupp.

13. August [CLARK] Wir passierten die Stelle, wo Mr. Ja. McKey in den Jahren 1795 und 96 ein Handelshaus hatte und es Fort Charles nannte. Wir entsandten Sergeant Ordway, Pierre Cruzatte, George Shannon, Werner und Carson mit einer Flagge und etwas Tabak zum Mahar-Dorf, um die Nation einzuladen, morgen zu uns zu kommen und mit uns zu reden.

[ORDWAY] Ich und drei weitere Mitglieder der Truppe gingen zum [Omaha]-Dorf hinaus bzw. zum Ort, wo es früher stand. Wir durchquerten das hohe Gras der unteren Prärie und kamen auf dem Weg zum Mahar-Wasserlauf … Wegen des hohen Grases, der Sonnenblumen und Disteln etc., allesamt etwa zehn Fuß hoch, war der Gang sehr erschöpfend. Unter diesen Wildpflanzen waren viele wilde Erbsen, wir bahnten uns den Weg hindurch, bis wir an die Stelle einer früheren Siedlung von ungefähr 300 Wigwams kamen, die Mahar-Dorf genannt wurde. Ich erfuhr, dass es vor ungefähr vier Jahren vollständig niedergebrannt wurde, nachdem die Hälfte der etwa 400 an der Zahl an den Pocken gestorben war. Wir fanden keinen Eingeborenen vor. Alle waren auf Büffeljagd.

14. August [CLARK] Diese Leute, die keine Häuser, keinen Mais und auch sonst nichts mehr als die Gräber ihrer Vorfahren haben, die sie an das alte Dorf binden, bleiben länger auf Büffeljagd als andere, die sesshafter sind. Die Verheerungen der Pocken (welche 400 Männer und Frauen und Kinder hinwegfegten) haben diese Nation auf 300 Männer reduziert, wodurch sie den Anfeindungen ihrer einst schwächeren Nachbarn überlassen sind, die vorher froh waren, auf freundlichem Fuß mit ihnen zu verkehren. Mir wird erzählt, als diese tödliche Krankheit unter ihnen wütete, gerieten sie in so anhaltende Raserei, dass sie nicht nur ihr Dorf niederbrannten, sondern ihre Frauen und Kinder töteten, um mit ihnen zusammen in ein besseres Land zu gelangen. Sie begraben ihre Toten auf hohen Hügeln und errichten darüber Grabhügel. Wie sich diese Leute die Pocken holten, ist ungewiss, die wahrscheinlichste Ursache ist wohl das Zusammentreffen mit einem Kriegstrupp einer anderen Nation.

[ORDWAY] Wir brachen bei Tageslicht auf und stiegen weiter die Hügel hinter den Gräbern hinunter. Wir sahen auch eine Anzahl großer Löcher im Boden, worin sie ihre Häute etc. zu verstecken pflegen, wenn sie zur Jagd gehen, und wenn sie zurückkehren, graben sie sie wieder aus. Ich steckte ein Papier als Zeichen für G. Drewyer etc. auf eine Stange, die in einem Rundhügel steckte. Wir gingen eine weit gestreckte Grasfläche auf dem Hügelkamm entlang. Wir hofften, etwas Mais oder irgendeine andere Saatpflanze zu finden, konnten aber nichts entdecken, was in diesem Jahr gepflanzt worden wäre. Kehrten um etwa zehn Uhr vormittags zu den Booten zurück.

15. August [CLARK] Wir fertigten ein Schleppnetz an und fischten den Wasserlauf stromaufwärts und fingen 318 Fische verschiedener Art, d.h. Hecht, Barsch, Lachs, Flussbarsch, Neunauge (einen Karpfenfisch), kleinen Wels und einen Silberfisch, eine Art von Flussbarsch auf dem Ohio. Ich fing einen Flusskrebs, der in Form, Größe und Geschmack genau dem glich, der um New Orleans herum und im unteren Abschnitt des Mississippi vorkommt. In diesem Wasserlauf, der nur die Wasserrinne oder Verbindungsgerade von einem Biberteich zu einem weiteren ist, wimmelt es von großen, fetten Muscheln. Alle Arten Enten und Geflügel sind auf diesen Teichen genauso zahlreich wie auf dem Fluss.

17. August [CLARK] Heute Abend um sechs Uhr kam *Labiche*, einer der zu den Otos geschickten Angehörigen der Truppe, zurück und teilte mit, dass der Trupp mit einem der Deserteure, M. B. Reed und den drei Oberhäuptlingen der Nationen ihnen nachfolge. Sie hatten *La Liberté* erwischt, aber er täuschte sie und entkam. Die vorsprechenden Oberhäuptlinge wollten mit unserer Hilfe Frieden mit den Mahars schließen. Da die Mahars nicht anwesend sind, kann dieses große Ziel gegenwärtig nicht erreicht werden. Die Prärien anzuzünden, um die Mahars und Sioux herbeizurufen, sofern sie in der Nähe sind, ist momentan das übliche Signal.

18. August [CLARK] Gegen Abend kam der Indianertrupp an. Wir trafen mit ihnen im Schatten beim Boot zusammen, und nach einem kurzen Gespräch gaben wir ihnen Essensvorräte und schritten zur Aburteilung von Reed. Er gestand, dass er »desertierte und ein in Staatseigentum befindliches Gewehr, Patronentasche, Schießpulver und Zunder« gestohlen hatte, und bat, dass wir mit ihm genauso gnädig sein sollten, wie wir es im Einklang mit unseren Eiden verantworten könnten, was wir dann auch taten. Wir verurteilten ihn nur dazu, viermal durch die Truppe Spießruten zu laufen und bestimmten, dass jeder Mann ihn mit neun Schlägen bestrafen sollte und er in Zukunft nicht mehr als der Truppe zugehörig angesehen wird. Die drei Oberhäuptlinge baten um Pardon für diesen Mann.

Nachdem wir den Schaden erklärt hatten, den solche Männer durch ihr falsches Verhalten anrichten könnten, und die Sitten unseres Landes erklärt hatten, waren sie alle mit der Angemessenheit der Strafe einverstanden und waren Augenzeugen der Bestrafung. Danach führten wir ein Gespräch mit den Häuptlingen über den Ursprung des Krieges zwischen ihnen und den Mahars etc. Es hat damit begonnen, dass zwei Männer des bei den Otos lebenden Missouri-Stammes bei den Mahars Pferde stehlen wollten, wobei beide getötet wurden, was wiederum Rache seitens der Missouris und Otos erforderte. So fiel der Krieg auf alle zurück. Auch haben sie fast dieselben Schwierigkeiten mit den Pania Loups und sie fürchten sich sehr vor einer gerechten Rache durch die Panias, da sie ihnen in deren Abwesenheit bei der Sommerjagd Mais aus den Siedlungen gestohlen haben. Der Abend wurde mit einer zusätzlichen Viertelpinte Whisky und einem Tanz bis elf Uhr abgeschlossen.

19. August [CLARK] Um zehn Uhr versammelten wir die Häuptlinge und Krieger unter einem Sonnensegel und hielten eine Rede, in der wir diejenige erläuterten, die wir dieser Nation von Council Bluff aus schon geschickt hatten.

Kinder. Als wir die vier Männer zu euren Siedlungen schickten, rechneten wir damit, dass bald die Mahars kommen und wir einen Frieden zwischen euren Stämmen aushandeln würden.

Die Rede von *Petit Voleur, Kleiner Dieb.* Falls ihr es für richtig haltet und warten könnt, bis alle unsere Krieger von der Büffeljagd zurückkehren, können wir euch zeigen, wer unsere einflussreichen

Männer sind. Meine Väter haben immer mit dem Vater des B. zusammengelebt und wir lebten immer mit dem Big Horse – alle Männer hier sind die Söhne des Häuptlings und sind glücklich, etwas aus den Händen ihrer Väter zu bekommen. Mein Vater hat mir immer aufgetragen, zu den weißen Leuten freundlich zu sein, ich habe immer danach gehandelt und ging oft zu den Franzosen, gebt meiner Sippe Papierdokumente und wir sind glücklich …

Die Rede des Big Horse. Ich ging zur Büffeljagd, ich hörte euer Wort und kehrte zurück, ich und alle meine Männer mit mir werden eure Worte beachten. Ihr wollt Frieden mit allen schließen, ich will auch Frieden schließen. Wenn die jungen Männer auf den Kriegspfad gehen wollen, wo ist das Hab und Gut, das ihr mir gebt, um sie zu Hause zu halten? Gebt ihr mir etwas Whiskey, damit ich meinen Männern zu Hause einen Tropfen anbieten kann? ich kam nackt hierher und muss nackt heimkehren. Wenn ich den jungen Männern etwas zu geben habe, kann ich verhindern, dass sie auf den Kriegspfad gehen. Ihr wollt Frieden mit allen schließen. Das ist gut. Wir möchten meinen Männern zu Hause etwas geben. Ich bin ein armer Mann und kann ohne Mittel nichts ausrichten, eine Schöpfkelle von eurer Milch wird alle beruhigen … Sergeant Floyd wurde heftig von einer Magenkolik geplagt und ist todkrank. Wir versuchen vergeblich, ihm Erleichterung zu verschaffen, ich bin wegen seines Zustands sehr besorgt. Wir haben kein Mittel zur Verfügung, womit wir seinen Magen behandeln könnten. Seine Natur (Physis) erschöpft sich rasch. Jeder Mann ist um ihn bemüht, ›vor allem York‹.

20. August [CLARK] Um Sergeant Floyd ist es denkbar schlimm bestellt. Sein Pulsschlag ist schwach, und er kann nichts auch nur einen Moment bei sich behalten. Wir passierten zwei Inseln, und am ersten Steilufer auf der Steuerbordseite starb Sergeant Floyd in großem Seelenfrieden. Vor seinem Tod sagte er zu mir, »ich gehe nun fort. Ich bitte Sie, für mich einen Brief zu schreiben«. – Wir begruben ihn auf dem Gipfel des Steilufers eine halbe Meile unterhalb eines kleinen Flusses, dem wir seinen Namen gaben, er wurde sehr betrauert und mit allen Kriegsehren begraben; ein Zedernpfahl mit der Inschrift »Sergeant C. Floyd starb hier am 20. August 1804« wurde am oberen Ende des Grabes angebracht. Dieser Mann hat uns zu allen Zeiten Beweise seiner Standhaftigkeit und seiner entschiedenen Entschlossenheit gegeben, seinem Land zu dienen und es zu ehren.

Nachdem wir alle unserem verstorbenen Bruder die Ehre erwiesen hatten, lagerten wir an der Mündung des ungefähr 30 Yards breiten *Floyds Rivers*, ein wunderschöner Abend.

[GASS] Hier starb Sergeant Floyd trotz aller möglichen Anstrengung der kommandierenden Offiziere und anderer Personen, sein Leben zu retten.

22. August [CLARK] Dieses Steilufer enthielt Alaun, Vitriol, Kobalt, Pyrite; ein Alaunfels weich und aus Sandstein. Während Captain Lewis die Qualität dieser Minerale prüfte, hat er sich beinahe an den Dämpfen und den Kostproben von Kobalt vergiftet. Das Vitriol und der Alaun sind sehr rein ... Sieben Meilen oberhalb befindet sich ein dunkelbrauner Felsen aus Alaungestein, der auch in den Ritzen und Felsplatten verkrustet große Mengen von Kobalt, fossilen Muscheln und rote Erde enthält ... Captain Lewis nahm eine Dosis der Salze, um die Wirkungen des Arsens loszuwerden, befahl eine Wahl eines Sergeants durchzuführen, um von dreien den mit der höchsten Stimmenzahl in dieses Amt zu bestellen. Die meisten Stimmen, nämlich 19, erhielt P. Gass, dann Bratton und Gibson.

23. August [ORDWAY] Jo. Fields kam zum Boot und teilte uns mit, dass er einen Büffelbullen getötet hat.

24. August [LEWIS] Der Chronometer blieb wieder stehen, nachdem er gerade aufgezogen worden war; ich kenne die Ursache nicht, aber fürchte, es rührt von irgendeinem Defekt her, den ich nicht reparieren kann.

[CLARK] In einer ausgedehnten Ebene ist ein hoher Hügel gelegen, der kegelförmig zu sein scheint und der verschiedenen Indianernationen in dieser Gegend als der Wohnsitz von Teufeln gilt. Sie sollen menschliche Gestalt haben mit bemerkenswert großen Köpfen und etwa 18 Zoll groß sein, sie sollen sehr wachsam und mit scharfen Pfeilen bewaffnet sein, mit denen sie auf eine große Entfernung tödlich treffen können; sie sollen alle Personen töten, die so verwegen sind, sich dem Hügel nähern zu wollen. Die Indianer erzählen von der Überlieferung, dass viele ihrer Leute durch diese kleinen Wesen gelitten haben und vor wenigen Jahren drei Mahar-Männer ihrer gnadenlosen Wut zum Opfer gefallen sind. So sehr glauben die Mahar, Sioux, Otos und andere benachbarte Nationen diese Fabel, dass keine Macht der Welt sie bewegen kann, sich dem Hügel zu nähern.

[ORDWAY] Wir fanden eine große Menge roter Beeren, die an einem hübschen Baum wachsen, der etwa so hoch ist, wie ich hinaufreichen kann. Diese Beeren sind ein wenig sauer und werden Kaninchenbeeren genannt. Aber angenehm im Geschmack.

2. Der Mittlere Missouri

25. August – 26. Oktober 1804

25. August [CLARK] Capt. Lewis und ich beschlossen, den Hügel zu besichtigen, der sämtliche Nationen in dieser Gegend solchen Schrecken einflößt … Dieser Hügel sieht wie ein Kegel aus … Unser Hund war so erhitzt und ermüdet, dass wir gezwungen waren, ihn zum Wasserlauf zurückzuschicken. Um zwölf Uhr erreichten wir den Hügel. Captain Lewis war von der besonderen Hitze des Tages stark erschöpft und befand sich wegen der Vorsichtsmaßregeln, die er ergreifen musste, um die Wirkungen des Kobalts und der mineralischen Substanz einzuschränken, in entkräftetem Zustand. Diese Substanzen hatten ihn wahrscheinlich vor zwei Tagen vergiftet. Sein Verlangen nach Wasser und der große Durst mehrerer anderer Männer veranlassten uns, auf die erste Wasserstelle zuzustreben … Die regelmäßige Form dieses Hügels führt zunächst stark zur Annahme, dass er von Menschenhand erschaffen ist; aber da der Boden mit losen Kieselsteinen und anderen Substanzen, aus denen er besteht, große Ähnlichkeit mit dem Steilhang aufweist, der an das benachbarte Flüsschen grenzt, schlussfolgerten wir, dass er höchstwahrscheinlich doch ein Werk der Natur ist … Die umliegenden Ebenen sind offen, baumlos und weitflächig eben: Folglich treibt der Wind, aus welcher Gegend er auch blasen mag, mit ungewöhnlicher Kraft über die nackten Prärien und gegen diesen Hügel. Verschiedenste Insekten werden durch die Kraft des Windes unwillkürlich hin zu dem Erdhügel getrieben, oder sie fliegen zu seiner windabgewandten, geschützten Seite, dass dort immer wieder große Scharen kleiner Vögel, deren Nahrung sie sind, hinfliegen.

Ein Zeichen dafür, dass dieser Hügel Wohnsitz einiger besonderer Geister sei, wie es die Indianer glauben, ist, dass man häufig eine große Ansammlung von Vögeln um diesen Erdhügel herum beobachten kann. – Meiner Meinung nach reicht allein diese Beobachtung aus, um in ihrem ungeordneten Verstand einen sicheren Glauben an all die Eigenschaften, die sie ihm zuschreiben, zu festigen. Vom Gipfel dieses Hügels erblickten wir eine überaus prächtige Landschaft; zahlreiche Büffelherden konnten wir in verschiedenen Richtungen beim Weiden sehen, die Ebene nach Nordwesten und Nordosten erstreckt sich endlos, soweit das Auge reicht. Der Boden dieser Ebenen ist herrlich.

[WHITEHOUSE] Einige unserer Männer haben neun Welse gefangen. Fünf von ihnen waren besonders groß und wogen im Durchschnitt jeder 100 Pfund.

26. August [LEWIS und CLARK, Abkommandierungsbefehle] Die befehlshabenden Offiziere haben es für richtig befunden, Patrick Gass zum Sergeant im Korps der Freiwilligen für die Nordwestliche Entdeckungstour zu ernennen, ihm ist somit zu gehorchen und er soll dementsprechend respektiert werden. Sergeant Gass wird befohlen, die Verantwortung für die Gruppe des verstorbenen Sergeants Floyd zu übernehmen … Die kommandierenden Offiziere sind aufgrund seiner bisherigen pflichtgetreuen Dienste davon überzeugt, dass Sergeant Gass diesen Eindruck auch weiterhin bestätigen wird und in Zukunft die ihm obliegenden Pflichten als Sergeant mit umsichtiger Aufmerksamkeit erfüllen wird. Die kommandierenden Offiziere werden noch weiter in der hohen Meinung bestärkt, die sie sich schon früher von der Fähigkeit, Redlichkeit und Integrität des Sergeants Gass gebildet hatten, weil seine Ernennung zum Sergeant mit der ausdrücklichen Zustimmung der Mehrheit seiner Kameraden und auf deren ausdrücklichen Wunsch erfolgt ist.

27. August [CLARK] G. Drewyer traf ein und teilte mit, dass er weder Shannon noch Pferde finden könne. Wir schickten Shields und J. Fields zurück, um Shannon und den Pferden nachzustellen … Wir ließen die Prärie anzünden, damit die Sioux merken, dass wir am Fluss sind und als ein Signal für sie hierherzukommen. Um zwei Uhr passierten wir die Mündung des Flusses *Jacques* oder Yankton. Ein Indianer an der Mündung dieses Flusses schwamm zur Piroge, wir gingen an Land und zwei andere kamen dazu. Die Indianer informierten uns, dass ein großes Lager der Sioux am Fluss Jacques in der Nähe der Mündung aufgeschlagen sei. Wir sandten Sergeant Pryor und einen Franzosen mit Mr. Dorion, dem Sioux-Dolmetscher, zu dem Lager mit der Anweisung, die wichtigsten Häuptlinge einzuladen, mit uns an einem Steilufer namens Calumet Rat zu halten.

28. August [CLARK] Captain Lewis und ich selbst sehr indisponiert. Ich denke von dem Maisbrei, den wir anstatt Brot zu uns nehmen.

[CLARK] Eine der Pirogen lief auf einen Baumstumpf auf und war nach Meinung der Truppe fast am Sinken. Wir gingen unterhalb des Calumet-Steilufers vor Anker und errichteten ein Lager in einer wunderschönen Ebene beim sanften Anstieg zum Hochland. Die beschädigte Piroge ließ ich ausladen und die Ladung in die andere Piroge verstauen, die wir zurückschicken wollten.

Nachdem wir sie untersucht und festgestellt hatten, dass sie zum Einsatz untauglich geworden war, beschlossen wir, sie mit der Truppe zurückzuschicken. Ein Teil der Ladung war stark beschädigt …

J. Shields und J. Fields, die zurückgeschickt worden waren, um Shannon und die Pferde zu suchen, kamen wieder zurück und teilten uns mit, dass Shannon mit den Pferden eine Nasenlänge voraus war und sie ihn nicht einholen konnten. Da dieser Mann kein erstklassiger Jäger ist, beschlossen wir, ihm einen Mann mit einigen Vorräten hinterherzuschicken.

29. August [CLARK] Ich bin sehr mit Abschreiben beschäftigt. Um vier Uhr nachmittags kamen Sergeant Pryor und Mr. Dorion mit fünf Häuptlingen und etwa 70 Mann etc. auf der gegenüberliegenden Seite an. Wir schickten eine Piroge und Mr. Dorion sowie sein Sohn, die mit den Indianern Handel treiben, kamen mit Sergeant Pryor herüber und informierten uns, dass die Häuptlinge eingetroffen seien. Wir schickten Sergeant Pryor und den jungen Mr. Dorion mit etwas Tabak, Mais und einigen Kochtöpfen zu ihnen zurück und mit der Anweisung, die Häuptlinge zu informieren, dass wir morgen zu ihnen sprechen würden ... Sergeant Pryor unterrichtet mich, dass in der Nähe des Indianerlagers Männer mit einer Büffelrobe auf sie gewartet hätten, um sie zu tragen. Mr. Dorion habe ihnen gesagt, [»]sie wären nicht die Eigentümer der Boote und wünschten nicht, getragen zu werden« – die Sioux-Zelte sind hübsch, in Kegelform und mit Büffelhäuten bedeckt, mit verschiedenen Farben bemalt und alle dicht und ansehnlich angeordnet. Sie haben in der Mitte einen offenen Teil, der als Feuerstelle vorgesehen ist. Jeder Wigwam hat einen abgetrennten Platz zum Kochen, in den Wigwams leben zehn bis 15 Personen. – Als Geschenk für die Truppe und als Zeichen ihres großen Respekts überreichten sie uns einen fetten Hund, von dem sie herzhaft mitaßen und ihn für gut und schmackhaft hielten.

[ORDWAY] Wir haben reichliche Vorräte an feinem fettem Wels, dem in dieser Jahreszeit häufigsten Fisch. Gestern Abend haben wir mehrere große Welse gefangen. Der Missouri-Fluss spendet uns Fisch in Hülle und Fülle und das Land eine Fülle aller Art von Wild.

30. August [CLARK] Nachdem wir einige Geschenke für die Häuptlinge vorbereitet und eine Rede fertiggestellt hatten, die wir ihnen zu halten beabsichtigten, schickten wir Mr. Dorion in einer Piroge zu den Häuptlingen und Kriegern, um sie zu einer Beratung unter einer Eiche in der Nähe eines hohen Mastes einzuladen, an dem unsere Fahne wehte. Um zwölf Uhr trafen wir zusammen, und Captain L. hielt die Rede. Wir zeichneten einen als Oberhäuptling aus, indem wir ihm eine Medaille und einige Kleidungsstücke gaben, und einen zweiten und drei dritte Häuptlinge auf ähnliche Weise. Alle empfingen unsere Zuwendungen mit Vergnügen. Dem Oberhäuptling überreichten wir eine Fahne und eine Urkunde[5] und einen Wampum mit einem Hut und Häuptlingsmantel. Wir rauchten die Friedenspfeife, und die Häuptlinge zogen sich in eine von ihren jungen Männern aus Büschen gemachten Laubhütte zurück, um ihre Geschenke zu teilen, zu rauchen, essen und Rat abzuhalten … Die Sioux sind stämmige, kühn blickende Leute (die jungen Männer ansehnlich) und gut gewachsen, die meisten benutzen Bogen und Pfeile, einige haben Steinschlossflinten. Die Krieger sind üppig mit Farbe, Stachelschweinborsten und Federn geschmückt, tragen lange Beinkleider und Mokassins und sind alle mit Büffelgewändern verschiedener Färbung bekleidet. Die Squaws tragen und weiße Büffelüberwürfe. Ihre schwarzen Haare fallen über Hals und Schultern herab.

[ORDWAY] Nach Einbruch der Dunkelheit machten wir ein großes Feuer für die Indianer, um einen Kriegstanz zu erleben, alle jungen Männer bereiteten sich auf den Tanz vor. Einige von ihnen bemalten sich in merkwürdiger Weise, manche das ganze Gesicht weiß, eine Trommel wurde gebracht, und die Musiker fingen an, auf ihren kleinen Instrumenten zu spielen und die Trommel zu schlagen, dazu wurde gesungen. Die jungen Männer begannen, um das Feuer herumzutanzen. Es begann immer mit einem Hüpfen und Gebrüll und endete mit dem Gleichen, und in bestimmten Abständen erhob sich einer der Krieger mit seiner Waffe und sprach davon, was er früher gemacht und welche kriegerischen Handlungen er vollbracht hat etc. Dies ist für sie von Verdienst. Sie bekennen dabei, wie viele sie getötet haben und von welcher Nation sie waren oder wie viele Pferde sie gestohlen haben etc. Sie lagerten längsseits von uns und benahmen sich ehrenhaft.

31. August [CLARK] Ich nahm ein Vokabular der Sioux-Sprache auf und notierte die Antworten auf einige Nachfragen, die sich auf ihre Situation, Handel, Zahl der Kriege etc. bezogen. Die Nation ist in 20 Stämme geteilt, welche separate Interessen hegen. Insgesamt sind sie zahlreich, d.h. etwa zwei- bis dreitausend Personen, ihre Interessen sind so unterschiedlich, dass einige Gruppen im Krieg mit Nationen stehen, mit denen andere Gruppen auf bestem Fuß leben. Diese große Nation, der die Franzosen den Spitznamen Sioux gegeben haben, nennt sich selbst *Dar co tar*. Sonderbarerweise haben sie bloß bedingt eine eigene Sprache, viele ihrer Wörter sind in jeder Beziehung die gleichen wie bei den Mahar, Poncas, Osage und Kansas. Das beweist eindeutig, dass diese Nationen irgendwann, wahrscheinlich vor we-

5 Das Dokument bestätigt dem Empfänger, ein Verbündeter der USA zu sein.

niger als einem oder zwei Jahrhunderten, vereint gewesen sind. Diese *Dar co tars* oder Sioux wohnen oder wandern über das Land am Red River des Lake Winnipeck, St. Peters und im Westen des Mississippis oberhalb der Prairie Du Chien an den Quellen des Flusses Des Moines und dem Missouri auf der Nordseite. Sie befinden sich nur mit acht Nationen im Frieden und ihrer eigenen Einschätzung nach mit mehr als zwanzig im Krieg. Handel treiben sie mit den Briten, mit Ausnahme dieser Gruppe hier und einer weiteren am Des Moines, die mit den Händlern von St. Louis Geschäfte machen. Sie liefern Biber-, Marder-, Wolf-, Luchs-, Bären- und Hirschhäute; unter ihnen leben 40 Händler. Die *Dar co tar* oder Sioux wandern umher und folgen den Büffeln, sie pflanzen weder Mais noch Sonstiges, da die Wälder und Prärien ausreichenden Lebensunterhalt bieten. Sie essen Fleisch und nehmen Bodenkartoffeln, die in den Prärien wachsen, als Brotersatz.

3. September [CLARK] Wir entdeckten Spuren der zwei Männer Shannon und Colter. Shannon schien Colter voraus zu sein.

4. September [CLARK] 4½ Meilen flussaufwärts passierten wir auf der Backbordseite die Mündung des Flusses *Que Courre* (*Schneller Fluss*) und gingen etwas oberhalb an Land. Dieser Fluss ist an der Mündung 152 Yards breit und vier Fuß tief und häuft Sande auf wie der Platte (nur körniger), die in seiner Mündung Sandbänke bilden. Ich ging den Fluss drei Meilen aufwärts und gelangte zu einer wunderschönen Ebene, wo früher eine Pania-Siedlung stand. Der Fluss verbreitert sich oberhalb seiner Mündung stark und ist durch Sandbänke und Inseln unterbrochen, die Strömung ist sehr schnell und wegen der Sandbänke selbst für Kanus nur mit Schwierigkeiten befahrbar. Er ist von heller Farbe, wie der Platte.

5. September [CLARK] Schickten Shields und Gibson zu den Ponca-Siedlungen, die am Ponca River auf der unteren Seite etwa zwei Meilen von der Mündung entfernt in einer offenen, schönen Prärie gelegen sind. Zu dieser Zeit ist diese Nation außer Reichweite und auf Büffeljagd. Es werden weder Mais noch Bohnen angebaut, Gibson tötete einen Büffel in der Siedlung. Die zwei Männer, die schon mehrere Tage abwesend sind, sind uns voraus.

7. September [CLARK] Captain Lewis und ich gingen stromaufwärts zu dem kegelförmigen Gipfel, er ist etwa 70 Fuß höher als die Hochebenen ringsumher.

Nachdem wir die Kuppel hinuntergestiegen waren, entdeckten wir eine Ansammlung kleiner Tiere, die in der Erde gruben (diese Tiere werden von den Franzosen ›kleine Hunde‹ genannt). Wir töteten eines und eines fingen wir lebend, indem wir eine große Menge Wasser in sein Loch gossen. Wir versuchten, bis zur Höhle eines der Tiere hinunterzugraben, aber nachdem wir sechs Fuß gegraben hatten, ließen wir eine Stange hinunter und stellten fest, dass wir noch nicht einmal die Hälfte bis zu seiner Behausung gegraben hatten. Wir fanden zwei Frösche in dem Loch und töteten ganz in der Nähe eine dunkle Klapperschlange mit einer solchen Erdratte im Bauch (diese Ratten sind sehr zahlreich). Das Revier dieser Tiere geht über ungefähr vier Acres Boden auf einem sanft abfallenden Abhang und enthält oben am Hang viele Löcher, aus denen diese kleinen Tiere sich aufrichten und ein pfeifendes Geräusch von sich geben. Bei Gefahr schlüpfen sie schnell in ihr Loch. Wir schütteten in eines der Löcher fünf Fass Wasser, ohne dass es voll wurde. Man sagt, dass eine Art Eidechse, auch eine Schlange mit diesen Tieren in Gemeinschaft lebt. Wir können dies aber nicht bestätigen.

[ORDWAY] Shields tötete einen Präriehund, der den Captains zum Abendessen zubereitet wurde.

10. September [CLARK] Auf einem Hügel backbords entdeckten wir das Rückgrat eines Fisches, 45 Fuß lang und zum Schwanz hin sich verjüngend und einige Zähne etc. Die Gelenkstücke waren abgetrennt und alle versteinert. Gegenüber dieser Insel gibt es 1 ½ Meilen vom Fluss entfernt eine große Salzquelle mit hohem Salzgehalt.

11. September [CLARK] Hier stieß der Mann wieder zu uns, der uns vor 22 Tagen mit den Pferden verlassen hatte, seitdem uns voraus war und beinahe verhungerte. Seit zwölf Tagen hatte er keine Nahrung außer Weintrauben und einem Hasen, den er erlegte, indem er ein Stück hartes Holz statt einer Kugel verschoss. Weil er annahm, das Boot sei ihm voraus, war dieser Mann vorangeeilt, solang er konnte, und als er schwach und klapprig wurde, entschloss er sich aufzugeben und auf ein Handelsboot zu warten, das kommen sollte. Er sparte ein Pferd als eiserne Reserve auf. So wäre ein Mann in einem Land des Überflusses aus Mangel an Gewehrkugeln oder einer anderen Waffe, die sich zum Töten eines Wildtieres geeignet hätte, fast verhungert.

13. September [LEWIS] Ich tötete ein … Stachelschwein; ich entdeckte es in einem Silberpappelbaum in der Nähe des Flusses auf dem Backbordufer. Die Blätter der Silberpappeln waren zerrupft. Ich nahm deshalb an, dass es sich in dieser Jahreszeit am Blätterwerk der Bäume mästet. Das Fleisch dieses Tieres ist eine wohlschmeckende und gesunde Nahrung. Die Stacheln hatten noch nicht ihre übliche Länge erreicht.

14. September [CLARK] Bei meinem Erkundungsgang tötete ich einen der in dieser Gegend häufigen Gabelböcke. Er ist etwa so hoch wie ein ausgewachsener Hirsch, nur ist sein Körper kürzer, die Hörner sind nicht sehr hart und gabeln sich oberhalb des Ansatzes. Eine Geweihsprosse ist kurz, die andere rund und scharf gekrümmt, sie wachsen unmittelbar über seinen Augen. Sein Fell ist hellgrau, hinter den Ohren verläuft ein schwarzer Streifen den Hals hinunter, an der Kinnlade und rund um den Hals ist er weiß; ebenso an den Flanken und am Hinterteil rund um seinen kurzen Schwanz. Er ist sehr lebhaft veranlagt, hat nur ein Paar Hufe an jedem Fuß. Seine Nüstern sind groß, seine Augen wie die eines Schafes. Er ähnelt mehr einer Antilope oder afrikanischen Gazelle als irgendeiner Ziegenart.

16. September [LEWIS] Wir entschieden, den Rest dieses Tages und den nächsten an dieser Stelle zu bleiben, um unser Gepäck zu trocknen, das durch die schweren Regenschauer der letzten drei Tage durchnässt war, und auch um einen Teil unserer Ladung vom Boot auf die rote Piroge umzuladen. Wir hatten beschlossen, die rote Piroge nun doch bis zum Winterquartier mitzuführen, wo auch immer das sein würde. Während einige der Männer damit beschäftigt waren, bereiteten andere Häute auf, wuschen und besserten ihre Kleidung aus etc. … Dieser Platz ist stärker bewaldet als alle anderen Flussabschnitte seit Tagen und mit Silberpappeln, Ulmen, irgendeiner Esche und vielen Bäumen einer kleinen Weißeichenart mit schmackhaften Eicheln bewachsen … Fast das ganze Jagdwild frisst gerne Eicheln; Büffel, Wapiti, Hirsch, Bär, Truthahn, Enten, Tauben und sogar Wölfe ernähren sich von ihnen.

17. September [LEWIS] Da ich seit vielen Tagen auf dem Boot geblieben war, entschloss ich mich, an diesem Tag mit dem Gewehr am Ufer zu jagen und das Hinterland zwischen Fluss und Corvus Creek zu erkunden. So brach ich vor Sonnenaufgang mit sechs meiner besten Jäger auf … Das Land fällt wie üblich in eine prächtige, ebene Prärie ab, die sich bis zum Horizont erstreckt. Von dieser Ebene aus hatte ich einen ausgedehnten Überblick stromabwärts, und die unregelmäßigen Hügel, die die gegenüberliegenden Seiten des Flusses und des Wasserlaufes säumen, lagen vor meinen Augen ausgebreitet. Das umliegende Land war etwa einen Monat vorher abgebrannt, und junges Gras war zu einer Höhe von vier Zoll aufgeschossen und bot ein lebhaftes frühlingshaftes Grün dar.

Nach Westen erstreckte sich eine hohe Hügelkette von Nord nach Süd durch das Land und schien ungefähr 20 Meilen entfernt … Diese überaus angenehme und wunderschöne Landschaft wurde noch großartiger durch riesige Büffel-, Hirsch-, Wapitihirsch- und Antilopenherden, die wir in jeder Richtung auf den Hügeln und Prärien beim Grasen sahen … Wir fanden die Antilopen außergewöhnlich scheu und wachsam, sodass wir keinen Schuss abfeuern konnten, weil sie, sobald sie ruhen, dafür gewöhnlich den höchstgelegenen Platz in der Umgebung nehmen und weil sie wachsam und äußerst schnell außer Reichweite sind. Ihr Geruchssinn ist sehr fein, so ist es fast unmöglich, sich ihnen auf Schussweite anzunähern; kurzum, sie wittern den Jäger fast immer und fliehen gut drei Meilen weit … Antilopen, die in einer steilen Schlucht verschwunden waren, erschienen nun in einer Entfernung von etwa drei Meilen auf der Seite des Kammes, der sich schräg über mir über etwa vier Meilen erstreckte. So schnell hatten sich diese Antilopen entfernt und waren wieder in meinem Blickfeld erschienen, dass ich zunächst zweifelte, ob es dieselben waren, die ich gerade überrascht hatte. Aber meine Zweifel verschwanden bald, als ich die Geschwindigkeit ihrer Flucht entlang des Kammes vor mir begriff. Es kam mir eher wie der schnelle Flug von Vögeln vor als wie die Bewegung von Vierfüßlern. Es ist sicher nicht übertrieben zu behaupten, dass die Schnelligkeit dieses Tieres der eines prächtigen Vollblutpferdes gleichkommt, wenn nicht gar überlegen ist.

[CLARK] Colter tötete … eine merkwürdige Art Hirsch von einer ungewöhnlich dunkelgrauen Farbe, seine Fellhaare sind lang und fein, die Ohren groß und lang, er hat ein kleines Receptaculum unter den Augen wie ein Wapitihirsch. Der Schwanz ist so lang wie bei einem gewöhnlichen Hirsch, rund (wie bei einer Kuh), ein Büschel schwarzer Haare um das Schwanzende herum, diese Art Hirsch springt wie eine Ziege oder ein Schaf.

18. September [CLARK] Ich erlegte einen Präriewolf von etwa der Größe eines grauen Fuchses, buschiger Schwanz, Kopf und Ohren wie ein Wolf, unauffälliges Fell. Er gräbt sich in den Boden ein und kläfft wie ein kleiner Hund. Wir hatten diese Wölfe bisher für Füchse gehalten, aber wir bekamen keine Füchse zu Gesicht. Es gibt sehr viele große Wölfe, sie sind von einer hellen Farbe und haben ein langhaariges Fell.

[ORDWAY] Die Knochen des Wolfes wurden beiseitegelegt und mit den Fellen aufbewahrt … um sie im nächsten Frühling mit den anderen Merkwürdigkeiten in die Staaten zurückzuschicken.

20. September [GASS] Wir kamen auf der Nordseite an einer langen Kette von dunkelfarbigen Steilufern vorbei. Diese und andere der gleichen Art geben dem Missouri seine schlammige Farbe. Die Erde, aus der sie zusammengesetzt sind, löst sich wie Zucker auf; jeder Regen wäscht große Mengen von ihr aus, und die Schnelligkeit der Strömung hält sie bis zur Mündung in den Mississippi vermischt und im Wasser schwebend.

21. September [CLARK] Um halb zwei Uhr heute Morgen wurde die Sandbank, auf der wir lagerten, unterspült und wich zurück, was den wachhabenden Sergeant alarmierte. Die Bewegungen des Bootes weckten mich; ich stand auf und beobachtete unter dem Mondlicht, dass das Land sowohl oberhalb wie auch unterhalb unseres Lagers nachgegeben hatte und dabei war, ins Wasser abzusinken ... Nur wenige Minuten, nachdem wir das Boot und die Pirogen abgestoßen hatten, gab die Bank endgültig nach, wobei gewiss beide Pirogen untergegangen wären. Als wir das gegenüberliegende Ufer erreichten, brach unser Lagerplatz ein ... Bei Tageslicht fuhren wir zur Schlucht der großen Biegung weiter und frühstückten.

22. September [CLARK] Wir kamen an der Zederninsel vorbei ... Beim oberen Teil dieser Insel auf der Südseite steht eine Handelsstation aus Zedern, die ein Mr. Louiselle aus St. Louis erbaut hat, um mit den Teton-Gruppen der Sioux Handel zu treiben. Um dieses Fort herum sah ich viele provisorische Wigwams und Pferdeställe der Indianer, alle rund und oben spitz zulaufend.

23. September [CLARK] Wir passierten die ... mit Silberpappeln, den roten, von den Franzosen *Gres de Butiff* genannten Johannisbeeren und Weintrauben bewachsene Wapitiinsel ... Drei Sioux-Jungen kamen zu uns, durchschwammen den Fluss und teilten uns mit, dass die Teton genannte Gruppe von Sioux mit 80 Wigwams oberhalb des nächsten Wasserlaufs lagerte, und weitere 60 Wigwams etwas weiter weg. Wir gaben den Jungen zwei Rollen Tabak für ihre Häuptlinge und wiesen sie an, ihnen mitzuteilen, dass wir morgen mit ihnen sprechen möchten.

[LEWIS und CLARK, Wetteranmerkungen] Die Luft ist äußerst trocken. In 36 Stunden sind zwei Löffel Wasser in einer Untertasse verdunstet.

24. September [CLARK] Wir legten einige Kleidungsstücke und einige Medaillen für die Häuptlinge des Teton-Zweiges der Sioux bereit, die wir heute am nächsten Fluss erwarten ... [Wir] bereiteten alles Notwendige für einen möglichen Kampf vor, unsere Pirogen fuhren zu dem Treffen zur Insel. Kurz darauf rannte unser an Land postierter Mann das Flussufer hoch und berichtete, dass die Indianer das Pferd gestohlen hatten. Bald darauf trafen wir auf fünf Indianer und ankerten ein Stück weit draußen im Fluss, sprachen zu ihnen und überzeugten sie, dass wir freundliche Absichten hatten und weiterhin haben würden, wir aber keine Angst vor irgendwelchen Indianern hätten. Einige ihrer jungen Männer hätten sich das von ihrem Großen Vater für den Häuptling gesandte Pferd angeeignet, und wir würden nicht zu ihnen sprechen, bevor man uns das Pferd wieder zurückgegeben hätte. Die Stämme der Sioux, die Teton genannt werden, lagern etwa zwei Meilen stromaufwärts auf der Nordwestseite, und wir werden den Fluss nach dieser Nation, Teton, benennen.

25. September [CLARK] Ein schöner Morgen: Sehr guter Wind aus Südosten, wir errichteten einen Fahnenmast und stellten eine Überdachung auf einer Sandbank an der Mündung des Teton Rivers auf für die Unterredung mit den Indianern. Die Bootstruppe bleibt in 70 Yards Entfernung von der Sandbank an Bord. Die fünf Indianer, denen wir gestern Abend begegnet waren, waren wieder da, und etwa um elf Uhr kamen der erste und zweite Häuptling. Wir gaben ihnen etwas von unseren Vorräten zu essen, sie gaben uns große Mengen an Fleisch, das teils verdorben war. Das Fehlen eines Dolmetschers war sehr hinderlich, der eine, den wir haben, spricht nur schlecht.

Wir hielten um zwölf Uhr eine Ratsitzung ab, und nachdem wir wie üblich geraucht hatten, ging Captain Lewis daran, eine Rede zu halten, die aber ohne einen guten Dolmetscher kurz ausfiel. Wir ließen unsere ganze Truppe aufmarschieren. Wir gaben dem Oberhäuptling, der auf Indianisch *Un ton gar Sar bar*, auf Französisch *Buffle Noir*, schwarzer Büffel genannt wird, eine Medaille, er soll ein guter Mann sein. Der zweite Häuptling *Torto hon gar* – oder der Partisan (Schlechter Freund); der dritte ist Buffalo Medison, sein Name ist *Tar ton gar wa ker* …

Wir luden die Häuptlinge an Bord ein, um ihnen unser Boot und andere Dinge, die sie nicht kannten, zu zeigen. Wir gaben ihnen ein viertel Glas Whisky, den sie sehr mochten. Sie sogen noch weiter an der Flasche, als sie schon leer war, und wurden uns bald lästig, wobei der zweite Häuptling tat, als sei er betrunken als Vorwand für seine lumpigen Absichten. Ich ging mit den Häuptlingen (die gar nicht gern vom Boot gingen) in der Absicht an Land, sie wieder mit uns zu versöhnen. Sowie ich die Piroge anlandete, ergriffen drei ihrer jungen Männer das Ankertau der Piroge, die Krieger der Häuptlinge umringten den Mast und der zweite Häuptling war sowohl in Worten wie auch Gesten sehr unverschämt, indem er mich am Weitergehen hinderte. Er behauptete, nicht genügend Geschenke von uns erhalten zu haben, seine Gesten beleidigten mich derart persönlich, dass ich mich gezwungen sah, meinen Säbel zu ziehen. Bei dieser Bewegung befahl Captain Lewis alle Mann im Boot unter Waffen, jeder Mann war bereit, sich und mich zu verteidigen, der Oberhäuptling bekam dann das Ende des Taus zu fassen und befahl die jungen Krieger fort, ich war sehr erleichtert und sprach wieder in freundlichen Worten.

Die meisten Krieger hatten ihre Bogen gespannt und nahmen Pfeile aus dem Köcher. Da sie mich nicht zurückgehen ließen, schickte ich die mich begleitenden außer zwei Dolmetschern zum Boot, die Piroge kehrte bald mit etwa zwölf unserer tapfersten Männer zurück, die zu allem bereit waren. Dies brachte etliche Indianer dazu, sich in einige Entfernung zurückzuziehen. Ihr Verhalten mir gegenüber war sehr grob, und ich denke, dass Rauheit meinerseits gerechtfertigt war, sie alle verließen meine Piroge und beratschlagten untereinander. Das Ergebnis konnte ich nicht erfahren, und fast alle entfernten sich.

Nach einigem Warten bot ich dem ersten und zweiten Häuptling meine Hand, sie lehnten aber ab, einzuschlagen. Ich wandte mich ab und ging mit meinen Männern an Bord der Piroge. Ich hatte nicht mehr als zehn Schritte zurückgelegt, als der erste und dritte Häuptling und zwei mutige Männer mir nachwateten. Ich nahm sie auf und ging mit ihnen an Bord.

Wir fuhren etwa eine Meile weiter und ankerten vor einer Weideninsel, stellten eine Wache am Ufer auf, um die Köche zu schützen, und eine Wache im Boot und machten die Pirogen am Boot fest. Ich nenne diese Insel Schlecht Gelaunte Insel, da wir bei schlechter Laune waren.

[ORDWAY] Die große Drehbasse wurde sofort mit 16 Musketenkugeln geladen, die zwei anderen Drehbassen gut mit grobem Schrot gefüllt und jede von ihnen bemannt. Captain Clark war bei der Unterredung mit ihnen maßvoll und erklärte, dass wir weiterziehen werden und müssen. Der Häuptling sagte, er habe auch Krieger, und wenn wir weitergehen sollten, würden sie uns folgen und uns töten. Dann erklärte ihnen Captain Clark, dass wir von ihrem Großen Vater, dem Präsidenten der Vereinigten Staaten geschickt worden seien, und dass, falls sie uns misshandelten, ein Brief an den Präsidenten genüge, damit sie alle sofort vernichtet würden. Der Häuptling ließ dann das Ankertau los und entschuldigte sich.

26. September [CLARK] Sie [die Tetons] boten uns Frauen an, was wir nicht annahmen.

[CLARK] [Die Tetons] scheinen koboldhaft, allgemein krank aussehend, ihre Beine sind nicht wohlgeformt und sie haben schmächtige Arme … Sie fetten sich ein und ›schwärzen‹ sich mit Kohle, wenn sie sich ankleiden, und schmücken ihre Häupter mit einer Falkenfeder. Die Männer tragen einen Umhang und einen Beutel aus Iltishaut, um ihren *Bais roly* zum Rauchen aufzubewahren. Sie mögen Kleidung und zeigen sich gern. Sie sind schlecht mit Steinschlossflinten etc. bewaffnet. Die Indianerfrauen sind fröhlich und sanft blickend, aber nicht schön, sie haben hohe Wangen und langes wolliges Kopfhaar.

Sie sind in Felle gekleidet, tragen einen Unterrock und ein Gewand, das über die Schulter zurückgeschlagen wird. Sie verrichten die ganze schwere Arbeit und sind nichts als Sklavinnen der Männer, wie alle Frauen von kriegerischen Nationen ... Captain Lewis und fünf Männer gingen mit den Häuptlingen, die versöhnlich schienen, ans Ufer. Nachdem Captain Lewis etwa drei Stunden an Land gewesen war, wurde ich aus Furcht vor einem möglichen Betrug unruhig und schickte einen Sergeant, um zu sehen, wie es ihm erging. Er berichtete, dass er freundlich behandelt wurde, die Indianer bereiteten sich auf einen Tanz am Abend vor.

Sie bedrängten uns immer wieder, wenigstens eine Nacht zu bleiben, um uns ihre gute Gesinnung zu beweisen, und so beschlossen wir zu bleiben. Nach der Rückkehr von Captain Lewis ging ich an Land. Ich sah mehrere Mahar-Gefangene und versuchte bei den Häuptlingen deren Freilassung zu erwirken und sie dazu zu bringen, Freundschaft mit den Mahars zu schließen, wenn sie dem Rat ihres Großen Vaters folgen wollten. Ich war in mehreren Wigwams, die ebenso hübsch aufgestellt waren wie die beim Bauruly-Stamm. Ich begegnete ungefähr zehn gut gekleideten jungen Männern, die mich in einen reich dekorierten Tragstuhl hoben und mich an der Seite ihres Häuptlings in einem großen Ratshaus niedersetzten. Diese Behausung bildete einen Dreiviertelkreis aus gut aufbereiteten und zusammengenähten Häuten. Unter diesem Schutz saßen ungefähr 70 Mann im Kreis vor den Häuptlingen. Ein Bereich von sechs Fuß im Durchmesser blieb frei, dort stand die Friedenspfeife auf dürren Zweigen, die mit Spänen vermischt waren. Auf jeder Seite des Kreises gab es zwei Pfeifen, dort standen auch die spanische Flagge und die, die wir ihnen im Beisein des Oberhäuptlings überreichten.

Bald nachdem sie mich abgesetzt hatten, gingen die Männer zu Captain Lewis, brachten ihn in der gleichen Weise her und setzten auch ihn neben den Häuptling.

Nach wenigen Minuten erhob sich ein alter Mann und sprach anerkennend von dem, was wir getan hatten, und sagte, dass wir wegen ihrer Lage Mitleid mit ihnen haben sollten etc., worauf wir antworteten. – Der Große Häuptling erhob sich daraufhin mit großer Feierlichkeit, ergriff dann äußerst ernst die Friedenspfeife. Solange die führenden Häuptlinge sprachen, ergriff er ein paar der besten Stücke des Hundes, der für das Fest zubereitet worden war, und opferte der Flagge und nachdem er die Pfeife nach oben, in alle vier Himmelsrichtungen und gegen die Erde gerichtet hatte, zündete er sie an und hielt uns das Mundstück zum Rauchen hin.

Captain Meriwether Lewis

Nachdem das Rauchen beendet war, hielt er eine kurze, flammende Rede an seine Leute, und wir wurden zum Essen gebeten. Wir rauchten dann eine Stunde lang, bis bei Einbruch der Dunkelheit alles weggeräumt wurde. Im Zentrum wurde ein großes Feuer entfacht, etwa zehn Musiker spielten auf Tambourinen, langen Stöcken mit Hirsch- und Ziegenhufen, die so gebunden waren, dass sie ein klirrendes Geräusch hervorbrachten, und vielen anderen Instrumenten ähnlicher Art. Die Männer begannen zu singen und auf die großen Trommeln zu schlagen, die Frauen traten ihrerseits mit den Skalps und Kriegstrophäen ihrer Väter, Ehemänner, Brüder oder nahen Verwandten geschmückt auf und begannen einen Kriegstanz zu tanzen, was unter großer Heiterkeit bis zwölf Uhr andauerte. Als wir den Häuptlingen sagten, dass wir müde seien, wurde das Fest beendet, und wir kehrten von vier Häuptlingen begleitet zu unserem Boot zurück, sie blieben die ganze Nacht bei uns. Diese Leute haben tapfere Männer, die als Soldaten dienen. Sie sind sozusagen die Polizei des Dorfes und bestrafen alle Vergehen. Ich sah heute einen, wie er zwei Indianerfrauen auspeitschte, die sich wohl gestritten hatten. Als er näher kam, flohen alle ringsum in großer Furcht. Bei Nacht lassen sie zwei, drei, vier oder fünf Männer in bestimmten Abständen rund um das Zeltlager wandern, um die Geschehnisse der Nacht auszurufen.

Ich sah und aß *Pemitigon*, Hund, und eine Art von mit Honig angerichtete Erdkartoffel, die ich aber für minderwertig hielt. Ich sah auch einen aus dem Horn eines schafähnlichen Tiers angefertigten Löffel. Der Löffel fasst zwei Quart.

27. September [CLARK] (Wenn jemand von diesen Leuten stirbt, durchbohren die anderen ihr eigenes Fleisch mit Pfeilen oberhalb und unterhalb der Ellbogen als Ausdruck ihres Kummers).

Nach einem Aufenthalt von einer halben Stunde ging ich mit ihnen an Land, sie verließen das Boot mit Widerstreben (wir befürchteten, dass sie verräterisch sind, und waren stets auf der Hut und sehr vorsichtig). Sie boten mir wieder eine junge Frau an und drängten mich, sie nicht zu verschmähen, ich lenkte von dieser Angelegenheit ab, bei Dunkelheit begann der Tanz wie üblich und vollzog sich in der gleichen Weise wie letzten Abend.

[CLARK] Captain Lewis kam an Land und wir schritten zusammen aus, bis wir schläfrig wurden und zu unserem Boot zurückkehrten. Der zweite Häuptling und ein führender Mann blieben uns zur Seite und begleiteten mich an Bord der kleinen Piroge, Captain Lewis war noch mit einer Wache an Land geblieben; da der Mann, der steuerte, darin keine große Übung hatte, fuhr er am Bug des Bootes vorbei und die Piroge stieß breitseits gegen das Ankertau und zerriss es, weshalb ich mit lauter Stimme alle Männer hoch und an ihre Ruder befahl. Mein warnender Befehl an die Männer und das rege Treiben, welches entstand, als sie sich anschickten, zu ihren Rudern zu gelangen, zusammen mit dem Auftauchen der Männer am Ufer, als das Boot sich drehte, beunruhigte die Häuptlinge sehr. Ein Häuptling befürchtete falsches Spiel und alarmierte das Zeltlager oder die Siedlung und sagte den Bewohnern, dass die Mahars dabei wären, uns anzugreifen. In etwa zehn Minuten war das Ufer voll bewaffneter Männer, der erste Häuptling an ihrer Spitze, ungefähr 200 Männer erschienen, kehrten aber nach etwa einer halben Stunde alle zurück, außer etwa 60 Männern, die die ganze Nacht am Ufer verblieben. Die Häuptlinge blieben die ganze Nacht bei uns. Diesen Alarm betrachtete sowohl ich als auch Captain Lewis als Zeichen ihrer Absichten (die dahingingen, unser Fortkommen auf der Reise zu behindern und uns wenn möglich auszurauben). Wir waren die ganze Nacht auf der Hut, der unglückliche Verlust unseres Ankers zwang uns, unter einem abfallenden Ufer zu liegen, das uns ihren Feindseligkeiten weitgehend schutzlos ausgesetzt ließ. P. C[ruzatte] – unser Bugmann, der hinlänglich Mahar sprach, informierte uns in der Nacht, dass die Mahar-Gefangenen ihm gesagt hatten, wir sollten aufgehalten werden. Wir verbargen, so weit es ging, dass wir ihre Absichten erkannt hatten. Alle an Bord bereiteten sich auf jeden erdenklichen Ernstfall vor, wir hielten die ganze Nacht einen strengen Wachdienst im Boot. An Schlaf war nicht zu denken.

[GASS] Die Indianer trafen Vorbereitungen für einen Tanz. Er begann bei Dunkelheit. Captain Lewis, ich und einige unserer Truppe gingen los, um das Ganze anzusehen. Ihre Musikkapelle oder ihr Orchester bestand aus ungefähr zwölf Personen, die auf eine Büffelhaut schlugen und kleine Beutel schüttelten, die ein rasselndes Geräusch verursachten. Sie hatten ein großes Feuer im Zentrum ihres Zeltlagers entfacht, auf einer Seite waren die in einer geschlossenen Reihe rund um das Feuer aufgestellten Frauen, ungefähr 80 an der Zahl, mit Stöcken in den Händen, an denen die Skalps der getöteten Mahars angebunden waren. Sie bewegten sich ständig oder sprangen um das Feuer, erhoben sich zugleich und fielen auf die Füße nieder; wobei sie mit Singen und Schreien für einen ständigen Lärm sorgten. Es ging so bis ein Uhr in der Nacht.

28. September [CLARK] Als wir beim Aufbruch waren, nahm die »Soldaten« genannte Kaste das Ankertau in Besitz. Der erste Häuptling, der noch an Bord war, wollte eine kurze Strecke mit uns stromaufwärts fahren, ich sagte ihm, dass die Männer seiner Nation auf der Trosse säßen. Er ging zu Captain Lewis, der sich am Bug aufhielt, und teilte ihm mit, dass die Männer, die auf dem Tau säßen, Soldaten seien und Tabak wollten. Captain L. erwiderte, dass er sich zu nichts zwingen lasse, worauf der zweite Häuptling eine Flagge und Tabak forderte, was wir strikt ablehnten, aber nicht ohne ihnen angemessene Gründe zu nennen.

Nach vielem Hin und Her, das beinahe in Feindschaft geendet hätte, warf ich dem ersten Häuptling eine Rolle Tabak zu. Ich sprach so, dass er sich in seinem Stolz berührt fühlte. Ich ließ mir von dem Kanonier die Lunte geben. Der Häuptling gab seinen Soldaten den Tabak und entriss ihnen mit einer schnellen Bewegung das Tau und händigte es dem Bugmann aus. Ich fühle mich elend vor Schlafmangel. Heute Nacht will ich unbedingt schlafen, wenn es geht. Die Männer kochten und wir ruhten uns gut aus.

[GASS] Solange ich gestern im Indianerlager war, schirrten sie einen Hund an eine Art Karren an, der ihr Gepäck von einem Zeltlager zum anderen zieht, da die Nation keine Siedlung oder ein Dorf hat, sondern fortwährend umherzieht. Die Hunde sind nicht groß, ähneln eher Wölfen und können jeweils ungefähr 70 Pfund ziehen.

29. September [CLARK] Um neun Uhr beobachteten wir den zweiten Häuptling mit zwei Männern und Squaws am Ufer … Wir lehnten es ab, noch einen an Bord kommen zu lassen, und führten ausreichende Gründe an. Wir beobachteten, wie sie am Ufer zu der Stelle unterwegs waren, an der wir lagern wollten, sie boten uns Frauen an. Wir machten Einwendungen und gaben ihnen zu verstehen, wir würden mit keinem anderen Teton mehr sprechen als dem einen bei uns an Bord, der jedoch an Land gehen könnte, wann immer er wollte. Die Indianer gingen noch bis später am Abend am Ufer entlang, als der Häuptling bat, die Piroge möge ihn über den Fluss setzen; damit waren wir einverstanden.

30. September [CLARK] Das Heck des Bootes lief auf einen Baumstamm auf und das Boot drehte sich und war kurz davor vollzulaufen, bevor wir es bei den hohen Wellen wieder aufrichten konnten. Der Häuptling an Bord erschrak beim Schaukeln des Bootes, wodurch mehrere lose Gegenstände aus den Spinden auf das Deck fielen, derart, dass er wegrannte und sich versteckte. Wir landeten, er erhielt sein Gewehr und sagte, dass er zurückgehen wollte, dass alle Dinge für unsere Weiterfahrt geklärt seien und wir keine weiteren Tetons zu Gesicht bekommen würden etc.

1. Oktober [CLARK] Sandbänke sind so zahlreich, dass es unmöglich ist, sie zu beschreiben, und ich denke, dass es unnötig ist, sie besonders zu erwähnen. Wir sahen backbords einen Mann gegenüber unserem Lager, von dem wir erfuhren, er sei ein Franzose … Dieser Mr. *Jon Vallie* teilte uns mit, dass er letzten Winter 300 Seemeilen flussaufwärts des Chien River, unterhalb der Black Hills überwintert hätte. Er unterrichtete uns davon, dass dieser Fluss eine sehr starke Strömung besäße und sogar für Kanus schwierig zu befahren sei … Die Schwarzen Berge seien sehr hoch, und in einigen Gegenden liege im Sommer Schnee. Große Mengen an Kiefern wüchsen auf den Bergen, und man höre dort häufig ein lautstarkes Geräusch; zahlreiche Ziegen und eine Tierart mit großen runden Hörnern hätten dort oben ihren Lebensraum. Dieses Tier sei beinahe von der Größe eines kleinen Wapitihirsches der Gattung Argalia. Der weiße Bär sei auch reichlich vorhanden. Die Chien-Indianer[6] bewohnten etwa 300 Wigwams. Sie siedelten hauptsächlich an diesem Fluss und stehlen Pferde aus den spanischen Siedlungen im Südwesten. Für diesen Streifzug benötigten sie einen Monat … Dieser Franzose gibt auch einen Bericht von einem weißstelzigen Truthahn, einem Bewohner der Hügelkette Côte Noir (Black Hills).

[LEWIS und CLARK, Wetteranmerkungen] Die Blätter der weitverbreiteten Esche und die meisten der Sträucher fangen an, gelb zu werden und abzufallen.

2. Oktober [WHITEHOUSE] Etwa zwei Uhr mittags entdeckten wir eine Anzahl Indianer auf den Hügeln auf der Nordseite des Flusses, einer von ihnen kam an das Ufer des Flusses und feuerte sein Gewehr ab und schrie etwas zu uns herüber. Wir wussten nicht, was er wollte, aber standen in Bereitschaft, falls irgendeiner dieser Wilden uns angreifen sollte. Unsere Offiziere sind entschlossen, unsere Reise auch unter Lebensgefahr fortzusetzen, ebenso zeigen sich die Männer bereit, sie bei dem Versuch zu unterstützen.

4. Oktober [CLARK] Captain Lewis und drei Männer gingen am Ufer entlang und gelangten zu einer auf der Südseite gelegenen Insel … Im Herzen dieser Insel befand sich ein altes Dorf der Ricaras[7], *La ho catt* genannt, es war kreisförmig und von Mauern umgeben und enthielt 17 Wigwams, und es scheint vor etwa fünf Jahren verlassen worden zu sein.

6. Oktober [CLARK] Wir kamen an einem Dorf von ungefähr 80 ansehnlichen Wigwams vorbei, die mit Erde bedeckt und rundherum mit einem Palisadenzaun versehen waren; diese Wigwams sind

6 Indianer vom Stamm der Cheyenne.

7 Arikara-Indianer.

geräumig, von einer achteckigen Form und so dicht wie nur möglich aneinandergereiht, sie scheinen letzten Frühling bewohnt worden zu sein, nach den in den Wigwams gefundenen Kanus aus Häuten, Matten und Eimern zu schließen. Wir sind der Meinung, dass sie die Ricaras waren. Wir entdeckten drei verschiedene, im Dorf wachsende Kürbisarten.

7. Oktober [ORDWAY] Wir töteten … einen hübschen Dachs, von welchem die Captains Knochen und Fell aufbewahrten, um sie nach den Staaten zurückzusenden.

8. Oktober [CLARK] Zwei unserer Männer entdeckten das Ricara-Dorf, um das Zentrum der Insel herum auf der Backbordseite … Die Insel ist mit Feldern bedeckt, wo diese Leute ihren Mais, Tabak, Bohnen etc. ziehen. Sehr viele Bewohner kamen heran, um uns vorbeifahren zu sehen. Wir fuhren oberhalb der Inselspitze entlang, und Captain Lewis ging mit zwei Dolmetschern und zwei Männern zum Dorf. Ich errichtete mit den Franzosen und der Wache am Ufer ein Lager mit einem Wachtposten an Bord des vor Anker liegenden Bootes, es war ein angenehmer Abend. Alle Vorkehrungen sowohl für Frieden als auch für Krieg angeordnet … Mehrere französische Männer kamen mit Captain Lewis in einer Piroge heran, einer von ihnen, ein gewisser Mr. Gravelin, ist in der Sprache dieser Nation ein gut versierter Mann und gab uns einige Informationen zu dem Land, der Nation etc.

9. Oktober [CLARK] Alle großen Häuptlinge besuchten uns heute, auch Mr. Tabeau, ein Händler aus St. Louis. Viele Kanus sind aus einer einzigen Büffelhaut in der Form einer Schüssel hergestellt, die meistens drei und mitunter fünf und sechs Männer tragen, diese Kanus reiten die höchsten Wellen aus … Ich sah heute bei mehreren Gelegenheiten drei Squaws mit Fleisch beladenen Büffelhautkanus den Fluss überqueren, zu dieser Zeit waren die Wellen so hoch, wie ich sie bisher niemals auf dem Missouri sah.
[CLARK] Die drei Oberhäuptlinge [der Arikaras] …

1.	Häuptling	Name	Kakawissassa (leuchtende Krähe)
2.	dgl.	dgl.	Pocasse (oder Heu)
3.	dgl.	dgl.	Piaheto (oder Adlerfeder)

10. Oktober [CLARK] Die Indianer sind sehr erstaunt über meinen schwarzen Diener, der sich ihnen gegenüber schrecklicher darstellte, als ich dies wünschte. Mir wurde berichtet, er habe ihnen erzählt, dass er vor seiner Gefangennahme durch mich ein wilder Menschenfresser gewesen sei und vor allem gerne kleine Kinder gefressen habe.

[CLARK] Wir bereiteten alles für ein Gespräch mit den Indianern vor. Mr. Tabeau und Mr. Gravelin besuchten uns, um mit uns zu frühstücken. Die Häuptlinge kamen aus der unteren Siedlung, aber keiner aus den zwei oberen, welche die größten sind ... Um zwölf Uhr habe ich Gravelin entsandt, um auch sie einzuladen; wir haben allen Grund, zu glauben, dass Eifersucht zwischen den Dörfern besteht und man oben fürchtet, dass wir den ersten Häuptling aus dem unteren Dorf bevorzugen. Um ein Uhr waren die Häuptlinge alle versammelt, und nach einer kleinen Zeremonie begann die Ratsversammlung. Wir teilten ihnen mit, was wir den anderen zuvor erzählt hatten, d. h. den Otos und Sioux. Wir ernannten drei Häuptlinge, einen für jedes Dorf. Gaben ihnen Geschenke.

Nachdem die Ratsversammlung zu Ende war, schossen wie die Repetiergewehre ab, die sie sehr bewunderten, danach entfernten sie sich, und wir ruhten die ganze Nacht sorglos aus.

[GASS] Was nun folgt, ist eine Beschreibung der Form dieser Wigwams und der Art und Weise, sie zu bauen. In einem Kreis von einer Größe, der den Dimensionen des beabsichtigten Wigwams entspricht, stellen sie 16 fünf oder sechs Fuß hohe gegabelte Pfähle auf und legen Stangen von einer Gabel zur anderen. Gegen diese Stangen lehnen sie weitere, die sich vom Boden aus neigen und sich etwa vier Zoll über die Querstangen erstrecken: Diese sollen die Enden der oberen Stangen aufnehmen, die das Dach tragen. Sie stellen als Nächstes in der Mitte des Raumes vier große, fünfzehn Fuß hohe Gabeln auf, die etwa zehn Fuß auseinander liegen, und dazwischen Stangen oder Balken. Die Dachstangen, die sich von den unteren Stangen quer über die Balken erstrecken, welche auf den mittleren Gabeln ruhen, werden dann in solch einer Länge aufgelegt, um ein Loch an der Spitze für einen Rauchfang zu lassen. Das Ganze wird dann mit Weidenzweigen bedeckt, außer dem Rauchfang und unten einer Öffnung als Durchgang. Auf die Weidenzweige legen sie Gras und schließlich Lehm. An der unteren Öffnung bauen sie einen ungefähr vier Fuß breiten und von der Hütte zehn Fuß vorstehenden Verschlag und hängen statt einer Tür eine Büffelhaut am Zugang zur Hütte auf. Diese Arbeit wie überhaupt jede Art von Arbeit wird hauptsächlich von den Indianerfrauen durchgeführt.

11. Oktober [CLARK] Um elf Uhr hielten wir mit dem Oberhäuptling eine Ratssitzung ab, er hielt eine kurze Rede und bedankte sich bei uns für das, was wir für ihn und seine Nation getan hatten, wobei er versprach, auf den Rat zu hören, den wir ihm gegeben hatten. Er teilte uns mit, dass der Weg offen sei und niemand wage, ihn zu sperren, und wir nach Belieben aufbrechen könnten. Um ein Uhr brachen wir zu den oberen, drei Meilen entfernten Dörfern auf … Nachdem wir mit aller Höflichkeit von diesen Leuten behandelt worden waren, die sowohl arm als auch schmutzig sind, kehrten wir gegen zehn Uhr nachts zu unserem Boot zurück, und teilten ihnen vor unserem Weggang mit, dass wir morgen in ihren einzelnen Dörfern zu ihnen sprechen würden. Sie gaben uns Brot zu essen, das aus Mais und Bohnen gemacht wird, auch Mais und gekochte Bohnen. Eine große, reichhaltige und nahrhafte Bohne, welche sie den Mäusen der Prärie rauben, zerquetschen sie zu Brei etc. Alles ist ruhig.

12. Oktober [CLARK] Wir gingen zum Haus des zweiten Häuptlings *Lassil*, wo viele Häuptlinge und Krieger waren. Wir saßen einige Zeit, bevor die Ratsversammlung begann. Der Häuptling sprach sehr weitschweifig, erklärte, dass er unsere Ratschläge annehmen und befolgen wolle, und dass er einen Besuch bei seinem Großen Vater beabsichtige, dass er mit den Geschenken sehr zufrieden sei etc., wobei er Zweifel bezüglich der Sicherheit bei den stromab zu passierenden Nationen aufkommen ließ, insbesondere bei den Sioux. Er bat uns, einen Häuptling ihrer Nation zu nehmen und einen guten Pakt mit den Mandans und Nationen weiter flussaufwärts zu schließen.

Nachdem wir alle Abschnitte der Rede des zweiten Häuptlings beantwortet hatten, wie es erforderlich war, was allgemeine Zufriedenheit zu verursachen schien, gingen wir zum Dorf des dritten Häuptlings und wie üblich fand eine Zeremonie statt, bevor er zu uns über das Große Thema sprechen konnte …

Die Nation der Ricaras besteht aus ungefähr 600 Männern, die fähig sind, Waffen zu tragen. Ein großer Teil von ihnen hat Steinschlossgewehre. Sie scheinen friedlich zu sein, ihre Männer groß und wohlgeformt, die Frauen klein und fleißig, pflanzen große Mengen von Mais, Bohnen, Simmins etc., auch Tabak für die rauchenden Männer. Sie sammeln Holz und verrichten die schweren Arbeiten, wie es unter Wilden üblich ist. Diese Nation ist aus zehn verschiedenen Stämmen der Panias zusammengesetzt, die früher getrennt waren, aber durch Aufruhr und Krieg mit ihren Nachbarn geschwächt und gezwungen worden sind, der Sicherheit wegen zusammenzukommen. Der Sprachverfall bei diesen Stämmen hat die Sprache so verändert, dass sich die verschiedenen Dörfer untereinander kaum verstehen. Diese Leute sind schmutzig, freundlich, arm und hegen einen übertriebenen nationalen Stolz. Nicht bettelhaft, nehmen sie mit großer Freude an, was ihnen gegeben wird …

Diese Leute neigen dazu, mit allen Nationen in Frieden zu leben. Die Sioux, die mit den Gütern handeln, die sie von den britischen Händlern für ihren Mais erhalten, und großen Einfluss auf die Ricaras haben, vergiften ihre Gemüter und halten sie in ständiger Furcht …

Eine merkwürdige Gewohnheit sowohl bei den Sioux wie den Ricaras ist es, Männern, denen sie Ehre erweisen möchten, hübsche Frauen anzubieten. Die Sioux, von denen wir uns losmachen konnten, ohne ihre Squaws zu nehmen, folgten uns … zwei Tage mit Squaws. Die Ricaras vertrösteten wir, solange wir in ihren Dörfern waren, aber sie schickten uns zwei hübsche junge Squaws nach. Sie erreichten uns heute Abend und bestanden hartnäckig auf ihren Artigkeiten.

13. Oktober [CLARK] Wenige Meilen vom Fluss entfernt auf der südlichen Seite gibt es in der Prärie zwei Steine, die menschlichen Personen ähneln, und einen, der wie ein Hund aussieht. Diesen Steinen erweisen die Ricaras große Ehrfurcht, bringen Gaben dar, wann immer sie vorbeigehen. Diese Leute haben eine merkwürdige Überlieferung von besagten Steinen, einer war ein verliebter Mann, einer ein Mädchen, dessen Eltern sie nicht heiraten ließen, und der Hund begleitete sie, um mit ihnen zu trauern. Alle verwandelten sich nach und nach zu Stein, bei den Füßen beginnend. Die Unglücklichen ernährten sich von Weintrauben, bis sie sich verwandelten, und die Frau hat noch Weintrauben in ihrer Hand. Am Fluss in der Nähe des Ortes, wo diese Steine liegen, beobachteten wir mehr feine Weintrauben, als ich jemals an einem einzigen Ort sah.

[LEWIS und CLARK] Ein Militärgericht aus neun Mitgliedern wird heute um zwölf Uhr zur Aburteilung von John Newman einberufen, der jetzt unter Arrest steht. Captain Clark wird als Vorsitzender auf die Formen und gerichtlichen Verfahrensweisen achten, ohne seine Meinung zu äußern.

Abkommandierung für das Militärgericht

Sergeant John Ordway	Wm. Bratton
Sergeant Pat. Gass	Jo. Shannon
Hugh Hall	›P. Wiser‹
Jo. Collins	Silas Goodrich
Wm. Werner	

… Das Militärgericht versammelte sich heute zum Gerichtsverfahren gegen John Newman, angeklagt, »wiederholt sehr kriminelle und aufrührerische Äußerungen getan zu haben; die besagte Person hat die Neigung, nicht nur jedes Prinzip militärischer Disziplin zu unterwandern, sondern auch das Pflichtgefühl der Mitglieder seiner

Abteilung gegenüber ihren Offizieren zu verringern und sie diesen zu entfremden und sie mit dem Dienst unzufrieden zu machen, für den sie so heilig und feierlich verpflichtet worden sind. Der Angeklagte bekannte sich zu der gegen ihn erhobenen Anklage *nicht schuldig*. Das Gericht … ist einstimmig der Meinung, dass der Angeklagte John Newman in jedem Teil der gegen ihn erhobenen Anklage schuldig ist, und verurteilt ihn nach den Kriegsbestimmungen und -gesetzen zu fünfundsiebzig Peitschenhieben auf den nackten Rücken. Er wird außerdem von der ständigen Truppe zur Erkundung des Nordwestens ausgeschlossen; da zwei Drittel des Gerichts in der Summe und in der Art der Bestrafung übereinstimmen, billigen und bestätigen die befehlshabenden Offiziere das Urteil des Gerichtes und befehlen, dass die Bestrafung morgen zwischen ein und zwei Uhr mittags stattfindet. Die befehlshabenden Offiziere ordnen des Weiteren an, dass John Newman in Zukunft als Arbeitskraft der Truppe der roten Piroge an Bord derselben zugeteilt wird, und dass er seiner Waffen und seiner Ausrüstung verlustig wird und ihm nicht die Ehre zuteilwird, als Wachposten aufgestellt zu werden, bis weitere Befehle ergehen. Die befehlshabenden Offiziere ordnen weiterhin an, dass als Ersatz der Wachtpflicht, von der Newman aufgrund dieses Befehls entbunden worden ist, er zur Erleichterung der Allgemeinheit, diejenigen anfallenden harten Arbeiten leisten soll, die nötig sind.

14. Oktober [CLARK] Nach dem Mittagessen wurde das Urteil des Militärgerichts vollstreckt, was die körperliche Züchtigung anbelangt, danach fuhren wir ein paar Meilen weiter … Die Bestrafung erschreckte den Indianerhäuptling sehr, er weinte laut (oder gab zu weinen vor). Ich erklärte die Ursache der Bestrafung und die Notwendigkeit. Er glaubte, dass Exempel auch notwendig seien, und er selbst habe zu diesem Zweck die Todesstrafe verhängt, [aber] seine Nation schlägt nicht einmal ihre Kinder, von ihrer Geburt an.

[Lewis und Clark, Wetteranmerkungen] Die Blätter solcher Bäume wie Esche, Ulme etc. außer der Silberpappel sind jetzt abgefallen.

15. Oktober [CLARK] bei Sonnenuntergang kamen wir auf der Steuerbordseite bei einem Lager der Ricaras, bestehend aus zehn Wigwams, an … Captain Lewis und ich selbst gingen mit dem Häuptling, der uns begleitete, zu den Hütten von mehreren Männern, welche alle rauchten und uns etwas zu essen und auch etwas Fleisch zum Mitnehmen gaben. Diese Leute waren gütig und schienen über die ihnen geschenkte Beachtung sehr erfreut zu sein. Mein schwarzer Diener gefällt ihnen sehr. Ihre Frauen liebkosen sehr gern unsere Männer.

[ORDWAY] Die größte Merkwürdigkeit für sie war York, Captain Clarks schwarzer Mann ... Die Kinder wollten ihm nachlaufen, und wenn er sich zu ihnen umwendete, werden sie vor ihm weglaufen und brüllen, als ob sie schreckliche Angst hätten und sich vor ihm fürchteten.

16. Oktober [LEWIS] Ich habe heute einen kleinen Vogel aus der Ordnung der Ziegenmelker lebend gefangen. Er schien vorübergehend im Schlafzustand zu sein. Am Morgen des 18. war das Thermometer bei 30° über null. Der Vogel konnte sich kaum bewegen. Ich stieß mein Taschenmesser in seinen Körper unter dem Flügel und zerstörte vollständig seine Lungen und sein Herz – doch er lebte noch mehr als zwei Stunden. Dieses Phänomen konnte ich nicht erklären, es sei denn, es rührt vom Fehlen des Blutkreislaufes her. Die Ricaras nennen diesen Vogel to'-na ... Nachtvogel, er singt nur in der Nacht, wie es die Schwarzkehl-Nachtschwalbe tut.

17. Oktober [CLARK] Dieser Häuptling erzählt mir von einer Anzahl ihrer Überlieferungen über Schildkröten, Schlangen und der Macht eines besonderen Felsens oder einer Höhle am nächsten Fluss. Keine dieser Geschichten halte ich für erwähnenswert.

20. Oktober [CLARK] Ich ging hinaus, um jene bemerkenswerten Orte anzusehen, auf die Evens aufmerksam gemacht hat ... Sah ein altes Dorf der Mandans unterhalb des Chess-chi-ter-Flusses. Es scheint befestigt worden zu sein ... Das Land, durch das ich diesen Tag gelangte, ist herrlich, Bäume in den Talsohlen, ich sah sehr viele Büffel, Wapitihirsche, Ziegen und Hirsche. Da wir Mangel an Fleisch litten, tötete ich drei Hirsche, unsere Jäger zehn Hirsche und verwundeten einen weißen Bären; ich sah mehrere frische Fährten dieses Tieres, die doppelte Größe der größten Spur, die ich je gesehen hatte, sehr viele Wölfe, diese Tiere folgen dem Büffel und verschlingen jene, die sterben oder getötet werden, und diejenigen, die zu fett oder zu schwach sind, um mit der Herde Schritt zu halten.

21. Oktober [CLARK] bei Tageslicht fing es zu schneien an, es dauerte den ganzen Morgen an. Wir passierten genau oberhalb unseres Lagers auf der Backbordseite einen kleinen Fluss, der von den Indianern *Chess-chi-ter* genannt wird ... In einiger Entfernung oberhalb dieses Flusses ist ein Stein, von dem die Indianer glauben und erzählen, dass auf ihm alles Unheil und Glück ihrer Nation und anderer Gruppen, die zum ihm kommen, gemalt ist. Einem Baum (einer Eiche), die allein nahe diesem Ort ungefähr zwei Meilen entfernt in der offenen Prärie steht, und welche dem Feuer widerstanden hat, erweisen sie großen Respekt, sie machen Löcher und ziehen Schnüre durch die

Haut ihres Nackens und um diesen Baum herum, um Tapferkeit zu erlangen. All dies ist die Information von Too ne, d. h. *Peitschender Wille*, dem Häuptling der Ricaras, der uns zu den Mandans begleitete.

22. Oktober [CLARK] Letzte Nacht gegen ein Uhr wurde ich plötzlich in meinem Nacken von Rheumatismus befallen, der so heftig war, dass ich mich nicht bewegen konnte. Captain Lewis wandte einen heißen Stein an, der in Flanell eingewickelt war, was zeitweilige Erleichterung gab. Wir passierten auf der Backbordseite einen Kriegstrupp der Tetons, zwölf Mann stark, auf ihrem Weg zu den Mandans, wie wir annahmen. Wir gaben ihnen nichts und lehnten es ab, sie über den Fluss zu setzen. Wir kamen … am oberen der sechs von den Mandans vor ungefähr 25 Jahren in Besitz genommen Dörfer vorbei. Dieses Dorf wurde durch die Sioux gänzlich abgeschnitten und eines der anderen beinahe, viele ihrer Bewohner starben an den Pocken.

24. Oktober [CLARK] Ein klein wenig Schnee am Morgen. Ich bin etwas besser dran mit dem Rheuma in meinem Nacken … Wir haben heute kein Wild am Fluss gesehen, ein Beweis für die in der Nachbarschaft jagenden Indianer … Wir sahen einen der Oberhäuptlinge der Mandans … Dieser Häuptling empfing den Häuptling der *Ricaras*, der uns begleitete, mit großer Herzlichkeit und Feierlichkeit. Wir rauchten die Pfeife, und Captain Lewis ging mit ihnen und dem Dolmetscher zu seinen Wigwams in einer Meile Entfernung.

Nach seiner Rückkehr ließen wir den Oberhäuptling und seinen Bruder für einige Minuten auf unser Boot.

25. Oktober [CLARK] Mehrere Mandan-Trupps ritten auf der Südseite zum Fluss, um uns zu sehen. Tatsächlich sind sie *ständig* in Sichtweite, um ihre Neugierde bezüglich unseres Aussehens etc. zu befriedigen. Uns wird erzählt, dass die Sioux in letzter Zeit eingefallen sind und die Pferde der Big Bellies[8] stehlen, auf ihrem Nachhauseweg fielen sie bei den Assiniboines ein, die sie aber töteten und ihre Pferde nahmen … Mehrere Indianer besuchen uns heute Abend, unter anderem der Sohn des verstorbenen Oberhäuptlings der Mandans. Dieser Mann hat seine zwei kleinen Finger verloren; als wir nach der Ursache fragten, erfuhren wir, es sei für diese Nation üblich, ihren Kummer durch irgendein Zeugnis von Schmerz zu zeigen, und dass es für sie nicht ungewöhnlich wäre, zwei kleinere Finger der Hand und manchmal auch mehr als Zeichen der Verbundenheit unter Wilden abzunehmen … R. Fields mit Rheumatismus in seinem Nacken, P. Cruzatte mit der gleichen Klage in seinen Beinen – die Truppe ist ansonsten gesund,

8 Hidatsa-Indianer, die im Text auch als Minnetares und Gros Ventres auftauchen.

was mich selbst anbelangt, fühle ich derzeit nur leichte Symptome dieser Erkrankung.

[LEWIS und CLARK, Wetteranmerkungen] Alle Blätter der Bäume sind jetzt herabgefallen. – Der Schnee bleibt nicht liegen.

26. Oktober [CLARK] Wir setzten den Ricara-Häuptling mit einigen Mandans an Land, da auf beiden Seiten des Flusses viele Schaulustige waren, nahmen wir zwei auf und hielten ein paar Minuten in ihren Lagern ... Hier sahen wir einen Händler vom Assiniboine River namens McCracken, dieser Mann kam vor neun Tagen mit Waren an, um sie gegen Pferde und Überwürfe zu tauschen ... Wir lagerten auf der Backbordseite, ein kurzes Stück unterhalb des ersten Mandan-Dorfes.

... Viele Männer, Frauen und Kinder versammelten sich, um uns zu sehen. Captain Lewis ging mit dem Häuptling und dem Dolmetscher zum Dorf, mein zunehmender Rheumatismus hinderte mich daran, sie zu begleiten, und überdies hatten wir beschlossen, dass wir beide das Boot nicht zur gleichen Zeit verlassen sollten, bis wir den Charakter der Eingeborenen erforscht hätten. Einige Häuptlinge besuchten mich und ich rauchte mit ihnen. Sie erfreuten sich an meinem schwarzen Diener. Captain Lewis kam spät zurück.

3. Winter am Knife River

27. Oktober 1804 – 6. April 1805

27. Oktober [CLARK] Wir ankerten auf der linken Seite des Dorfes, wo wir uns einige Minuten aufhielten, ich ging zu einer Häuptlingsbehausung und rauchte mit den Häuptlingen, aber essen konnte ich nichts, was ihnen ein wenig missfiel; hier traf ich mit einem Mr. Jessomme zusammen, der seit 18 Jahren bei dieser Nation lebt. Ich brachte ihn dazu zu übersetzen, und er reiste mit uns weiter. Wir erreichten eine zentrale Landzunge gegenüber dem Knife River und errichteten auf der Südseite oberhalb des zweiten Mandan-Dorfes und gegenüber dem Mah-har-ha-Dorf ein Lager ... Wir bemühten uns, etwas Wissen über die führenden Häuptlinge der anderen Nationen zu erlangen. Ich möchte den Eindruck festhalten, den dieser Mann (Jessomme) auf mich macht; er ist ein schlauer, verschlagener, rücksichtsloser Mann. Er erzählt mir, dass er einst bei meinem Bruder in Illinois beschäftigt war, und nach seinen Ausführungen erachte ich ihn als einen auf die Briten von Michillinicknac und St. Joseph angesetzten Spion. Wir glauben, dass er für uns ganz nützlich sein kann, und beschäftigen ihn als Dolmetscher.

28. Oktober [CLARK] Ich unterhielt mich mit Black Cat, dem M[andan] Häuptling, der uns über die Häuptlinge der verschiedenen Dörfer seine Meinung mitteilte.

[ORDWAY] Diese Wilden begraben ihre Toten auf folgende Art und Weise: Nachdem sie gestorben sind, errichten sie ein wenig außerhalb ihres Dorfes ein Gestell auf vier Stützen, etwa acht oder zehn Fuß hoch. Auf dieses Gestell legen sie den in ein Büffelfell gehüllten Toten.

29. Oktober [CLARK] Die Häuptlinge, die heute Medaillen in der Ratsversammlung erhielten, sind nachfolgende:

1 Mandan-Dorf *Ma-too-tonka*
1. Häuptling *Sha-ha-ka* Big White
2. *Ka-goh-ha-me* Little Crow

2 dgl. Dorf *Roop tar-hee*
1. Oberhäuptling *Poss-cop-sa-he* Black Cat
2. Häuptling *Car-gar-no-mok-she* Raven Man

Mah-har-ha-Dorf
1. Häuptling *Ta-tuck-co pin re has*, White Buffalo Skin Unfolded

Kleines *Minnetare*-Dorf

1. Häuptling *Omp-Se-ha-ra* Black Moccasin
2. Häuptling *Oh-harh* Little Fox

Vom großen Dorf der Minnetares ist *The One Eye* der Oberhäuptling, und er befindet sich draußen mit einem Jagdtrupp. Wir schicken über *The Grape* alle Artikel für diesen Oberhäuptling und Güter für das ganze Dorf. Die Prärie brannte, und das Feuer drang mit solcher Gewalt und Schnelligkeit vor, dass es einen Mann und eine Frau erfasste und beide zu Tode verbrannte; mehrere Menschen entkamen, unter anderem ein kleiner Junge, der sich gerettet hatte, indem er unter eine frische Büffelhaut gekrochen war, dieser Junge war ein halber Weißer und die Indianer glauben, alles weiße Fleisch sei zauberkräftig, sie sagen, dass das Gras nicht verbrannt wurde, wo der Junge saß etc.

[CLARK] Nach dem Frühstück wurden wir vom früheren Oberhaupt der *Big Bellies* besucht. Dieser Mann war alt und hatte seine Machtbefugnisse seinem Sohn übertragen, der sich jetzt im Krieg gegen die Schlangenindianer[9] befindet, die die Rocky Mountains bewohnen. Um zehn Uhr erhob sich der Südwestwind sehr stark, wir versammelten die Häuptlinge und begannen eine Ratsversammlung … Am Ende der Rede schlug der *Ricara,* der uns begleitete, vor, einen dauerhaften Frieden zu schließen, und alle rauchten mit ihm. (Ich gab diesem Häuptling eine amerikanische Dollarmünze statt einer Medaille, mit der er sehr zufrieden war.) In der Ratsversammlung beschenkten wir ihn mit einer Bescheinigung seiner Aufrichtigkeit und seines guten Verhaltens etc.

Nach der Ratsversammlung überreichten wir mit viel Feierlichkeit die Geschenke und legten den Häuptlingen ihre Medaillen an. Wir wählten einen für jede Siedlung aus und schenkten ihm jeweils einen Mantel, Hut und Flagge und einen Oberhäuptling für jede Nation, für den wir Medaillen mit dem Präsidentenporträt bereithielten.

30. Oktober [CLARK] Zwei Häuptlinge kamen, um mit uns zu reden. Einer war der Vorsteher des unteren Dorfes, der andere hielt sich selbst für die führende Person, sie baten, einiges von der Rede zu hören, die gestern gehalten wurde, wir erfüllten ihren Wunsch und legten die Medaille um den Hals des *Big White,* dem wir gestern Kleider und eine Fahne geschickt hatten … Ich nahm acht Männer in eine kleine Piroge und fuhr den Fluss bis zur ersten Insel ungefähr sieben Meilen hinauf, um zu sehen, ob sie als Standort für unsere Winterquartiere

9 Shoshone- oder Snake-Indianer, der Stamm Sacagaweas.

geeignet wäre, fanden die Waldung auf der Insel wie auch auf der Landzunge oberhalb so weit entfernt vom Wasser, dass ich sie nicht für einen guten Überwinterungsort hielt, und da uns alle weißen Männer hier mitteilten, dass der Waldbewuchs knapp sei, ebenso das Wildvorkommen, entschlossen wir uns, ein paar Meilen flussabwärts in die Nähe von Wald und Wild zu fahren.

1. November [CLARK] Mr. McCracken, ein Händler, brach um sieben Uhr zum Fort am Assiniboine auf. Durch ihn sende ich einen Brief (einschließlich einer Kopie des Schutzbriefes des britischen Gesandten) an den führenden Vertreter der Handelsgesellschaft. Etwa um zehn Uhr kamen die Häuptlinge der unteren Siedlung und teilten uns nach kurzer Zeit mit, dass sie uns in ihr Dorf einladen wollten und etwas Mais anböten und dass sie mit den *Ricaras* Frieden schließen wollten. Sie hatten zuvor nie Krieg gegen sie geführt, erst nachdem diese ihre Häuptlinge getötet hatten, schlachteten sie sie wie die Vögel ab, nun waren sie müde geworden und würden gerne einen Häuptling und einige mutige Männer zu den *Ricaras* senden, um mit diesem Volk zu rauchen.

2. November [LEWIS] Heute Morgen wählten wir die Stelle für unsere Befestigung aus und begannen sofort mit der Arbeit. Diesen Ort haben wir zu Ehren unserer Nachbarn Fort Mandan genannt.

3. November [CLARK] Ich entließ die französischen Arbeitskräfte.

[CLARK] Wir beginnen, unsere Hütten zu bauen, schicken in einer Piroge sechs Männer zum Jagen … Engagieren einen Mann … Mr. Jessomme, kommt mit seiner Indianerfrau und Kindern herunter, um als Dolmetscher bei uns zu leben … Abends kam der *Ka goh ha mi* oder *Little Raven* und brachte uns durch seine Frau etwa 60 Pfund getrocknetes Büffelfleisch, einen Überwurf und einen Topf Essen. Sie blieben die ganze Nacht. Wir gaben seiner Frau eine Axt und einige Kleinigkeiten und ihm selbst ein bisschen Tabak. Die Männer wurden heute Abend mit einem Schluck Whisky verwöhnt.

[GASS] Was nun folgt, ist die Beschreibung, auf welche Art unsere Hütten und unser Fort erbaut wurden; die Hütten sind in zwei Reihen angeordnet, jede hat vier Zimmer, und sie bilden an dem einen Ende einen Winkel. Wir legten einen Boden aus Holzbohlen und bedeckten ihn mit Gras und Lehm zur Wärmespeicherung. Der obere Teil ragte einen Fuß über, und die Dächer wurden wie bei einem Schuppen von innen her ansteigend hergerichtet, die Außenmauer hat eine Höhe von etwa 18 Fuß. Den Teil, der nicht von den Hütten eingeschlossen wird, beabsichtigen wir mit Palisaden zu versehen. In dem von den

Mandan-Indianer in einem großen Zelt

zwei Hüttenreihen gebildeten Winkel errichteten wir zwei Räume für die Aufbewahrung unserer Lebensmittel und Vorräte.

4. November [CLARK] Ein französischer Mann namens Charbonneau[10], der die Big Belly-Sprache spricht, besuchte uns, er wünschte anzuheuern und teilte uns mit, seine zwei Frauen wären Schlangen-(Shoshone-)Indianer, wir stellten ihn ein und baten ihn, eine seiner Frauen mitzubringen, um die Schlangensprache zu dolmetschen.

5. November [CLARK] Der Rheumatismus plagt mich sehr; Captain Lewis schreibt den ganzen Tag.

6. November [CLARK] Spät in der Nacht wurden wir vom Sergeant der Wache geweckt, um ein Nordlicht zu sehen, welches hell, aber nicht rot war, sich zu verdunkeln schien, manchmal fast undeutlich wurde und oft in helle Streifen wechselte und ein anderes Mal als ein großes räumliches Licht leuchtete, das wandernde Säulen einschloss, die einander gegenüber schienen, und sich zurückzogen, wobei sie den helleren Raum immer wieder anders erscheinen ließen. Mr. Jo Gravelin … kehrt zur Ricara-Nation und dem Illinois zurück, Mr. Gravelin hat Anweisungen, sich der Ricaras im Frühjahr anzunehmen etc. Wir bauen weitere Hütten aus Silberpappelholz, da dies das einzige Holz ist, das wir haben.

10 Toussaint Charbonneau, Hidatsa-Dolmetscher und Mann Sacagaweas.

9. November [CLARK] Ein sehr harter Frost diesen Morgen. Wir bauen unter sehr ungünstigen Bedingungen weiter an unseren Hütten. Indianer kommen mit neuesten Nachrichten vorbei ... Wir sind an einer Landzunge der Missouri-Nordseite in einer Silberpappelwaldung gelegen, diese Bäume sind hochgewachsen und schwer, da sie eine immense Menge Wasser enthalten. Es gibt weiches Futter für die Pferde, sodass sie überwintern können. Die Mandans weiden ihre Pferde am Tag auf Gras, und bei Nacht geben sie ihnen ein Stück Silberpappelholz zu fressen. Pferde, Hunde und Menschen verbringen die Nacht im gleichen Wigwam oder Rundhaus, das mit Erde bedeckt ist und in seiner Mitte immer ein Feuer brennen hat.

11. November [LEWIS] Breite ... N. 47° 21' 32,8".

12. November [CLARK] Früh heute Morgen kam *Big White*, Oberhäuptling des unteren Dorfes der Mandans herunter, er hatte für uns etwa 100 Pfund von feinem Fleisch auf seine Squaw gepackt ... Der Dolmetscher sagt, dass die Mandan-Nation nach Aussage ihrer alten Männer aus einem ›kleinen See‹ kam, wo sie Gärten besaß; dass sie vor vielen Jahren in mehreren Dörfern am Missouri weiter flussabwärts lebten, wo dann die Pocken den größeren Teil der Nation vernichteten und sie auf ein großes Dorf und einige kleine reduzierten.

... Nachdem sich ihre Zahl verringert hatte, bekriegten sie die Sioux und andere Stämme und töteten viele von ihnen. So rückten sie den Missouri hoch, aber jene Indianer bekriegten sie weiterhin, bis sie in das Land der Panias kamen. Mit dieser Nation lebten sie viele Jahre in Freundschaft und bewohnten die gleiche Umgebung, bis dieses Volk ebenfalls Krieg führte. Danach zogen sie in die Nähe der Watersoons und Winatarees (verschiedene Gruppen der Hidatsas, d. Hrsg.), wo sie jetzt in Frieden mit den dortigen Nationen leben. Die Mandans sprechen eine eigene Sprache.

Sie können ungefähr 350 Männer aufstellen, die Winatarees etwa 80 und die Big Bellies ungefähr 600 oder 650 Männer ... Die Big Bellies, Winatarees und Rabenindianer[11] sprechen beinahe die gleiche Sprache. Es wird vermutet, dass sie ursprünglich der gleichen Nation angehörten. Die Rabenindianer haben 400 Wigwams und ungefähr 1200 Männer, sie folgen dem Büffel oder jagen für ihren Lebensunterhalt in den Prärien und in den Black Hills und Rocky Mountains, und sie führen Krieg gegen die Sioux- und Schlangenindianer.

11 Die Crow-Indianer.

Die Big Bellies befinden sich mit den Schlangenindianern und Sioux im Krieg, ebenso kämpften sie mit den Ricaras, bis wir vor ein paar Tagen Frieden zwischen ihnen schlossen.

13. November [CLARK] um zehn Uhr vormittags besuchten uns *Black Cat*, der Mandan-Häuptling, und *Lagru Che Chark,* der Assiniboine-Häuptling, und sieben Männer von Rang in Fort Mandan. Ich gab ihm eine Rolle Tabak, damit er mit seinen Leuten rauchen konnte, und eine Goldkordel, um wieder mit ihm vertraut zu werden. Die Nation besteht aus ungefähr 600 Männern, die in den Prärien jagen und am Assiniboine River überwintern und Handel treiben, sie sind Abkömmlinge der Sioux und sprechen ihre Sprache, sie kommen zu den Nationen in dieser Gegend, um zu handeln.

[LEWIS und CLARK, Wetteranmerkungen] Der Fluss beginnt zuzufrieren, Anzeichen des herannahenden Winters.

[ORDWAY] Captain Lewis kehrte gegen Abend mit seinem Trupp sehr erschöpft zurück. Sie saßen auf einer Sandbank fest und mussten etwa zwei Stunden im Wasser zubringen. Eis stieß gegen ihre Beine. Ihre Kleidung gefror ihnen am Leib. Einer holte sich an einem seiner Füße eine Erfrierung. Zum Glück hatten sie etwas Whisky bei sich, um ihre Lebensgeister wiederzubeleben.

14. November [CLARK] Nur zwei Indianer besuchen uns heute infolge eines Tanzes im Dorf letzte Nacht, mit dem eine Zeremonie der Adoption und des gegenseitigen Austausches von Besitztümern zwischen den Assiniboines und den Nationen dieser Gegend abgeschlossen wurde.

18. November [CLARK] *Black Cat*, Häuptling der Mandans, besuchte uns, er zeigte sich außerordentlich interessiert bezüglich unserer Sitten. Er schilderte auch die Lage seiner Nation, er erwähnte, dass eine Ratsversammlung am Tag zuvor abgehalten worden war, auf der man es für angebracht gehalten habe, gegenüber den jüngsten Beleidigungen durch die Assiniboines und Christonoes[12] Widerstand zu leisten, bis diese unsere Darlegungen anerkennten … Wir rieten ihnen, Frieden zu wahren, und machten ihnen klar, ihren Bedarf über die Wasserstraße des Missouri zu erhalten, aber es Zeit brauchte, den Handel in Gang zu setzen[13].

19. November [CLARK] Unsere Piroge mit Jägern kommt an mit 32 Hirschen, zwölf Wapitis und einem Büffel beladen, all dieses Fleisch

---

12 Die Cree-Indianer.

13 Lewis und Clark hofften, dass mit Unterstützung der Bundesregierung amerikanische Händler von St. Louis aus einen geregelten Warenverkehr mit den Missouri-Indianern flussaufwärts bis zu den Dörfern der Mandans organisieren könnten.

ließen wir in einer Räucherkammer aufhängen, ein rechtzeitiger Vorrat … Unsere Männer ziehen in ihre Hütten, man erzählte mir heute verschiedene kleine Indianeranekdoten.

20. November [CLARK] Captain Lewis und ich selbst ziehen in unsere Hütten … Drei Häuptlinge vom zweiten Mandan-Dorf bleiben den ganzen Tag, sie sind sehr wissbegierig und verfolgen unsere Arbeiten. Sie teilen uns mit, dass die am Missouri oberhalb des Dog Rivers angesiedelten Sioux drohen, sie diesen Winter anzugreifen, und zwei Ricaras, die ihnen die Friedenspfeife bringen wollten, seien sehr grob behandelt, ausgepeitscht und ihrer Pferde etc. beraubt worden.

22. November [CLARK] Ich wurde gegen zehn Uhr von dem Wachposten alarmiert, der mitteilte, dass ein Indianer im Begriff war, in der Hütte des Dolmetschers seine Frau umzubringen. Ich ging hin und redete mit dem Kerl wegen der unbesonnenen Tat, die er zu begehen beabsichtigte, und verbot jede derartige Tat in der Nähe des Forts. Irgendein Missverständnis gab es vor ungefähr acht Tagen zwischen diesem Mann und seiner Frau, und sie flüchtete zu diesem Ort und verblieb bei den Frauen des Dolmetschers. Sie kehrte vor zwei Tagen zur Siedlung zurück und erreichte am Abend, offensichtlich durch Schläge schwer misshandelt und an drei Stellen mit einem Messer verletzt, wieder die Feuerstelle des Dolmetschers. Wir befahlen bei Androhung von Strafe, dass kein Mann aus der Truppe mit dieser Frau verkehren dürfte; der Ehemann beobachtete, dass einer unserer Sergeants mit seiner Frau schlief, und deutete an, wenn er sie wolle, würde er sie ihm geben. Wir befahlen Sergeant Ordway, dem Mann einige Geschenke anzubieten. Bei dieser Gelegenheit erzählte ich dem Indianer, dass ich glaube, dass kein Mann der Truppe seine Frau berührt habe außer dem einen, dem er erlaubt habe, für eine Nacht in seinem eigenen Bett Gebrauch von ihr zu machen. Kein Mitglied der Truppe würde seine Squaw berühren oder die Frau irgendeines anderen Indianers. Ich riet ihm, seine Squaw mit nach Hause zu nehmen und in Zukunft glücklich mit ihr zusammenzuleben.

25. November [CLARK] Ein prächtiger Tag, warm und angenehm. Captain Lewis, zwei Dolmetscher und sechs Mann machten sich auf, um die Indianer in den verschiedenen Dörfern und Lagern in dieser Gegend zu besuchen, wir fahren fort, unsere Hütten zu bedecken und zu verschmieren, zwei Häuptlinge kamen, um mich heute zu sehen, einer namens *Wau-ke-res-sa-ra*, ein Big Belly und der erste dieser Nation, der uns besucht hat, seit wir hier sind. Ich gab ihm ein Taschentuch, Farbe und ein Sägeband, und dem anderen einige andere Dinge und erwies ihnen eine besondere Aufmerksamkeit, die ihnen sehr gefiel. Da die Dolmetscher alle bei Captain Lewis waren, konnte ich nicht mit ihnen sprechen. Wir vervollständigten unsere Hütten. Mehrere Männer haben schlimme Erkältungen.

27. November [CLARK] Captain Lewis kam mit zwei Häuptlingen, Marnoh toh und Man-nes-sur ree, und dem Trupp, der ihn begleitet hatte, aus den Dörfern zurück. Die Minnetares (oder Big Bellies) waren über die Gerüchte der Mandans sehr beunruhigt, dass wir uns mit den Sioux verbünden wollten, um sie im Verlauf des Winters abzuschneiden. Viele Umstände trafen zusammen, um diese Berichte zu bekräftigen, etwa der Einzug der Dolmetscher ins Fort, die Stärke unserer Befestigung etc. All jenen Berichten widersprach Captain Lewis mit Überzeugung. Die Indianer in allen Siedlungen und Lagern behandelten Captain Lewis und die Truppe mit großem Respekt, außer einem, dem führenden Häuptling *Mar par pa par ra pas a too or* (Horned Weasel), dem es nicht beliebte, den Captain zu sehen, und ausrichten ließ, dass er nicht zu Hause sei.

Sieben Händler der Nordwest-Gesellschaft kamen vom Fort am Assiniboine, von denen einer, Lafrance, es unternahm, schlecht von unseren Absichten etc. zu sprechen.

Der Direktor, Mr. *La Rock,* und Mr. McKensey wurden über das Verhalten ihres Dolmetschers und die Konsequenzen informiert, falls sie den missgünstigen und unbegründeten Beschuldigungen nicht Einhalt gebieten.

28. November [CLARK] Um acht Uhr kam *Poss-cop-sa-he* oder *Black Cat,* Oberhäuptling der Mandans, in Begleitung zu uns.

Nachdem wir ihnen viele Sachen gezeigt hatten, die fremd und merkwürdig für sie waren, und nachdem wir ihnen ein paar Geschenke wie Taschentücher, Armbänder und Farbe mit einer Rolle Tabak gegeben hatten, verließen sie uns um zehn Uhr sehr zufrieden. Beim Abschied kamen wir noch auf den britischen Händler Mr. *Le Rock* zu sprechen, der ihnen Medaillen und Flaggen geschenkt hatte: Wir beschworen die Häuptlinge, ihren Völkern einzuschärfen, dass keiner solche Dinge annehmen sollte, wenn er nicht das Missfallen seines Großen Amerikanischen Vaters erregen wollte.

29. November [CLARK] Mr. *La Rock* und einer seiner Männer besuchten uns. Wir teilten ihm mit, was wir von seinen Absichten, Häuptlinge zu ernennen etc. gehört hatten, und verboten ihm, den Indianern Medaillen oder Flaggen zu geben. Er bestritt, diese Absicht zu haben. Wir kamen überein, dass einer unserer Dolmetscher für ihn verhandeln sollte, unter der Bedingung, dass man nur über Handelsgeschäfte spreche; er gab ordentliche Versprechungen ab. Beim

Niederholen des Mastes kugelte sich Sergeant Pryor seine Schulter aus, vier Versuche waren notwendig, bis wir sie einrenken konnten.

30. November [CLARK] [Ein Indianer] informierte uns wie folgt: »Fünf Männer der Mandan-Nation, die in einer südwestlichen Richtung acht Seemeilen entfernt jagten, wurden durch einen großen Trupp, bestehend aus Sioux und Panias überrascht, ein Mann wurde getötet, zwei mit Pfeilen verwundet und neun Pferde entwendet. Ein Angriff der Sioux etc. sei zu erwarten … Ich beschloss, mit einigen Männern zur Siedlung zu gehen, die Krieger aller Dörfer zu versammeln und im Fall eines Angriffs der Sioux ihnen gegenüberzutreten. Captain Lewis war einverstanden. Ich überquerte etwa eine Stunde nach der Ankunft des indianischen Eilboten mit 23 Mann einschließlich der Dolmetscher den Fluss und teilte den Indianern mit, dass ich der Armee der Sioux entgegentreten und sie dafür strafen würde, das Blut unserer gehorsamen Kinder vergossen zu haben, wenn sie die Krieger aus allen Siedlungen zusammenzögen. Nach einer kurzen Beratung untereinander sagte der Häuptling *Big Man Chien*, dass sie jetzt einsähen, dass wir die Wahrheit gesprochen hätten … [»]Mein Vater, der Schnee ist tief und es ist kalt. Unsere Pferde können nicht durch die Prärien traben. Die Kerle, die unser Blut vergossen haben, haben sich wohl zurückgezogen. Wenn du mit uns im Frühling aufbrechen willst, nachdem der Schnee geschmolzen ist, werden wir die Krieger aller Siedlungen und Nationen um uns herum zusammenrufen und mit dir gehen«.

2. Dezember [CLARK] Um elf Uhr trafen die Häuptlinge vom unteren Dorf der Mandans mit vielen ihrer jungen Männer und vier von den *Shar-has*[14] zusammen, die gekommen waren, um die Friedenspfeife mit den Mandans zu rauchen. Wir erklärten ihnen unsere Absichten und Vorhaben und rieten ihnen, Frieden zu halten, gaben ihnen eine Fahne für ihre Leute, etwas Tabak und eine Rede, die sie ihrem Volk bei ihrer Rückkehr halten sollten. Auch sandten wir durch sie einen Brief an die Herren Tabeau und Gravelin im Ricara-Dorf, der beinhaltete, sich dafür einzusetzen, Feindseligkeiten zu verhindern, und wenn sie dies nicht bewirken könnten, uns zu benachrichtigen und darüber zu informieren, was gerade vor sich ging, wobei wir den Indianern den Part erklärten, den wir zu ergreifen beabsichtigen, wenn die Ricaras und Sioux unseren Weisungen nicht folgten und nicht Frieden hielten mit den Nationen, die unter unserem Schutz stünden.

14 Gemeint sind die Cheyenne-Indianer.

3. Dezember [CLARK] Der Vater des Mandan, der getötet wurde, kam und schenkte uns einige getrocknete Kürbisse und ein wenig Pemmikan, wir machten ihm einige kleine Gegengeschenke, mit denen er sehr zufrieden war.

4. Dezember [CLARK] *Black Cat* und zwei junge Häuptlinge besuchten uns und blieben wie üblich den ganzen Tag. Wir beendeten das Hauptbollwerk. Wir finden unseren Dolmetscher anmaßend und unzufrieden.

7. Dezember [CLARK] Big White, Oberhäuptling des ersten Dorfes, kam und teilte uns mit, dass eine große Herde Büffel in der Nähe sei und seine Leute gerade auf uns warteten, damit wir uns ihnen bei einer Jagd anschlössen. Captain Lewis wählte 15 Männer aus und schloss sich den Indianern an. Als er anlangte, töteten sie gerade die Büffel mit Pfeilen, auf ihren Pferden sitzend. Das taten sie mit großer Geschicklichkeit. Sein Jagdtrupp tötete 14 Büffel, von denen wir *fünf* zum Fort brachten … Die, die wir nicht einbrachten, nahmen die Indianer nach einem Brauch an sich der unter ihnen üblich ist, d. h. jede Person, die einen Büffel ohne Pfeil, der in ihm steckt, liegen sieht, ergreift Besitz von ihm; oft (wie mir erzählt wird) erhält ein Jäger, der viele Büffel auf einer Jagd erlegt, nur einen Teil davon. Alles Fleisch, das draußen gelassen wird, fällt in der Nacht den Wölfen anheim, die sich immer sehr zahlreich bei den Büffeln aufhalten. Das Thermometer stand diesen Morgen bei 1° unter null. Drei Männer holten sich heute schlimme Erfrierungen.

[GASS] sie schießen die [Büffel] mit Bogen und Pfeilen, und sie haben ihre Pferde so trainiert, dass sie sehr nahe vordringen, sich plötzlich rasch umwenden, und fortstürmen, falls der verwundete Büffel einen Angriff versucht.

8. Dezember [CLARK] Ich ging mit 15 Männern hinaus, und tötete acht Büffel und einen Hirsch … Da dieser Tag kalt war, kehrten mehrere Männer mit kleinen Erfrierungen zurück. Einer der Männer hat an seinen Füßen schlimme Erfrierungen, auch die Füße meines Dieners sind erfroren und sein P…s ein wenig. Ich fühle mich etwas ermüdet, da ich den ganzen Tag dem Büffel im vielerorts zehn Zoll tiefen Schnee nachgejagt bin.

12. Dezember [CLARK] Das Thermometer stand bei Sonnenaufgang bei 38° unter null, stieg dann bis sechs Uhr wieder etwas an, zu dieser Zeit begann es, wieder kälter zu werden. Ich füttere meine Handschuhe und lasse eine Mütze aus dem Fell des *Louservia* (Luchs oder Wildkatze des Nordens) machen, die Pelzhaare sind fast drei Zoll lang. Ein Indianer der *Shoe*-Nation[15] kam mit der Hälfte einer Cabra, Ko kâ oder Antilope, die er in der Nähe des Forts tötete. Sehr viele dieser Tiere sind in der Nähe unseres Forts, aber es ist so kalt, dass wir es nicht für vernünftig halten hinauszugehen, um bei solch kaltem Wetter zu jagen. Wenigstens wollten wir so lange warten, bis unsere Körper sich diesem Klima angepasst haben.

[ORDWAY] Die Wache, die draußen im Freien stand, musste den ganzen Tag stündlich abgelöst werden.

15. Dezember [ORDWAY] Obwohl der Tag kalt und stürmisch war, sahen wir, dass mehrere der Häuptlinge und Krieger draußen mit einem Spiel beschäftigt waren … Sie hatten aus Kalkstein gemachte Ringe, und zwei Männer hatten etwa vier Fuß lange Stöcke, mit denen sie die Ringe zum Schlittern brachten. Sie hatten einen Platz quer über ihren Rasen angelegt …, der glatt wie ein Hausflur war und an dessen Einfriedung die Ringe aufhielt. Zwei Männer rennen zum gleichen Zeitpunkt mit je einem Stock los, einer trägt einen Ring. Sie rennen etwa den halben Weg und schieben dann ihre Stöcke nach dem Ring. Sie hatten für das Spiel Markierungen angebracht, aber ich verstehe nicht, wie sie das Spiel werten.

17. Dezember [CLARK] Es war ein sehr kalter Morgen. Das Thermometer stand auf 43° unter 0° F. Wir trafen Mr. Haney[16], einen sehr intelligenten Mann, von dem wir einige skizzenhafte Zeichnungen des Landes zwischen dem Mississippi und Missouri erhielten, und einige, die er seinerseits von den Indianern im Westen dieses Landstrichs erhalten hatte. Auch die Namen und die Charaktere der Sioux etc. Gegen acht Uhr abends fiel das Thermometer auf 74° unter dem Gefrierpunkt.

18. Dezember [CLARK] Ich bin dabei, eine kleine Karte aller Verkehrswege zu machen. Wir schickten Jessomme zum Oberhäuptling der Mandans, um den Grund dafür zu erfahren, warum er ein Pferd von *Charbonneau*, unserem Big Belly-Dolmetscher, einbehält oder wegnimmt. Wie wir herausfanden, war es die Schurkerei eines Händlers der Nordwest-Gesellschaft, namens Lafrance, der diesem Häuptling erzählte, Charbonneau schulde ihm ein Pferd und er solle es ihm wegnehmen. Er tat dies entsprechend einer indianischen Sitte. Er gab das Pferd zurück.

21. Dezember [CLARK] Der Indianer, den ich daran hinderte, aus Eifersucht auf einen unserer Dolmetscher zum Mörder an seiner Frau

15 Eine der vielen Bezeichnungen für die Hidatsas.

16 Angestellter der britischen North West Company.

zu werden, kam und brachte seine zwei Frauen mit und zeigte große Sorge, sich mit dem Mann auszusöhnen, durch den seine Eifersucht plötzlich aufflammte. Eine Frau brachte ein Kind mit einer eitrigen Geschwulst auf dem unteren Teil des Rückens und bot so viel Mais, wie sie tragen konnte, für eine Medizin. Captain Lewis behandelte es.

22. Dezember [CLARK] Eine Anzahl von Indianerfrauen und in Frauenkleider gehüllte Männer kamen mit Mais, um sie den Männern für Kleinigkeiten zu verkaufen. Wir erwarben zwei Hörner des Tieres, welches die Franzosen das Felsgebirgsschaf nennen. Diese Hörner sind nicht sehr groß. Das Tier hat etwa die Größe eines großen Hirsches oder kleinen Wapitis, seine Hörner winden sich rund um seinen Kopf, wie bei einem Widder. Auch seine Beschaffenheit ist diesem nicht unähnlich.

[ORDWAY] Eine große Anzahl der Wilden besuchten uns, brachten Mais und Bohnen, um mit uns zu handeln. Sie wollten von uns Spiegel, Glasperlen, Knöpfe oder andere dem Auge wohlgefälligen Artikel.

23. Dezember [CLARK] *Little Crow* belud Frau und Sohn mit Mais für uns, Captain Lewis gab ihm und seiner Frau einige Geschenke, sie bereitete einen Kessel zu mit gekochten Zucchini, Bohnen, Mais und Traubenkirschen; alles war sehr schmackhaft. Dieses Gericht wird von diesen Leuten als Genuss betrachtet. Die Häuptlinge der Mandans mögen gerne im Fort bleiben und schlafen.

24. Dezember [ORDWAY] Wir hörten auf, Palisaden zu setzen und errichteten eine Schmiede.

25. Dezember [CLARK] Ich wurde vor Tagesanbruch vom Salutschießen der drei Züge unserer Truppe und der Franzosen geweckt, die Männer fröhlich gelaunt, ich gebe ihnen allen ein wenig Taffia (Rum) und gestattete ihnen, beim Hissen unserer Fahne drei Kanonen abzufeuern. Einige Männer gingen auf die Jagd, und die anderen fingen an zu tanzen, so ging es bis neun Uhr abends, eh die Ausgelassenheit endete.

[ORDWAY] Es gab das beste Essen, das wir bekommen konnten, und den ganzen Tag über schossen wir herum, tanzten und waren ausgelassen. Die Wilden störten uns nicht, da wir sie gebeten hatten, uns fernzubleiben, weil heute ein Großer Medizintag für uns wäre.

[GASS] Wir hissten die amerikanische Fahne in der Garnison, und ihr erstes Wehen im Fort Mandan wurde mit einem weiteren Glas gefeiert.

31. Dezember [CLARK] Eine gewisse Anzahl von Indianern ist jeden Tag hier. Unser Grobschmied bessert ihre Äxte, Hacken etc. aus, wofür die Indianerfrauen Mais als Bezahlung bringen.

[WHITEHOUSE] Das Fort, das wir hier bauten und welches wir Fort Mandan nannten, ist auf der Nordostseite des Missouri Rivers gelegen. Es ist als Dreieck gebaut, mit der Grundlinie in Richtung des besagten Flusses. Auf der Nordseite befindet sich eine zwölf Fuß hohe Plattform. Sie bildet einen Raum mit je zwölf Fuß Seitenlänge, der untere Teil dient als Lagerhaus für Vorräte etc. Die drei Seiten messen je 60 Fuß in der Länge und sind auf der Frontseite mit 18 Fuß langen Palisaden versehen. Die Häuser, in denen wir wohnen, liegen auf der Südwestseite, und die Schmiede und Waffenschmiedewerkstatt sind an der südlichen Spitze des Forts untergebracht.

1. Januar 1805 [CLARK] Der Tag wurde durch das Abfeuern von zwei Kanonen eingeläutet, wir erlaubten 16 Männern mit ihrer Musik das erste Dorf zum Tanz zu besuchen, wie sie sagten auf besondere Bitte der Häuptlinge dieses Dorfes. Gegen elf Uhr ging ich mit einem Dolmetscher und zwei Männern zu dem Dorf hinüber. (Ich wollte ein kleines Missverständnis beilegen, da sie sich über unsere Behandlung ihnen gegenüber verärgert und gekränkt gaben.) Das Tanzen unserer Männer gefiel ihnen sehr und ich befahl meinem schwarzen Diener, auch zu tanzen, was die Menge sehr amüsierte. Es erstaunte sie gewiss, dass ein so großer Mann so lebhaft war etc. Ich ging in die Wigwams aller wichtigen Männer außer zweien, von denen ich hörte, dass sie abschätzige Bemerkungen über uns gemacht hatten, indem sie uns mit den Händlern aus dem Norden verglichen.

3. Januar 1805 [CLARK] Ein *Gros Ventre* kam, um seine Frau abzuholen, die übel behandelt worden war und bei uns Schutz gesucht hatte.

4. Januar [CLARK] Ich fühle mich heute Nachmittag sehr unwohl.

5. Januar [CLARK] Ich bin mit dem Zeichnen einer Übersichtskarte des Landes beschäftigt, nach dem, was ich an Informationen erhalten habe. Drei Nächte lang fand im ersten Dorf ein Büffeltanz (oder Zaubertanz) statt, eine merkwürdige Sitte, die alten Männer stellen sich in einem Kreis auf, und nachdem sie eine Pfeife geraucht haben, die ihnen von einem jungen hierfür herausgeputzten Mann ausgehändigt wird, gehen die jungen Männer mit weinerlichen Lauten zu den alten und [bitten] sie, ihre Frauen zu nehmen (die sich nackt außer einem Überwurf darbieten) und mit ihnen zu schlafen. Jedes Mädchen nimmt dann einen alten Mann (der sehr oft kaum gehen kann) und führt ihn für das Vorhaben zu einem passenden Ort, danach kehrt sie wieder zu ihrer Behausung zurück. Falls der alte Mann (oder ein weißer Mann) auch zurückkehrt, ohne dem Mann und seiner Frau ein Geschenk zu machen, bietet ihr Mann sie wieder und wieder an. Oft legt der

Ehemann nach dem zweiten Mal ohne Intimitäten dem Alten ein hübsches Gewand an und bettelt ihn an, ihn und sein Weib nicht zu verschmähen. (Wir schickten gestern Abend einen der Unsrigen zu diesem Zaubertanz, sie gaben ihm vier Mädchen.) All dies soll die Büffel veranlassen, in die Nähe zu kommen, damit sie sie töten können.

7. Januar [CLARK] *Big White*, Häuptling des unteren Mandan-Dorfes, speiste mit uns und gab mir eine Skizze des Landes bis zu den hohen Bergen und der Südseite des River Rejone[17]. Er sagte, dass der Fluss Rejone dort sechs kleine Flüsse aufnimmt und dass das Land sehr bergig und größtenteils bewaldet ist, es gibt große Bibervorkommen … Ich fahre damit fort, eine zusammenhängende Skizze nach den Informationen von Händlern, Indianern und meiner eigenen Beobachtung und Vorstellung zu zeichnen.

Nach der zuverlässigsten Information sind die Großen Fälle ungefähr 800 Meilen westlich von hier.

9. Januar [CLARK] Mehrere Indianer trafen beinahe erfroren am Fort ein, ein Mann berichtete, dass er seinen Sohn, einen kleinen Jungen, gegen drei Uhr zum Fort geschickt hatte, und er war sehr bekümmert, als er ihn nicht vorfand.

10. Januar [CLARK] Die letzte Nacht war ausgesprochen kalt. Das Thermometer stand diesen Morgen bei 40° unter null, also 72° unter dem Gefrierpunkt; wir hatten gestern Abend einen Mann draußen gelassen, der heute Morgen gegen acht Uhr zurückkam. Die Indianer der unteren Dörfer schickten sich an, nach einem Mann und einem Jungen zu suchen, die von der gestrigen Jagd nicht zurückgekehrt waren, und borgten sich einen Schlitten aus, um sie zu bergen, da sie davon ausgingen, sie erfroren aufzufinden. Gegen zehn Uhr erreichte der etwa 13 Jahre alte Junge mit erfrorenen Füßen das Fort. Er hatte die letzte Nacht ohne Feuer und nur mit einer Büffelhaut bedeckt draußen verbracht. Seine Kleidung bestand aus sehr dünnen Ziegenfellleggins und Mokassins.

Wir haben seine Füße in kaltes Wasser gestellt, und sie haben sich erholt. Bald nach der Ankunft des Jungen kam ein Mann an, der auch ohne Feuer und sehr dünn bekleidet draußen geblieben war, dieser Mann war nicht im Geringsten verletzt. Die Sitten und die Gewohnheiten dieser Leute haben bewirkt, dass sie stärkere Kälte aushalten können, als ich es für menschenmöglich gehalten habe.

13. Januar [CLARK] Die Leute erlegen viele Büffel in der Nähe ihrer Dörfer und ihre Sitte, dieses Nahrungsmittel allgemein verfügbar zu

17 Rochejaune, das französische Wort für den Yellowstone River.

machen, bewirkt, dass sie mehr als die Hälfte der Zeit ohne Fleisch auskommen müssen. Mais und Bohnen etc. heben sie für den Sommer auf und auch als Reserve im Fall eines Angriffs der Sioux, den sie immer befürchten. Sie jagen selten weitab, außer in großen Trupps. Etwa die halbe Mandan-Nation verbrachte den heutigen Tag auf der Jagd unten am Fluss, sie werden einige Tage fortbleiben … Charbonneau teilt mit, dass der Angestellte der Hudson Bay Company vor Kurzem gegenüber den Minnetares abschätzig über uns gesprochen habe, und dass berichtet werde, die Nordwest-Gesellschaft beabsichtige, ein Fort bei den Minnetares zu bauen. Er hat den Oberhäuptling der *Big Bellies* getroffen, der von den Amerikanern abfällig sprach, aber gesagt habe, falls wir ihm unsere große Flagge gäben, würde er zu uns kommen.

14. Januar [LEWIS] Ich beobachtete eine Mondfinsternis. Ich hatte dafür nur einen kleinen Refraktor zur Verfügung, der zu meinem Sextanten gehört, aber von beträchtlichem Nutzen war, da er mir ermöglichte, den Rand des Mondbildes mit größerer Genauigkeit festzulegen, als ich es mit bloßem Auge gekonnt hätte. Der Beginn der Finsternis war von Wolken verdeckt, die mich während der ganzen Beobachtung behinderten; dieser Ursache ist auch die Ungenauigkeit der Beobachtung des *Beginns der totalen Finsternis* zuzuschreiben. Ich setze nicht viel Vertrauen in die Beobachtung der Mitte der Finsternis, da es der am schlechtesten exakt zu bestimmende Zeitpunkt des Ereignisses ist. Die zwei letzten Beobachtungen, das *Ende der totalen Verdunkelung* und das *Ende der Finsternis* waren befriedigender; sie sind so genau, wie es die herrschenden Umstände erlaubten.

16. Januar [CLARK] Einer der ersten Kriegshäuptlinge der Big Belly-Nation kam uns heute mit einem Mann und seiner Squaw besuchen. Wir feuerten das Repetiergewehr und zwei Kanonenschüsse ab, was ihnen sehr gefiel … Der Kriegshäuptling gab uns eine Art Karte vom Missouri und teilte uns mit, dass er im Frühling gegen die Schlangenindianer Krieg führen wollte. Wir hielten ihm die Zahl der Nationen vor Augen, die durch Krieg vernichtet worden waren, und sagten, dass wir sein Vorhaben ablehnten. Wenn er das Wohlergehen seiner Nation wünsche, solle er mit allen Frieden halten, so würden alle in Frieden leben, Besitz erlangen und guten Handelsverkehr mit den schutzlosen Nationen haben. Sie würden viele Pferde zu günstigen Bedingungen erhalten, und seine Nation würde wachsen. Falls er aber gegen diese schutzlosen Leute Krieg begänne, würde er seinem Großen Vater missfallen und nicht dessen Schutz und Fürsorge erhalten wie andere Nationen, die auf dessen Wort hörten. Der Häuptling, ein erst 26-jähriger Mann, erwiderte, falls sein Kriegseintritt gegen die

Schlangenindianer uns missfallen sollte, würde er keinen Krieg vom Zaun brechen, er hätte Pferde genug.

20. Januar [CLARK] Ein Missverständnis entstand zwischen den zwei Dolmetschern wegen ihrer Squaws. Da eine von Charbonneaus Squaws krank geworden war, hatte ich meinem Diener befohlen, ihr zu bestimmten Zeiten etwas gekochtes Obst und Tee zu geben, was die Ursache des Missverständnisses war.

[WHITEHOUSE] Die meisten von ihnen [Mandans] haben seltsame und ungewöhnliche Vorstellungen, sie kennen unsere Umgangsformen und Gewohnheiten kaum, sind aber auf ihre Weise von schneller Auffassung und verständig.

21. Januar [CLARK] Ein Mann ist an ›Pocken‹[18] erkrankt.

24. Januar [CLARK] Unsere Dolmetscher kommen wieder besser miteinander aus als vor ein paar Tagen.

25. Januar [CLARK] Wir haben Informationen über die Ankunft einer Gruppe von Assiniboines in den Dörfern. Sie wollen Handel treiben.

27. Januar [CLARK] Ich ließ den Mann mit der Rippenfellentzündung heute zur Ader und ließ ihn schwitzen. Captain Lewis nahm dem Jungen, der vor einiger Zeit Erfrierungen hatte, an einem Fuß die Zehen ab.

28. Januar [LEWIS] Ich habe den Längengrad von Fort Mandan aus der Beobachtung des Endes der totalen Mondfinsternis abgeleitet, die am 14. Januar stattfand … Westlich von Greenwich … 99° 22' 45,3" Länge von Fort Mandan.

29. Januar [CLARK] Wir befeuern jetzt eine große Kohlengrube, um die Beile der Indianer zu reparieren und Kriegsäxte zu machen; das einzige Mittel, um von ihnen Mais zu bekommen.

30. Januar [CLARK] Mr. La Rock stattete uns einen Besuch ab, und wir gaben ihm Bescheid bezüglich der Bitte, sich uns auf der Expedition anzuschließen, die er bei seinem letzten Besuch geäußert hatte. *[Abgelehnt].*

31. Januar [CLARK] Ich habe dem Jungen die Zehen abgesägt.

1. Februar [CLARK] Ein Kriegshäuptling der Minnetares brachte etwas Mais. Er wollte ein Kriegsbeil machen lassen und bat um Erlaubnis, gegen die Sioux und Ricaras in den Krieg zu ziehen, die vor einiger Zeit einen Mandan getötet hatten. Wir lehnten ab und führten Gründe an, denen er sehr bereitwillig zustimmte, und er versprach, allem zuzuhören, was wir zu sagen hätten. Dieser Mann ist jung und reich an Namen (*Mar-Book, Seeing Snake, She-ah-O-ke-ah*).

---

18 »Pox« bedeutet hier Syphilis, nicht Pocken.

3. Februar [LEWIS] Der Zustand unseres Bootes und unserer Pirogen ist jetzt beängstigend, sie sind fest im Eis eingeschlossen und fast ganz mit Schnee bedeckt … Mehrere Versuche, sie mit Äxten loszuhauen, haben sich als erfolglos erwiesen … Wir beschlossen dann zu versuchen, sie mit kochendem Wasser vom Eis zu befreien, das wir an den Schiffen mit heißen Steinen erhitzen wollten, aber dieser Notbehelf erwies sich auch als fruchtlos, da jedes Gestein, das wir in der Umgebung beschaffen konnten, so viel Kalk enthielt, dass es in kleine Stücke zerplatzte, wenn es dem Feuer ausgesetzt wurde. Wir beschlossen jetzt als letztes Mittel, einen Haufen eiserner Spitzen vorzubereiten und sie an dünnen Stangen von geeigneter Länge zu befestigen und damit zu versuchen, die Boote vom Eis zu befreien. Wir haben bereits ein großes Seil aus Wapitihirschhaut und einen Ankerspill fertig gemacht, womit wir zweifellos in der Lage sein werden, das Boot aufs Ufer zu ziehen, vorausgesetzt, wir können es aus dem Eis brechen.

[CLARK] Da unsere Fleischvorräte fast erschöpft sind, entschloss ich mich, den Fluss auf dem Eis hinunterzugehen und zu jagen. Ich machte mich mit ungefähr 16 Männern, drei Pferden und zwei Schlitten auf. Wir kamen fast 60 Meilen abwärts, erlegten Tiere und beluden die Pferde und stellten zwei Behälter her, die wir mit Fleisch füllten, und kehrten am 13. zurück. Wir töteten 40 Hirsche, drei Büffelbullen, 19 Wapitihirsche, viele so mager, dass sie zur Verwertung untauglich waren.

4. Februar [LEWIS] Seit einigen Wochen haben sich in unserer Gegend keine Büffel gezeigt, und mir wird mitgeteilt, dass unseren indianischen Nachbarn der Fleischmangel schwer zu schaffen macht.

5. Februar [LEWIS] Viele Eingeborene besuchten uns und brachten eine beträchtliche Menge Mais als Bezahlung für die Arbeit des Grobschmieds mit. – Ihr Interesse gilt insbesondere einem Kriegsbeil, das meiner Meinung nach sehr wenig zweckmäßig ist. Es besteht nur aus Eisen, die Klinge ist außergewöhnlich dünn, sieben bis neun Zoll lang. Der Griff ist selten mehr als vierzehn Zoll lang, das Ganze wiegt etwa ein Pfund. Die große Länge der Klinge dieser Axt und der kleine Griff machen Schläge damit wenig treffsicher, und ihnen ist leicht auszuweichen, dazu macht die Kürze des Stieles Schläge weit weniger kraftvoll, selbst wenn sie gut geführt sind, und noch ungeeigneter, da diese Waffe fast nur zu Pferde benutzt wird.

6. Februar [LEWIS] Viele Eingeborene besuchten uns, unter anderem *Big White*, *Big Man*, *Hairy Horn* und *Black Man*. Ich rauchte mit ihnen, worauf sie wieder gingen, ein ungewöhnliches Benehmen, denn sie belästigen uns normalerweise für den Rest des Tages mit ihrer guten Gesellschaft, nachdem sie einmal in unsere Unterkunft eingetreten sind … Einen Grobschmied zu haben, hat sich für uns als eine sehr glückliche Fügung in unserer gegenwärtigen Situation erwiesen, denn ich glaube, dass es schwierig gewesen wäre, irgendeine andere Methode zu ersinnen, um von den Einheimischen Mais zu bekommen. Die Indianer sind besonders auf Eisenblech aus, aus dem sie Pfeilspitzen herstellen. Sie verarbeiten es auch zu Werkzeugen für das Abschaben und die Bearbeitung ihrer Büffelgewänder. Ich gestattete dem Schmied, über einen Teil eines Eisenblech-Callaboos (ein besonderer Ofen), der auf unserer Reise flussaufwärts fast ausgebrannt war, zu verfügen, und für jedes ungefähr vier Quadratzoll große Stück erhielt er sieben bis acht Gallonen Mais von den Einheimischen, die mit dem Tausch ausgesprochen zufrieden schienen.

7. Februar [LEWIS] Der Sergeant der Wache berichtete, dass die indianischen Frauen (Frauen unserer Dolmetscher) die Angewohnheit hätten, das Tor des Forts nachts immer wieder aufzuriegeln und ihre indianischen Besucher einzulassen; ich ordnete deshalb an, dass ein Schloss an das Tor angebracht werden soll, und befahl, dass kein Indianer, außer den zur Garnison gehörenden, die Nacht im Fort verbringen dürfe oder eingelassen würde, solange das Tor üblicherweise geschlossen zu halten ist, also von Sonnenuntergang bis Sonnenaufgang.

8. Februar [LEWIS] Ich wurde von *Black Cat*, dem Großhäuptling des *Roop-tar-he* oder oberen Mandan-Dorfes, besucht. Dieser Mann besitzt mehr Integrität, Festigkeit, Intelligenz und Scharfsinn des Verstandes als jeder Indianer, dem ich in dieser Gegend begegnet bin, und ich denke, mit ein wenig Geschicklichkeit kann aus ihm ein nützlicher Agent für die Beförderung der Absichten unserer Regierung gemacht werden.

9. Februar [LEWIS] Heute Abend kam ein Mann namens Howard, dem ich die Erlaubnis gegeben hatte, zum Mandan-Dorf zu gehen, zurück, nachdem das Tor geschlossen worden war, und anstatt die Wache zu rufen, um es öffnen zu lassen, kletterte er über die Befestigungen. Ein Indianer, der zufällig zuschaute, folgte seinem Beispiel. Ich überzeugte den Indianer von der Ungehörigkeit seines Verhaltens und erklärte ihm das Risiko und dass er Gefahr liefe, übel behandelt zu werden. Der Kerl schien sehr erschreckt, ich gab ihm ein kleines Stück Tabak und schickte ihn fort. Howard hatte ich der Obhut der Wache übergeben mit dem Beschluss, ihn für dieses Vergehen vor ein Militärgericht stellen zu lassen. Dieser Mann ist ein alter Soldat, was sein Vergehen noch schlimmer macht.

10. Februar [ORDWAY] Heute um zwölf Uhr wurde gegen [Howard] vor einem Militärgericht verhandelt. Bei Sonnenuntergang wurde das

Urteil bekannt gegeben. Der Angeklagte wurde zu 50 Peitschenhieben verurteilt und unterwarf sich der Gnade des kommandierenden Offiziers, der ihm die vom Gericht verhängte Bestrafung erließ.

11. Februar [LEWIS] Heute Abend, etwa um fünf Uhr, wurde eine der Frauen von Charbonneau von einem prächtigen Jungen entbunden. Es ist der Bemerkung wert, dass dies das erste Kind war, das diese Frau geboren hatte, und wie in solchen Fällen üblich, waren ihre Wehen langwierig und der Schmerz stark. Mr. Jessomme teilte mir mit, dass er in einem solchen Fall schon häufig ein kleines Stück der Rassel der Klapperschlange verordnet habe. Er versicherte mir, dass der gewünschte Effekt niemals ausbleibe, nämlich die Geburt des Kindes zu beschleunigen; da ich eine solche Rassel bei mir hatte, gab ich sie ihm, und er verordnete der Frau zwei in kleine Stücke gebrochene und mit einer kleinen Menge Wasser versetzte Ringe. Ob diese Medizin wirklich der Grund war oder nicht, kann ich nicht entscheiden, aber mir wurde mitgeteilt, dass sie kaum zehn Minuten nach der Einnahme niederkam. Vielleicht ist dieses Mittel weiterer Experimente würdig, aber ich muss gestehen, dass ich nicht sehr an seine Wirksamkeit glauben kann.

12. Februar [LEWIS] Ich befahl, den Pferden mit ein wenig Wasser gemischtes Schrotmehl zu geben, aber zu meinem Erstaunen stellte ich fest, dass sie es nicht fressen wollten, sondern die Rinde der Silberpappel vorzogen, die sie sonst im Winter als Hauptnahrung von ihren indianischen Besitzern zu fressen bekommen. Hierfür lassen sie ihre Frauen die Bäume fällen und füttern die Pferde mit den Zweigen und der Rinde ihrer dünnen Äste. Den Indianern in unserer Gegend werden oft von den Ricaras, Sioux und Assiniboines Pferde gestohlen, sie haben es sich daher zu einer ständigen Verhaltensmaßregel gemacht, ihre Pferde bei Nacht in ihre Wigwams zu nehmen. Die Indianer sind ausnahmslos ausdauernde Reiter und lassen ihre Pferde oft viele Tage lang ganztägig ununterbrochen laufen, auf der Verfolgung der Büffel oder beim Abtransport des Fleisches zu ihren Dörfern; während dieser Zeit gibt es fast nichts zu fressen. Bei Nacht kommen die Pferde in den Stall, wo sie, wie mir scheint, nur eine spärliche Ration Holz zu fressen erhalten. Unter diesen Umständen könnte man annehmen, dass ihre Pferde nicht lange leben oder wenigstens an Gewicht und Stärke verlieren, aber das Gegenteil ist der Fall. Dieses wertvolle Tier magert trotz aller Widrigkeiten selten ab oder wird zur Arbeit untauglich.

15. Februar [CLARK] Captain Lewis verfolgte mit einem Trupp von Männern und vier Indianern die Sioux, die Indianer kehrten am nächsten Tag zurück und informierten mich, dass die Sioux das ganze Fleisch verbrannt hatten und heimgekehrt waren.

18. Februar [CLARK] Ich bin dabei, eine Beschreibung und Auflistung der Flüsse aus den eingehenden Informationen aufzustellen. Unser Fleischvorrat ging heute zu Ende.

20. Februar [CLARK] Mir wird der Tod eines alten Mannes mitgeteilt, den ich im Mandan-Dorf kennengelernt habe. Dieser Mann behauptete, er sei »120 Winter alt«. Seine Enkel hatte er beauftragt, ihn nach dem Tode anzukleiden und ihn auf einen Stein auf einem Hügel mit dem Gesicht zu seinem alten Dorf oder flussabwärts gerichtet aufzubahren, dass er geradewegs zu seinem Bruder in seinem alten Dorf unter der Erde gelangen könnte.

21. Februar [CLARK] Ein herrlicher Tag. Wir legten unsere Kleidung in der Sonne aus. *Big White* und *Big Man* besuchten uns. Sie sagten, dass sich mehrere Männer ihrer Nation aufgemacht hätten, um ihren Medizinstein ungefähr drei Tagesmärsche südwestlich von hier nach dem Ausgang des kommenden Jahres zu befragen. Sie haben großes Vertrauen in diesen Stein und glauben, dass er ihnen alle Ereignisse mitteilt, und sie suchen ihn jedes Frühjahr und manchmal im Sommer auf … Die Big Bellies haben einen Stein, dem sie beinahe die gleiche Macht zuschreiben. Captain Lewis kehrte mit zwei Schlitten zurück, die mit Fleisch beladen waren, nachdem er festgestellt hatte, dass er den Sioux-Kriegstrupp nicht einholen konnte.

23. Februar [CLARK] Der Vater des Jungen, dessen Füße hier in der Nähe erfroren waren und der durch unsere Hilfe fast geheilt war, brachte ihn auf einem Schlitten nach Hause.

25. Februar [CLARK] Einer der Big Bellies bat für sich und seine zwei Frauen um Erlaubnis, die ganze Nacht zu bleiben, was gewährt wurde, auch zwei Jungen blieben die ganze Nacht, einer war der Sohn von *Black Cat*.

27. Februar [CLARK] Ich beginne eine Landkarte über das Land am Missouri und seine Gewässer etc.

28. Februar [CLARK] Ein herrlicher Morgen, zwei Männer von der Nordwest-Gesellschaft kamen mit Briefen und *Sacka comah* (getrocknete Bärentraube) an, sie brachten auch die Wurzel und den oberen Teil einer Pflanze (purple coneflower; dt. Roter Sonnenhut) im Auftrag von Mr. Haney und eine Pflanzenspitze für die Heilung schlimmer Hunde- und Schlangenbisse, die man so findet und nutzt: »Diese Wurzel findet sich auf Hochebenen und an Abhängen, sie wird folgendermaßen angewendet: Man ritzt den gebissenen Körperteil ein, kaut ein Zoll oder mehr der Wurzel bzw. zerstampft sie, wenn sie zu klein ist, dann wird die Masse auf den gebissenen Körperteil aufgelegt. Dieser Umschlag ist zwei Mal am Tag zu erneuern. Die gebissene

Person soll die Wurzel nicht kauen oder irgendetwas davon verschlucken, denn es könnte gegensätzliche Wirkung haben.« Mr. Gravelin, zwei Franzosen und zwei Indianer kamen von der Ricara-Nation mit Briefen von Mr. Anty Tabeau, die uns darüber informieren, dass diese Nation gegenüber den Mandans und Minnetares friedfertig ist und eingewilligt hat, unsere Ratschläge zu befolgen. Sie äußerten den Wunsch, die Mandans zu besuchen und sich wenn möglich in ihrer Nähe anzusiedeln, um gegen ihren gemeinsamen Gegner, die *Sioux* zusammenzustehen. Wir erwähnten dies gegenüber den Mandans, die sagten, dass es immer ihr Wunsch gewesen sei, in Frieden und als gute Nachbarn mit den *Ricaras* zu leben. Dies sei auch der Wunsch aller Big Bellies und Shoe-Nationen. Mr. Gravelin teilt mit, dass die *Sisetoons* und die drei oberen Gruppen Tetons zusammen mit den Yanktons des Nordens vorhaben, bald gegen die Nationen dieser Gegend Krieg zu führen, und dass sie jeden weißen Mann töten wollen, den sie finden.

1. März [CLARK] Ich bin dabei, eine Landkarte zu kopieren, die Männer bauen Pirogen, stellen Seile her, brennen Holzkohle, hängen Fleisch zum Trocknen und fertigen Kriegsbeile für Mais.

[ORDWAY] Die Pirogen-Männer ließen ihre Äxte reparieren und bezogen zwei Tagesrationen, sie schlugen ihr Lager draußen in der Nähe ihrer Arbeit auf, und zwar so lange, bis sie die vier Pirogen gefertigt haben.

2. März [WHITEHOUSE] Die Männer sind alle damit beschäftigt, Kleidungsstücke zu schneidern, Hirsch- und Wapitihäute zu bearbeiten und Mokassins etc. herzustellen.

4. März [CLARK] Die Assiniboines, die die Mandans vor ein paar Tagen aufgesucht hatten, kehrten heim. Sie versuchten, Pferde der Minnetares zu stehlen und wurden von ihnen beschossen.

6. März [CLARK] Ein bewölkter Morgen und den ganzen Tag Rauch von Präriebränden, die die Minnetares gelegt haben, damit ein früher Graswuchs Büffel herbeilocken soll. Die Pferde, die vor einiger Zeit von den Assiniboines bei den Minnetares gestohlen wurden, wurden gestern zurückgebracht … Ein Mann namens *Shannon* hieb sich bei der Arbeit an einer Piroge mit dem Breitbeil in den Fuß.

7. März [CLARK] Der *Coal* suchte uns mit einem kranken Kind auf, dem ich einige von Rushs[19] Pillen gab.

---

19 Dr. Benjamin Rush aus Philadelphia hatte Lewis für die Expedition mit teilweise von ihm selbst hergestellten Arzneimitteln versorgt.

9. März [CLARK] Ich marschierte etwa fünf Meilen hinauf, um nach der Truppe zu sehen, die Pirogen anfertigt; dabei traf ich den Großhäuptling der Minnetares mit vier Indianern auf dem Weg zu uns. Ich schickte den Dolmetscher mit ihm zurück und ging selbst zu den Kanus weiter, fand sie beinahe fertiggestellt, das Holz aber sehr schlecht.

Nachdem ich alle Pirogen besichtigt hatte, wobei ich eine Anzahl von Indianern vorfand, landete ich im oberen Mandan-Dorf und rauchte mit dem Häuptling eine Pfeife, das größte Zeichen von Freundschaft und Aufmerksamkeit, und ging wieder zurück. Dabei begegnete ich dem Minnetare-Häuptling, der eben auf dem Rückweg zu seinem Dorf war, nachdem er von Captain M. Lewis eine *Medaille*, Halsketten, Armbänder, eine *Flagge*, Hemd, scharlachrotes Tuch etc. erhalten hatte, womit er sehr zufrieden war. Diese Sachen wurden ihm als Ausgleich für Geschenke gegeben, die er nach seiner Behauptung nicht erhalten hatte. Zwei Kanonen wurden für diesen großen Mann abgefeuert.

10. März [CLARK] Black Moccasin, der Häuptling des zweiten Minnetare-Dorfes und der Häuptling des Shoeman-Dorfes oder des *Mah ha ha*-Dorfes besuchen uns. Die Häuptlinge blieben den ganzen Tag und Letzterer die ganze Nacht, er gab uns viele merkwürdige Berichte über seine Nation etc. Dieser kleine Stamm von Minnetares nennt sich selbst *Ah-nah-ha-way* oder ›Volk, dessen Dorf auf dem Hügel liegt‹. Die Nation lebte früher ungefähr 30 Meilen unterhalb dieses Hügels, aber da sie von den Assiniboines und Sioux unterdrückt wurde, sahen sich ihre Angehörigen gezwungen, fünf Meilen weiter zu ziehen, wo die Assiniboines die meisten von ihnen töteten. Die Überlebenden bauten in der Nähe der Minnetares an der Mündung des Knife River ein Dorf, wo sie jetzt leben und etwa 50 Männer aufbieten können. Sie haben sich mit den Mandans und den anderen Minnetares vermischt. Die Mandans lebten früher in sechs großen Dörfern an und oberhalb der Mündung des *Chess-chi-ter* oder Heart Rivers, fünf Dörfern auf der Westseite und zwei auf der Ostseite vom Missouri. Eines jener Dörfer auf der Ostseite des Missouri und die großen Ansiedlungen wurden vollständig von den Sioux vernichtet und die Pocken dezimierten die restlichen.

11. März [CLARK] Wir haben allen Grund anzunehmen, dass sich unser Minnetare-Dolmetscher (den wir mit seiner Frau als Dolmetscher zu den Snake-Indianern mitnehmen wollten, deren Nation sie angehört) durch die britischen Handelsgesellschaften gegen uns aufbringen ließ. Es sind uns eindeutige Beweise zugetragen worden, und wir geben ihm noch diese Nacht, um nachzudenken und zu entscheiden, ob er zu den festgelegten Abmachungen weiter mit uns gehen will oder nicht.

12. März [CLARK] Unser Dolmetscher Charbonneau hat beschlossen, unter den gestern erwähnten Bedingungen nicht mehr als Dolmetscher mit uns weiterzuziehen. Er ist nicht bereit zu arbeiten, wie unsere Situation auch sein möge, oder Wache zu stehen, und wenn er sich an irgendjemand stört, will er nach Belieben umkehren. Er fordert auch das Vorrecht, Vorräte in beliebigem Umfang mit sich zu führen. Als er dieses vorbrachte, entbanden wir ihn von unserer Vereinbarung, die nur mündlich abgeschlossen worden war.

14. März [ORDWAY] Mr. Charbonneau, ein Franzose, der ursprünglich mit uns weiterziehen wollte, hat nun doch seine Meinung geändert und ein Wigwam außerhalb der Garnison errichtet und sich abgesetzt. Mr. Gravelin wird an seine Stelle treten.

16. März [LEWIS] Mr. Gurrow, ein Franzose, der viele Jahre bei den Ricaras und Mandans gelebt hat, zeigte uns den Vorgang, wie diese Perlen herstellen. Die Entdeckung dieser Kunst soll den Schlangenindianern zu verdanken sein, die von den Ricaras gefangen genommen wurden. Diese Kunst wird unter den Indianern als Geheimnis bewahrt und ist immer noch nur wenigen von ihnen bekannt.

17. März [CLARK] Mr. Charbonneau ließ uns durch einen Franzosen unserer Truppe wissen, dass er sein dummes Verhalten bedauere und uns gerne, falls wir es wünschten, zu den vorgeschlagenen Bedingungen begleiten würde und tun wollte, was wir von ihm verlangen. Wir sollten seine Einfalt entschuldigen und ihn in Dienst nehmen. Wir willigten ein, dass er mit uns weiterziehen etc. kann.

20. März [CLARK] Ich ging mit allen im Fort entbehrlichen Männern zu den Kanus, dort fand ich etliche Indianer vor, die Männer trugen vier [Kanus] ungefähr 1 ½ Meilen durch den Talgrund zum Fluss.

24. März [ORDWAY] Zwei Männer machen Käfige für die Elstern und die Präriehühner, die flussabwärts geschickt werden sollen.

25. März [CLARK] Das Eis begann heute Abend aufzubrechen und hätte beinahe unsere Kanus auf dem Weg zum Fort zerstört.

28. März [CLARK] Nur wenige Indianer suchen uns heute auf. Sie sind dabei, im Fluss treibende Büffel zu erwischen, die beim Überqueren des Flusses durch das Eis brachen. Sie lieben solche Tierkadaver und holen sich jeden Frühling sehr viele davon.

29. März [CLARK] Ich beobachtete eine außerordentliche Geschicklichkeit der Indianer beim Springen von einer Eisscholle zur anderen, um die vorbeitreibenden Büffel einzuholen. Viele der Eisschollen,

Die Waffen der Indianer

über die sie springen, sind keine zwei Quadratfuß groß. Die Prärien beiderseits des Flusses vor den Toren des Forts stehen in Flammen, die Indianer sollen den Brauch haben, die Prärien in der Nähe ihrer Dörfer jeden Frühling zum Besten ihrer Pferde abzubrennen und um die Büffel heranzulocken.

30. März [CLARK] [Die Truppe] ist gesund, außer dass einige an Geschlechtskrankheiten laborieren, die bei den Indianern alltäglich sind und die hier auf viele unserer Männer übertragen worden sind. Entsprechende Gunsterweise bekommt man leicht.

[CLARK] Die ganze Truppe ist in Hochstimmung. Es gibt nur wenige Abende ohne Tanz, und alle verstehen sich hervorragend.

1. April [CLARK] Heute Vormittag gab es Hagel und Regen mit Donner und Blitz. Der Regen dauerte mit Unterbrechungen den ganzen Tag an, es ist der Bemerkung wert, dass dies der erste Regen ist, seit wir hier lagern oder seit dem 15. Oktober letzten Jahres, außer zwei oder drei Mal ein paar Tropfen. Wir ließen das Boot, Pirogen und alle Kanus zu Wasser.

2. April [CLARK] Wir fassen jeden Tag Depeschen ab, ich beschließe, mein Tagebuch in seinem ursprünglichen Zustand zur persönlichen Einsicht an den Präsidenten der Vereinigten Staaten zu schicken, bis ich oder ein Freund es wieder zurückverlange, falls ich nicht zurückkehren sollte ... Schrieb bis sehr spät in der Nacht, habe deshalb wenig Zeit, mich meinen Freunden zu widmen.

3. April [CLARK] Den ganzen Tag über haben wir verschiedene Gegenstände verpackt, die an den Präsidenten der Vereinigten Staaten geschickt werden sollen.

5. April [CLARK] Wir ließen unsere zwei Pirogen und sechs Kanus beladen.

[GASS] Wir sollten einen Bericht über das *schöne Geschlecht* des Missouri liefern; und [Leser] mit Erzählungen von Abenteuern der Liebe und der Waffen unterhalten. Obwohl wir eine genügende Anzahl von unterhaltsamen Geschichten und vergnüglichen Anekdoten liefern könnten, halten wir es nicht für klug, unsere Tagebücher damit aufzublähen, da es uns mehr um nützlichere Informationen geht. Es kann allgemein beobachtet werden, dass Keuschheit von diesen Leuten nicht sehr hoch geschätzt wird und dass die schwerwiegenden und ekelhaften Auswirkungen *gewisser französischer Praktiken* unter ihnen nicht ungewöhnlich sind. Es ist eine Tatsache, dass Frauen allgemein als Handelsartikel betrachtet werden und *Gefälligkeiten* werden zu einem sehr moderaten Preis verkauft. Als Beweis hierfür will ich lediglich erwähnen, dass für einen alten Tabakbehälter einem unserer Männer die Ehre gewährt wurde, eine Nacht mit der Tochter des Oberhauptes der Mandan-Nation zu verbringen. Alte Kupplerinnen mit ihren Prostituierten können in einigen der Dörfer am Missouri genauso gefunden werden, wie in den großen Städten zivilisierter Völker.

6. April [CLARK] Wir erfuhren von der Ankunft der gesamten Ricara-Nation auf der anderen Seite des Flusses in der Nähe ihres alten Dorfs. Wir schickten einen Dolmetscher mit dem Auftrag, sich alles anzusehen, sofort zurückzukehren und mitzuteilen, ob ihre Häuptlinge beabsichtigen, flussabwärts zu reisen, um ihren Großen Vater zu sehen.

4. Ins Unbekannte

7. April – 2. Juni 1805

7. April [LEWIS] nachdem wir heute um vier Uhr nachmittags mit allen nötigen Vorbereitungen für unseren Aufbruch fertig waren, entließen wir das Kielboot (die Flussbarke) und seine Besatzung mit der Anordnung, unverzüglich nach St. Louis zurückzukehren. Ein kleines Kanu mit zwei französischen Jägern begleitete die Barke; diese Männer waren im letzten Jahr als Dienstverpflichtete mit uns den Missouri hinaufgefahren. Wir gaben Richard Warfington, einem verabschiedeten Corporal, den Befehl über Boot und Besatzung und vertrauten auch unsere Berichte an die Regierung, Briefe an unsere privaten Freunde und etliche Gegenstände für den Präsidenten der Vereinigten Staaten seiner Obhut an …

Gleichzeitig mit der Abfahrt der Barke von Fort Mandan schiffte sich Captain Clark mit unserer Truppe ein und rückte weiter flussaufwärts vor. Da ich seit mehreren Wochen keine körperliche Ertüchtigung mehr gehabt habe, beschloss ich, bis zum abendlichen Lagerplatz am Ufer entlangzugehen. Unsere Truppe bestand jetzt aus folgenden Personen: den Sergeants John Ordway, Nathaniel Pryor und Patrick Gass; den Gefreiten William Bratton, John Colter, Reubin und Joseph Fields, John Shields, George Gibson, George Shannon, John Potts, John Collins, Joseph Whitehouse, Richard Windsor, Alexander Willard, Hugh Hall, Silas Goodrich, Robert Frazier, Pierre Cruzatte, Jean Baptiste Lepage, François Labiche, Hugh McNeal, William Werner, Thomas P. Howard, Peter Wiser und John B. Thompson; den *Dolmetschern,* George Drewyer und Toussaint Charbonneau, und einem Schwarzen mit Namen York, Captain Clarks Diener, einer Indianerin, die mit Charbonneau verheiratet ist und deren kleinem Kind und einem Mandan-Mann, der versprochen hatte, uns bis zu den Schlangenindianern zu begleiten, um gutes Einvernehmen und freundlichen Umgang zwischen dieser Nation und seiner eigenen, den Minnetares und Ahwahharways, herbeizuführen.

Unsere Boote bestanden aus sechs kleinen Kanus und zwei großen Pirogen. Über diese kleine Flotte, obwohl nicht ganz so respektabel wie die des Kolumbus oder von Kapitän Cook, freuten wir uns dennoch ebenso sehr, wie diese verdientermaßen berühmten Abenteurer sich über ihre eigenen gefreut haben mögen; und ich wage zu behaupten, dass wir fast ebenso wie sie um deren Sicherheit und guten Zustand besorgt waren. Wir waren nun im Begriff, in ein wenigstens zweitausend Meilen weites Land vorzudringen, das noch nie ein zivilisierter Mensch betreten hatte; was es an Gutem oder Schlechtem für uns bereithielt, war nicht vorauszusehen, aber unsere kleinen Wasserfahrzeuge enthielten alles, was wir benötigten, um für Nahrung zu sorgen oder um uns verteidigen zu können. Da ich voll Zuversicht in den Erfolg einer Expedition bin, die schon seit zehn Jahren mein wichtigstes Vorhaben darstellt, konnte ich diesen Moment meines Aufbruchs als einen der glücklichsten meines Lebens nicht hoch genug schätzen. Die Truppe ist bei ausgezeichneter Gesundheit und Stimmung, eifrig dem Unternehmen zugetan, und darauf bedacht, voranzukommen. Nicht das leiseste Murren oder irgendeine Unzufriedenheit ist zu vernehmen, sondern alle handeln in Einklang und in völliger Harmonie.

[WHITEHOUSE] Die Einheimischen [Mandans] haben große Felder, die sie bebauen und die reichliche Erträge hervorbringen. Sie haben ebenfalls Gärten, die sie bepflanzen, und ernten verschiedene Arten von Gemüse. Sie sind im Allgemeinen friedliche, wohlgesonnene Leute und haben weniger von der wilden Veranlagung in sich als die Indianer am Missouri-Fluss. Ihre Haut ist sehr hell, die Männer sind wohlgestaltet und stämmig, die Frauen meist hübsch. Die Indianer hier erreichen ein sehr hohes Alter, viele sind 100 Jahre alt.

8. April [LEWIS] Ich ging an Land und besuchte *Black Cat* und verabschiedete mich von ihm, nachdem wir eine Pfeife geraucht hatten, wie es ihre Sitte ist. Dann schritt ich langsam etwa vier Meilen an Land voran und erwartete die Ankunft der Truppe. Um zwölf Uhr kamen die Männer an und teilten mir mit, dass eines der kleinen Kanus hinter ihnen in Schwierigkeiten geraten war. Captain Clark machte kehrt und fand es vollgelaufen und mit durchnässter Ladung vor. Wir verloren durch diesen Unfall einen halben Sack Zwieback und etwa dreißig Pfund Pulver; das Pulver ist ein herber Verlust, also breiteten wir es sofort zum Trocknen aus und hoffen, dass es uns noch möglich ist, den größeren Teil zu retten. Unser einziger Pulvervorrat war also nicht sicher genug vor Nässe geschützt.

[Lewis und Clark, Wetteranmerkungen] Die einzigen Vögel, die ich während des Winters in Fort Mandan beobachtete, waren Missouri-Elstern, Vögel der Corvus-Gattung, große Mengen an Raben, der kleine Specht ›und‹ ein wunderschöner Adler oder *Calumet-Vogel*, der seinem Namen dem Umstand verdankt, dass die Eingeborenen ihre Pfeifenstiele mit seinem Gefieder dekorieren, und ein Prärie- oder Waldhuhn.

9. April [LEWIS] Wir beobachteten sehr viele Wildgänse, die den Fluss hoch vorbeiflogen, einige waren weiß, außer einigen großen schwarzen Federn im ersten und zweiten Flügelgelenk. Captain Clark wanderte heute am Ufer entlang und sagte mir bei seiner Rückkehr, dass er auf seinem Streifzug durch die Prärie ein Tier gesehen habe, das genau dem grabenden Eichhörnchen gleicht, außer in puncto Größe, da es nur etwa ein Drittel so groß wie dieses ist. Ich habe in vielen Abschnitten der Ebenen und Prärien Spuren eines Tieres gesehen, das ich selbst nicht zu Gesicht bekam. Sein Werk kommt mir vor wie dasjenige des gewöhnlichen Salamanders in den Sandhügeln von South Carolina und Georgia, und wie dieser kommt es nie an die Oberfläche. Die Steilufer des Flusses, an denen wir heute vorbeikamen, waren mehr als hundert Fuß hoch und bestanden aus einer Mischung von gelbem Lehm und Sand. Viele waagerechte Schichten aus verkohltem Holz, das von Weitem genauso aussieht wie Steinkohle, sind an diesen Steilufern sichtbar. Diese Schichten sind ungleich mächtig, von ein bis fünf Fuß, und erscheinen in verschiedenen Höhen über dem Wasser, einige von ihnen bis achtzig Fuß darüber. Die Hügel am Fluss sind stark zerklüftet, und viele von ihnen sehen so aus, als seien sie früher schon einmal abgebrannt. Als wir zum Mittagessen hielten, machte sich die Indianerin auf die Suche nach wilden Artischocken, die von Mäusen gesammelt und in großen Vorratskammern deponiert werden. Sie durchbohrte hierzu die Erde mit einem spitzen Stock bei kleinen Ansammlungen von Treibholz. Ihre Arbeit erwies sich bald als erfolgreich, und sie sammelte eine ansehnliche Menge dieser Wurzeln. Drei Meilen oberhalb der Mündung dieses Wasserlaufs kamen wir an einem Jagdlager der Minnetares vorbei, die auf die Rückkehr der Antilopen warteten, die normalerweise in dieser Jahreszeit den Missouri von den Black Hills auf der Südseite her nach den offenen Prärien auf der Nordseite passieren.

[ORDWAY] Moskitos saugen seit heute Nachmittag unser Blut aus.

10. April [LEWIS] Das Land beiderseits des Missouri von den höchsten Stellen der Flusshügel aus gesehen ist eine ununterbrochene, flache, fruchtbare Prärie, so weit das Auge reichen kann, in der nicht ein einziger Baum oder Strauch zu sehen ist, außer solchen, die in feuchten Lagen oder Steilhängen vor dem Feuer geschützt sind … Um ein Uhr mittags überholten wir drei französische Jäger, die einige Tage vor uns aufgebrochen waren, um Bibern mit Fallen nachzustellen; sie hatten seit Fort Mandan zwölf Stück gefangen. Diese Leute nutzen den Schutz, den unsere große Gruppe ihnen gegen die Assiniboines, die manchmal am Missouri jagen, bietet, und sie haben vor, mit uns bis zur Mündung des Yellowstone weiterzuziehen, um dort weiter flussaufwärts zu jagen. Die bisher von ihnen gefangenen Biber sind mit Abstand die besten, die ich je gesehen habe.

Sacagawea mit Jean Baptiste

11. April [LEWIS] Das Land von Fort Mandan bis hierher wird so beständig von den Minnetares bejagt, dass es nur wenig Wild gibt. Wir hielten um zwei Uhr nachmittags und bereiteten uns ein schmackhaftes Mittagessen aus Hirschsteaks und Biberschwänzen mit dem Gebäck, das am 8. dieses Monats nass geworden war. Das Pulver, das durch den gleichen Unfall nass wurde und das wir zum Trocknen auf dem Gepäck der großen Piroge ausgebreitet hatten, wurde jetzt untersucht und weggepackt. Es scheint fast wieder gebrauchsfähig zu sein.

12. April [LEWIS] Die rote Piroge geriet entgegen meiner Erwartung mit der Treidelleine unter [eine] Sandbank, und ich erwartete jeden Augenblick, dass sie unterging. Allerdings kam es doch nicht dazu. Dies hat mir einige angstvolle Momente beschert, in unserer gegenwärtigen fortgeschrittenen Lage war ihre Ladung für uns von großer Bedeutung. Wir bewegten uns sechs Meilen weiter und gingen an der unteren Seite der Einmündung des Little Missouri vor Anker und beschlossen, den Tag mit Himmelsbeobachtungen zu verbringen …

Der Little Missouri entspringt auf der Südseite des Missouri 1693 Meilen vom Zusammenfluss des Letztgenannten mit dem Mississippi entfernt.

[ORDWAY] Der Erdboden hinter dem Fluss ist einigermaßen ordentlich, aber es sind kahle Prärien ohne Holz oder Wasserstellen etc.

13. April [LEWIS] Ungefähr um zwei Uhr nachmittags traf uns eine plötzliche Windböe und drückte die [weiße] Piroge stark auf die Seite, dass Charbonneau, der zu dem Zeitpunkt steuerte, ganz erschreckt die Piroge seitlich hart an den Wind brachte, wobei das pralle Sprietsegel die Piroge beinahe zum Kentern brachte. Als jedoch der Wind für einen Augenblick nachließ, befahl ich Drewyer zum Ruder und ließ die Segel einholen, was sofort ausgeführt wurde. So kam die Piroge, als sie vor den Wind gesteuert wurde, wieder in einen stabilen Zustand. Dieser Vorfall kam uns fast teuer zu stehen. Da wir dieses Boot für das stabilste und sicherste hielten, hatten wir unsere Instrumente, Dokumente, Arzneien und den wertvollsten Teil der Handelsgüter, die wir als Geschenke für die Indianer noch in Reserve hatten, auf diesem Boot eingelagert. Wir selbst waren auch an Bord zusammen mit drei Männern, die nicht schwimmen konnten, und der Indianerfrau mit dem kleinen Kind, die alle höchstwahrscheinlich umgekommen wären, wäre die Piroge gekentert, denn die Wellen waren hoch und die Piroge mehr als 200 Yards vom nächsten Ufer entfernt. Aber wir kamen glücklicherweise davon und setzten unsere Fahrt fort. Wir sahen entlang dem Flussufer auch viele Fährten des weißen Bären von enormer Größe, auch um Büffelkadaver herum, von denen sie sich ernähren, wie ich annehme. Wir haben bis jetzt keines dieser Tiere gesehen, obwohl ihre Fährten so reichlich und frisch sind. Sowohl die Männer als auch wir selbst sind begierig, auf solche Bären zu treffen. Die Indianer berichten Furchterregendes über die Stärke und Wildheit dieser Tiere, die sie nur in Gruppen von sechs, acht oder zehn Personen anzugreifen wagen, und ziehen nicht selten dennoch den Kürzeren, wobei sie ein oder zwei Mann verlieren. Die Wilden greifen dieses Tier mit Pfeil und Bogen an und mit den mittelmäßigen Gewehren, die ihnen Händler liefern. Sie schießen damit aber mit solcher Unzuverlässigkeit und auf eine so kurze Entfernung, dass sie häufig ihr Ziel verfehlen und dem Bären zum Opfer fallen. Zwei Minnetares wurden während des letzten Winters bei einem Angriff auf einen weißen Bären getötet. Dieses Tier soll Menschen eher angreifen, als vor ihnen fliehen. Wenn die Indianer sich auf die Suche nach einem weißen Bären machen, bemalen sie sich vor dem Abmarsch und führen all diese abergläubischen Riten aus, die man immer dann beobachten kann, wenn sie im Begriff sind, Krieg gegen eine benachbarte Nation zu führen.

14. April [LEWIS] Captain Clark [fand verlassene Lager, die] von den Assiniboines gewesen sein müssen, da keine andere Nation, die sich an diesem Teil des Missouri aufhält, je Gefallen an alkoholischen Getränken fand. Dieses Genussmittel mögen die Assiniboines leidenschaftlich, und wir erfuhren, dass dies der Hauptgrund ist, dass sie die britischen Einrichtungen am Assiniboine-Fluss mit getrocknetem und zerstoßenem Fleisch und Fett beliefern. Sie beliefern sie auch mit einer kleinen Menge an Pelzen, hauptsächlich Felle des großen und kleinen Wolfs und des kleinen Fuchses. Kamen an einer Insel vorbei, oberhalb der auf der Backbordseite zwei kleine Wasserläufe einmünden; der obere Wasserlauf ist größer und wir nennen ihn nach unserem Dolmetscher Charbonneaus Creek, weil er an ihm mehrere Wochen mit einem Jagdtrupp von Indianern gelagert hatte. Dies war der höchste Punkt, zu dem jemals ein Weißer vorgedrungen war[20]; außer zwei Franzosen, die, da sie sich verirrt hatten, einige Meilen weiter umhergestreift waren, doch bis zu welchem Ort genau, konnte ich nicht erfahren.

15. April [LEWIS] Ich ging am Ufer entlang, und Captain Clark fuhr mit der Truppe weiter, da wir es zum ehernen Grundsatz gemacht haben, dass nicht beide gleichzeitig von unseren Booten fort sind.

16. April [LEWIS] Die Hügel am Fluss setzen sich noch einige Meilen extrem zerklüftet im Hinterland fort, wo sie in eine prächtige Ebene mit fruchtbaren Böden übergehen. Unmittelbar am Fluss gibt es viele großartige weitläufige und außerordentlich fruchtbare Hochebenen und Wiesen. Ich denke, das Waldland am Fluss nimmt jetzt zu. Die mineralischen Vorkommen setzen sich noch fort.

17. April [LEWIS] Während wir den Fluss weiter hochfuhren, sahen wir in jeder Richtung um uns riesige Mengen an Wild. Es gab Büffel-, Wapiti- und Antilopenherden, einige Hirsche und Wölfe. Obwohl wir fortwährend viele Bärenfährten sahen, haben wir nur sehr wenige dieser Tiere gesichtet, sie fliehen meist in großer Entfernung von uns weg; ich nehme deshalb an, dass sie extrem vorsichtig und scheu sind; der indianische Bericht über sie stimmt nicht mit unserer bisherigen Erfahrung überein.

18. April [LEWIS] Heute Morgen mit zwei Fallen einen Biber gefangen, er steckte in jeder mit einem Fuß; die Fallen gehörten unterschiedlichen Truppenangehörigen, zwischen denen sich ein Streit ergab, der

20 In der Nähe von Williston, North Dakota.

höchstwahrscheinlich in einer ernsten Auseinandersetzung geendet hätte, wenn wir nicht rechtzeitig vor Ort gewesen wären und sie verhindert hätten. Wir entdeckten eine gelb blühende Erbsenart, die jetzt in Blüte steht. Sie wächst selten über sechs Zoll hoch. Blatt und Stiel ähneln der gewöhnlichen Gartenerbse, die Wurzel ist winterhart. Ich sah auch mehrere Büschel Büffelhaare an den Rosenbüschen hängen, die dadurch, dass sie dem Wetter ausgesetzt waren, gebleicht und völlig weiß geworden waren. Sie haben große Ähnlichkeit mit Schafwolle, sind aber viel feiner und seidig weich. Ich bin überzeugt, dass aus Büffelwolle ausgezeichneter Stoff gewebt werden kann. Der Büffel, den ich gestern erlegte, hatte sein langes Haar abgeworfen und das kurze Haar, das übrig blieb, war sehr dick, fein und etwa zwei Zoll lang. Ich glaube, dass dieses Tier ungefähr fünf Pfund Wolle geliefert hätte. Wir wurden heute von ein bis fünf Uhr nachmittags durch den Wind aufgehalten, der so heftig von Norden blies, dass es schwierig war, die Kanus vor Wassereinbruch zu schützen, obwohl sie längs des Ufers lagen.

20. April [LEWIS] Bei meinem Spaziergang entdeckte ich ein kleines Gerüst von etwa sieben Fuß Höhe, auf dem zwei Hundeschlitten mit Geschirr abgelegt waren. Unterhalb dieses Gerüsts lag ein in mehrere aufbereitete Büffelhäute gut eingewickelter menschlicher Körper und in seiner Nähe eine Tasche aus den gleichen Materialien, die verschiedene Gegenstände des Verstorbenen enthielt. Es waren ein Paar Mokassins, etwas rote und blaue Erde, Biberkrallen, Werkzeuge zum Bearbeiten von Büffelhaut, einige getrocknete Wurzeln, mehrere Stücke Grasnarbe von Süßgras und eine kleine Menge Mandan-Tabak. Ich nehme an, dass der Leichnam sowie die Tasche mit den Gegenständen zufällig heruntergefallen waren. In der Nähe des Gerüsts sah ich den Kadaver eines großen, noch nicht verwesten Hundes, der wohl in dem Augenblick getötet worden war, als der Leichnam auf dem Gerüst zurückgelassen wurde; dies war zweifellos die Belohnung, die der arme Hund für seinen Freundschaftsdienst erhalten hatte, nämlich den Körper seines Herrn zur Ruhestätte zu ziehen. Es ist bei den Assiniboines, Mandans, Minnetares etc. üblich, die Lieblingspferde und -hunde ihrer verstorbenen Verwandten an deren Grabgerüst zu opfern, damit sie ihnen im Land der Geister dienstbar sind. Von Menschenopfern habe ich bei ihnen nie etwas gehört.

22. April [LEWIS] Die zerklüfteten Hügel des Missouri in dieser Gegend bestehen aus großen, unregelmäßigen und aufgebrochenen Fels- und Gesteinsmassen; einige von ihnen, obwohl sie 200 Fuß über dem Wasserspiegel liegen, waren wohl in früherer Zeit der Gewalt des Flusses ausgesetzt, denn sie erscheinen wie durch Wasser glatt geschliffen. Ich stieg heute Morgen bis zur Kante des eingeschnittenen Steilufers hinauf, von wo ich eine überaus reizvolle Sicht über das Land hatte. Es ist durchweg mit Ausnahme des durch den Missouri gebildeten Tals baumlos und ohne Unterholz, und auf den ersten Blick fallen dem Betrachter riesige Büffel-, Wapiti-, Hirsch- und Antilopenherden ins Auge, die auf einer gemeinsamen und unbegrenzten Weide grasen. Als ich heute Abend am Ufer spazieren ging, traf ich auf ein Büffelkalb, das mir nachging und mir fortwährend dicht auf den Fersen blieb, bis ich an Bord ging und es zurückließ. Es war wohl von meinem Hund aufgeschreckt worden, weswegen es sich mir so bereitwillig anschloss.

[CLARK] Ich beobachtete eine große Büffelherde, die von Wölfen verfolgt wurde. Die Wölfe fingen vor meinen Augen eines ihrer Kälber; diese Tiere verteidigen ihre Jungtiere so lang, wie diese mit der Herde Schritt halten können.

24. April [LEWIS] Der Wind blies den ganzen Tag über so heftig, dass wir nicht vorankommen konnten. Entzündete Augen sind eine alltägliche Klage bei der Truppe. Ich glaube, dieses Übel rührt von den riesigen Mengen an Sand her, die der Wind von den Sandbänken im Fluss in großen Wolken dahertreibt, dass man oft nicht einmal das gegenüberliegende Ufer des Flusses ausmachen kann. Die Partikel dieses Sandes sind so fein und leicht, dass sie mühelos vom Wind viele Meilen weit fortgetragen werden und in einiger Entfernung aussehen wie eine dichte Rauchsäule. So durchdringend ist dieser Sand, dass wir nichts frei von ihm halten können; kurzum, wir sind gezwungen, ihn großzügig zu essen, zu trinken und einzuatmen. Meine Taschenuhr ist defekt, sie geht nur ein paar Minuten und bleibt dann sofort stehen. Ich kann keinen grundlegenden Fehler in ihrem Werk entdecken und muss es deshalb dem Sand zuschreiben, der immer wieder eindringt, ungeachtet dessen, dass ihr Gehäuse doppelt gefasst und eigentlich dicht ist.

25. April [LEWIS] Ich beschloss, auf dem Landweg mit einigen Männern zur Einmündung dieses Flusses zu marschieren. [Yellowstone] … Unsere Marschroute führte am Fuß der Hügel entlang. Als wir ungefähr vier Meilen marschiert waren, stieg ich die Hügel hinauf, von wo ich einen höchst gefälligen Blick auf das Land hatte, vor allem auf die breiten und fruchtbaren, vom Missouri und dem Yellowstone geformten Täler, wobei die Flüsse stellenweise durch den Waldbestand an ihren Säumen deutlich werden und sich in meilenlangen Mäandern durch dieses herrliche Land ziehen. Die ganze Weite des Landes war voller Büffel-, Wapitihirsch- und Antilopenherden; Hirsche sind auch reichlich vorhanden, aber halten sich mehr im Waldland verborgen. Büffel, Wapiti und Antilopen sind so zahm, dass wir ganz in ihrer Nähe vorbeigehen können, während sie grasen, ohne dass es sie irgendwie erschreckte. Und wenn wir ihre Aufmerksamkeit erregen, kommen sie sogar oft noch näher, um herauszufinden, was wir sind. In einigen Fällen gingen sie uns so eine beträchtliche Strecke nach.

26. April [LEWIS] Es gibt mehr Wald am Zusammenfluss dieser Flüsse und am Missouri entlang bis unterhalb des White Earth Rivers als an irgendeinem anderen Abschnitt des Missouri oberhalb der Einmündung des Cheyenne River. Der Wald besteht hauptsächlich aus Silberpappeln, einigen kleinen Ulmen, Eschen und Eschenahorn. Das Unterholz auf den Sandbänken und dem Saum des Flusses besteht aus kleinblättriger Weide; die unteren Senken sind voller Rosenbüsche, die drei oder vier Fuß hoch wachsen, Rotbeeren, erlenblättriger Junibeere und Rotholzbäumen; die oberen Gründe sind entweder bewaldet oder offen; die Ersteren liegen nahe am Fluss, und ihr Unterholz ist das gleiche wie bei den unteren bewaldeten Böden und hat zusätzlich noch breitblättrige Weiden, Stachelbeeren, Apfelbeeren, purpurrote Johannisbeeren und Geißblattbüsche. Die offenen Böden grenzen an die Hügel und sind an vielen Stellen vom wilden Salbei bedeckt, der bis zu zwei Fuß hoch steht. Ich beobachte, dass sich Antilopen, Büffel, Elche und Hirsche von diesem Kraut ernähren; die Weiden der Sandbänke liefern auch ein bevorzugtes Winterfutter für diese Tiere sowie für Waldhühner, Stachelschweine, Hasen und Kaninchen. Nachdem ich am Abend meine Beobachtungen abgeschlossen hatte, marschierte ich stromabwärts und schloss mich dem Trupp am Lagerplatz an, auf der Landzunge, die durch den Zusammenfluss beider Flüsse gebildet wird; alle waren bei guter Gesundheit und sehr erfreut, dass man an diesem lang ersehnten Ort angekommen war. Und um gewissermaßen zum allgemeinen Vergnügen beizutragen, das unsere kleine Gemeinde zu erfüllen schien, ordneten wir an, jedem einen Schluck auszugeben; daraufhin wurde bald Musik gespielt, und wir verbrachten den Abend mit viel Gelächter, Gesang und Tanz; die zurückliegenden Strapazen schienen vollkommen in Vergessenheit zu geraten und die bevorstehenden wurden einfach ignoriert.

27. April [LEWIS] Eine sehr geeignete Stelle für eine Niederlassung. Der Ort, der sich hierfür anbietet, liegt etwa 400 Yards vom Missouri entfernt und etwa die doppelte Strecke vom Yellowstone. Es ist eine der schönsten Prärien, die ich jemals erblickt habe. Obwohl Wild reichlich vorhanden und wenig scheu ist, erlegen wir nur so viel, wie wir als Nahrung brauchen. Ich glaube, dass zwei gute Jäger mühelos ein Regiment mit Nahrung beliefern könnten. Seit einigen Tagen beobachten wir eine große Anzahl von Büffeln, die tot am Ufer liegen, einige von ihnen ganz oder teilweise von Wölfen und Bären gefressen. Entweder sind diese Tiere im Winter beim Versuch, den Fluss auf dem Eis zu überqueren, ersoffen oder weil sie ihn jetzt zum Steilufer hin durchschwommen haben, das sie freilich nicht erklimmen können; zu schwach, wieder zurückzuschwimmen, sind sie wohl verhungert. Adler, Elstern und Gänse haben ihre Nester in benachbarten Bäumen; Elstern scheinen besonders gern in der Nähe der Adler zu nisten, da wir kaum einen Adlerhorst ohne zwei oder drei Elsternester in kurzer Entfernung davon beobachten. Der Weißkopfadler kommt hier häufiger vor als irgendwo anders in diesem Land.

29. April [LEWIS] Ich ging mit einem Mann zu Fuß am Ufer entlang.

Gegen acht Uhr morgens stießen wir auf zwei Braun- oder ›Gelb‹-Bären[21], die wir beide verwundeten; einer von ihnen ergriff die Flucht, der andere verfolgte mich siebzig oder achtzig Yards, nachdem ich auf ihn geschossen hatte. Er war glücklicherweise so schlimm verwundet, dass er nicht dicht genug aufschließen konnte, um mich am Nachladen des Gewehrs zu hindern. Wir eröffneten erneut das Feuer und töteten ihn. Es war ein nicht ganz ausgewachsenes männliches Tier, wir schätzten sein Gewicht auf 300 Pfund, weil wir es nicht genauer feststellen konnten. Die Beine dieses Bären sind etwas länger als die des Schwarzbären, wobei seine Krallen und Reißzähne unvergleichlich größer und länger sind. Die Hoden, die beim Schwarzbären ziemlich weit hinten zwischen den Oberschenkeln platziert und wie beim Hund und den meisten Vierfüßlern in einem Hautsack eingeschlossen liegen, befinden sich beim Gelb- oder Braunbären viel weiter vorn und haben getrennte Beutel, die zwei bis vier Zoll auseinander hängen. Dieser Bär ist gelbbraun, seine Augen sind klein, schwarz und durchdringend; seine Vorderbeine sind unten am Fuß normalerweise schwarz; der Pelz ist feiner, dicker und stärker als der des Schwarzbären. Dies sind alles Besonderheiten, in welchen sich dieses Tier vom Schwarzbären unterscheidet; es ist ein sehr wildes und schreckliches Tier und verfolgt häufig den Jäger, wenn es verwundet wird. Es ist erstaunlich, welche Verletzungen sie aushalten können, bevor man sie töten kann. Die Indianer dürften dieses Tier durchaus fürchten, da sie meist mit Pfeil und Bogen oder schlechten Gewehren ausgestattet sind. Doch für erfahrene Schützen sind sie auf keinen Fall so schrecklich und gefährlich, wie sie dargestellt werden. Wild ist

21 Die erste Begegnung mit dem Grizzly.

noch sehr reichlich vorhanden, wohin man auch schaut, man findet immer Hirsche, Wapitis, Büffel oder Antilopen. Die Menge an Wölfen scheint im gleichen Verhältnis zuzunehmen; sie jagen allgemein in Rudeln von sechs, acht oder zehn Tieren; sie töten in dieser Jahreszeit viele Antilopen; diese sind noch mager, und die weiblichen Tiere sind trächtig; die Wölfe packen sie meistens, wenn sie versuchen, den Fluss zu durchschwimmen; auf diese Art packte mein Hund eine Antilope, ertränkte sie und brachte sie ans Ufer. Sie schwimmen nur ungeschickt; an Land aber, wenn sie gesund sind, sind sie außergewöhnlich schnell und ausdauernd. Wir haben häufig Wölfe bei der Verfolgung von Antilopen in den Prärien gesehen; sie scheinen ein einzelnes Tier aus einer Herde abzusondern und verfolgen es dann, wobei sie sich abwechselnd ablösen, bis sie dann zupacken.

30. April [CLARK] Ich war heute zu Fuß am Ufer unterwegs. Unser Dolmetscher und seine Squaw folgten mir. Auf dem Streifzug brachte mir die Indianerin einen Strauch, der dem einer Johannisbeere ähnlich war und der, wie sie sagte, köstliche Früchte trägt und in großen Mengen auf den Rocky Mountains wächst. Dieser Strauch hat gelbe Blüten mit einem tiefen Blütenkelch, die Früchte sind in reifem Zustand gelb und hängen in Trauben herab wie Kirschen. Einige dieser Beeren hingen noch an den Sträuchern.

1. Mai [LEWIS] Das Land scheint viel lieblicher und fruchtbarer als das, welches wir vor einigen Tagen durchquert haben; die Hügel sind niedriger, die Talsenken weiter und besser bewaldet, hauptsächlich mit nicht sehr hohen Silberpappeln; das Unterholz am Flussrand und auf den Sandbänken besteht aus Rosenbüschen und roter Weide, in den tiefer gelegenen Gründen steht breitblättrige Weide; das Hochland auf jeder Seite des Flusses ist eine ausgedehnte, baumlose Ebene, die fruchtbar scheint, da sie aus einem dunklen, reichen Boden besteht. Shannon tötete einen Vogel der Regenpfeiferart. Sein Gewicht beträgt ein Pfund. Sein Ruf ähnelt dem des grauen Regenpfeifers, obwohl er eher lauter und vieltöniger ist. Er verhält sich auch gleich, mit dem einen Unterschied, dass er sich manchmal auf dem Wasser niederlässt und schwimmt, was ich bei einem Regenpfeifer nie gesehen habe. Dieser Vogel, den ich von nun an den *Missouri-Regenpfeifer* nennen werde, sucht sich seine Nahrung meist bei den seichten Sandbänken im Fluss. Um Futter zu finden, taucht er seinen Schnabel ins Wasser und wirft seinen Kopf bei jedem Schritt ständig von einer Seite zur anderen.

2. Mai [LEWIS] Unterwegs schossen wir heute Abend drei Biber am Ufer; diese Tiere sind außergewöhnlich zutraulich, weil sie nicht gejagt werden, wo dies doch der Fall ist, verlassen sie bei Tag niemals ihre Bauten. Das Fleisch des Bibers schätzen wir als Delikatesse; ich halte den Schwanz für den köstlichsten Leckerbissen, wenn er gekocht wird, schmeckt er fast wie frische Kabeljauzunge und -blase, und normalerweise ist er groß genug, um zwei Männern ein reichhaltiges Mahl zu liefern. Joseph Fields, einer der Jäger, der heute unterwegs war, fand auf den Ästen eines Baumes in der Nähe eines alten indianischen Jagdlagers mehrere Yards von scharlachrotem Stoff hängen, wohl ein Opfer für eine Indianergottheit, wahrscheinlich von der Assiniboine-Nation, da sie wie alle Nationen am Missouri, die wir kennen, die Sitte haben, der Gottheit das von ihrem Besitz anzubieten oder zu opfern, was sie für angemessen halten, nämlich das, was sie selbst am meisten schätzen. Heute Morgen schoss einer der Männer einen indianischen Hund, der uns seit mehreren Tagen nachgelaufen war, er wollte wohl von den gekochten Vorräten stehlen.

3. Mai [LEWIS] Spuren alter Flussbetten sind an vielen Stellen über das ganze Tal verteilt zu sehen. Da die Hügel niedriger geworden sind, sind die Kohle- und Bimssteinschichten weitgehend verschwunden; ich sah heute keine. Wir begegneten einer großen Zahl von Stachelschweinen und haben deshalb den Fluss nach diesem Tier den Stachelschwein-Fluss genannt. Dieses Tier ist äußerst plump und nicht sehr wachsam. Ich pirschte mich von hinten so nahe an eines heran, ohne dass es mich bemerkte, dass ich es mit meinem Espontoon[22] berühren konnte.

5. Mai [LEWIS] Captain Clark und Drewyer erlegten heute Abend den größten braunen Bären, den wir je gesehen haben. Es war ein ausgesprochen fürchterlich aussehendes Tier und äußerst schwer zu töten. Obwohl ihm fünf Kugeln in den Lungen und fünf weitere in anderen Körperteilen steckten, schwamm er durch den halben Fluss zu einer Sandbank, und es dauerte wenigstens zwanzig Minuten, bis er starb; der Bär versuchte nicht anzugreifen, sondern floh und brüllte entsetzlich, nachdem er getroffen war. Wir hatten keine Möglichkeit, dieses Monster zu wiegen. Captain Clark schätzt ihn auf 500 Pfund. Ich meinerseits halte die Schätzung um 100 Pfund zu niedrig. Er maß 8 Fuß 7 ½ Zoll von der Nase bis zu den Hinterpranken, fünf Fuß 10 ½ Zoll um die Brust, ein Fuß elf Zoll um den mittleren Vorderlauf und

22 Eine Art Speer mit hölzernem Schaft und Metallklinge, von Lewis als Waffe und Wanderstab benutzt.

drei Fuß elf Zoll um den Hals; seine Krallen, fünf an jeder Pranke, hatten eine Länge von 4⅜ Zoll. Er war in gutem Zustand, wir teilten ihn also unter der Truppe auf und ließen das Fett auskochen und es zum künftigen Gebrauch in ein Fass füllen. Das Fett wird beim Abkühlen hart wie Schweineschmalz, viel härter als das des Schwarzbären. Dieser Bär unterscheidet sich vom gewöhnlichen Schwarzbären in mehrerer Hinsicht; seine Krallen sind viel länger und heller, sein Schwanz kürzer, seine rötlichen oder beigebraunen Fellhaare sind länger, dicker und feiner als die des Schwarzbären; Leber, Lunge und sein Herz sind auch im Verhältnis zu seiner Größe viel voluminöser, insbesondere das Herz war so groß wie bei einem großen Ochsen. Sein Magen war ebenfalls zehnmal so groß wie der des Schwarzbären und voller Fleisch und Fisch. Seine Hoden hängen am Bauch vier Zoll auseinander in getrennten Hauttaschen oder -säcken. Dieses Tier ernährt sich auch von Wurzeln und vielen wilden Früchten.

[ORDWAY] Captain Clark und einige unserer Männer töteten einen riesigen Bären, den die Einheimischen und die französischen Händler Weißbär nennen, aber alle Exemplare, die wir gesehen haben, waren hellbraun, was wohl dem Klima zuzuschreiben ist, wie wir annehmen.

6. Mai [LEWIS] Ich denke, dass die Neugierde unserer Truppe auf dieses Tier [Grizzlybär] recht gut befriedigt werden konnte, das schreckliche Aussehen des am 5. getöteten männlichen Bären und sein langwieriges Sterben trotz Verletzungen an lebenswichtigen Körperteilen hat die Entschlossenheit mehrerer Männer ins Wanken gebracht, andere scheinen aber auf Bärenjagd erpicht zu sein; ich erwarte, dass diese Herrschaften (die Grizzlys; d. Hrsg.) uns bald noch einiges Vergnügen bereiten werden, da sie sich jetzt schon zu paaren beginnen.

8. Mai [LEWIS] Wir legten unsere Mittagspause oberhalb eines großen Flusses ein, der auf der Backbordseite einmündet.

Nach der Wassermenge dieses Flusses zu schließen, muss er ein großes Gebiet bewässern; vielleicht könnte dieser Fluss auch eine schiffbare und vorteilhafte Verbindung zum Saskatchewan River bieten; er ist ausreichend groß, dass wir hoffen können, dass er zu besagtem Fluss führt, vorausgesetzt, er fließt in die entsprechende Richtung. Sein Wasser ist eigenartig weiß, etwa wie eine Tasse Tee mit einem Esslöffel Milch.

Nach der Farbe seines Wassers nannten wir ihn Milk River … Weißäpfel[23] wachsen in dieser Gegend im Überfluss; allerdings haupt-

23 Die indianische Brotwurzel.

sächlich in hohen Lagen. Diese Wurzel bildet einen beträchtlichen Anteil der Nahrung der Indianer am Missouri, sie bereiten sie auf verschiedene Weise zu. Sie wird zu allen Jahreszeiten hoch geschätzt, aber schmeckt von Mitte Juli bis zum Herbstende am besten. Die Einheimischen sammeln sie in dieser Zeit und lagern sie als Wintervorrat ein.

Nach der Ernte werden die Wurzeln entrindet, danach reiht man sie auf kleinen Schnüren oder Bändern aneinander und hängt sie in die Sonne oder auch in den Rauch ihrer Feuer. Gut getrocknet halten sie sich mehrere Jahre, vorausgesetzt, sie werden nicht nass oder feucht. In getrocknetem Zustand zerstößt man sie normalerweise zwischen zwei auf ein Stück Tierhaut gelegten Steinen, bis ein feines Pulver entsteht. Die Indianer dicken ihre Suppe damit an und manchmal kochen sie die getrockneten Wurzeln auch mit Fleisch, ohne sie zu zerkleinern. Wenn sie noch grün und unreif sind, werden sie meist mit Fleisch gesotten, sie werden auch zerstampft oder anderweitig verwendet, ganz nach Belieben. Eine weitere schmackhafte Speise aus dem Wurzelgemüse entsteht, wenn es gekocht und zerstampft mit Büffelmark und Beeren so lange verrührt wird, bis das Ganze die Konsistenz eines Festtagspuddings bekommt. Sie essen diese Wurzel auch gebraten und verarbeiten sie auch häufig roh zu deftigen Mahlzeiten, ohne dass es ihnen schadet. Der Weiß- oder Braunbär frisst sehr viel von dieser Wurzel und gräbt sie mit seinen Krallen leicht aus. Weißäpfel kommen mir geschmacklos und fade vor, obwohl ich sicher bin, dass sie ein sehr gesundes und ausreichend nahrhaftes Lebensmittel sind. Ich zweifle auch nicht daran, dass unsere Feinschmecker diese Wurzel als Trüffel- oder Morchelersatz in Ragouts und Bratensoßen sehr schätzen würden. Wir kamen an einen Platz, wo kürzlich ein Indianer ein Ziegenfell gerupft oder enthaart hat; wir wollen diesen Herren aber nicht gerade jetzt begegnen, da wir annehmen, dass es sich höchstwahrscheinlich um Assiniboines handelt, die uns Ärger bereiten könnten.

9. Mai [LEWIS] Heute durchquerten wir das Bett des außergewöhnlichsten Flusses, den ich je gesehen habe. Er ist so breit wie der Missouri an dieser Stelle oder anders ausgedrückt eine halbe Meile breit, er führt nicht einen Tropfen an fließendem Wasser; einige kleine stehende Lachen sind im Moment alles, was zu sehen ist. Diesen Fluss (falls ein solcher passend benannt werden kann) nannten wir den Großen Trockenen Fluss (Big Dry River). Von der Büffelkuh, die ich erlegt habe, nahmen wir die nötigen Teile für die Zubereitung dessen, was unser unverzichtbarer Koch Charbonneau *boudin blanc* nennt. Diesen »weißen Pudding« schätzen wir alle als einen der größten Leckerbissen des Waldes, es kann deshalb nicht schaden, ihn ausführlich zu beschreiben: Etwa sechs Fuß vom äußersten Ende des Dickdarms findet sich die erste Zutat, die der Koch verwendet; er hält den Darm an einem Ende mit der rechten Hand fest, während er ihn mit dem Zeigefinger und Daumen der linken sachte zusammendrückt und das herauspresst, was ungenießbar ist, wovon wir aber später trotzdem einen Teil abbekommen werden. Der Muskel unterhalb des Schulterblatts neben dem Rückgrat und die Filets werden als Nächstes herausgeschnitten und sehr fein zerkleinert und mit einer guten Portion Nierenfett vermischt. Zu dieser Mischung wird dann eine genau bemessene Menge Pfeffer und Salz und etwas Mehl hinzugefügt; jetzt ergreift unser geschickter Operateur seinen Schlauch (den Darm), der nicht gewaschen wurde, denn das würde die richtige Reihenfolge der Zubereitung unmöglich machen. Wie gesagt, er ergreift den Schlauch und bindet ihn schnell an einem Ende zu, dreht ihn einwärts und schiebt jetzt mit immer denselben Bewegungen der Hand, des Armes und eines Fingers und des Daumens das hinein, was er als *bon pour manger* (gut zu essen) bezeichnet; auf diese Weise bläht er bald durch das Vollstopfen und das Zusammenpressen den Schlauch bis an die äußerste Grenze seiner Dehnfähigkeit auf, und weiter und weiter füllt sich der Darm bis zum anderen Ende. Wenn er voll ist, wird er auch am anderen Ende zusammengebunden; er wird dann im Missouri getauft, indem man ihn zwei Mal kurz untertaucht, dann in einem Kessel kochenden Wassers auf- und abbewegt.

Nach dem Sieden wird das Ganze herausgenommen und in Bärenfett braun gebraten. So zubereitet kann diese Köstlichkeit den allergrößten Heißhunger stillen, den der Reisende in der Wildnis nicht selten verspürt.

[ORDWAY] Das Wild in dieser Gegend ist so zahlreich und so zutraulich, dass die Männer es unterwegs einfach mit ihren Gewehrkolben totschlagen können.

10. Mai [LEWIS] Wir glauben noch in der Gegend zu sein, in der normalerweise Assiniboines jagen, und da sie eine verderbte, schlecht veranlagte Nation sind, halten wir es für das Beste, auf der Hut zu sein. So inspizierten wir die Waffen und die Ausrüstung und fanden alles in bester Ordnung. Als Maultierhirsche und die Tiere mit großen Hörnern auftauchen, glauben wir schnell in hügeliges oder bergiges Land zu kommen; wir haben den Maultierhirsch nur selten außerhalb karger Landstriche angetroffen. Es gibt mehrere wesentliche Unterschiede zwischen Maultierhirsch und gewöhnlichem Hirsch, sowohl in der Gestalt als auch in seiner Lebensweise. Er ist meist ein gutes Drittel größer, und das männliche Tier ist besonders groß. Er hat seltsam lange Ohren, ich habe die eines ausgewachsenen Bocks gemessen, sie waren elf Zoll lang und an der dicksten Stelle 3 ½ Zoll breit. Der auffälligste Unterschied ist jedoch das weiße Hinterteil und der Schwanz. Wegen der schwarzen Schwanzhaare wird er bei den französischen Dienstverpflichteten als »schwarzschwänziger Hirsch« bezeichnet, ich dagegen halte diesen Namen keineswegs für bezeichnend, da der weitaus größere Teil des Schwanzes weiß ist. Um ihn besser unterscheiden zu können, haben wir die Bezeichnung »Maultierhirsch« verwendet, was ich für viel geeigneter halte.

Viele in der Truppe haben regelmäßig Furunkel und Abszesse, Bratton ist wegen eines Geschwürs an der Hand arbeitsunfähig; entzündete Augen sind auch weiterhin für uns alle mehr oder weniger alltäglich geworden. Bei Abszessen verordne ich aufweichende Umschläge und bei entzündeten Augen eine Lösung aus Zinkvitriol und essigsaurem Blei im Verhältnis von zwei Gramm des Erstgenannten und einem des Letztgenannten auf eine Unze Wasser.

11. Mai [LEWIS] Heute Morgen sind wir sehr früh aufgebrochen, die Strömung ist stark und der Fluss macht viele Windungen; die Ufer stürzen sehr leicht ein; ich wundere mich manchmal, dass unsere Kanus oder unsere Pirogen bisher nicht durch diese immensen Erdmassen verschluckt wurden, die sich fortwährend in den Fluss hineinwälzen; wir konnten ihnen mehrfach nur um Haaresbreite entkommen, aber die Vorsehung scheint zu bewirken, dass wir bisher keinen solchen Verlust erlitten haben. Etwa um fünf Uhr nachmittags wurde ich auf einen aus der Truppe aufmerksam, der von Weitem auf uns zurannte und Zeichen gab und brüllte, als ob er in Not wäre. Ich befahl den Pirogen anzulegen und wartete, bis er da war; ich erkannte jetzt, dass es Bratton war, der Mann mit der kranken Hand, dem ich erlaubt hatte, an Land zu gehen. Er kam so sehr außer Atem an, dass es mehrere Minuten brauchte, bis er erzählen konnte, was passiert war; ausführlich berichtete er mir, dass er auf einen Braunbären geschossen habe, der ihn sofort angegriffen und ihn eine beträchtliche Strecke verfolgt habe, aber der Bär sei so schwer verwundet, dass er ihn nicht einholen konnte. Ich rückte sofort mit sieben Mann der Truppe auf die Suche nach diesem Monster aus, wir fanden schließlich seine Blutspur und verfolgten diese etwa eine Meile weit durch dichtes Gestrüpp aus Rosensträuchern und großblättriger Weide; wir fanden den Bär schließlich im dichtesten Unterholz und schossen ihm zwei Kugeln in den Schädel. Es war ein monströses Tier, nicht ganz so groß wie dasjenige, das wir vor einigen Tage getötet haben, aber sonst fast gleich. Die Haare sind bemerkenswert lang, fein und dicht, obwohl er sein Winterfell schon zum Teil abgeworfen hatte. Wir stellten jetzt fest, dass Bratton ihn mitten durch die Lunge geschossen hatte, dennoch hatte er ihn beinahe eine halbe Meile verfolgt, war mehr als das Doppelte dieser Strecke zurückgerannt und hatte sich mit den Klauen in der Erde ein etwa zwei Fuß tiefes und fünf Fuß langes Bett gegraben. Er war völlig lebendig, als wir ihn fanden, er musste seit mindestens zwei Stunden verletzt sein. Dieser Bär, der so schwer zu töten war, schüchterte uns alle sehr ein; ich muss gestehen, dass ich die Sorte nicht mag und lieber mit zwei Indianern gleichzeitig kämpfen würde, als mit einem Bären. Es ist unmöglich, ihn mit einem einzigen Schuss zu erledigen, außer man trifft ihn direkt ins Gehirn, doch das ist außerordentlich schwierig, weil zwei große Muskeln an den Stirnseiten liegen und den spitzen, vorspringenden Mittelteil des Stirnbeins schützen, das noch dazu außerordentlich dick ist.

12. Mai [LEWIS] Ich ging heute Morgen zu Fuß am Ufer entlang, um mich körperlich zu ertüchtigen, was ich sehr nötig hatte, und auch um das Land und seine Erzeugnisse zu untersuchen. Bei diesen Exkursionen war ich meistens allein, nur mit Gewehr und Espontoon bewaffnet; so bestens ausgerüstet halte ich mich dem Braunbären gegenüber für einen gleichwertigen Gegner, vorausgesetzt ich stelle ihn in offenen Wäldern oder in Wassernähe, ein Angriff in den offenen Prärien erscheint mir aber als zu unsicher. Ich bin deshalb zu dem Entschluss gekommen, nur in der Defensive zu agieren, wenn ich im offenen Land auf einen dieser Gentlemen treffen sollte. Wildkirschen wachsen auch hier in den Senken und entlang der Wasserläufe; seit dem Neunten des Monats stehen sie in Blüte. Dieses Gewächs findet man häufig am Missouri von der Gegend der *Baldpated Prairie*[24] bis hierher und es gehört zur Ordnung der Pentandria Monogynia. Die Indianer am Missouri verwenden diese Kirsche häufig und bereiten sie als Nahrungsmittel auf verschiedene Weisen zu. Manchmal pflücken sie sie zum Verzehr frisch von den Bäumen oder sie entsteinen sie und zerquetschen sie zwischen Steinen. So werden sie mit Wurzeln, Fleisch, Präriebohnen und Weißäpfeln vermischt und gekocht; sie werden auch als Wintervorrat gesammelt und auf Häuten in der Sonne getrocknet. Oft zerquetschen sie sie und packen sie in kleine Rollen oder eine Art Kuchenteig und trocknen sie

24 Die offenen Prärien entlang der Grenze zwischen den Bundesstaaten Missouri und Iowa.

in der Sonne; anschließend hüllen sie sie in Häute ein oder verstauen sie in Säcke aus Tierfellen und bewahren sie über den Winter auf.

14. Mai [LEWIS] Am Abend entdeckten die Männer der beiden hinteren Kanus einen großen Braunbären, der in der offenen Landschaft etwa 300 Schritt vom Fluss entfernt lag, sechs Bootsinsassen, allesamt gute Jäger, bereiteten sich zum Angriff vor; sie nutzten eine kleine Anhöhe aus, die sie verbarg, und gelangten unbemerkt bis auf 40 Schritte an den Bären heran. Zwei von ihnen sparten ihre Kugeln auf, wie vorher vereinbart worden war, die vier anderen feuerten beinahe gleichzeitig und schossen jeder eine Kugel ab, zwei Kugeln drangen durch beide Lungenflügel und augenblicklich rannte das Monster mit aufgerissenem Maul auf die Schützen zu. Die beiden anderen, die noch Kugeln hatten, legten auf ihn an, als er auf sie losging. Beide Male wurde er getroffen, eine Kugel verletzte ihn nur leicht, aber die andere zerschmetterte glücklicherweise seine Schulter. Dies hielt seinen Angriff aber nur für einen Moment auf, die Männer schafften es nicht, ihre Gewehre neu zu laden und ergriffen die Flucht, der Bär verfolgte sie und hatte sie tatsächlich beinahe eingeholt, bis sie den Fluss erreichten; zwei aus dem Trupp rannten zum Kanu und die anderen trennten sich, versteckten sich unter den Weiden und luden die Gewehre neu. Jeder schoss auf ihn, sobald sich die Gelegenheit ergab. Sie trafen den Bären wieder mehrfach, aber die Schüsse nützten nur dazu, das verletzte Tier auf sie zu lenken. Nun verfolgte der Bär gleichzeitig zwei Jäger so dicht, dass sie ihre Gewehre und Patronentaschen wegwerfen mussten und in den Fluss sprangen, obwohl das Ufer beinahe zwanzig Fuß senkrecht abfiel; so wütend war die Bestie, dass sie nur einige Fuß hinter dem zweiten Mann, der Zuflucht im Wasser gesucht hatte, ebenfalls in den Fluss sprang. Einer der am Ufer Verbliebenen feuerte schließlich den tödlichen Schuss in den Schädel des Bären ab. Die Männer brachten das Tier an Land und zerlegten es, wobei sie über den ganzen Körper verteilt acht Kugeln fanden. Erst nach Sonnenuntergang kamen die Männer wieder zu uns herauf, wo wir von einem Vorfall aufgehalten worden waren, den ich nun berichten muss und an den ich nur mit Angst und Schrecken zurückdenke, obwohl es erfreulicherweise ohne ruinösen Schaden abgegangen ist; es handelt sich um das Kentern und den beinahen Verlust der weißen Piroge. Heute Abend war unglücklicherweise Charbonneau anstelle von Drewyer am Ruder dieser Piroge, der sie vorher gesteuert hatte; Charbonneau kann nicht schwimmen und ist vielleicht der zaghafteste Seemann der Welt; vielleicht war es gleichfalls ein unglücklicher Zufall, dass Captain Clark und ich beide in jenem

Moment an Land waren, ein Umstand, der selten vorkommt; und obwohl wir uns am gegenüberliegenden Ufer aufhielten, waren wir zu weit entfernt, um gehört zu werden oder mehr tun zu können, als Zuschauer ihres Schicksals zu sein. In dieser Piroge waren unsere Dokumente, Instrumente, Bücher, Arzneien, ein großer Teil unserer Handelsware und kurzum fast alles, was zum sicheren Erfolg unseres über 2200 Meilen führenden Unternehmens zwingend nötig war. Es genügt zu sagen, dass die Piroge unter Segel stand, als ein plötzlicher heftiger Windstoß sie in Schräglage brachte und weit herumdrehte. Der Steuermann erschrak, und anstatt sie vor den Wind zu bringen, luvte er sie quer hinein. Der Wind blies so heftig, dass er die Brasse des Rahsegels aus der Hand des Mannes riss, der es bediente, und die Piroge sofort zum Kentern brachte und sie vollständig kieloben gekehrt hätte, wäre sie nicht durch den Widerstand der Ruder gegen das Wasser aufgehalten worden. In dieser Lage feuerten Captain Clark und ich unsere Gewehre ab, um möglichst die Aufmerksamkeit der Truppe zu erregen, und riefen ihnen zu, die Fallen zu kappen und das Segel einzuholen, aber niemand hörte uns; so groß war ihre Verwirrung und Bestürzung in diesem Moment, dass sie die Piroge eine halbe Minute lang auf die Seite gekippt ließen, bevor sie das Segel einbrachten. Dann richtete sich die Piroge auf, aber im Inneren stand das Wasser bis einen Zoll unter dem Dollbord. Charbonneau, der noch immer Gott um Gnade anflehte, hatte das Ruder noch nicht wieder im Griff, auch konnten die wiederholten Befehle des Bugmannes Cruzatte ihn nicht zur Besinnung bringen, bis dieser damit drohte, ihn sofort zu erschießen, wenn er nicht dem Befehl gehorche und seine Pflicht erfülle. Der Wellengang war zu diesem Zeitpunkt sehr hoch, aber die standhafte Entschlossenheit und gute Führung von Cruzatte brachten die Rettung. Das Schiff reichte kaum noch über das Wasser; wir nahmen also alle Gegenstände heraus und legten sie, so gut es den Abend über möglich war, zum Trocknen aus. Anschließend schöpften wir das Kanu leer und vertäuten es. An Bord waren außer Charbonneau zwei weitere Männer, die nicht schwimmen konnten und die natürlich beim Kentern auch ertrunken wären. Als die Piroge auf der Seite lag und ich merkte, dass man mich nicht hören konnte, vergaß ich einen Moment lang meine eigene Lage und ließ einfach mein Gewehr fallen, ich warf meine Patronentasche beiseite und wollte mir eben den Mantel aufknöpfen, als mir klar wurde, wie unsinnig mein Vorhaben war, mich in den Fluss zu stürzen und zu versuchen, zur Piroge zu schwimmen. Die Piroge war dreihundert Yards entfernt, die Wellen so hoch, dass die Piroge kaum eine Chance hatte davonzukommen.

Das Wasser war übermäßig kalt und die Strömung reißend. Hätte ich dieses Vorhaben ausgeführt, wäre es hundert zu eins gestanden, dass ich für diesen Wahnsinn mit dem Leben bezahlt hätte. Freilich wäre mir das Leben nur noch von geringem Wert gewesen, wenn die Piroge verloren gegangen wäre. Als gegen Abend alle Angelegenheiten, so gut es die Umstände erlaubten, geregelt waren, schien es uns angemessen, alle zu trösten und die Gemüter unserer Männer aufzuheitern. Wir nahmen einen kräftigen Schluck Grog und gaben jedem Mann eine Viertelpinte geistige Stärkung.

16. Mai [LEWIS] Gegen vier Uhr nachmittags waren unsere Instrumente, Arzneien, Handelswaren, Lebensmittel etc. vollkommen getrocknet, umgepackt und wieder an Bord der Piroge verstaut. Unsere Medikamente erlitten den größten Schaden, ein erheblicher Teil war gänzlich verdorben und vieles andere beträchtlich beschädigt; die Bilanz unserer Verluste waren viele Sämereien, eine kleine Menge Schießpulver und einige Esswaren, die über Bord gegangen und versunken waren. Die Indianerin, die bei diesem Unfall beachtliche Standhaftigkeit und Entschlossenheit gezeigt hatte und in nichts den Männern nachgestanden war, hatte die meisten leichten Gegenstände aufgefangen und gesichert, die über Bord gespült wurden.

17. Mai [LEWIS] Captain Clark entging bei seinem Erkundungsgang knapp dem Biss einer Klapperschlange. Die Truppe tötete heute Abend eine in unserem Lager, die nach Captain Clarks Auskunft derjenigen ähnlich war, die er gesehen hatte. Diese Schlange (Prärieklapperschlange) ist mit zwei Fuß sechs Zoll Länge kleiner als die in den mittleren Atlantikstaaten normalerweise vorkommende; sie ist auf dem Rücken und an den Seiten gelblich braun und hat eine Reihe ovaler dunkelbrauner Flecken, die diagonal vom Hals bis zum Schwanz über den Rücken laufen, und zwei Reihen mit kleinen kreisförmigen Stellen der gleichen Farbe entlang des Schuppenrandes. Auf der Unterseite am Bauch liegen 176 Schuppen und 17 auf dem Schwanz. Wir wurden spät in der Nacht durch den Sergeant der Wache geweckt und vor einem großen Baum gewarnt. Er hatte Feuer gefangen und neigte sich unmittelbar über unsere Unterkunft. Wir rückten es beiseite und einige Minuten später fiel ein großer Teil des Wipfels genau auf die Stelle, wo die Unterkunft gestanden hatte. Hätten wir noch einige Minuten gewartet, wären wir alle zu Atomen zermalmt worden.

[LEWIS und CLARK, Wetteranmerkungen] Die Gänse haben Küken; die Wapitihirsche sind in der Brunft, Antilope und Hirsch haben noch keinen Nachwuchs. Die kleinen Arten der Ziegenmelker oder Nachtschwalben fangen zu rufen an, sowohl kleine als auch große schwarze Vögel sind aufgetaucht.

19. Mai [LEWIS] Einer unserer Männer verwundete einen Biber, und mein Hund schwamm ihm wie üblich hinterher, um ihn einzufangen. Der Biber biss ihn in den Hinterlauf und durchtrennte die Arterie; es gelang mir nur unter größten Schwierigkeiten, das Blut zu stillen. Ich fürchte, die Sache wird noch tödlich für ihn enden.[25]

20. Mai [LEWIS] In einer Entfernung von 2 ¼ Meilen passierten wir die Einmündung eines großen Wasserlaufes, der aber wenig Wasser führte; diesen Zufluss nannten wir Blowing Fly Creek, wegen der riesigen Mengen der Insekten, die auf und an ihm schwirrten. Sie lassen sich auf unserem Fleisch nieder, während es gebraten oder gekocht wird, und wir müssen sie beim Essen ständig von der Nahrung verjagen. Ungefähr fünf Meilen oberhalb der Mündung des Shell River ergießt sich auf der Steuerbord- oder oberen Seite ein hübscher Fluss von etwa fünfzig Yard Breite in den Shell River; diesen Wasserlauf nennen wir nach unserer Dolmetscherin, der Schlangenindianerin *Sacagawea,* oder den Fluss der Vogelfrau.

22. Mai [LEWIS] Ich glaube nicht, dass der für den unteren Teil dieses Flusses und die Atlantikstaaten so typische Schwarzbär in dieser Gegend existiert; wir haben weder einen gesichtet, noch Fährten entdeckt, die wegen ihrer kurzen Klauen leicht von Braun-, Grizzly- oder Weißbärenspuren zu unterscheiden gewesen wären. Ich glaube, dass es sich um die gleiche Bärenart handelt, die je nach Alter oder Jahreszeit die Farbe wechselt.

23. Mai [LEWIS] Genau oberhalb der Einmündung des Teapot Creeks auf der Steuerbordseite gibt es eine große Ansammlung von Erdhöhlen, die von grabenden Eichhörnchen bewohnt werden. Sie wählen für ihren Bau meist eine südliche oder südöstliche Lage und gehen niemals in die Nähe von Bächen oder Flüssen; ich bin erstaunt, wie diese Tiere ohne Wasser existieren können, insbesondere in einem Land wie diesem, wo es drei Viertel des Jahres kaum Regen gibt und noch seltener Tau; und doch haben wir ihre Bauten manchmal fünf oder sechs Meilen vom Wasser entfernt gefunden. Außerhalb der Grenzen ihres Reviers findet man sie nicht. Im Herbst, wenn die strengen Fröste beginnen, verschließen sie ihre Erdhöhlen und wagen sich bis zum Frühling nicht wieder heraus. Einige von ihnen scheinen jetzt noch im Winterschlaf zu sein.

---

25 Der Hund von Lewis, der Neufundländer Seaman, hat überlebt.

[WHITEHOUSE] Gegen zwei Uhr mittags hielten wir bei einer Waldfläche auf der Nordseite und machten Feuer, um zu Mittag zu essen. Einer der Jäger nahm Gewehr und Kugeltasche mit an Land. Im Wald brach jedoch ein Feuer aus und verbrannte seine Kugeltasche, das Pulverhorn und den Schaft seines Gewehres.

24. Mai [LEWIS] Das Land ist hoch und zerklüftet, große Mengen von schwarzem Gestein und braunem Sandstein sind in den Vorderseiten der Hügel sichtbar; auf den Gipfeln der Berge stehen vereinzelt Kiefern, Fichten und Zwergzedern; der Boden ist mager und unfruchtbar, und an den Gipfeln versandet, es wächst dort nur wenig Gras; in den schmalen Flusssenken des Missouri wächst wenig anderes als Ysop oder Südholz und weichblättriger Dorn.

25. Mai [CLARK] Auf meinem heutigen Erkundungsgang bemerkte ich auf jeder Seite des Flusses Berge in nicht allzu großer Entfernung, es schienen einzelne Berge zu sein und keine Ketten, wie es die Minnetares behaupten. Ich glaube aber, nach Südsüdwesten hin in großer Entfernung eine hohe Bergkette wahrgenommen zu haben, bin mir aber nicht sicher, da der Himmel nicht klar genug war, um sich dessen gewiss zu sein.

[WHITEHOUSE] Gibson, einer der Jäger, kugelte sich heute eine Schulter aus, bekam sie aber wieder eingerenkt.

26. Mai [LEWIS] Am Spätnachmittag stieg ich die Hügel am Fluss hinauf, was mich ziemlich ermüdete. Als ich auf einem der höchsten Punkte der Umgebung angekommen war, erwies sich die Anstrengung als lohnend; da ich von diesem Punkt aus zum ersten Mal die Rocky Mountains[26] erblickte. Ich konnte nur einige der höchsten Bergspitzen am Horizont entdecken und stellte mit meinem Taschenkompass fest, dass sich die eindrucksvollsten 65° nach Nordwest erstreckten. Beim Betrachten dieser Berge war ich im Innersten glücklich darüber, der Quelle des bis jetzt für endlos gehaltenen Missouri so nahe gekommen zu sein; aber als ich an die Schwierigkeiten dachte, die mir dieses schneebedeckte Hindernis auf meinem Weg zum Pazifik höchstwahrscheinlich in den Weg rücken würde, und an die Leiden und Beschwernisse meiner selbst und der Truppe insgesamt, dämpfte dies die Freude erheblich, die ich in den ersten Momenten gefühlt hatte, als ich sie erblickte. Aber ich habe es immer für falsch gehalten, nur das Schlimmste zu erwarten. Ich will an eine gute und bequeme Passage glauben, bis ich zum Umdenken gezwungen werde.

26 Lewis erblickte von seinem Standort aus noch nicht die Rocky Mountains, sondern vermutlich die Highwood Mountains in der Nähe der Great Falls des Missouri, die Clark tags zuvor gesehen hatte.

[CLARK] Diese Gegend kann, meiner Ansicht nach zu Recht, die Wüste Amerikas genannt werden, da ich mir nicht vorstellen kann, dass jemals irgendein Teil davon besiedelt wird, weil es an Wasser, Holz etc. fehlt und alles zu steil ist, um bebaut zu werden.

27. Mai [GASS] Wir sind jetzt in eine Gegend geraten, die nur öde und trostlose Landschaft vorweist. Wir sehen auch kein Ende unserer momentanen Lage ab.

Nachdem wir etwa zweitausenddreihundert Meilen auf diesem Fluss vorangekommen sind, erscheint es mir nun nicht unwichtig, zwei oder drei allgemeine Bemerkungen zu dem Land zu machen, das wir durchquert haben. Vom Zusammenfluss des Platte mit dem Missouri bis zu der unfruchtbaren Wüste, in der wir uns seit Kurzem befinden, ist die Erde auf einer Strecke von mehr als fünfzehnhundert Meilen weniger fruchtbar. Das Land ist abgesehen von den Talsohlen von geringerer Qualität; kann aber im Allgemeinen als ordentliches Land zweiter Güte bezeichnet werden. Diese Art von Land und Boden, die wir auf unserem Vormarsch den Missouri hoch angetroffen haben, erstreckt sich wahrscheinlich meilenweit auf beiden Seiten des Flusses. Entlang des Missouri und der einmündenden Gewässer kommen in den Talsohlen und auf den Inseln häufig Silberpappeln und Weiden vor; aber das Hochland ist fast gänzlich ohne Baumbewuchs und besteht aus großen Prärien oder Ebenen, deren Grenzen sich dem Blick entziehen. Das Gras ist auf diesen riesigen natürlichen Weiden meist kurz und in den entsprechenden Jahreszeiten mit Blüten und Blumen farbenprächtig ausgeschmückt. Die Ausblicke von den Hügeln sind interessant und großartig. Weite, ausgedehnte Ebenen mit Hügeln und Tälern, die sich in kleiner werdenden welligen Kämmen weit hinziehen, bis sie in der Ferne verschwinden; große Flüsse und Bäche in schnellem, sich in Mäandern windendem Lauf; Haine aus Silberpappeln und Weiden entlang der Gewässer, die die Landschaften in allen Richtungen durchziehen und sie in verschiedenartige Lebensräume teilen. Von Weitem erscheinen sie wie dunkle Wolken, die am Horizont untergehen. Sie sind mit gewaltigen Mengen von Büffeln, Wapitis, Hirschen und anderen Tieren bevölkert, die auf den Prärien weiden oder jagen. Diese Tierwelt bietet dem Auge des Betrachters einen einzigartigen und überwältigenden Anblick.

28. Mai [LEWIS] Stromschnellen und felsige Landzungen sind zahlreich und viele von ihnen viel schlimmer als die, die wir früher passierten. Um die Landspitzen herum strömt das Wasser mit großer Kraft und wir sind in vielen Fällen gezwungen, unsere Boote durch Furten zwischen hohen, spitzen Felsnadeln zu steuern, die einige Zoll über die Wasseroberfläche ragen. Sollte hier unsere Treidelleine nachgeben, wird der Bug sofort durch die Strömung nach außen getrieben und das Boot mit der Seite gegen die Felsen geworfen, wo es unvermeidlich kentern muss oder vielleicht zerschmettert wird. Wir fanden heute einen neuen indianischen Wigwampfosten, der von der Strömung abwärts getrieben wurde, er war an einem Ende abgenutzt, als hätten ihn Hunde oder Pferde gezogen; auch ein Fußball und verschiedene andere Gegenstände wurden gefunden, die die Strömung erst kürzlich hergespült hatte; es sind klare Beweise, dass sich Indianer weiter oben am Fluss nicht weit von uns entfernt aufhalten. Der Fußball ist so, wie ich solche bei den Minnetares gesehen habe, und deshalb halte ich es für sehr wahrscheinlich, dass es sich um eine Gruppe Minnetares von Fort de Prairie[27] handelt.

[LEWIS und CLARK, Wetteranmerkungen] Die Luft war am Vormittag trüb und verraucht; wir denken, dass dies vom Abbrennen der Prärien herrührt, die, wie man uns sagt, häufig von den Schlangenindianern in Brand gesetzt werden, um die Antilopen zu zwingen, ins bewaldete Bergland zu fliehen, wo sie siedeln.

29. Mai [LEWIS] letzte Nacht gab es Aufregung wegen eines großen Büffelbullen, der vom gegenüberliegenden Ufer herüberschwamm. Als er längsseits der weißen Piroge angekommen war, kletterte er über sie hinweg an Land und rannte dann verschreckt in voller Geschwindigkeit die Sandbank hinauf direkt auf die Feuerstellen zu. Er war bis auf 18 Zoll an die Köpfe einiger schlafender Männer herangekommen, ehe die Wache sie warnen konnte oder ihn dazu bringen konnte, die Richtung zu ändern. Noch mehr verschreckt hielt er jetzt direkt auf unsere Unterkunft zu und rannte zwischen vier Feuerstellen wiederum wenige Zoll von den Köpfen einiger schlafender Männer entfernt vorbei. Als er in die Nähe des Zeltes kam, rettete uns mein Hund, indem er ihn erfolgreich dazu brachte, ein zweites Mal die Richtung zu ändern. Er wandte sich ein Stück weit nach rechts und war schnell außer Sichtweite, wir standen alle aufgeregt und mit Gewehren in den Händen da und fragten uns gegenseitig nach der Ursache des Alarms, die uns gleich darauf von der Wache erklärt wurde. Wir waren froh, dass niemand verletzt war. Am nächsten Morgen stellten wir fest, dass der Büffel beim Überklettern der Piroge auf ein Gewehr getreten war, das Captain Clarks schwarzem Mann gehörte, der es nachlässig in

27 Die Rede ist von zwei gleichnamigen und benachbarten Handelsposten der britischen North West Company am Saskatchewan River, wo vor allem die Stämme der Atsinas und Blackfeet Handel trieben. Lewis und Clark irren sich, wenn sie von den »Minnetares von Fort de Prarie« sprechen.

der Piroge zurückgelassen hatte. Das Gewehr war stark verbogen, der Büffel hatte auch das Hydrometer und den Drehzapfen zerbrochen und den Schaft einer der Donnerbüchsen[28] an Bord zertrümmert. Mit diesem Schaden konnte ich mich gut abfinden und war froh, dass uns kein weiteres Unheil widerfahren war. Es scheint, dass die weiße Piroge, die unsere wertvollste Ausrüstung enthält, von irgendeinem bösen Geist heimgesucht wird. Heute Morgen brachen wir wie immer sehr früh auf und kamen wie üblich mittels der Treidelleine voran.

Nach einer Strecke von 2½ Meilen passierten wir einen hübschen Fluss, der auf der Backbordseite fließt. Captain C., der auf diesem Fluss viel weiter stromaufwärts gelangte als ich, hat ihn Judith River[29] genannt. Heute kamen wir auf der Steuerbordseite an den Überresten ungeheuer vieler zerfleischter Büffelkadaver vorbei, die von den Indianern über einen Abgrund von 120 Fuß getrieben worden waren. Sie verbreiteten einen höchst scheußlichen Gestank. Auf diese Weise vernichten die Indianer am Missouri gewaltige Büffelherden auf einen Schlag. Hierzu wählen sie einen der beweglichsten und schnellsten jungen Männer aus und hüllen ihn in ein Gewand aus Büffelhaut ein, er setzt sich auch die Haut eines Büffelkopfs mit Ohren und Hörnern wie eine Mütze auf. So aufgeputzt platziert er sich in angemessener Entfernung zwischen einer Büffelherde und einem für sein Vorhaben geeigneten Abgrund, den es an diesem Fluss über viele Meilen weit immer wieder gibt; die anderen Indianer umstellen jetzt die Herde im Rücken und an den Flanken, und auf ein zuvor vereinbartes Signal kommen alle gleichzeitig hervor und rücken auf die Büffel zu; der verkleidete Indianer oder Köder hat darauf geachtet, sich nahe genug bei den Büffeln zu platzieren, damit sie ihn bemerken, wenn sie zu fliehen beginnen. Und da er vor ihnen herrennt, folgen sie ihm in voller Geschwindigkeit zu dem Abgrund, der hintere Teil der Herde treibt die Tiere an der Spitze weiter, und solange diese weiterlaufen, blicken die Hinteren weder auf noch bremsen sie ihren Lauf, bis die Gesamtheit über den Abgrund gestürzt ist. Am Ende bilden sie eine zusammengeballte Masse aus toten und zerfleischten Kadavern. Der Köder hat sich unterdessen in einer Spalte oder einer Ritze in der Klippe in Sicherheit gebracht, die er vorher ausgespäht hat. Der Part des Köders ist ausgesprochen gefährlich, wie mir erklärt wurde, wenn einer kein sehr schneller Sprinter ist, zertrampeln ihn die Büffel

28 Große Schultergewehre mit kurzem Lauf und weiter Mündung; sie waren während der Fahrt auf Drehstativen angebracht, je eines auf den beiden Pirogen, und verschossen zumeist grobe Schrotmunition.

29 Nach seiner künftigen Gattin Julia (Judith) Hancock benannt.

und quetschen ihn zu Tode, manchmal reißen sie ihn auch über den Vorsprung mit, wo er gemeinsam mit den Büffeln stirbt.

30. Mai [LEWIS] Die Luft des offenen Landes ist erstaunlich trocken und rein. Ich stellte durch mehrere Experimente fest, dass während das Quecksilber in der größten Hitze des Tages nur mäßige Temperatur anzeigt, ein Esslöffel Wasser in einer Untertasse der Luft ausgesetzt in 36 Stunden verdunstet; mein Tintenfass, das so häufig austrocknet, hat mich auf dieses Experiment gebracht. Ich beobachtete auch, dass das gut abgelagerten Holz vom Kasten meines Sextanten beachtlich schrumpfte und ebenso die aufspringenden Scharniere.

31. Mai [LEWIS] Die Behinderungen durch Felsnadeln und Stromschnellen gingen auch heute weiter; an solchen Stellen müssen die Männer bis zu den Schultern im Wasser stehen. Das Wasser ist noch sehr kalt und so zahlreich sind diese Stellen, dass die Männer ein Viertel ihrer Zeit im Wasser sind. Hinzu kommen Sandbänke und Steilufer, die sie passieren müssen, diese sind so rutschig und der Schlamm so zäh, dass sie keine Mokassins tragen können, und in dieser Lage schleppen sie die schwere Last eines Kanus und quälen sich immer wieder mehrere Hundert Yards weit über scharfe Felsfragmente, die von oben herabstürzen und die Flussufer garnieren; kurzum, ihre Arbeit ist unglaublich schmerzhaft und mühsam, doch ertragen es unsere pflichtgetreuen Kerls ohne ein Murren. Das Schlepptau der weißen Piroge, das einzige, das tatsächlich aus Hanf ist, und dasjenige, von dem wir in höchstem Maße abhängen, gab heute an einer scharfen Landspitze nach, die Piroge schwang herum und stieß nur leicht gegen einen Felsen, doch war sie kurz davor zu kentern; ich fürchte, dass ihr böser Geist ihr noch so viele Streiche spielen wird, dass sie irgendwann doch untergehen wird.[30]

Die Hügel und Steilufer, die wir heute passierten, sehen höchst romantisch aus. Die Steilufer des Flusses erheben sich zu einer Höhe von zwei- bis dreihundert Fuß und fallen an den meisten Stellen beinahe senkrecht ab; sie bestehen aus auffällig weißem Sandstein, der stark wasserdurchlässig ist; zwei oder drei dünne waagerechte Schichten aus solchem Sandstein, auf die Regenfälle oder das Wasser keinen Einfluss haben, liegen eingebettet im oberen Teil dieser Klippen. Die Erde oben auf den Klippen besteht aus dunklem, sattem Lehm, der eine allmählich ansteigende Ebene bildet, die sich zwischen einer halben und einer Meile in Richtung der beginnenden Hügel erstreckt, die schnell auf etwa 300 Fuß ansteigen. Das von den Hügeln und den

30 Die weiße Piroge sollte als einziges Boot die gesamte Reise überstehen.

Ebenen herabstürzende Wasser ist im Lauf der Zeit zu beiden Seiten des Flusses die weichen Sandklippen heruntergetröpfelt und hat sie zu tausend grotesken Gestalten ausgespült, in denen man mit etwas Vorstellungskraft … elegante Reihen erhabener Sandsteingebäude erkennt; auch sind unterschiedlich geformte Säulen, gerillt oder glatt, zu sehen. Sie tragen lange Galerien an der Vorderseite dieser Bauten, deren Brüstungen mit Statuen reich versehen sind; an anderen Stellen sehen wir bei näherem Hinschauen und auch mit weniger Fantasie Ruinen eleganter Bauwerke.[31] Einige Säulen stehen noch und sind mit Sockeln und Kapitellen fast vollständig erhalten; andere haben nur einen Sockel, ihre Kapitelle sind mit der Zeit verfallen, wieder andere liegen in Stücken. Es gibt auch Bauwerke in der Form gewaltiger Pyramiden, die eine Reihe weiterer nach oben immer weniger werdender Pyramiden auf sich tragen, die schließlich in einer scharfen Spitze münden. Nischen und Alkoven von verschiedenster Form und Größe zeigen sich in unterschiedlichen Höhen, während wir vorbeiziehen. Als wir weiterrückten, schien es, als ob diese Szenen visionärer Verzauberung niemals ein Ende haben würden; die Natur präsentiert hier dem Blick des Betrachters gewaltige und vollkommene Mauerfluchten; sie sind tatsächlich so vollkommen, dass es mir erschien, als habe die Natur hier versucht, mit der menschlichen Bildhauerkunst zu konkurrieren; doch dann fiel mir ein, dass die Natur zuerst am Werk war. In der Nähe dieser Klippen entdeckte ich den schönsten Fuchs, den ich je gesehen hatte, die Farben schienen mir ein feines Orangegelb, Weiß und Schwarz zu sein. Ich versuchte, dieses Tier zu erlegen, aber es witterte mich aus beträchtlicher Entfernung, und nachdem ich gemerkt hatte, dass ich nicht näher herankommen konnte, feuerte ich auf ihn, als er fortrannte, verfehlte ihn aber. Er versteckte sich unter den Felsen am Steilufer; er schien mir etwa die Größe des typischen roten Fuchses der Atlantikstaaten zu haben, eher etwas kleiner als dieser. Ich bin überzeugt, dass es sich um eine eigene Art handelt.

[WHITEHOUSE] Die Jäger kamen bei Dunkelheit zurück, sie hatten einen schwarzschwänzigen Hirsch, zwei Steinböcke oder Bergschafe (Widder) mit hübschem Gehörn getötet. Wir behandelten die Hörner vorsichtig, um sie mit in die Vereinigten Staaten zurückzunehmen.

31 Lewis beschreibt hier die Szenerie der »White Cliffs of the Missouri«, eine Flusslandschaft in Central Montana, in der Nähe der Kommune Fort Benton.

2. Juni [LEWIS] Heute Morgen gab es sehr reiche Jagdbeute, ich hielt es für das Beste, jetzt keine Zeit zu verlieren, um die notwendige Menge an Wapitihirschhäuten zu beschaffen. Mit den Häuten wird mein Lederboot bespannt, das ich wohl in Kürze verwenden muss. Also ging ich zu diesem Zweck mit einigen der Jäger den größten Teil des Tages an Land, wobei wir sechs Wapitihirsche, zwei Büffel, zwei Maultierhirsche und einen Bären töteten. Der Bär hatte Drewyer fast eingeholt; er verfolgte auch Charbonneau, der sein Gewehr in die Luft feuerte, als er zu entkommen versuchte, glücklicherweise entwischte er dem Bären, indem er sich sehr geschickt im Gebüsch verbarg. Schließlich tötete Drewyer das Tier durch einen Schuss in den Kopf; tatsächlich der [einzige] Schuss, der die Wildheit jener Bestien zu bezwingen vermag.

5. Die Überwindung der Wasserfälle

3. Juni – 14. Juli 1805

3. Juni [LEWIS] Eine interessante Frage musste jetzt geklärt werden; welcher von diesen Flüssen war der Missouri oder derjenige Fluss, den die Minnetares *Amahte Arz zha* oder Missouri nennen, der nach ihren Angaben sehr nahe an den Columbia River herankam[32]. Uns im Strom in dieser Jahreszeit zu irren, nachdem schon zwei Monate Reisezeit vorüber sind, und ihn bis zu den Rocky Mountains oder vielleicht viel weiter hinaufzuverfolgen, ehe wir sicher sein konnten, ob er sich dem Columbia näherte oder nicht, und dann gezwungen zu sein, umzukehren und den anderen Strom zu nehmen, würde uns nicht nur die ganze Jahreszeit kosten, sondern die Truppe wahrscheinlich so entmutigen, dass die Expedition insgesamt zunichte gemacht werden könnte. Wir waren überzeugt, dass äußerste Umsicht und Vorsicht bei der Entscheidung des zu nehmenden Stroms erforderlich waren. Hierzu war es vorrangig, beide Ströme gut zu untersuchen, um Breite, Tiefe, jeweilige Strömungsgeschwindigkeit und daraus die von jedem geführte Menge an Wasser zu ermitteln; deshalb entsandten wir zwei leichte Kanus mit je drei Männern besetzt je einen der beiden Ströme flussaufwärts. Wir schickten auch mehrere kleine Trupps auf dem Landweg mit Anweisungen aus, das Land so weit zu erkunden, wie sie es sich zutrauten, um am Abend zurück zu sein. Sie sollten sich auch bemühen, möglichst herauszufinden, über welche Entfernung sich diese Flüsse erstrecken, indem sie alle Anhöhen bestiegen. Wir maßen die Breite der zwei Flüsse und befanden die linker Hand gelegene oder südliche Flussgabelung 372 Yards und die nördliche Gabelung 200 breit. Die nördliche Gabelung liegt tiefer als die südliche, aber ihre Strömung ist nicht so schnell; ihre Wasser fließen in derselben schäumenden und wirbelnden Art und Weise, die wir am Missouri auf seinem ganzen Verlauf hindurch bisher gleichbleibend festgestellt hatten. Sein Wasser ist weißlich braun, sehr trüb und schlammig, was auch für den Missouri charakteristisch ist, während die südliche Flussgabelung vollkommen klares Wasser führt, sehr schnell abfließt, aber eine glatte, unaufgewühlte Oberfläche aufweist. Der Grund ist bedeckt mit flachen, runden, glatten Steinen wie die meisten Betten

---

32 Die Captains müssen die schwierige Entscheidung treffen, ob die nördliche oder südliche »Gabelung« (der Marias River oder der Missouri) jener Missouri ist, der sie in die Nähe des Columbias bringen soll. Gegen die Mehrheit der Truppe entscheiden sie richtig. Lewis hat den Fluss Marias nach seiner Cousine Maria Wood benannt.

von Flüssen, die im Bergland entspringen. Das Bett der nördlichen Flussgabelung enthält Kies und hauptsächlich Schlamm; kurzum, Umgebungsverhältnisse und Charakter dieses Flusses entsprechen genau dem Missouri stromabwärts. Die Truppe war größtenteils überzeugt, dass die nördliche Gabelung der Missouri sei; ich und Captain Clark, nicht ganz so voreilig, sind noch nicht sicher, aber wenn wir unsere Meinung äußern müssten, glaube ich, dass wir in der Minderheit wären. Gewiss ist, dass die nördliche Gabelung Farbe und Charakter aufweist, die von hier bis zum Golf von Mexiko unverändert bleiben. Ich bin überzeugt, dass dieser Fluss in einer offenen Ebene entspringt und sie eine weite Strecke lang durchfließt. Ich erwarte, dass einige seiner Quellen auf der östlichen Seite der Rocky Mountains südlich des Saskatchewans liegen, aber dass er nicht durch die erste Kette dieser Berge fließt und dass der weit größere Teil seiner Quellen in nördlicher Richtung bei den unteren und mittleren Abschnitten des Saskatchewans in den offenen Prärien zu finden ist. Ich bin überzeugt, dass sein Wasser klarer wäre, wenn er eine große Strecke durch die Rocky Mountains dringen müsste, es sei denn, er würde tatsächlich eine riesige Strecke zurücklegen, nachdem er aus diesen Bergen durch die flachen Prärien geströmt wäre, um so trüb zu werden. Was uns ein wenig erstaunt, ist, dass die Indianer, die so gut mit der Geografie dieses Landes vertraut zu sein scheinen, diesen Fluss rechter Hand nicht erwähnt haben, sofern es nicht der Missouri ist. Andererseits, wenn diese rechter Hand gelegene oder nördliche Gabelung der Missouri ist, bin ich gleichfalls erstaunt darüber, dass sie nicht die südliche Flussgabelung erwähnen, die sie überquert haben müssen, um zu den Großen Fällen auf dem Missouri zu gelangen, von denen sie berichten. So beschäftigen wir uns den ganzen Tag eifrig mit allerlei Gedanken und Überlegungen. Abends kamen die Trupps, die wir ausgeschickt hatten, gemäß ihren Anweisungen zurück. Ihre Berichte waren bezüglich der grundlegenden Kernfrage keineswegs befriedigend. Captain C. und ich beschlossen, am nächsten Morgen jeder mit einem kleinen Trupp früh aufzubrechen, um noch einmal diese Flüsse hochzufahren, bis wir vollkommen sicher waren, welcher Weg für uns am zweckdienlichsten war, um uns auf unsere Hauptroute zum Pazifik zu bringen. So wurde vereinbart, dass ich die rechter Hand liegende Gabelung hinaufrücken sollte und er die linke. Ich gab Befehle an Sergeant Pryor, an Drewyer, Shields, Windsor, Cruzatte und Lepage, sich bereitzuhalten, um mich am Morgen zu begleiten. Captain Clark wählte Reuben und Joseph Fields, Sergeant Gass, Shannon und seinen schwarzen Mann York aus, um ihn zu begleiten. Wir vereinbarten, die Flüsse anderthalb Tage oder, wenn nötig, weiter hinauf zu erkunden, um den fraglichen Punkt ein für alle Mal zu klären. Wir genehmigten uns heute Abend einen Grog und gaben den Männern auch einen Schluck, dann legten wir alles für eine Abreise am frühen Morgen bereit. Mein Tornister und meine Decke lagen griffbereit, um sie auf dem Rücken zu tragen, es ist das erste Mal in meinem Leben, dass ich mich auf eine Last dieser Art vorzubereiten hatte, und ich bin völlig überzeugt, dass es nicht das letzte Mal sein wird. Ich nehme auch meinen Oktanten mit, den ich Lepage anvertraue.

4. Juni [LEWIS] [Ich beobachtete] einen kleinen Vogel, der in seinen Bewegungen der Lerche ähnelt, er hat etwa die Größe eines großen Sperlings. Sein Federkleid ist dunkelbraun mit weißen Stellen am Schwanz; dieser Vogel, den ich für das Männchen halte, erhebt sich etwa 60 Fuß in die Luft und hält sich dort mit lebhaftem Flügelschlag, er singt sehr schön, stößt mehrere schrille, weiche, eher klagende Rufe aus, die er häufig wiederholt und variiert.

Nachdem er etwa eine Minute in seiner luftigen Lage unverändert geblieben ist, stößt er schräg herunter und hält inne, wobei er einen Ruf wie *twit-twit-twit* hervorbringt; auf dem Boden ist er stumm. Dreißig oder vierzig dieser Vögel auf einmal sichtete ich in der Luft. Diese Lerchen, wie ich sie nennen werde, tragen viel zur Farbenprächtigkeit und Heiterkeit der Szenerie bei.

5. Juni [CLARK] Auf dem Kamm, wo ich den Fluss zuletzt verließ, konnte ich feststellen, dass der Fluss eine weite Strecke südwestlich verläuft und eine starke, schnelle Strömung aufweist. Da der Fluss Breite, Tiefe und Fließgeschwindigkeit und den südwestlichen Verlauf beibehält, wäre ein Weiterverfolgen stromaufwärts nutzlos, ich beschloss daher umzukehren.

[ORDWAY] Die Männer sind dabei, Häute aufzubereiten, um für sich Mokassins, Hosen etc. herzustellen. Ein Mann namens Goodrich hat eine große Menge Fische gefangen. Es waren auch Schalentiere dabei, aber der größte Teil sind kleine Katzenfische. Wir haben in dieser Jahreszeit keine so großen Exemplare gefangen wie in der letzten. Da wir reichliche Fleischvorräte besitzen, ärgern wir uns nicht damit herum, Fische zu fangen.

[LEWIS und CLARK, Wetteranmerkungen] Viele Sperlinge, Lerchen, Brachvögel und andere kleine Vögel der Prärien legen jetzt Eier und brüten, ihre Nester sind in Hülle und Fülle vorhanden. Die große Fledermaus oder der Nachtfalke treten ebenfalls in Erscheinung. Truthahnbussarde tauchen auf. Zum ersten Mal sah ich einen Gebirgshahn an der Einmündung des Marias Rivers.

6. Juni [LEWIS] Ich war jetzt davon überzeugt, dass dieser Zweig des Missouri für unsere Route zum Pazifik eine zu weit nördliche Richtung verfolgt, und beschloss deshalb, am nächsten Tag zurückzukehren, nachdem ich eine Messung der Sonnenmeridianhöhe vorgenommen hatte, um den Breitengrad des Ortes festzustellen.

[ORDWAY] Jos. Fields wurde von einem alten männlichen Bären angegriffen. Sein Gewehr versagte und er war in Gefahr, von diesem bösartigen Tier getötet zu werden, wäre der Rest der Truppe nicht in Hörweite gewesen und hätte auf ihn gefeuert. Darauf rannte der Bär in eine andere Richtung und ließ den Mann in Ruhe.

7. Juni [LEWIS] Letzte Nacht hat es fast ohne Unterbrechung geregnet, und wie erwartet verbrachten wir eine höchst unangenehme und schlaflose Nacht. Da unser Zeltlager keinen Reiz bot, stiegen wir zu früher Stunde aus unseren nassen Betten und setzten unseren Weg den Fluss entlang fort. Beim Passieren des Steilufers rutschte ich auf einem schmalen Pfad von etwa 30 Yards Länge aus, und nur durch eine schnelle und glückliche Aktion mit dem Espontoon bin ich nicht einen schroffen Abgrund von ungefähr neunzig Fuß Höhe in den Fluss hinuntergestürzt. Kaum hatte ich es an eine Stelle geschafft, wo ich mich mithilfe meines Espontoons einigermaßen sicher halten konnte, da hörte ich eine Stimme hinter mir rufen: Mein Gott, Captain, was soll ich tun? Als ich mich umdrehte, stellte ich fest, dass es Windsor war, der am Rand des schmalen Passes ausgerutscht und auf den Bauch gefallen war; mit der rechten Hand, einem Arm und einem Bein hing er über dem Abgrund, während er sich, so gut es ging, mit dem linken Arm und Fuß festhielt. Ich erkannte die Gefahr, in der er schwebte, und das Zittern seiner Glieder machte mir noch mehr Angst, denn ich befürchtete, dass er jeden Augenblick die Kraft verlieren und hinunterrutschen würde. Obwohl mich seine Situation sehr beunruhigte, verbarg ich meine Gefühle und sprach sehr ruhig zu ihm und versicherte ihm, dass er in keiner Weise in Gefahr sei. Ich wies ihn an, mit seiner rechten Hand das Messer hinten aus seinem Gürtel herauszuziehen und ein Loch in die Wand des Steilufers zu graben, in das er den rechten Fuß stellen könnte. Er befolgte meinen Rat und kam dann hoch auf die Knie. Ich befahl ihm dann, die Mokassins auszuziehen und auf Händen und Knien vorwärtszurobben, während er das Messer in einer Hand und das Gewehr in der anderen hielt. Zum Glück konnte er sich auf diese Weise retten. Am Abend brieten und aßen wir ein herzhaftes Stück unseres Wildbrets, da wir den ganzen Tag über keinen Happen angerührt hatten; ich legte mich auf Weidenzweige zu einer angenehmen Nachtruhe nieder und fühlte mich tatsächlich vollständig für die Anstrengungen und den Kummer des Tages entschädigt. So sehr kann ein guter Schutz, ein trockenes Bett, ein gemütliches Abendessen die Lebensgeister des erschöpften, nassen und hungrigen Reisenden wiedererwecken.

8. Juni [LEWIS] Mein ganzer Trupp mit Ausnahme von mir selbst war völlig überzeugt, dass dieser Fluss der Missouri sei, aber da ich gänzlich der Meinung war, dass es sich weder um den Hauptstrom noch um denjenigen Arm handelte, den wir am besten nehmen sollten, beschloss ich, ihm einen Namen zu geben, und nannte ihn zu Ehren von Fräulein Maria W. Marias River (die Rede ist hier von Maria Wood, Lewis' Cousine). Es stimmt, dass die Wasserfärbung dieses turbulenten und unruhigen Stroms nur schlecht den reinen himmlischen Tugenden und liebenswerten Eigenschaften dieser liebreizenden Dame entsprechen; aber andererseits ist es ein erhabener Fluss, der meiner Meinung nach zum Streitobjekt bei der Regelung der Nordwestlichen Grenze zwischen den zwei großen Mächten Amerika und Großbritannien werden könnte, und für den Handel einer der interessantesten Arme des Missouri werden wird ... Captain Clark fertigte eine Skizze der beiden Flussverläufe an, so weit wir sie hinaufgestiegen waren. Ich zweifelte mittlerweile immer mehr an der Aufrichtigkeit von Mr. Fidler und an der Genauigkeit seiner Instrumente.[33] Denn ich weiß, dass Arrowsmith in seiner letzten Landkarte von Nordamerika einen auffälligen Berg in der Kette der Rocky Mountains fast so weit südlich wie der 45. Breitengrad eingezeichnet hat, der Zahn genannt wird, und den Mr. Fidler entdeckt haben will. Wir sind jetzt ungefähr hundert Meilen von den Rocky Mountains entfernt und ich stelle aus meiner Beobachtung vom 3. des Monats fest, dass die Breite dieses Ortes 47° 24' 12,8" ist. Der Fluss muss sich deshalb weit nach Süden wenden, und zwar zwischen hier und den Rocky Mountains, um es Mr. Fidler zu ermöglichen, entlang der östlichen Grenze dieser Berge so weit südlich, nämlich beinahe bis zum 45. Breitengrad, gekommen zu sein, ohne ihn auch nur einmal zu sehen. Aber von hier aus, so weit wie Captain C. die südliche Gabelung oder den Missouri hinaufgelangt war, betrug die Strecke gerade 55 Meilen. Der Fluss verläuft 29° südwestlich, und er scheint noch lange weiter in diese Richtung zu fließen, soweit er erkennen konnte. Ich glaube deshalb, dass wir feststellen werden, dass der Missouri nördlich vom 45. Breitengrad in die Rocky Mountains eintritt.

33 Aaron Arrowsmiths Karte von Nordamerika aus dem Jahr 1802, mit der Lewis vertraut war, stützte sich u.a. auf Informationen von Peter Fidler, einem Landvermesser der Hudson's Bay Company.

9. Juni [LEWIS] Wir beschlossen, die große rote Piroge, alles schwere Gepäck, das wir irgendwie entbehren könnten, und einige Vorräte wie Salz, Werkzeuge, Schießpulver und Blei etc. hier zu deponieren, um unsere Boote erleichtern und gleichzeitig ihre Truppen mit den sieben Arbeitskräften zu verstärken, die bisher die rote Piroge navigiert hatten; so ließen wir ein paar Mann ein Loch oder einen Keller als Versteck für unsere Vorräte graben. Diese Löcher im Boden oder Vorratslager werden von den Dienstverpflichteten *caches* (geheime Proviantverstecke) genannt; auf Nachfrage fand ich heraus, dass Cruzatte damit gut vertraut war, und deshalb überließ ich ihm gänzlich die Leitung. Heute überprüften wir unsere Landkarten und verglichen sie mit den Informationen der Indianer. Wir kamen immer mehr zu der Überzeugung, dass die südliche Flussgabelung am wahrscheinlichsten der Missouri sei. Auch die indianischen Informationen sprachen stark für die südliche Gabelung. Durch sie erfuhren wir, dass das Wasser des Missouri an den Großen Fällen beinahe glasklar ist, dies ist bei dem Wasser der südlichen Gabelung der Fall, und dass die Fälle ein wenig südlich von ihnen in Richtung des Sonnenuntergangs lägen. Es erscheint uns auch wahrscheinlich, weil wir uns nur einige Minuten nördlich von Fort Mandan befinden und sich die südliche Gabelung immer weiter nach Süden bis zu den Bergen erstreckt. Ich versuchte den Männern klarzumachen, welche Überlegungen mir durch den Kopf gingen, aber alle außer Captain C. halten noch an dem Glauben fest, dass die nördliche Gabelung der Missouri sei und dass wir ihr folgen sollten; sie meinten sehr vergnügt, dass sie bereit seien, uns überallhin zu folgen, wohin auch immer wir sie führen würden, aber dass sie immer noch die andere Gabelung für den richtigen Fluss hielten. Cruzatte, ein altgedienter Missouri-Navigator, der wegen seiner Integrität, seines Wissens und seiner Geschicklichkeit als Flussschiffer das Vertrauen der ganzen Truppe erworben hatte, verkündete seine Ansicht, dass nur die nördliche Gabelung und keine andere der wahre echte Missouri sein könne.

Nachdem sie sich so in ihrer Meinung bestärkt fanden, baten sie darum, dass wir uns im Falle eines Irrtums eines Besseren besännen und unseren Irrtum so schnell wie möglich korrigieren würden. Captain C. und ich vereinbarten, dass einer von uns mit einem kleinen Trupp die südliche Gabelung stromaufwärts zu Lande erkunden und unserer Route folgen sollte, bis wir die Wasserfälle finden oder die schneebedeckten Berge erreichen würden. Dadurch sollte es möglich sein, die Frage recht akkurat zu klären. Mir war es lieber, dass ich diese Expedition übernahm, weil Captain C. der bessere Schiffer ist. Ich beschloss, am übernächsten Tag aufzubrechen, weil ich vorhatte, zuvor an diesem Ort noch einige weitere Beobachtungen zu machen. Da wir beschlossen, die Blasebälge und Werkzeuge unseres Grobschmiedes hier zurückzulassen, war es nötig, vor der Abfahrt einige unserer Waffen zu reparieren, insbesondere meine Luftdruckwaffe, deren wichtigste Feder zerbrochen war. Diese und einige andere Vorbereitungen werden uns notwendigerweise zwei, vielleicht drei Tage aufhalten. Ich fühlte mich heute Morgen sehr unwohl und nahm eine Portion an Salzen, die mich bis zum Abend wieder gut belebt haben. Am Abend spielte Cruzatte etwas Musik auf der Geige, und die Männer vertrieben sich die Zeit mit Tanzen, Singen etc. und waren außergewöhnlich heiter.

10. Juni [LEWIS] Shields erneuerte die Hauptfeder meines Repetiergewehrs. Für die Geschicklichkeit dieses Mannes bei jeder Gelegenheit sind wir sehr dankbar; ohne irgendeine reguläre Lehre für einen Beruf absolviert zu haben, fertigt er seine eigenen Werkzeuge hauptsächlich selbst und bearbeitet sowohl Holz wie auch Metall außergewöhnlich geschickt. So ist er uns ausgesprochen nützlich, außerdem ist er sowohl ein guter Jäger als auch ein ausgezeichneter Seemann. Wir wählten jetzt die Gegenstände aus, die in dem geheimen Versteck deponiert werden sollten, nämlich zwei der besten Holzfälleräxte, einen großen Bohrer, einen Hobelsatz, einige Feilen, Blasebälge und Hämmer, Pfahlzangen etc., ein Fässchen Mehl, zwei Fässchen Dörrfleisch, zwei Fässchen Pökelfleisch, ein Fässchen Salz, einige Meißel, einen Böttcherhobel, einige Zinntassen, zwei Musketen, drei Braunbärfelle, Biberfelle, Hörner des großhörnigen Tiers, einen Teil der Bekleidung der Männer und all ihr entbehrliches Gepäck und Biberfallen. Wir zogen die rote Piroge in die Mitte einer kleinen Insel an der Einmündung des Marias Rivers herauf, deckten sie ab und machten sie an den Bäumen fest, damit sie nicht von den Fluten des Hochwassers fortgespült würde. Ich setzte mein Brenneisen an mehreren in ihrer Nähe stehenden Bäumen an und bedeckte sie mit Gestrüpp, um sie vor der Sonne zu schützen. *Sacagawea,* unsere Indianerin, ist heute Abend heftig erkrankt. Captain C. lässt sie zur Ader. Die mittlere Breite der Einmündung des Marias Rivers liegt bei Nord 47° 25' 17,2".

11. Juni [LEWIS] Heute Morgen fühlte ich mich viel besser, aber immer noch ein wenig schwach. Um acht Uhr früh schwang ich meinen Packen über und machte mich mit meinem kleinen Trupp auf den Weg … [Vor dem Mittagessen] befielen mich so starke Schmerzen im Gedärm, dass ich vom Festmahl aus Markknochen nichts essen konnte. Die Schmerzen wurden stärker, und gegen Abend kam hohes Fieber dazu; da ich nicht zum Weitermarsch in der Lage war, beschloss ich, ein Lager aus Weidenzweigen zu errichten und die Nacht liegen zu bleiben. Weil ich keine Arznei dabeihatte, beschloss ich, mit einfachen Mitteln zu experimentieren; die Wildkirsche, die überreichlich am Boden wächst, wählte ich als Erstes aus; ich befahl, einen Haufen kleiner entlaubter Zweige zu sammeln, ließ sie in Stücke von ungefähr zwei Zoll Länge schneiden und im Wasser kochen, bis ein starker schwarzer Sud mit einem strengen, bitteren Geschmack hergestellt war. Bei Sonnenuntergang nahm ich eine kleine Menge von diesem Sud ein, und etwa eine Stunde später wiederholte ich die Prozedur. Gegen zehn Uhr abends war ich gänzlich von Schmerz befreit, und tatsächlich hörten alle Krankheitssymptome auf. Das Fieber sank unter leichtem Schwitzen und ich hatte eine angenehme und erfrischende Nachtruhe.

[CLARK] Die Indianerin ist sehr krank, ich ließ sie zur Ader, was ihr offenbar sehr gut tat.

12. Juni [LEWIS] Heute Morgen fühlte ich mich ziemlich erholt, nahm eine weitere Portion meines Suds und brach bei Sonnenaufgang auf. Wir hatten eine ausgesprochen schöne und malerische Sicht auf die Rocky Mountains, die vollkommen mit Schnee bedeckt waren und sich von Südosten nach Norden bis Nordwesten erstreckten. Sie scheinen aus mehreren Ketten zu bestehen, die jeweils hintere Kette erhebt sich dabei höher als die davorliegende, und die schneebedeckten Gipfel der am weitesten entfernten scheinen sich in den Wolken zu verlieren. Dies war ein erhabenes Schauspiel und es wurde noch gewaltiger, als wir uns daran erinnerten, dass wir sie überqueren müssen. Heute Abend aß ich sehr herzhaft, und nachdem ich den Tagesbericht niedergeschrieben hatte, fing ich zum Spaß einige der gestern erwähnten weißen Fische, die hier im Überfluss vorkommen. In nur wenigen Minuten fing ich mehr als ein Dutzend; sie bissen am bereitwilligsten an der Hirschmilz an, die Goodrich zum Fischen mitgebracht hatte.

[CLARK] Die Frau des Dolmetschers ist sehr krank. So sehr, dass ich sie nach hinten in den kühlen und überdachten abgedeckten Teil unserer Piroge bringen ließ, da ihr eigener Platz auf dem der Sonne ausgesetzten Boden der Piroge zu heiß ist.

[WHITEHOUSE] Die Krankheit unserer Dolmetscherfrau verschlimmert sich laufend, und man versorgt sie so gut wie möglich, da uns klar ist, welch großer Verlust ihr Tod für uns wäre, weil sie unser einziger Dolmetscher bei den Schlangenindianern ist, die in den westlich von uns liegenden Bergen leben und von denen wir Hilfe bei der Weiterführung unserer Expedition erwarten.

13. Juni [LEWIS] Ich war etwa zwei Meilen vorangeschritten, als meine Ohren den angenehmen Klang eines Wasserfalls vernahmen. Ein zu fürchterliches Tosen, um etwas Geringeres als die Großen Fälle des Missouri zu sein. Ich erreichte sie gegen zwölf Uhr nach einer Wegstrecke von schätzungsweise 15 Meilen. Ich eilte den Hügel hinunter, der ungefähr 200 Fuß hoch und schwer zugänglich war, um dieses unglaublich großartige Schauspiel anzusehen. Meine Position war auf der Spitze einiger etwa 20 Fuß hoher Felsen gegenüber dem Zentrum der Fälle. Auch über diese Felsenkette scheinen einst die Wassermassen hinabgestürzt zu sein, sie ist aber im Lauf der Zeit in einer Länge von 150 Yards von den parallel dazu verlaufenden Felsenketten abgetrennt worden, die nun eine Barriere bilden, auf die das Wasser mit großer Heftigkeit aufprallt, nachdem es über die Klippen hinuntergestürzt ist. Unmittelbar oberhalb der Kaskade ist der Fluss ungefähr 300 Yards breit und bildet etwa neunzig oder einhundert Yards entfernt von ihr am Backbordsteilufer eine glatte, flache Wasserfläche, die einen Abgrund von mindestens achtzig Fuß hinabstürzt. Der übrige Teil von ungefähr 200 Yards zu meiner rechten Seite bildet den großartigsten Anblick, den ich je gesehen habe. Der Wasserfall hat hier die gleiche Höhe wie der andere, aber auf seinem Weg nach unten prallt das Wasser auf die unregelmäßigen und ein wenig hervorspringenden Felsen am Grund und es verwandelt sich in einen völlig weißen Schaum, der in Sekundenschnelle tausend Formen annimmt, manchmal in Wasserstrahlen von funkelndem Schaum zu einer Höhe von fünfzehn oder zwanzig Fuß hochspritzt und sofort als große wogende Masse aus dem gleichen schäumenden Wasser weggespült wird und die Felsen einhüllt. Kurzum, die Fälle sind so geschickt geformt, dass sie auf 200 Yards Länge und ungefähr 80 Fuß tief einen senkrechten Vorhang aus feinstem weißestem Schaum darstellen. Beim Hinabstürzen prallt das Wasser gegen den zuvor erwähnten Strebepfeiler oder den, auf dem ich stehe, was einen lauten Widerhall ergibt, und taucht in die ungestüme Strömung ein. Die Wassermassen brausen und wallen in wechselhaft geformten Schwaden von großer Höhe auf, um augenblicklich wieder zu verschwinden. Durch die Reflexion der Sonne auf dem Wasserdunst oder dem Nebel, der von diesen Fällen aufsteigt, entsteht ein wunderschöner Regenbogen, der den Zauber dieser majestätischen Szenerie noch großartiger erscheinen lässt.

Nachdem ich diese überwältigenden Eindrücke nur unvollkommen zu Papier gebracht hatte, bewunderte ich erneut die Fälle und war so sehr über meine stümperhafte Beschreibung der Wirkung der Szenerie verärgert, dass ich beschloss, die Aufzeichnungen radikal auszustreichen und erneut anzufangen. Dann aber überlegte ich, dass es mir möglicherweise nicht besser gelingen würde als beim schriftlichen

Festhalten der allerersten Eindrücke. Ich wünschte mir den Bleistift von Salvator Rosa[34] oder die Feder von Thompson[35], um in der Lage zu sein, der aufgeklärten Welt eine wirklichkeitsnahe und genaue Vorstellung dieses prächtigen und erhaben großen Ortes zu geben, der vom Anbeginn der Zeit bis heute dem Anblick des zivilisierten Menschen verborgen geblieben ist; doch dies war ein fruchtloser und eitler Gedanke. Ich bedaure auf das Aufrichtigste, dass ich keine Camera obscura bei mir hatte, mit der es möglich gewesen wäre, meine Eindrücke besser zu vermitteln. Aber ach, auch dies lag nicht in meiner Macht; ich bemühe mich deshalb lediglich mithilfe meines Stifts, einige der stärksten Eindrücke aus meiner Erinnerung aufzuzeichnen, und hoffe der Welt eine annähernde Vorstellung von etwas zu vermitteln, das mich in diesem Moment mit solchem Glücksgefühl und Staunen erfüllt, wie ich es im Leben wohl kein zweites Mal erleben werde. Ich zog mich in den Schatten eines Baumes zurück, wo ich mein Lager für den heutigen Tag aufschlug.

Am Morgen wollte ich einen Mann entsenden, um Captain C. und die Truppe vom erfolgreichen Auffinden der Fälle zu informieren und alle ihre verbleibenden Zweifel bezüglich des Missouri zu zerstreuen. Bei meiner Rückkehr fand ich die Truppe im Lager vor; sie hatten einen Büffel geschlachtet und brachten mehr Fleisch mit, als ich befohlen hatte. Goodrich hatte ein halbes Dutzend sehr feiner Forellen und einige Exemplare beider Arten Weißfisch gefangen. Die Forellen sind sechzehn bis dreiundzwanzig Zoll lang, gleichen unserer Gebirgs- oder gesprenkelten Forelle genau in der Form und Position der roten Flossen, aber die Flecken darauf sind von dunklem Schwarz, statt rot oder golden gefärbt, wie wir sie in den Vereinigten Staaten kennen. Sie haben lange, scharfe Zähne im Gaumen und auf der Zunge und sind meist an den Seiten hinter den vorderen Bauchflossen ein wenig rot gefärbt; ihr Fleisch ist von einem blassen Gelblich-Rot oder, wenn sie sehr gesund sind, von einem hellen Rot.

Ich glaube so langsam, dass der Braunbär, der Weißbär und der Grizzly dieses Landes von gleicher Art sind und sich in der Farbe nur nach dem Alter oder noch wahrscheinlicher aus demselben natürlichen Grund unterscheiden, der viele andere Tiere der gleichen Familie sich auch nur in der Farbe unterscheiden lässt. Einer der gestern erlegten Bären war von einem cremefarbenen Weiß, während ein anderer von gewöhnlichem Beige oder rötlichem Braun war, was wohl ihre

34 Italienischer Landschaftsmaler des 17. Jahrhunderts.
35 Schottischer Dichter des 18. Jahrhunderts.

häufigste Färbung ist. Die kleinen Bärenjungen, die wir getötet haben, waren immer bräunlich weiß, aber keines davon so weiß wie der Bär, den wir gestern getötet haben. Wir haben noch keinen Grizzlybären angetroffen. Ich habe ihre Krallen im Besitz von Indianern gesehen, und ausgehend von ihrer Form bin ich überzeugt, dass es kaum einen Unterschied zwischen ihm und dem Braun- oder Weißbären gibt, und wenn, dann ist er sehr unbedeutend. Mein Essen ist heute Abend wirklich üppig: Büffelbuckel, -zungen und -markknochen, delikate in Mehl, Pfeffer und Salz gebratene Forellen, dazu ein guter Appetit; was nicht den geringsten Anteil am Vergnügen ausmacht.

14. Juni [LEWIS] Heute Morgen bei Sonnenaufgang entsandte ich Joseph Fields mit einem Brief zu Captain Clark und befahl ihm, sich ausreichend nahe am Fluss zu halten, um seinen Verlauf zu beobachten, sodass er Captain Clark die beste Stelle nennen könnte, um unsere Portage [gemeint ist der Transport der Boote zu Lande, wenn Hindernisse den Wasserweg versperren, der Hrsg.] zu machen. Gegen zehn Uhr heute Morgen, während die Männer mit dem Fleisch beschäftigt waren, nahm ich mein Gewehr und meinen Speer, um ein paar Meilen weit zu gehen und dabei zu erkunden, wo die Stromschnellen enden.

Zum Abendessen wollte ich zurück sein. So brach ich auf und ging den Fluss aufwärts in südwestlicher Richtung.

Nachdem ich nach fünf Meilen eine zusammenhängende Stromschnelle und drei kleine Kaskaden passiert hatte, kam ich an einen Fall von ungefähr 19 Fuß Höhe, der Fluss ist hier ungefähr 400 Yards breit. Dieses Gefälle, das ich die »krummen Fälle« nenne, geht etwa über drei Viertel der Flussbreite. Ich wäre dort umgekehrt, aber als ich ein enormes Tosen über mir hörte, setzte ich meine Marschroute über eine Anhöhe einige Hundert Yards weiter fort und wurde wieder mit einem der schönsten Wunder der Natur beschenkt, nämlich einer Kaskade, die über die ganze etwa eine Viertelmeile betragende Flussbreite fünfzig Fuß senkrecht hinunterstürzte. Ich stellte mir vor, dass ein guter Maler sehr wahrscheinlich genau diese als Vorlage gewählt, wenn er den Auftrag erhalten hätte, eine schöne Kaskade zu malen. Ich wusste nicht, welchem der beiden großen Katarakte die Palme gebührte, diesem oder dem, den ich gestern entdeckt hatte; schließlich befand ich, dass der eine von augenfälliger Schönheit war, der andere jedoch von erhabener Großartigkeit. Ich hatte kaum meine Augen von diesem Naturschauspiel abgewandt, als ich etwa eine halbe Meile weiter oben einen weiteren Fall entdeckte; ich war derart gebannt, dass ich nicht mehr ans Umkehren dachte, sondern dorthin eilte, um mich an dieser Neuentdeckung zu erfreuen. Ich verfolgte den Fluss noch nach Südwesten hin und er bot eine ununterbrochene Szenerie von Stromschnellen und kleinen Kaskaden.

Nach 2½ Meilen kam ich bei einem weiteren Katarakt von 26 Fuß an. Unter diesem Fall liegt in geringer Entfernung etwa in der Mitte des Flusses eine wunderschöne, kleine, gut bewaldete Insel. Dort hat auf einer Silberpappel ein Adler seinen Horst errichtet; er könnte keinen unzugänglicheren Ort gefunden haben; denn weder Mensch noch Tier trauen sich an den Abgründen vorbei, die seine kleine Domäne vom Ufer trennen. Das Wasser wird mit solcher Wucht verwirbelt, wenn es über den Rand hinabstürzt, dass Nebel oder Gischt bis in große Höhe aufsteigt. Dieser Wasserfall ist gewiss bei Weitem der größte, den ich je gesehen habe, außer den beiden zuvor erwähnten. Von hier aus überblickte ich eine überaus schöne und ausgedehnte Ebene, die vom Fluss bis zum Fuß der schneebedeckten Berge im Süden und Südwesten reicht. Ich betrachtete auch den durch diese bis zum Horizont völlig mit Gras bewachsene Ebene nach Süden mäandernden Lauf des Missouri. Etwa vier Meilen von meinem Standort entfernt mündete ein anderer großer Fluss (in den Missouri). Dieser Fluss durchquerte ein drei Meilen breites, flaches und fruchtbares Tal.

Nach Nordwesten, in großer Entfernung, war sein Lauf durch Baumbestand, der seine Ufer schmückte, auffälliger markiert. In diesen Ebenen und insbesondere im Tal genau unter mir weiden riesige Büffelherden. Der Missouri macht genau oberhalb dieses Hügels eine Biegung nach Süden, wo er eine glatte und ungekräuselte Wasserfläche von beinahe einer Meile Breite bildet, in deren Buchten gewaltige Scharen von Gänsen sind, die auf den herrlichen Weiden beider Uferränder ihr Futter suchen. Die Junggänse sind jetzt vollständig gefiedert, außer an den Flügeln, die noch unvollständig sind.

Nachdem ich mich an dieser hinreißenden Aussicht erfreut und einige Minuten ausgeruht hatte, beschloss ich, bis zu dem Fluss weiterzugehen, den ich auf der westlichen Seite in den Missouri münden sah. Ich war überzeugt, dass es sich um den Fluss handelte, den die Indianer *Medicine River* nennen und der nach ihren Angaben genau oberhalb der Fälle in den Missouri mündet. Ich stieg die Hügel hinab und wanderte zur Biegung des Missouri, wo eine Herde von wenigstens tausend Büffeln stand; hier wollte ich einen Büffel erlegen. Ich wählte einen fetten Büffel aus und schoss ihm gezielt in die Lungen; während ich aufmerksam das arme Tier beobachtete, dem das Blut aus Maul und Nüstern strömte, und ich darauf wartete, dass es niederbrach, hatte ich völlig vergessen, mein Gewehr neu zu laden. Ich bemerkte den großen Weiß- oder eher Braunbären nicht, der sich bis auf 20 Schritte an mich herangeschlichen hatte. Als ich ihn schließlich entdeckte, wollte ich im ersten Augenblick mein Gewehr anlegen, um auf ihn zu schießen, aber dann fiel mir ein, dass es nicht geladen war; der Bär war bereits zu nahe, um das nachzuholen. Er kam dann zielstrebig auf mich zu – in einer offenen ebenen Prärie, meilenweit weder Baum noch Baum, das Flussufer kaum drei Fuß über dem Wasserniveau – und ich erkannte, dass es keine Stelle gab, wo ich mich vor diesem Monster verstecken konnte, um mein Gewehr zu laden. In dieser Lage blieb mir nur noch, so schnell wie möglich zurückzurennen. Doch ich hatte mich kaum umgedreht, als der Bär mit aufgerissenem Maul und in vollem Lauf auf mich zustürzte. Ich rannte ungefähr 80 Yards und merkte, dass er schnell aufholte, daraufhin sprang ich ins Wasser. Ich wollte so weit ins Wasser hinein, bis ich noch stehen konnte, der Bär aber schwimmen musste. In dieser Situation konnte ich mich mit meinem Espontoon verteidigen; ich rannte also hastig in das etwa hüfttiefe Wasser, drehte mich um und präsentierte die Spitze meines Speers. In diesem Augenblick erreichte das Tier dicht vor mir den Wasserrand; in dem Moment, als ich meine Verteidigungshaltung einnahm, drehte es sich plötzlich um, als sei es erschrocken, ging dem Kampf auf solch ungewohntem Terrain aus dem Weg und wich mit fast genauso großer Eile zurück, wie er mich kurz zuvor verfolgt hatte. Sobald ich den Bären derart wegrennen sah, stieg ich wieder ans Ufer und lud mein Gewehr, das ich bei diesem merkwürdigen Abenteuer die ganze Zeit über in der Hand behalten hatte. Ich sah den Bären etwa drei Meilen durch die offene Prärie laufen, bis er in den Wäldern am Medizinfluss verschwand; die ganze Strecke über rannte er in voller Geschwindigkeit und schien sich dabei manchmal umzuwenden, als ob er Verfolgung erwartete. Jetzt erst dachte ich so richtig über dieses ungewöhnliche Ereignis nach und versuchte, mir den abrupten Rückzug des Bären zu erklären. Zuerst dachte ich, dass er mich vielleicht nicht gewittert hatte, ehe er am Wasserrand so nahe an mich herankam, aber dann überlegte ich, dass er mich über 80 oder 90 Yards verfolgt hatte, bevor ich das Wasser erreichte. Bei näherer Prüfung fand ich den Boden unmittelbar bei meinen Fußabdrücken von seinen Krallen aufgerissen; aber die Ursache seiner Angst ist mir noch immer mysteriös und unerklärlich. Sei's drum; ich war jedenfalls nicht wenig erfreut darüber, dass er dem Kampf ausgewichen war. Als mein Gewehr wieder geladen war, fühlte ich mich in meinem Selbstvertrauen gestärkt und beschloss, mir meinem Wunsch, den Medizinfluss zu besuchen, nicht vereiteln zu lassen, aber ich nahm mir vor, mein Gewehr nie wieder länger ungeladen zu lassen als zum Nachladen nötig.

Auf dem Rückweg durch die Ebene des Medicine Rivers, etwa 200 Yards vom Missouri entfernt, traf ich direkt auf ein Tier, das ich zuerst für einen Wolf hielt. Aber bei größerer Annäherung, etwa sechzig Schritte von ihm entfernt, erkannte ich, dass ich mich getäuscht hatte. Seine Farbe war ein bräunliches Gelb; es stand in der Nähe seines Baus, und als ich mich weiter heranpirschte, duckte es sich nieder wie eine Katze, wobei es mich unverwandt anstarrte, als ob es mich anspringen wollte. Mir kam es so vor, als hätten sich alle Tiere der Umgebung gegen mich verschworen, oder dass irgendeine Schicksalsgöttin sich auf meine Kosten einen Spaß machen wollte. Ich setzte dann meinen Weg heimwärts fort, kam an dem Büffel vorbei, den ich getötet hatte, aber hielt es nicht für klug, die ganze Nacht an diesem Ort zu bleiben, der bei mir wegen all dieser seltsamen Abenteuer doch den Gedanken an Zauberei aufkommen ließ. Ich glaubte in manchen Momenten, dass ich nur geträumt hatte, aber die Kakteen, die mir besonders nach Einbruch der Dunkelheit zuweilen sehr schmerzhaft in die Füße drangen, überzeugten mich, dass ich tatsächlich wach war und ich das Beste aus meinem Weg zum Lager machen musste. Es war schon dunkel, als ich zur Truppe zurückkehrte; sie waren sehr um mich besorgt; meine Männer hatten tausend Vermutungen angestellt, aber meinen Tod dabei stets ausgeschlossen, weil sie daran nicht einmal denken wollten. Sie hatten bereits vereinbart, in welcher Richtung jeder am Morgen nach mir suchen sollte. Ich war sehr erschöpft, aber ich aß kräftig zu Abend und schlief tief und fest.

[CLARK] Die Indianerin klagt die ganze Nacht und ist heute Morgen in einer ausgesprochen schlimmen Verfassung. – Ihr Zustand scheint mir kritisch.

15. Juni [LEWIS] Heute Abend nach Einbruch der Dunkelheit kehrte Joseph Fields zurück und informierte mich, dass Captain Clark mit der Truppe ungefähr fünf Meilen unterhalb an einer Stromschnelle angekommen sei, die er für schwer zu überwinden halte, und lieber dort meine Ankunft abwarten würde. Ich habe bei meiner gestrigen Expedition entdeckt, dass eine Portage auf dieser Seite des Flusses von vielen Schwierigkeiten begleitet sein wird, vor allem infolge mehrerer tiefer Schluchten, die die Ebenen beinahe in rechten Winkeln zum Fluss eine große Strecke weit durchziehen. Die südliche Seite hingegen scheint eine herrliche, glatte, unzerklüftete Ebene zu sein; der Verlauf des Flusses lässt es auch möglich erscheinen, dass die Portage auf dieser Seite kürzer sein wird als auf der Erstgenannten.

[CLARK] Der Fluss hat an dieser Stelle eine ausgesprochen schnelle Strömung und ist schwierig zu befahren. Sehr viele gefährliche Stellen, wir sind unglaublich erschöpft. Die Männer ziehen von morgens bis abends im Wasser stehend die Trossen und die Boote, gehen dabei auf scharfen Steinen und auch auf runden, schlüpfrigen, die abwechselnd in ihre Füße einschneiden oder sie wegrutschen lassen. Trotz aller Strapazen – es kommen noch die unzähligen Klapperschlangen hinzu, deren Bissen mit höchster Vorsicht auszuweichen ist – sind sie ungebrochen guter Laune. Der Indianerin geht es heute Abend sehr schlecht. Sie will keinerlei Arznei nehmen, ihr Ehemann möchte umkehren.

16. Juni [LEWIS] Etwa um zwei Uhr nachmittags erreichte ich das Lager des Haupttrupps. Die Indianerin ist ernsthaft krank und dadurch stark geschwächt. Dies bereitete mir einige Sorge, sowohl um die arme Person selbst, die zudem noch ein kleines Kind zu versorgen hat, als auch aus der Überlegung heraus, dass wir für ein freundschaftliches Verhandeln mit den Schlangenindianern gänzlich auf sie angewiesen sind. Wir sind von diesen Indianern insofern abhängig, als wir ihre Pferde für unsere Portage vom Missouri zum Columbia benötigen. Captain C. hat heute Morgen bereits zwei Männer ausgeschickt, um das Land auf der Südseite des Flusses zu untersuchen; er setzte jetzt mit der Truppe zu dieser Seite über und errichtete etwa eine Meile unterhalb der Einmündung eines Wasserlaufs ein Lager, wo ausreichend Brennholz vorhanden war, das nur an wenigen Stellen in dieser Gegend beschafft werden kann. Eines der kleinen Kanus ließen wir unterhalb dieser Stromschnelle, um über den Fluss hin und zurück zu kommen, auf der Jagd oder um Wasser an der Schwefelquelle zu fassen, deren positive Wirkung ich nun an der Indianerin ausprobieren will. Diese Quelle liegt etwa 200 Yards vom Missouri auf der nordöstlichen Seite fast gegenüber der Einmündung eines großen Wasserlaufes. Captain Clark beschloss am Morgen aufzubrechen, um die Portage zu untersuchen und den besten Weg dafür zu entdecken. Da die Entfernung zu groß war, um daran zu denken, die Kanus und das Gepäck auf dem Rücken der Männer zu transportieren, wählten wir sechs Männer aus und befahlen ihnen, heute Abend nach geeignetem Holz Ausschau zu halten und früh am Morgen damit anzufangen, einige Wagenräder anzufertigen, um unsere Kanus und unser Gepäck über die Portage zu befördern. Wir beschlossen, die weiße Piroge hier zurückzulassen und gegen das Eisenboot[36] auszuwechseln und auch ein weiteres Depot mit einem Teil unserer Vorräte anzulegen. Am Abend gaben die Männer, die zur Erkundung ausgeschickt worden waren, einen sehr ungünstigen Bericht. Sie sagten,

36 Lewis hatte sich 1803 in Harpers Ferry, Virginia, einen Eisenrahmen anfertigen lassen, der, mit Tierhäuten ummantelt, als Fortbewegungsmittel im Flachwasser der Ursprungsregion des Missouri dienen sollte; das Experiment misslang.

dass am Wasserlauf genau oberhalb unseres Standortes und etwas weiter oben liegend zwei tiefe Schluchten die Ebene zwischen dem Fluss und dem Berg so durchschneiden, dass ihrer Meinung nach eine Portage für die Kanus auf dieser Seite undurchführbar war. Ganz egal wie, wir müssen die Portage durchführen. Ungeachtet dieses Berichtes bin ich durch mein Auskundschaften des Landes am vorgestrigen Tag davon überzeugt, dass eine erfolgreiche Portage auf dieser Seite durchführbarer und auch viel näher sein wird, als auf der anderen. Ich stellte fest, dass zwei Dosen Gerberlohe und Opium die ich ihr [Sacagawea] nach meiner Rückkehr gegeben habe, ihren Puls verbessert haben, er ist jetzt wieder viel kräftiger und regelmäßiger. Ich ließ sie das Mineralwasser völlig leer trinken. Als ich sie zum ersten Mal untersuchte, konnte ich ihren Puls nur sehr schwach und oft unregelmäßig fühlen, das Ganze war von starken nervösen Symptomen wie zum Beispiel Zuckungen der Finger und Armsehnen begleitet. Jetzt waren die Pulsschläge regelmäßig und viel kräftiger und ein leichtes Schwitzen hat angefangen; die nervösen Symptome sind viel seltener und die Kranke hat weit weniger Schmerzen. Sie klagt hauptsächlich über die untere Region ihres Leibs, ich verabreiche deshalb weiter die Breiumschläge aus Chinarinde und Laudanum, die zuvor von meinem Freund Captain Clark angewandt worden waren. Ich denke, dass ihre Erkrankung hauptsächlich von einer Blockierung der Monatsregel infolge von Kälte herrührt.

[CLARK] Der Indianerin geht es sehr schlecht, sie will keinerlei Arznei einnehmen. Als sie schließlich die Besinnung verlor, konnte ihr aber ihr Ehemann einigermaßen leicht die Medikamente einflößen. Wenn sie stirbt, ist es die Schuld ihres Ehemannes, davon bin ich jetzt überzeugt.

17. Juni [LEWIS] Ich ließ die Männer fünf der kleinen Kanus ungefähr 1 ¾ Meilen den Wasserlauf hochschaffen, den wir nunmehr Portage Creek nennen. Von diesem Ort steigt der Weg allmählich zum höchsten Punkt der Hochebene an, wohin wir jetzt die Kanus mit Leichtigkeit bringen können. Zum Glück fanden wir genau unterhalb der Einmündung des Portage Creeks eine Silberpappel, die groß genug war, um Wagenräder mit etwa 22 Zoll im Durchmesser herzustellen. Dies ist deshalb ein glücklicher Umstand, weil ich nicht glaube, dass es im Umkreis von 20 Meilen einen weiteren gesunden Baum derselben Größe gibt. Das Silberpappelholz, das wir gezwungenermaßen verwenden, ist für weitere Arbeiten ausgesprochen schlecht, da es weich und spröde ist. Wir haben zwei Radachsen aus dem Mast der weißen Piroge gefertigt, die hoffentlich gut funktionieren werden, obwohl sie eher schmal sind. Der Indianerin geht es heute viel besser, ich gebe ihr weiterhin dieselbe Menge an Arznei; sie hat keine Schmerzen und Fieber mehr, ihr Puls geht regelmäßig, und sie isst so herzhaft vom gegrillten und mit Pfeffer und Salz gewürzten Büffel mit reichlich Bratensoße, wie ich es ihr erlaube. Ich glaube deshalb, dass es begründete Hoffnung auf ihre Genesung gibt. Eine gewaltige Anzahl von Büffeln weiden in allen Richtungen um uns herum in den Ebenen, und weitere große Herden kommen herunter, um im Fluss zu trinken; die Überreste vieler Kadaver dieser armen Tiere treiben täglich den Fluss herunter und sind ganz zerfetzt von den gewaltigen Katarakten, über die sie geschleudert wurden. Da die Büffel meist in großen Herden zur Tränke wandern und die Durchgänge zum Fluss um die Fälle herum schmal und steil sind, presst der hintere Teil der Herde den vorderen vom sicheren Grund weg, und das Wasser schwemmt sie sofort über die Katarakte, wo sie ohne Rettung zermalmt werden. So habe ich zehn oder ein Dutzend in wenigen Minuten verschwinden sehen. Viele der zerschundenen Kadaver liegen entlang der Ufer unterhalb der Fälle und bieten Bären, Wölfen und Raubvögeln prächtige Beute. Vielleicht ist dies eine gute Erklärung dafür, dass die Bären so hartnäckig ihr Revier in dieser Gegend verteidigen.

[CLARK] Ich brach um acht Uhr mit fünf Mann auf, wir gingen den Creek ein Stück weiter aufwärts, um ihn zu untersuchen und ihn möglichst weit hinaufzufahren, da der direkte Weg zur Mündung des Medicine Rivers von zwei Schluchten versperrt ist. Als ich eben das Steilufer hochstieg, um die Höhe des Falls festzustellen, rutschte ich an einer Stelle beinahe ins Wasser, wo ich sicherlich sofort den Tod gefunden hätte. Unter Schwierigkeiten und großer Gefahr stieg ich wieder hinauf und stieg weiter unten noch einmal ab. Nur wenige Stellen eignen sich für den Abstieg. Mit einer Nivellierwaage ermittelte ich die Höhe so genau wie möglich. An einer guten Quelle 200 Yards unterhalb des Gipfels in der Nähe von vier Silberpappeln aßen wir zu Mittag. In eine ritzte ich meinen Namen, das Datum und die Höhe der Fälle ein.

18. Juni [LEWIS] Heute Morgen ließ ich alle Männer beim Einholen der Piroge ans Ufer mithelfen, wo wir sie in einem dicken Gestrüpp aus Weidenbüschen etwas unterhalb unseres Lagers sicher befestigten. Wir trieben die Spunde aus den Spundlöchern am Boden und deckten sie mit Büschen und Treibholz zu, um sie vor der Sonne zu schützen. Die Lafetten werden heute Abend fertig und scheinen ihren Zweck zu erfüllen, wenn die Radachsen stark genug sind. Die Indianerin erholt sich jetzt sehr rasch, sie war den größeren Teil des Tages auf und ging zum ersten Mal ein wenig spazieren, seit wir hier sind. Sie isst mit gutem Appetit und ist frei von Fieber und Schmerzen. Ich gebe ihr weiterhin dieselbe Arznei und setze auch das übrige Heilprogramm fort, außer dass ich heute Mittag eine Dosis von 15 Tropfen Vitriolöl hinzufügte. Es gibt eine Stachelbeerart, die überall ringsherum in offenen Lagen und unter den Felsen an den Steilufern wächst. Die blassroten Beeren, die etwa so groß sind wie normale Stachelbeeren, sind jetzt reif. In den Prärien leben riesige Schwärme kleiner braun gefärbter Heuschrecken, sie tragen sicher viel dazu bei, dass das Gras so niedrig bleibt wie jetzt, nämlich kaum über drei Zoll. Die schmalen und weichen Grashalme bietet den Büffeln eine feine Weide.

[CLARK] Wir fuhren eine gute Meile weiter den Fluss hinauf, zur größten Springfontäne oder Quelle[37], die ich jemals gesehen habe. Ich halte es für möglich, dass es sogar die größte im bekannten Teil Amerikas ist. Das Wasser sprudelt unterhalb der Felsen nahe dem Flussufer hervor und stürzt gleich darauf acht Fuß tief in den Fluss, wo es noch eine halbe Meile weit kristallklar bleibt und in einem bläulichen Farbton schimmert.

19. Juni [LEWIS] Der Indianerin geht es heute Morgen viel besser, sie hat eine große Menge Weißäpfel gesammelt und sie ohne mein Wissen roh und zusammen mit einer beträchtlichen Menge getrocknetem Fisch gegessen. Daraufhin wurde sie wieder krank, klagte sehr und das Fieber kam zurück. Ich erteilte Charbonneau einen ernsthaften Verweis, weil er ihr erlaubt hatte, diese Dinge zu essen. Er war daran nicht unschuldig, da er genaue Anweisungen über ihre Ernährung erhalten hatte. Ich gab der Frau jetzt niedrigere Dosen von verdünntem Salpeter, bis der Schweiß hervorbrach, und um zehn Uhr abends 30 Tropfen Laudanum, das sie einigermaßen schlafen ließ.

[CLARK] Auf meiner letzten Erkundung habe ich einen Teil meiner Notizen verloren. Sie wurden nicht mehr gefunden, da der Wind sie wohl weit fortgeweht hat.

20. Juni [LEWIS] Die Indianerin ist heute Morgen völlig frei von Schmerzen und Fieber und scheint auf dem Weg der Besserung. Sie war auf und hat gefischt. Unser Lager unterhalb der Einmündung des Portage Creeks habe ich auf 47° 7' 10,3" Breite ermittelt.

21. Juni [LEWIS] Nachdem wir beschlossen haben, morgen zum oberen Teil der Portage zu gelangen, ließ ich den Eisenrahmen des Bootes und die nötigen Werkzeuge, mein privates Gepäck und meine Instrumente der Ladung beifügen und auch das Gepäck von Joseph Fields, Sergeant Gass und John Shields, die ich ausgewählt hatte, mir beim Bau des

37 Giant Springs bei Great Falls, Montana, heute Teil des dortigen Stadtparks.

Lederboots zu helfen. Ich sehe Schwierigkeiten bei der Anfertigung des Lederbootes voraus, vor allem den Mangel an geeignetem Holz; es fehlen auch Rinde, Häute und vor allem Pech, das zum Abdichten der Nähte unentbehrlich ist. Dieses Problem zu lösen, bereitet mir Kopfzerbrechen, es sei denn, ich verwende Talg und zerstoßene Holzkohle. Diese Mischung hat bis jetzt bei unseren hölzernen Kanus sehr gute Dienste geleistet. Zum ersten Mal auf dem Missouri habe ich bei diesen Fällen eine Art fischender Enten beobachtet, die weiße Flügel und braun-weiße Körper haben und an Kopf und Hals ziegelrot sind. Sie haben einen schmalen Schnabel. Ich halte sie für die gleichen, wie sie am James River, dem Potomac und Susquehanna vorkommen. Der spärliche Baumbewuchs der Gegend besteht aus breit- und schmalblättrigen Silberpappeln, Erlen, großer oder süßer Weide und schmal- und breitblättriger Weide. Die süße Weide kommt unterhalb der Einmündung des Marias am Missouri nicht vor; hier erreicht sie das Aussehen und die gleiche Größe wie in den Atlantikstaaten. Das Unterholz besteht aus Rosenstöcken, Stachelbeersträuchern und Korinthenbüschen, kleinem Geißblatt und Rotholz, dessen innere Rinde die Soldaten gern mit Tabak gemischt rauchen.

22. Juni [LEWIS] Heute Morgen brachen Captain Clark und ich mit der ganzen Truppe, ausgenommen Sergeant Ordway, Charbonneau, Goodrich, York und der Indianerin sehr früh auf, um mit dem Kanu und dem Gepäck die Portage zu den White Bear Islands zu bewältigen, wo sie hoffentlich enden wird. Captain Clark führte uns durch die Ebenen. Gegen Mittag erreichten wir einen kleinen Strom, wo wir Rast machten und speisten; hier waren wir gezwungen, beide Radachsen, Laschen und Seitenstreben eines Radpaars zu erneuern, was aber nicht mehr als zwei Stunden dauerte. Diese Teile unseres Karrens waren aus Silberpappelholz, und eine Radachse bestand aus einem alten Mast. Alle erwiesen sich als nicht genügend belastbar und brachen mehrere Male, bevor wir diese Stelle erreichten. Wir haben sie jetzt mit Weidenholz erneuert und hoffen, dass sie besser halten.

Nach Einbruch der Dunkelheit waren wir bis auf eine halbe Meile an unser geplantes Lager herangekommen, dann gaben aber die Deichseln nach, und wir waren gezwungen, das Kanu zurückzulassen. Jeder Mann nahm so viel Gepäck auf, wie er tragen konnte, und wir gingen weiter in Richtung des Flusses, wo wir völlig erschöpft unser Lager aufschlugen. Die Feigenkakteen dort waren ausgesprochen lästig, da sie durch unsere Mokassins hindurchstachen.

23. Juni [CLARK] Die Männer versahen ihre Mokassins mit doppelten Sohlen, um die Füße vor den Feigenkakteen (die in den Prärien reichlich vorhanden sind) und dem harten Boden zu schützen, der an vielen Stellen die Füße stark verletzt. Die riesigen Büffelherden haben nach dem letzten Regen die flachen Stellen zertrampelt und zerfurcht, dass sie jetzt in getrocknetem Zustand schlechter zu begehen sind als gefrorener Boden. Überdies müssen die Männer mit aller Kraft ziehen und dabei ständig mit den Händen nach Grasbüscheln, Ästen oder Felsbrocken greifen, um dem Ziehen der Kanus samt Ladung eine größere Wirkung zu verschaffen. Trotz der kühlen Luft schwitzen sie heftig und bei jedem Halt schlafen die, die nicht damit beschäftigt sind, den Weg gangbarer zu machen, sofort ein. Viele humpeln aufgrund ihrer wunden Füße, einige verlässt stellenweise die Kraft, aber kein Mann beschwert sich. Alle machen unbeirrt weiter – die Plackereien dieser Truppe zu beschreiben, würde mehr Platz in meinem Tagebuch beanspruchen als alle andere Notizen, und schon dafür finde ich kaum die Zeit. Ich ließ den besten Weg mit Pfählen markieren und ausmessen, er führt 17 ¾ Meilen zum Fluss und eine halbe Meile bergauf, das ergibt insgesamt 18 ¼ Meilen Portage.

25. Juni [LEWIS] Diejenigen, die sich noch rühren konnten, vergnügten sich beim Tanzen auf der grünen Wiese, zu Cruzattes ausgesprochen guter Geigenmusik.

[CLARK] Ich fühle mich nicht wohl und habe Durchfall. Ich ließ die Vorräte zum Trocknen auslegen und beauftragte Charbonneau zu kochen, bis die Truppe zurückkehrt – er ist der einzige Mann, der bei mir ist. Ich trank ein wenig Kaffee zum Frühstück, eine echte Seltenheit, weil ich seit letztem Winter keinen mehr gekostet hatte. Der Boden der Prärien ist schlechter als weiter unten am Fluss, die Berghänge steiniger. Das Gras steht nur einige Zoll hoch, und es gibt nur wenige Blumen, aber sehr viele Wildkirschen, Stachelbeeren, rote und gelbe Beeren und rote und schwarze Johannisbeeren an den Ufern der Wasserläufe, in Niederungen und in feuchten Lagen. Bei meinem Lager sind die Steilufer oder Klippen aus kräftiger roter oder rötlich brauner Erde, die Eisen enthält. Wir fangen sehr viele Forellen und eine Muschelart, Flachrücken und einen weichen Fisch, der einer Alse und etwas einer Katze ähnelt. Die Männer zogen unsere Habe in den Kanus hoch, der aufkommende Wind erleichterte es ihnen erheblich, da er stark genug blies, um die Kanus auf den Lafetten zu bewegen. Das ist im wahrsten Sinn des Worts Segeln auf trockenem Land. Sergeant N. Pryor ist krank.

26. Juni [LEWIS] Ich übernahm heute die Pflichten des Kochs sowohl für unseren Teil der Truppe als auch für die Männer, die wir heute Abend wieder vom unteren Lager zurückerwarten. Ich sammelte

Holz und holte Wasser, kochte eine große Menge des ausgezeichneten getrockneten Büffelfleischs und machte jedem Mann einen großen Talgkloß für einen Festschmaus. Spät abends kam die Truppe mit zwei weiteren Kanus und einem zusätzlichen Teil des Gepäckes an. Whitehouse war bei der Ankunft stark erhitzt und erschöpft, er trank einen kräftigen Schluck Wasser und wurde augenblicklich krank. Sein Puls ging sehr heftig und ich ließ ihn deshalb reichlich zur Ader, wonach er sich besser fühlte. Ich hatte nur mein Taschenmesser, um diese Operation durchzuführen. Allerdings eignete es sich sehr gut.

27. Juni [CLARK] Ich fahre fort, eine grobe Skizze des Flusses und der ermittelten Entfernungen fertigzustellen, die ich hier zurücklassen werde.

28. Juni [LEWIS] Die Weißbären sind so störend, dass ich es nicht für klug halte, einen Mann allein mit irgendeiner Aufgabe loszuschicken, insbesondere, wenn er dabei durch Unterholz muss. Wir haben heute auf der großen Insel uns gegenüber zwei Weißbären gesehen, aber wir haben so viel zu tun, dass wir keine Zeit für eine Jagd hatten. Wenn die Truppe zurückkehrt, werden wir uns diesen Spaß gönnen und sie von den Inseln vertreiben. Die Störenfriede kommen unserem Lager jede Nacht ziemlich nahe, aber sie haben es bisher nicht gewagt, uns anzugreifen. Unser Hund gibt rechtzeitig Laut bei ihren Besuchen, er hält die ganze Nacht über Wache. Ich habe den Männern befohlen, aus Furcht vor Unglücksfällen immer mit ihren Waffen am Körper zu schlafen.

29. Juni [LEWIS] Seit wir hier sind, gab es noch keinen Tag, ohne dass es zu irgendeinem unerwarteten Ereignis unter der Truppe gekommen wäre oder ohne dass wir Zeugen eines ungewöhnlichen Umstandes wurden.

[CLARK] Kurz nach meiner Ankunft bei den Fällen entdeckte ich eine schwarze Wolke, die baldigen Regen ankündigte. Ich hielt nach einer Unterstellmöglichkeit Ausschau, es gab aber keine, an der nicht die große Gefahr bestanden hätte, bei stürmischem Wind in den Fluss geweht zu werden. Etwa eine Viertelmeile oberhalb der Fälle bemerkte ich eine tiefe Schlucht, in der uns vorspringende Felsen Schutz gewährten. Bald darauf fiel ein reißender Sturzbach aus Regen und Hagel, heftiger als ich es je gesehen habe. Der Regen stürzte sintflutartig vom Himmelsgewölbe und ließ uns kaum Zeit, einem reißenden Wasserstrom auszuweichen, der mit immenser Kraft bergab in die Schlucht strömte und große Steine und Schlamm mit sich riss. Ich nahm Gewehr und Kugeltasche in die linke Hand und klammerte mich beim Ersteigen des Hügels mit der rechten fest. Die Frau des Dolmetschers (die ihr Kind in ihren Armen trug) schob ich dabei vor mir her, der Dolmetscher selbst machte Anstalten, seine Frau an der Hand hochzuziehen, er wirkte aber sehr erschreckt und rührte sich kaum vom Fleck. Wir erreichten schließlich sicher die Hügelspitze, wo wir auf meinen Diener trafen, der sich in großer Sorge um unser Wohlergehen auf die Suche nach uns gemacht hatte. Noch bevor wir aus der Schlucht herauskamen, deren Boden ein flacher trockener Felsen gewesen war, als wir hineingestiegen waren, stand uns das Wasser hüfthoch, und meine Uhr war nass geworden. Kaum waren wir heraus, da wuchs das Wasser zu einem reißenden, schrecklich anzusehenden zehn Fuß hohen Strom an, und bis wir die Hügelspitze erreichten, war er mindestens auf 15 Fuß angeschwollen. Ich befahl der Truppe, im Laufschritt so schnell wie möglich zum Lager zurückzukehren, um zu unserer Ladung zu gelangen, wo wir Kleider für das Kind finden könnten, um es warm zu halten. Seine eigenen waren alle verloren gegangen. Auch um die Mutter, die sich gerade erst von einer schweren Erkrankung erholt hatte und die durchnässt und ausgekühlt war, machte ich mir große Sorgen, weil sie einen Rückfall erleiden konnte. Ich ließ sie wie alle anderen zur Wiederbelebung ein wenig von dem Alkohol trinken, den mein Diener in einer Feldflasche dabei hatte. Bei der Ankunft im Lager trafen wir auf die Truppe, die in großer Verwirrung hierher zurückgekehrt war und ihre Lasten in der Prärie zurückgelassen hatte. Der Hagel und Wind in den Prärien waren so heftig, dass die fast nackten Männer grün und blau geschlagen waren und einige fast getötet wurden. Einer war drei Mal zu Boden gestürzt, und andere ohne Hüte oder sonstige Kopfbedeckungen bluteten und klagten sehr; ich munterte sie mit einem kleinen Grog auf. Bald darauf begann auch der Bach anzusteigen und erreichte in wenigen Minuten sechs Fuß Tiefe. In dem Sturzbach verlor ich den großen Kompass, ein elegantes Feuerzeug, ein Kriegsbeil, *Regenschirm*, Patronentasche und das Horn mit Schießpulver und Kugeln und Mokassins. Die Frau verlor ihren Kinderbären (Moskitonetz), Kleidung und Bettzeug etc. Der Kompass bedeutet einen erheblichen Verlust; da wir keinen anderen dieser Größe besitzen.

30. Juni [LEWIS] Ich fange an, äußerst ungeduldig unsere Weiterreise voranzutreiben, da die Jahreszeit jetzt zügig vergeht. Beinahe drei Monate sind nun seit unserem Aufbruch aus Fort Mandan vergangen, und wir haben die Rocky Mountains noch nicht erreicht. Ich bin deshalb völlig sicher, dass wir Fort Mandan in diesem Jahr nicht wieder erreichen werden, wenn wir überhaupt noch vom Ozean her zu den Schlangenindianern zurückkehren können.

[CLARK] Die zwei Männer, die wir auf die Suche nach den gestern verloren gegangenen Gegenständen geschickt hatten, kehrten zurück und brachten den Kompass mit, den sie zwischen Schlamm und Steinen in der Nähe des Eingangs zur Schlucht gefunden hatten. Sonst war nichts mehr zu retten, die Stelle, an der ich Schutz gesucht hatte, war mit großem Geröll aufgeschüttet. Wir sehen in allen Richtungen zahlreiche Büffelherden, ich schätze 10 000 Tiere.

1. Juli [LEWIS] Alle Bestandteile waren nun vorhanden, sodass wir heute Morgen mit dem Geschäft des Zusammenbaus des Bootes beginnen konnten. Die schwierige Beschaffung der Baumaterialien hat die Anfertigung dieses Bootes lange verzögert und erschwert; und da es für alle Beteiligten etwas Neues war, musste ich alles ständig überwachen. Dies hielt mich zusammen mit den Pflichten des Chefkochs ständig auf Trab. Die ganze letzte Nacht streiften Bären um unser Zeltlager herum, wir haben deshalb vor, morgen ihre Verstecke aufzuspüren und sie zu töten oder zu verjagen.

2. Juli [LEWIS] Beim Transport einiger Gepäckteile fingen wir eine große Ratte. Sie war etwas größer als die gewöhnliche europäische Ratte und heller gefärbt; der Rumpf, die Außenseite der Beine und der Kopf ein helles Bleigrau, der Bauch und die Innenseite der Beine weiß, ebenso Füße und Ohren. Ihre Zehen waren länger und die Ohren viel größer als bei der gewöhnlichen Ratte; die Ohren unbehaart. Die Augen waren schwarz und vorstehend, die Haare an der Schnauze lang und voll. Der Schwanz war noch länger als der Körper und mit feinem Fell der gleichen Länge und Farbe des Rückens bedeckt. Der Pelz war seidenweich, dicht und kurz. Ich habe schon häufig die Nester dieser Ratten in felsigen Steilufern und hohlen Bäumen gesehen, aber bisher kein lebendes Tier zu Gesicht bekommen. Sie ernähren sich großenteils von den Früchten und den Samenkörnern des Feigenkaktus; zumindest habe ich sehr viele Schalen dieser Frucht in der Nähe ihrer Nester gefunden.

[GASS] Am Abend setzten die meisten Männer des Korps zu einer Insel über, um ihren Herrscher, einen großen Braunbären anzugreifen oder zu vertreiben, der die Insel in Besitz hielt und allen zu trotzen schien, die versuchten, ihm aufzulauern. Unsere Truppen jedoch stürmten die Insel, gaben kein Pardon und der Gegner fiel. Unsere Armee kehrte am selben Abend ohne Verluste zum Lager zurück.

3. Juli [LEWIS] Die Indianer haben uns wissen lassen, dass wir nach der Überquerung der Fälle das Gebiet der großen Büffelherden verlassen werden; dies bedaure ich sehr, denn mir ist klar, dass wir manches Mal fasten werden, wenn wir nicht mehr in Reichweite der Büffel sind. Und auf alle Fälle werden wir unwiderruflich auf die weißen Puddings verzichten müssen, und Charbonneau wird arbeitslos.

[ORDWAY] Die nicht anderweitig abkommandierten Männer bereiten gerade Häute auf, um Mokassins herzustellen, da sie alle vorhandenen draußen in den Prärien abgetragen haben. Ein Paar guter Mokassins hält nicht länger als zwei Tage. Am ersten Tag werden sie schon löchrig, dann werden sie für den nächsten noch einmal geflickt.

4. Juli [LEWIS] Da wir keine Schlangenindianer getroffen haben und auch nicht wirklich wissen, ob wir bei ihnen mit Freundschaft oder Feindschaft rechnen müssen, erachten wir unsere Truppe für so klein, dass wir nun beschlossen haben, kein Kanu mit einem Teil unserer Männer nach St. Louis zu schicken, wie wir ursprünglich im Frühling beabsichtigt hatten. Wir befürchten nämlich, dass eine solche Maßnahme möglicherweise die Zurückbleibenden entmutigen könnte, was das Ergebnis der Expedition aufs Spiel setzen könnte. Der Truppe gegenüber hatten wir mit keiner Silbe angedeutet, dass wir einen derartigen Plan in Erwägung gezogen hatten, und alle scheinen sich vollkommen mit dem Gedanken angefreundet zu haben, dass die Expedition ein Erfolg werden wird oder aber wir dabei umkommen. Wir denken alle, dass nun der gefährlichste und schwierigste Teil unserer Unternehmung beginnt, aber noch sehe ich keinen verzagt; alle scheinen bereit, den zu erwartenden Schwierigkeiten mit Entschlossenheit zu begegnen und tapfer zu sein. Seit der Ankunft bei den Fällen haben wir wiederholt ein Geräusch wahrgenommen, das aus nordwestlicher Richtung zu kommen scheint und seiner Lautstärke nach dem Abfeuern einer Kanone von sechs Pfund auf einer Entfernung von drei Meilen gleicht. Ich halte es für wahrscheinlich, dass es durch einströmendes Wasser in die Höhlen der gewaltigen Berge verursacht werden könnte; aber dann kämen die Klänge periodisch und regelmäßig, was hier nicht der Fall ist, da wir manchmal nur einen und dann wiederum sechs oder sieben Schüsse hintereinander hörten. Das Geräusch ist zu jeder Tages- und Nachtzeit hörbar. Dieses Phänomen lässt mich ratlos. Da unsere Arbeit heute Abend beendet war, gaben wir den Männern den letzten Rest unseres Alkoholvorrats aus, einige schienen seinen Auswirkungen gegenüber etwas anfällig. Es wurde gegeigt, und sie tanzten fröhlich bis neun Uhr abends, als ein schwerer Regenschauer diesem Vergnügen ein Ende bereitete, wiewohl sie ihre Lustbarkeiten mit heiteren Liedern und geselligen Scherzen noch fortsetzten und bis spät in die Nacht äußert fröhlich waren. Es gab ein reichliches Abendessen aus Schinkenspeck, Bohnen, Talgklößen und Büffelfleisch. Kurzum, wir hatten an diesem Tag keinerlei Grund, die prächtigen Feste unserer Landsleute zu Hause zu vermissen. [Lewis spielt auf die Feierlichkeiten zum Unabhängigkeitstag an, d. Hrsg.]

5. Juli [LEWIS] Ich beauftragte ein paar Männer, Holzkohle zu zerstampfen, um sie mit Bienenwachs und Büffeltalg zu mischen. Dieses Mittel ist jetzt meine einzige Hoffnung zur Abdichtung meines Bootes, aber ich fürchte, dass es auch nicht funktioniert. Das Boot entspricht sonst völlig meiner zuversichtlichsten Erwartung; es ist noch nicht trocken, trotzdem können es acht Männer mit größter Leichtigkeit tragen. Es ist stabil und wird mit Besatzung wenigstens 8000 Pfund tragen; seine Form ist genauso vollendet, wie ich es nur wünschen kann. An den Nähten klafft es aber bedenklich auseinander, seit sie getrocknet sind.

6. Juli [Lewis und Clark, Wetteranmerkungen] Tagsüber gab es ein heftiges Unwetter mit Hagel und Regen. Hagelkörner etwa der Größe von Musketenkugeln bedeckten den ganzen Boden. Aber nur eine Amsel wurde augenscheinlich vom Hagel erschlagen, und es wunderte mich, dass nicht mehr auf ähnliche Weise umgekommen sind, da sie in großen Scharen vorkommen.

7. Juli [LEWIS] Captain Clarks schwarzem Mann York geht es heute nicht gut, er bekam eine Dosis Brechweinstein verabreicht, die sehr gut ansprach. Am Abend ging es ihm bereits viel besser. Dies ist eine Arznei, die ich außer bei Wechselfieber nie verordne.

8. Juli [LEWIS] Die Männer brachten mir auch ein lebendes Bodeneichhörnchen, das etwas größer ist als das in den Vereinigten Staaten oder jenes, das auch hier häufig vorkommt. Es ist hauptsächlich rötlich braun, aber der Länge nach mit viel mehr schwarzen oder dunkelbraunen Streifen gezeichnet; dazwischen befinden sich Reihen mit weißen runden Punkten. Es lebt ausschließlich in der offenen Prärie, wo es in der Erde gräbt. Es ähnelt auch nicht demjenigen, das wir unter Felsklippen oder in den Waldländern fanden. Sein Bau verläuft manchmal wie beim Maulwurf, nämlich horizontal und eine weite Strecke kurz unter der Oberfläche. Die Höhlen aber, in denen diese Bodeneichhörnchen hausen oder Zuflucht suchen, führen viel tiefer in die Erde.

[GASS] Wir stellten heute Abend das Boot fertig, nachdem wir es mit Talg und Kohlenstaub bedeckt hatten. Wir nannten es Experiment und hoffen, dass es unserem Vorhaben dient.

9. Juli [LEWIS] Wir verstöpselten die Kanus und setzten sie ins Wasser.

Danach ließen wir auch das Boot zu Wasser, es schwamm perfekt wie ein Korken auf der Wasseroberfläche. Spät abends entdeckten wir, dass der Großteil des Aufstrichs sich von den Häuten gelöste hatte und so die Nähte des Bootes dem Wasser ausgesetzt waren. Das Boot leckte bereits so sehr, dass unser Experiment gescheitert schien.

Ich muss nicht extra sagen, dass mich dieser Umstand nicht wenig kränkte; das Lecken zu verhindern, ohne richtig auszupichen, war uns unmöglich. Das geeignete Material zu beschaffen, war ebenfalls unmöglich, deshalb war das Unglück irreparabel. Ich fand dann heraus, dass die Partien, die mit Büffelhäuten verkleidet waren, auf denen einige Haare gelassen wurden, zweckdienlicher waren; sie leckten nur wenig, und solche Häute, die mit ungefähr ⅛ Zoll langem Haar gut bedeckt waren, bewahrten den Aufstrich vollkommen und blieben intakt und trocken. Aus dieser Erkenntnis heraus wurde mir klar, dass ich die Büffelhäute nicht ganz so gründlich hätte absengen lassen sollen. Vielleicht hätte dann unser Mischmaterial seinen Zweck erfüllt. Aber in unserer gegenwärtigen Lage noch weitere Experimente zu machen, schien mir unsinnig. Ich gab deshalb alle weitere Hoffnung in Bezug auf mein Lieblingsboot auf und befahl, es morgen in seine Bestandteile zu zerlegen und den eisernen Rahmen hier zu deponieren, da er uns wahrscheinlich nicht weiter nützen würde. Wenn ich unsere Wapitihirschhäute nur leicht abgesengt hätte, anstatt sie zu enthaaren, hätte der Aufstrich wohl gehalten, und das Boot wäre dicht geblieben; zumindest bis wir das Kiefernland erreicht hätten, das jetzt vor uns liegen muss. Aber es war jetzt zu spät, Abhilfe zu schaffen, und ich sagte meinem Boot und seinem erwarteten Dienst Adieu.

10. Juli [CLARK] Ich brach mit Sergeant Pryor, vier Holzfällern und zwei kränkelnden Mitgliedern der Truppe und einem Jäger auf. Wir setzten zur Steuerbordseite über und gingen an Land acht Meilen flussaufwärts. Wir fanden zwei Bäume, die ich zum Bau von Kanus geeignet hielt.

Nachdem wir sie gefällt hatten, erwies sich der eine als hohl. Der zweite Baum war ebenfalls stark geschädigt. Ich beschloss trotzdem, die Bäume zu Kanus zu verarbeiten, dazu mussten wir sie kürzen, um Löcher und Windbruchstellen auszusparen und wir beließen sie so breit, wie es der Baum hergab. Es hat schrecklich viele lästige Moskitos. Wir wissen fast nicht mehr ein noch aus wegen der Holzbeschaffung für neue Axtstiele, 13 sind an einem Tag in Stücke zerbrochen, kaum dass sie fertig waren. Kein besseres Holz ist aufzutreiben als Silberpappel, Eschenahorn, Wildkirsche und rotes Pfeilholz.

11. Juli [LEWIS] Heute Abend kurz vor Sonnenuntergang hörte ich zwei weitere Schüsse dieser unerklärlichen Artillerie der Rocky Mountains, die aus der gleichen Richtung kamen wie schon zuvor. Ich erinnerte mich jetzt an die Minnetares, die das donnerartige Geräusch erwähnt hatten.

Nach Meinung der Indianer wird es von den Bergen verursacht, aber ich schenkte der Information keine Beachtung, da ich sie für falsch oder aber für den Ausdruck ihres Aberglaubens hielt.

[WHITEHOUSE] Solange wir darauf warteten, dass sich der Wind abschwächte, machte ich heute einen kurzen Gang in die Prärien, wo ich auf eine sehr große Klapperschlange trat. Sie durchbiss meine Hose und ich tötete sie. Sie war vier Fuß zwei Zoll lang und maß 5 ½ Zoll im Durchmesser.

13. Juli [LEWIS] Der Morgen war ruhig und klar, ich ließ den Rest unseres Gepäckes in die sechs kleinen Kanus verladen und bemannte sie mit jeweils zwei Männern. Ich entbot jetzt unserem Lager ein freundliches Adieu und setzte zum gegenüberliegenden Ufer über. Dort fanden wir einen ungewöhnlichen Indianerwigwam, oder vielmehr dessen Gerüst; es bestand aus sechzehn großen Silberpappelstangen von jeweils etwa fünfzig Fuß Länge. Am dickeren Ende auf dem Boden waren sie mannsdick; sie standen kreisförmig und gleichmäßig verteilt mit Ausnahme einer Lücke auf der Ostseite, wo wohl der Eingang war. Wo die Stangen oben zusammentreffen, sind sie mit großen Ruten aus Weidenbüschen zusammengebunden. Im Zentrum dieses Baus waren Überreste einer großen Feuerstelle. Ich weiß nicht, was der Zweck eines solchen Wigwams war, aber ich bin mir sicher, dass er nicht als Wohnung für eine Familie angelegt wurde. Am Boden maß er 216 Fuß im Durchmesser. Er war höchstwahrscheinlich für ein großes Fest vorgesehen oder ein Versammlungshaus von ziemlich großer Bedeutung für die Nation. Ich habe noch keinen derartigen Bau gesehen, auch die Nationen weiter unterhalb des Missouri haben keine solchen. Die Jäger erlegten heute drei Büffel. Wir brauchen riesige Mengen an Fleisch; vier Hirsche, ein Wapiti und ein Hirsch oder ein Büffel sind erforderlich, um uns 24 Stunden reichlich zu versorgen. Fleisch bildet jetzt unser Hauptnahrungsmittel, da wir das Mehl, die Dörrvorräte und den Mais hauptsächlich für die Rocky Mountains aufbewahren, die wir in Kürze erreichen werden und wo nach Auskunft der Indianer Wild knapp ist.

14. Juli [LEWIS] Das Land ist meist sehr eben, oder es dehnt sich in sanften Anstiegen und Abhängen aus. Das Gras und die Unkräuter auf diesem Boden wachsen ungefähr zwei Fuß hoch; was viel höher ist, als wir dies anderswo in dieser Jahreszeit vorgefunden haben. Sandbinsen und Nesseln kommen weniger vor. Das Gras in den Prärien ist nicht mehr als drei Zoll hoch. Unzählige Heuschrecken und die zuvor erwähnten kleinen Vögel und braune Brachvögel sind überall in den Prärien anzutreffen.

6. Im Schatten der Rocky Mountains

15. Juli – 9. August 1805

15. Juli [LEWIS] Wir standen heute Morgen sehr früh auf, teilten den Kanus ihre Lasten zu und ließen sie an Bord bringen. Unsere Boote, acht an der Zahl, waren alle schwer beladen, trotz unserer verschiedenen Depots. Wir haben jetzt wirklich einen guten Vorrat an getrocknetem Fleisch und Fett. Es ist dabei ausgesprochen schwierig, das Gepäck vieler unserer Männer in vernünftigen Grenzen zu halten, weil sie sperrige Artikel von geringem Nutzen oder Wert aufladen. Um zehn Uhr vormittags waren wir sehr zu meiner Freude und wohl auch der jedes Einzelnen unserer Truppe wirklich unterwegs. Wir haben jetzt den Fort Mountain auf unserer rechten Seite passiert. Er scheint ungefähr zehn Meilen entfernt zu sein. Dieser Berg sieht eigenartig aus. Er liegt in einer flachen Ebene, seine Hänge stehen beinahe im rechten Winkel zueinander und breiten sich jeder etwa eine Meile aus. Feigenkakteen stehen jetzt in voller Blüte und stellen gleichzeitig eine der prächtigsten Schönheiten als auch der größten Plagen der Prärien dar. Sonnenblumen stehen auch in Blüte und sind sehr zahlreich zu sehen. Diese Pflanze kommt am ganzen Missouri bis zu diesem Ort häufig vor. Fette Henne, wilde Gurke, Sandbinse und schmaler Ampfer sind hier ebenfalls häufig.

16. Juli [LEWIS] Ich schickte heute Morgen einen Mann wegen einer Axt zurück, die er gestern Abend einige Meilen flussabwärts nachlässig liegen gelassen hatte, und brach zu früher Stunde auf.

Drewyer erlegte heute Morgen in der Nähe des Flusses einen Büffel. Wir legten eine Rast ein und frühstückten am Ufer. Hier aß ich zum ersten Mal von den Eingeweiden des Büffels, die über einem lodernden Feuer auf indianische Art (das heißt ohne Waschen oder andere Reinigung) gekocht wurden, und fand sie sehr schmackhaft. Moskitos sind heute Abend sehr lästig, und weil ich mein Moskitonetz zurückgelassen habe, litt ich sehr. Ich ärgerte mich und schwor mir, dass ich auf dieser Expedition nicht noch einmal so nachlässig sein werde.

17. Juli [LEWIS] Sonnenblumen blühen in den Flussniederungen momentan sehr zahlreich. Die Indianer am Missouri, besonders die, die kein Gemüse anbauen, machen reichlich Gebrauch von den Samen dieser Pflanze. Sie verwenden sie zur Brotherstellung oder zum Andicken der Suppe. Zunächst dörren sie die Samen und zerstoßen sie dann zwischen zwei glatten Steinen, bis ein feines Mehl entsteht.

Diesem fügen sie meist nur einen Teil Wasser hinzu und trinken es in diesem Zustand, oder sie vermischen es mit einer ausreichenden Menge Markfett, bis es die Konsistenz eines normalen Teigs hat, und essen es so. Die zweite Zubereitungsart finde ich weit besser, und ich habe es als sehr schmackhaftes Gericht schon oft gerne gegessen. Oberhalb der Fälle gibt es nur wenige breitblättrige Silberpappeln, aber weitaus mehr der schmalblättrigen Art. Es gibt in Hülle und Fülle rote, gelbe, purpurne und schwarze Johannisbeeren, die jetzt ihre volle Reife erreicht haben.

Ich finde diese Früchte sehr wohlschmeckend, besonders die gelbe Johannisbeere, die mir besser schmeckt als die aus unseren heimischen Gärten. Es gibt hier auch zwei Arten von Stachelbeeren, aber keine von ihnen ist jetzt schon reif. Auch Wildkirschen sind reichlich vorhanden, aber auch noch nicht wirklich reif.

[ORDWAY] Wir ließen einige Sachen zurück, bemannten die Kanus doppelt und bekamen sie alle sicher über die Stromschnelle, die sich über etwa eine halbe Meile erstreckte und sich weiß über die Felsen wälzte. Mithilfe der Schlepptaue brachten wir alle Kanus ohne Beschädigung hinauf.

18. Juli [LEWIS] Vor unserer Abfahrt sahen wir auf der immens hohen und beinahe senkrecht stehenden Steilwand uns gegenüber eine große Herde von Dickhornschafen; sie spazierten auf dem Abhang dieses Steilufers herum und sprangen mit großer Leichtigkeit selbst dort von Fels zu Fels, wo es mir schien, dass kein Vierfüßler ausreichenden Halt finden könnte, und von wo sie bei einem Fehltritt mindestens 500 Fuß hinabgestürzt wären. Diese Tiere haben eine Vorliebe für solche Abgründe und Steilwände, wo sie in der Tat vor der Verfolgung von Wölfen, Bären oder sogar Menschen völlig sicher sind. Am Abend kamen wir an einem großen, etwa 30 Yards breiten Wasserlauf vorbei, der auf der Steuerbordseite einfließt; seine Strömung fällt ins Auge, seine Ufer sind niedrig und sein Bett besteht gänzlich aus Steinen; diesen Bach nannten wir Ordways Creek nach Sergeant John Ordway. Seit Tagen fällt mir eine Art Flachs auf, der in den Flussniederungen wächst. Blätter, Stängel und Fruchthülle ähneln dem normalen in den Vereinigten Staaten angebauten Flachs. Die Rinde am Stängel ist dick und stark und verspricht ausgezeichnete Faserqualität. Die Samen sind noch nicht reif, aber ich hoffe, eine Gelegenheit zum Sammeln zu finden, wenn sie ausgereift sind. Falls es sich erweisen sollte, dass guter Flachs gewonnen und geschnitten werden kann, ohne dass man die winterharte Wurzel verletzt, wird er eine äußerst wertvolle Pflanze sein, und ich denke, es sieht wohl danach aus.

[CLARK] Wir passierten einen beachtlichen Fluss, der auf der Steuerbordseite einmündet und beinahe so breit ist wie der Missouri. Wir nennen ihn nach dem Kriegsminister Dearbourn River. Aus Sorge, dass unsere Lagerfeuer die Indianer auf uns aufmerksam machen könnten und sie dann vielleicht vom Fluss abziehen und sich in den Bergen verstecken würden, weil sie uns für feindliche Verfolger hielten, beschlossen wir, dass ich mit einem kleinen Trupp eine Vorhut bilden, einige Tage vorausgehen und versuchen sollte, die Schlangenindianer zu finden.

Nach dem Frühstück brach ich mit J. Fields, Potts und meinem Diener auf.

19. Juli [LEWIS] Heute Abend kamen wir an die bemerkenswertesten Steilufer, die wir bisher gesehen haben. Die Klippen erheben sich auf beiden Seiten des Wassers senkrecht bis zu der Höhe von 1200 Fuß. Die ganze Umgebung hier macht einen dunklen und düsteren Eindruck. Die sich auftürmenden und vorspringenden Felsen scheinen an vielen Stellen nur darauf zu warten, auf uns niederzustürzen. Der Fluss hat sich seinen Weg durch diese immense Masse aus festem Felsgestein über eine Strecke von 5 ¾ Meilen erzwungen, und wo er herauskommt, hat er auf beiden Seiten gewaltige Felssäulen berghoch aufgeschüttet. Der Durchbruch entspricht genau der Breite seines Flussbetts (etwa 150 Yards). Es ist überall gleich tief, auf den ersten drei Meilen dieser Strecke gibt es nur eine Stelle von einigen Yards im Ausmaß, an der man stehen und etwas ausruhen könnte. Mehrere gute Quellen sprudeln am Uferrand aus den Felsspalten hervor. Glücklicherweise kann die Strömung trotz immenser Stärke mit Rudern bewältigt werden, denn es gibt hier keine Möglichkeit, das Tau oder die Stakstange zu benutzen. Wegen seines einzigartigen Aussehens nannte ich diese Stelle *»The Gates (das Tor) of the Rocky Mountains«*.

20. Juli [CLARK] Unsere Füße sind derart von Feigenkaktusstacheln zerstochen und von Steinen aufgeschnitten, dass wir heute Nachmittag kaum imstande waren, auch nur sehr langsam zu marschieren.

22. Juli [LEWIS] Wir brachen wie üblich früh auf. Der Fluss wird von großen und kleinen Inseln in unzählige Flussarme aufgeteilt. Es war mir aber unmöglich, sie korrekt zu bestimmen, da ich im Kanu nur einer Fahrrinne folgen konnte und deshalb an Land zu Fuß weiterging, den allgemeinen Verlauf des Flusses aufnahm und von den Bodenerhebungen aus einen Blick auf die Inseln und die verschiedenen Arme warf, die ich passend auf meiner Karte eintrug. Da meine Sicht nur von wenig Baumbewuchs gestört wurde, konnte ich die verschiedenen Mäander des Flusses zufriedenstellend erkennen. Ich überquerte eine große Insel, wunderschönes, ebenes und fruchtbares Flachland etwa zehn Fuß über der Wasseroberfläche, das nie überflutet zu werden schien. Auf dieser Insel stieß ich auf große Mengen einer kleinen Zwiebel, etwa von der Größe einer Musketenkugel, die weiß, fest und wohlschmeckend waren. Ich sammelte etwa einen halben Scheffel davon, bevor die Kanus ankamen. Ich ließ die Truppe zum Frühstück anhalten und die Männer sammelten ebenfalls große Mengen der Zwiebeln. Auch ihre Samen, die gerade zur Reife gelangt waren, ließ ich einsammeln. Es scheint insofern eine wertvolle Pflanze zu sein, als sie trotz des strengen Klimas den Bären und anderen Vierfüßlern in großen Mengen zur Verfügung steht, und außerdem schmeckte sie so gut wie jede andere Zwiebelart. Ich nannte diese schöne und fruchtbare Insel nach dieser Pflanze Zwiebelinsel. Die Indianerin erkennt das Land wieder und versichert uns, dass dies der Fluss sei, an dem ihr Volk lebt, und dass die drei Flussarme des Missouri nicht mehr weit sein dürften. Diese Information hat die Lebensgeister der Truppe aufgeheitert, die sich im Moment an der Erwartung aufrichtet, in Kürze die der zivilisierten Welt noch unbekannte Quelle des Missouris zu sehen. Obwohl Captain C. noch sehr erschöpft war und seine Füße noch wund und voll Blasen waren, bestand er darauf, am Morgen weiterzugehen, er lehnte es auch rundweg ab, jetzt von mir entlastet zu werden, indem ich vorschlug, eine ähnliche Tour zu unternehmen. Da ihm dieser Vorschlag gar nicht gefiel, war ich damit einverstanden, bei den Kanus zu bleiben. Er befahl Frazier und Joseph und Reuben Fields, sich in Bereitschaft zu halten, um ihn am Morgen zu begleiten. Charbonneau wollte ebenfalls mitkommen, was ihm gestattet wurde.

23. Juli [LEWIS] Ich hielt heute früher zum Mittagessen als üblich, um einiges trocknen zu lassen, was in mehreren der Kanus nass geworden war. Ich ließ die Kanus ihre kleinen Fahnen hissen, damit die Indianer, die uns vielleicht sahen, erkennen können, dass wir keine Einheimischen, aber auch keine Feinde waren. Wir benützen jetzt oft unsere Stakstangen und Taue. Die meisten der kleinen Eisenspitzen haben wir verloren; die Steine sind so glatt, dass die Stangenspitzen ständig wegrutschen, was das Navigieren der Kanus beträchtlich erschwert. Ich erinnerte mich an einen Posten Fischspieße, die ich mitgebracht hatte, und ließ jeden der Männer einen davon mit starkem Draht am unteren Ende seiner Stange befestigen, was den gewünschten Effekt brachte. Ich entdeckte heute eine vollständig schwarz gefärbte, ungefähr zwei Fuß lange Schlange. Sie hatte 128 Schuppen auf der Bauchseite und 63 am Schwanz.

24. Juli [LEWIS] Wir beobachteten in der Nähe des Wassers viele Schlangen von gleichmäßig brauner Farbe, einige mit schwarzem, andere mit gesprenkeltem Unterleib und auf dem Rücken und an den Seiten schwarz und bräunlich gelb gestreift. Die erste, die wir sahen, war die größte, ungefähr vier Fuß lang, die zweite ist eine wie gestern und die letzte ist der Strumpfbandschlange unseres Landes sehr ähnlich und hat auch etwa ihre Größe. Keine dieser Schlangenarten ist giftig, ich untersuchte ihre Zähne und stufe sie als harmlos ein. Sie alle scheinen das Wasser zu lieben, wohin sie sofort flüchten, sobald sie jemand verfolgt.

Nach Aussehen der Knochen und des Kots älteren Datums streifen Büffel manchmal dieses Tal; aber es gibt keine frischen Zeichen von ihnen, und ich glaube so langsam, dass wir auf unseren geliebten weißen Pudding zumindest so lange verzichten müssen, bis wir wieder in Büffelgebiet kommen. Unser Trio an Plagen befällt uns noch immer und behindert uns bei allen Gelegenheiten, es sind die Moskitos, Augenfliegen und Feigenkakteen, sie entsprechen dem dreifachen Fluch, unter welchem das arme Ägypten gelitten hat, ausgenommen das Mahometanische Joch. Die Männer klagen, sie seien sehr erschöpft. Ihre Mühsal ist riesig. Ich unterstütze sie gelegentlich, indem ich ihnen beim Navigieren der Kanus helfe, und habe gelernt, *mich für ihr* Lob *ordentlich ins Zeug zu legen.*

25. Juli [LEWIS] Wir stießen auf einige Antilopen und erlegten eine.

Diese Tiere scheinen sich jetzt wieder in kleinen Herden gesammelt zu haben. Mehrere weibliche Tiere mit ihren Jungen und ein oder zwei Böcke bilden in der Regel eine Herde. Ein paar männliche Tiere sind noch einzeln oder zu zweit über die Prärien verstreut, die sie den Waldflächen grundsätzlich vorziehen. Wenn sie zufällig in ein Waldgebiet kommen oder aufgeschreckt werden, laufen sie sofort in die Ebene, da sie sicheres Vertrauen in ihre überlegene Schnelligkeit haben. Wir töteten ein Paar junger Gänse, die sehr gut schmecken; aber da sie eine zu kleine Beute sind, um eine Truppe unserer Stärke zu ernähren, habe ich den Männern die Jagd auf sie verboten, da sie eine beträchtliche Menge an Munition verschwendet und unsere Weiterreise verzögert.

[CLARK] Wir bewegten uns einige Meilen weiter auf die drei Gabelungen des Missouri zu, alle drei sind beinahe gleich groß, die nördliche Gabelung scheint das meiste Wasser zu führen und eignet sich für das Weiterkommen am besten. Ich schrieb eine Notiz, die Captain Lewis die Route mitteilte, die ich nehmen wollte, und setzte die Erkundung durch ein Tal der nördlichen Hauptgabelung entlang fort.

[WHITEHOUSE] Wir wurden durch mehrere üble felsige Stromschnellen aufgehalten. Sie waren so seicht, dass die Felsen quer durch den Fluss zu erkennen waren. Wir bemannten doppelt und gelangten sicher hinauf. Beim Hochschleppen der Boote ans Ufer zog ich mir eine Schnittwunde am Fuß zu.

26. Juli [LEWIS] Das Hochland besteht aus dürftiger Erde und ist von trockenem, niedrigem Riedgras und einer anderen ebenfalls trockenen Grasart bedeckt. Deren Samenkörner sind mit Widerhaken versehen, die durch unsere Mokassins und unsere Lederbeinkleider stechen und große Schmerzen verursachen, bis man sie herausziehen kann. Mein armer Hund leidet über alle Maßen unter ihnen, er beißt und kratzt sich ständig in seiner Pein. Feigenkakteen wachsen hier so reichlich wie überall.

[CLARK] Ich beschloss, Charbonneau und einen Mann mit wunden Füßen zurückzulassen, damit sie sich erholen konnten, und zog mit den beiden anderen weiter zum Gipfel eines zwölf Meilen in westlicher Richtung entfernten Berges. Von dort oben aus begutachtete ich den vor uns liegenden Fluss und die Täler. Unter großen Schwierigkeiten und starker Ermüdung erreichten wir um elf Uhr den Gipfel. Von der Spitze dieses Berges konnte ich ungefähr zehn Meilen weit den Verlauf der nördlichen Gabelung verfolgen, die sich durch ein Tal windet, konnte aber keine Indianer oder irgendwelche Hinweise auf sie entdecken. Ich überblickte auch ein Stück weit die Strecke, die der Small River landeinwärts zurücklegt, und auch die mittlere Gabelung.

Nachdem meine Neugier gestillt war, kehrte ich auf einem alten Indianerpfad zu den zwei Männern zurück. Ich fühlte mich gar nicht wohl und schlug ein Lager am kleinen Fluss drei Meilen oberhalb seiner Mündung auf.

27. Juli [LEWIS] Um neun Uhr früh erreichten wir die Einmündung der südöstlichen Gabelung des Missouri, und das Land öffnete sich plötzlich zu ausgedehnten und schönen Prärien und Wiesen, die in allen Richtungen in der Ferne von hohen Bergen umgeben scheinen; da wir davon ausgehen, dass dies die Dreigabelung des Missouri sei, ließ ich die Truppe am Backbordufer zum Frühstück haltmachen und wanderte die südöstliche Gabelung ungefähr eine halbe Meile hoch. Dort kletterte ich auf einen hohen Kalksteinfelsen, von wo ich einen hervorragenden Überblick über das umgebende Land hatte. Weil ich diesen Ort für eine Hauptlandmarke in der Geografie des Westens des Kontinents halte, entschied ich mich, auf alle Fälle so lange hier zu bleiben, bis ich die notwendigen Fakten für die Festlegung seines Breiten- und Längengrades etc. ermittelt habe. Um drei Uhr nachmittags traf Captain Clark ein, mit hohem Fieber und sehr ermüdet und erschöpft. Er teilte mir mit, dass er schon seit gestern Abend sehr krank sei, hohes Fieber und Schüttelfrost habe, dazu ständige brennende Schmerzen in allen Muskeln. Heute Morgen war er trotz seines Zustands die vorgesehene Strecke von etwa acht Meilen zur mittleren Gabelung abgewandert, als er keine Hinweise auf Indianer fand, hatte er sich eine Stunde ausgeruht und war die mittlere Gabelung bis hier heruntergekommen. Captain C. hatte den Verdacht, dass er an der Galle erkrankt war, er hatte schon seit mehreren Tagen keinen Stuhlgang; ich brachte ihn dazu, eine Dosis von Rushs Pillen zu nehmen, die ich in solchen Fällen für unübertrefflich halte. Außerdem verordnete ich ihm ein warmes Fußbad und Ruhe. Captain Clarks Krankheit war ein weiterer Anlass für meinen Entschluss, ein paar Tage hierzubleiben; ich informierte deshalb die Männer von meiner Entscheidung, und sie wässerten dann ihre Hirschhäute, um sie zur Verarbeitung zu Kleidung am nächsten Tag vorzubereiten. Wir machen uns so langsam ernsthafte Sorgen wegen der Schlangenindianer. Falls wir sie oder irgendeine andere Nation, die Pferde besitzt, nicht finden sollten, fürchte ich um den Erfolg unserer Expedition. In jedem Fall bedeutet dies noch größere Schwierigkeiten bei ihrer Durchführung. Wir sind jetzt mehrere Hundert Meilen ins Innere dieses wilden und gebirgigen Landes vorgedrungen, wo in Kürze damit zu rechnen ist, dass das Wild seltener wird und unsere Versorgungslage ohne genauere Informationen über dieses Land prekär. Wir wissen nicht, wie weit sich diese Berge fortsetzen oder welche Route für eine vorteilhafte Überquerung für uns günstig ist bzw. wo wir einen schiffbaren Zweig des Columbias erreichen können. Selbst wenn wir uns auf einem solchen befänden, werden wir aller Wahrscheinlichkeit nach in diesem Gebirge keine Bäume finden, die groß genug zum Bau von Kanus sind, zumindest nach denen zu urteilen, die wir auf unserer bisherigen Passage gesehen haben. Aber ich hoffe noch das Beste und habe vor, in ein paar Tagen selbst einen Erkundungsgang zu unternehmen, um diese gelben Herren wenn irgendwie möglich zu finden. Es gibt im Moment zwei Dinge, die mich trösten: Zum Ersten, dass es von unserer gegenwärtigen Position aus gesehen unmöglich ist, dass die südwestliche Gabelung zu irgendeinem anderen Fluss als dem Columbia führt, und zum Zweiten, dass wenn irgendwelche Indianerstämme in diesen Bergen mit den Nahrungsmitteln, die die Natur bietet, überleben können, wir das auch schaffen.

28. Juli [LEWIS] Captain C. und ich sind einer Meinung darüber, dass es ungehörig wäre, einem der Nebenströme den Namen Missouri zu geben, und wir beschlossen deshalb, sie nach dem Präsidenten der

Vereinigten Staaten und den Ministern der Finanzen und der Auswärtigen Angelegenheiten zu benennen.[38] Ich ließ am Morgen unser ganzes Gepäck zum Trocknen ausbreiten, und da es ein warmer Tag wurde, ließ ich auch eine kleine Laube oder Hütte zur Bequemlichkeit von Captain C. aufstellen. In unserem Lederwigwam wird es in der prallen Sonne übermäßig heiß. Ich beobachte sehr viele Sandbinsen in den Niederungen, die an vielen Stellen brusthoch wachsen und dicht wie Weizen stehen. Sie könnten für Pferde oder Kühe die beste Winterweide überhaupt sein und begünstigen natürlich auch eine größere Ansiedlung, falls eine solche an dieser Stelle einmal notwendig wird. Gras gibt es ebenfalls in Hülle und Fülle, was eine großartige Heuernte über viele Acres hinweg bedeuten würde. Unser jetziges Lager befindet sich genau dort, wo die Schlangenindianer lagerten, als die Minnetares des Knife Rivers vor fünf Jahren in ihr Gebiet kamen. Von hier wichen sie dann etwa drei Meilen den Jefferson River flussaufwärts zurück und versteckten sich in den Wäldern. Die Minnetares verfolgten sie, griffen sie an, töteten vier Männer, vier Frauen und einige Jungen. Sie nahmen alle Frauen und Mädchen und vier Jungen gefangen, *Sacagawea*, also unsere Indianerin, war eine dieser weiblichen Gefangenen. Ich kann aber bei ihr weder eine Spur von Trauer in Erinnerung an diese Ereignisse erkennen noch Freude darüber, wieder zurück in ihrem Heimatland zu sein; ich denke, sie wäre überall dort völlig zufrieden, wo sie genug zu essen bekommt und einige billige Schmuckstücke ihr Eigen nennen kann. In der Nähe der Vereinigung der drei Gabelungen des Missouris befindet sich der Breitengrad 45° 24' 54".

29. Juli [LEWIS] Wir beobachten eine große Menge Fische im Strom, einige halten wir für Forellen, aber sie beißen bei keinem einzigen unserer Köder. Seit den Missouri-Fällen ist der Fluss voller Königsfischer. Ein *Duckanmallard* (Stockente) mit Jungtieren tauchte erstmals am 20. des Monats auf, was ich zu notieren vergaß. Jetzt kommt sie mit ihren Jungtieren häufig vor, aber am Missouri unterhalb der Berge brütet sie nicht. Grashüpfer und Grillen gibt es in den Prärien massenhaft, wie auch die kleinen, schon mehrfach erwähnten Vögel. Diese Ebenen sind auch von großen Ameisen bevölkert, die einen rötlich braunen Körper und Beine und einen schwarzen Kopf und Hinterleib haben; sie bauen kegelförmige Pyramiden aus kleinen Kieseln, etwa zehn oder zwölf Zoll hoch, völlig ohne Reisig und mit nur wenig Erde. Captain Clark geht es heute viel besser, er hat kein Fieber mehr, ist

38 Der südöstliche Flussarm wird nach dem damaligen Finanzminister Gallatin River, der mittlere nach dem Außenminister Madison River und der südwestliche nach dem Präsidenten Jefferson River genannt.

aber noch sehr schwach und klagt über eine allgemeine Mattigkeit in allen Gliedern. Ich verordnete ihm Chinarinde, die er einnahm, und riet ihm, nach Belieben von unserem guten Wildbret zu essen.

31. Juli [LEWIS] Wir haben heute nichts erlegt, und das frische Fleisch ist aus. Wenn wir genug frisches Fleisch haben, ist es fast unmöglich, die Männer im Hinblick auf späteren Fleischmangel zu sparsamem Verzehr anzuhalten. Allerdings befürchte ich, dass sie der Mangel diese Tugend in Kürze lehren wird. Gerade jetzt ist unsere Truppe geschwächt, zwei Männer leiden an Tumoren oder schlimmen Furunkeln an verschiedenen Körperstellen, einer hat sich an einem Stein eine schlimme Quetschung zugezogen, einer den Arm unglücklich ausgerenkt, was bereits wieder behoben werden konnte, und ein Fünfter hat Zerrungen am Rücken, weil er auf dem Boot ausgerutscht und rückwärts auf das Dollbord des Kanus gestürzt ist. Es handelt sich um Sergeant Gass, der in seiner gegenwärtigen Situation nur unter schlimmen Schmerzen im Kanu arbeiten kann, aber er kann wenigstens einigermaßen bequem zu Fuß gehen. Ich wählte ihn deshalb mit einigen anderen aus, um mich morgen auf der Suche nach den Schlangenindianern zu begleiten. Ich befahl auch Drewyer und Charbonneau, sich in Bereitschaft zu halten. Charbonneau meint, dass sein Knöchel so weit erholt ist, dass er den Marsch aushalten kann, aber ich glaube das nicht so recht; er will aber unbedingt mitkommen, und ich habe ihm deshalb nachgegeben.

1. August [LEWIS] Um halb neun Uhr frühmorgens, wie zuvor zwischen Captain Clark und mir abgesprochen, machte ich mich mit drei Männern auf die Suche nach den Schlangenindianern oder Shoshonen. Unser Weg führte durch steile, schmale Bergschluchten, die der intensiven Hitze der Mittagssonne ohne den geringsten Schatten oder Windhauch ausgesetzt sind. Zu meiner Erschöpfung auf dieser Strecke von etwa elf Meilen trug noch bei, dass ich am Morgen wegen einer leichten Dysenterie, die mich schon tagelang geplagt hatte, eine Dosis Glaubersalz genommen hatte. Durch die Erkrankung und die Einnahme der Arznei geschwächt, war ich fast am Ende, als wir den Fluss erreichten. Meine Lebensgeister erholten sich aber schnell, als wir in der Nähe des Flusses auf eine Herde Wapitihirsche trafen, von denen Drewyer und ich rasch einige Tiere erlegten. Wir beeilten uns, zum Fluss zu kommen, und stillten unseren Durst. Ich befahl zweien der Männer, die Wapitihirsche abzuhäuten und das Fleisch zum Fluss zu bringen, während ich und der andere ein Feuer anfachten und einige Stücke der Jagdbeute zum Mittagessen brieten. Wir bereiteten eine reichliche Mahlzeit zu und ließen den Rest des Fleisches und die

Häute am Flussufer für Captain Clark und die Truppe zurück. Dieser Proviant wird ihnen sicherlich willkommen sein, da sie bei unserer Abreise seit fast zwei Tagen außer einem Biber kein frisches Fleisch gegessen hatten. Oberhalb der Gabelungen ist das Wild äußerst selten und scheu. Ich sah nahe beim Gipfel unter einer windzerzausten Kiefer einen blauen Vogel etwa der Größe einer normalen Wanderdrossel. Verhalten und Aussehen sind etwa wie beim Eichelhäher, und er bleibt nie lange an einer Stelle, sondern fliegt oder hüpft ständig von Zweig zu Zweig. Ich schoss auf einen, verfehlte ihn aber. Sein Ruf ist laut und er stößt ihn beim Fliegen und in der Ruhe immer wieder aus, es klingt wie *char âh', char' âh, char âh'*, so ungefähr kann man den Klang mit Buchstaben wiedergeben.

Nach dem Mittagessen marschierten wir weiter und mein Packen fühlte sich viel leichter an als zwei Stunden zuvor.

2. August [LEWIS] Kurz nachdem wir heute Morgen den Fluss überquert hatten, verlor Sergeant Gass im dichten Gestrüpp meinen Tomahawk, und wir konnten ihn nicht wiederfinden. Ich bedaure den Verlust dieses nützlichen Werkzeugs sehr, aber Missgeschicke passieren in den besten Familien, und ich tröstete mich damit, dass es nicht unser einziger war.

4. August [LEWIS] Der mittlere Arm ist sanft und führt ungefähr zwei Drittel soviel Wasser wie dieser schnelle Zufluss. Er verläuft, soweit ich es ausmachen kann, etwa südwestlich und scheint schiffbar zu sein; das Wasser ist viel wärmer als dasjenige des schnell fließenden Armes und etwas trüb, woraus ich schloss, dass die Quelle dieses Gewässers weiter entfernt in den Bergen liegt und durch offeneres Land fließt als der andere. So schrieb ich eine Notiz an Captain Clark und empfahl ihm, den mittleren Arm zu nehmen, wenn er vor meiner für übermorgen geplanten Rückkehr hier ankommen sollte. Die Notiz ließ ich auf einer Stange bei der Flussgabelung[39] zurück, und nachdem wir uns erfrischt und herzhaft von dem am Morgen erlegten Wildbret gegessen hatten, gingen wir weiter.

[CLARK] Die einzige Methode zum Vorankommen ist äußerst erschöpfend und mühsam. Die Kanus werden über Stromschnellen gezogen, die alle zwei- oder dreihundert Yards aufeinanderfolgen, und zwischen den Wildwassern sind wir gezwungen zu treideln. Den ganzen Tag gehen wir auf Steinen, außer beim Staken. Die Männer werden jeden Tag durchnässt, haben wunde Füße etc.

39 Lewis spricht hier von der Flussgabelung am Jefferson River und empfiehlt den Beaverhead River für das weitere Vordringen.

5. August [LEWIS] Von dieser Erhöhung hatte ich eine gefällige Sicht auf das Tal, durch das wir viele Meilen gezogen waren, und auf die Fortsetzung des mittleren Arms durch das gleichfalls breite Tal oberhalb meines Standortes etwa 20 Meilen weit, wo dieser Arm auch in die Berge hineinzuführen schien und meinem Blick entschwand; die Berge aber, die das Tal in dieser Richtung abschließen, wirken viel niedriger als diejenigen flussaufwärts der anderen beiden Arme. Der mittlere Arm, so vermute ich, verläuft beträchtlich mehr nach Westen als nach Süden, und der durch ihn geschaffene Einschnitt in den Bergen am Ende des Tals verläuft in die gleiche Richtung. Unter diesen Umständen schien es mir begründet, den mittleren Arm als den geeignetsten für die Fortsetzung unseres Anstiegs zu halten.

[ORDWAY] Wir waren nicht sicher, ob Captain Lewis die linke Gabel oder die rechte gewählt hatte, deshalb ließ Captain Clark auf der Landzunge, einer ebenen Prärie, eine Notiz für ihn zurück und fuhr weiter den rechter Hand gelegenen Arm hinauf, wobei ihn dessen reißende Strömung überraschte. Einige der Stromschnellen fallen über die gesamte Länge eines Kanus fast drei Fuß ab, aber unter harten Anstrengungen zogen wir die Boote darüber hinweg. Wir passierten ein Flussbett voller Weiden, junger Silberpappeln und Gestrüpp. Einige Bäume hatten Biber gefällt. Die Strömungen sind so reißend, dass wir uns an Büschen und anderen Stellen festhalten mussten, um nicht ins Wasser zu geraten, wo unsere Füße wegen der Strömungsgeschwindigkeit kaum Halt gefunden hätten. Die Truppe war bald stark erschöpft und wollte an Land weitergehen.

6. August [LEWIS] Eines ihrer [Clarks] Kanus war kurz zuvor gekentert, und alles Gepäck wurde nass, unter anderem der Arzneibehälter und einige weitere Artikel; ein Kugelbeutel, ein Pulverhorn und alles Zubehör für ein Gewehr gingen verloren und konnten nicht wiedergefunden werden. Ich ging zur Landzunge hinunter, wo ich die Rückkehr der Truppe erwartete. Bei ihrer Ankunft stellte ich fest, dass zwei weitere Kanus vollgelaufen waren und ihre Ladung völlig durchnässt war. Whitehouse war aus einem der Kanus geworfen worden, als es in der reißenden Strömung schwankte, das Kanu hatte ihn gestreift und auf den Flussgrund gedrückt, als es über ihn hinwegfuhr. Wäre das Wasser nur zwei Zoll flacher gewesen, hätte es ihn unweigerlich zu Tode gequetscht. Unsere Essensvorräte, Mais, Getreide, Indianergeschenke und ein großer Teil unserer wertvollsten Vorräte wurden nass und weitgehend unbrauchbar. Unsere Vorräte zu untersuchen und zum Trocknen auszulegen, war nun die vordringlichste Aufgabe. Ein Teil der Ladung jedes Kanus bestand aus den verbleiten

Pulverbehältern, die nicht im Geringsten beschädigt waren, obwohl einige von ihnen mehr als eine Stunde unter Wasser gelegen hatten. Ungefähr 20 Pfund Pulver, die wir in einem Fässchen aufbewahrt hatten, das wir für ausreichend dicht hielten, waren ebenfalls nass und völlig verdorben. Dies wäre bei den anderen Fässern auch passiert, wäre ich nicht auf den Ausweg verfallen, zur Sicherung des Pulvers Bleibehälter anfertigen zu lassen, die dann mit Korken und Wachs verschlossen worden waren. Shannon war heute Morgen von Captain Clark den Zufluss mit der reißenden Strömung hochgesandt worden, um zu jagen, bevor Captain Clark mit Drewyer zusammentreffen oder seinen Irrtum bezüglich der Flüsse erkennen konnte. Als er kehrtmachte, sandte er Drewyer auf die Suche nach (Shannon) aus, aber der kam am Abend wieder zurück und berichtete, dass er ihn auf einer Wegstrecke von mehreren Meilen stromaufwärts nicht gefunden hatte. Wir ließen die Trompete blasen und feuerten mehrere Gewehre ab, aber Shannon kam heute nicht mehr zu uns zurück. Ich mache mir Sorgen, dass wir ihn wieder verloren haben. Es handelt sich um den gleichen Mann, der 15 Tage von uns getrennt war, als wir den Missouri heraufkamen und der sich in dieser Zeit neun Tage nur von Trauben ernährt hatte … Wir kamen zu dem Schluss, dass der mittlere Arm zu Recht den Namen tragen sollte, den wir dem unteren Teil oder dem *Jefferson River* gegeben hatten, und nannten den Zufluss mit der starken Strömung *Wisdom* und den sanfteren und ruhigeren Arm, der aus dem Südosten einfließt, *Philanthropy*, im Gedenken an die zwei Kardinaltugenden, die diesen verdientermaßen berühmten Mann sein ganzes Leben hindurch so außerordentlich kennzeichnen.

[CLARK] Wir fuhren unter großen Schwierigkeiten und Mühsalen über Stromschnellen und Steine weiter … Drewyer wurde von Captain Lewis zu mir geschickt und informierte mich, dass sie beide Arme über 30 oder 40 Meilen weit erforscht hatten und dass der eine, den wir gerade zu bewältigen versuchten, etwas weiter flussaufwärts unbefahrbar war und sofort nach Norden abdrehte. Die mittlere Gabel, berichtete er, sei sanft und wende sich nach einer kurzen Strecke nach Südwesten. Es führen auch alle Indianerpfade die mittlere Gabel hoch. Dieser Bericht brachte mich dazu, mich für den mittleren Arm zu entscheiden, und wir fuhren dementsprechend zum Zusammenfluss der Arme hinunter, wo ich mit Captain Lewis und der Truppe zusammentraf. Captain Lewis hatte an dieser Stelle auf einer Stange eine Mitteilung hinterlassen, die mich darüber informierte, was er entdeckt hatte und wie der Verlauf der Flüsse beschaffen sei etc. Diese Stange hatte aber ein [Biber] umgenagt und das Schriftstück weggeschleppt.

Eine Portage – Wegstrecke entlang des Ufers, auf der die Boote um Wasserfälle, Stromschnellen oder Felsklippen herumgetragen werden.

[WHITEHOUSE] Beim Durchfahren einer schwierigen Stelle gestern Abend kam ein Kanu zum Kentern und die ganze Ladung wurde nass …

Ich befand mich am Heck, als es zu schwanken begann, und sprang hinaus, um sein Kentern zu verhindern, aber die Strömung drehte das Kanu so schnell, dass mein Bein unter ihm eingeklemmt wurde und mich in meiner Beweglichkeit lähmte. Beinahe hätte ich das Bein gebrochen. Ich verlor meinen Kugelbeutel, ein Pulverhorn voll Pulver, einen Knäuel Zwirn und einige Mokassins etc.

7. August [LEWIS] Ich entsandte Reuben Fields auf die Suche nach Shannon … Wir haben bis jetzt noch nichts von Shannon gehört, wir gehen davon aus, dass er dem Wisdom River eine Strecke weit aufwärts gefolgt ist, wahrscheinlich irgendein großes Tier erlegte und im Moment auf unsere Ankunft wartet. Die großen Beiß- oder Hasenfliegen, wie sie manchmal genannt werden, sind uns sehr lästig. Ich beobachte zweierlei Arten, eine große schwarze und eine kleine braune Art mit grünem Kopf. Die Moskitos sind nicht so aufdringlich wie weiter unten am Fluss, aber sie treten immer noch in dichten Schwärmen auf. Die Augenfliegen sind verschwunden, aber nicht die grünen Fliegen.

8. August [LEWIS] Gegen Mittag kam Reuben Fields an und berichtete, dass er einige Meilen dem Wisdom River bis zu der Stelle gefolgt sei, wo er in den Bergen verschwindet. Von Shannon aber keine Spur. Das Geschwür auf Captain Clarks Knöchel hat eine beträchtliche Menge Eiter abgesondert; er ist trotzdem noch sehr geschwollen und entzündet. Er bereitet ihm fast unerträgliche Schmerzen. Die Indianerfrau erkannte den Vorsprung einer Hochebene zu unserer Rechten wieder, die, wie sie meint, nicht sehr weit vom Sommerrückzugsgebiet ihrer Nation an einem Fluss gelegen sei, der jenseits der Berge nach Westen verläuft. Diesen Hügel, sagt sie, nennt ihre Nation den *Beaver's Head*, nach der Ähnlichkeit seiner Form mit dem Kopf dieses Tieres. Sie versichert uns, dass wir ihre Leute entweder an diesem Fluss oder an dem Fluss unmittelbar westlich von seiner Quelle finden werden … Da es jetzt für uns höchst wichtig ist, mit diesen Indianern so bald wie möglich zusammenzutreffen, beschloss ich, morgen mit einem kleinen Trupp zur Quelle dieses Flusses weiter vorzurücken und die Berge in Richtung des Columbias zu überqueren; dann immer diesen Fluss hinunter, bis ich die Indianer finde; kurzum, es ist mein fester Entschluss, sie oder irgendwelche anderen aufzuspüren, die Pferde besitzen, selbst wenn es einen Monat kosten sollte. Denn ohne Pferde werden wir gezwungen sein, einen Großteil unserer Vorräte zurückzulassen, die mir im Hinblick auf die Länge der vor uns liegenden Reise ohnehin schon gering erscheinen.

9. August [LEWIS] Während wir rasteten, tauchte Shannon auf und teilte uns mit, dass er nach seiner Rückkehr zum Lagerplatz, wo er die Truppe am selben Tag verpasst hatte, am nächsten Morgen zu der Stelle zurückgekehrt war, von wo er aufgebrochen war. Da er die Männer nicht vorfand, hatte er angenommen, dass sie schon weiter oben seien; daraufhin war er wieder aufgebrochen und einen Tag den Wisdom River hochmarschiert, unterdessen kam er aber zur Überzeugung, dass seine Annahme falsch sei, da der Fluss nicht schiffbar war; er war dann zur Gabelung zurückgekehrt und hatte uns diesen Fluss stromaufwärts verfolgt … Er hatte unterwegs reichlich gegessen, aber sich doch erhebliche Sorgen gemacht. Sofort nach dem Frühstück schulterte ich meinen Packen und machte mich auf den Weg in Begleitung von Drewyer, Shields und McNeal.

[CLARK] Captain Lewis und drei Männer brachen nach dem Frühstück auf … Ich hätte diese Tour mitgemacht, wenn ich in der Lage gewesen wäre zu marschieren. Die rasenden Schmerzen, die mir ein Geschwür auf dem Fußknöchel verursacht, machen dies aber unmöglich.

7. Diese gewaltigen Berge

10. August – 10. Oktober 1805

10. August [LEWIS] Wir erreichten ein hübsches und ebenes Tal, wo der Fluss sich in zwei beinahe gleiche Zweige[40] teilt; hier hielt ich und untersuchte beide Wasserläufe und erkannte sogleich an ihrer Größe, dass es Unsinn wäre, davon auszugehen, dass sie noch weiter schiffbar sein werden. Hier gabelte sich auch der Pfad, seine beiden Teile führten die beiden Flusstäler hoch. Ich schickte Drewyer deshalb auf einen und Shields auf den anderen, um diese Wege über eine kurze Strecke zu untersuchen. Dann sollten sie zurückkehren und ihre Informationen in Bezug auf Größe und augenscheinliche Ebenheit der Wege vergleichen. Ich war jetzt entschlossen, denjenigen zu nehmen, der in diesem Frühling wohl am häufigsten begangen worden war. In der Zwischenzeit schrieb ich eine Notiz an Captain Clark, die ihn von den vergangenen Ereignissen in Kenntnis setzte und ihm empfahl, bis zu meiner Rückkehr an dieser Stelle zu bleiben. Ich nannte ihm den Weg, den ich gewählt hatte; nach den Informationen der Männer bei ihrer Rückkehr fiel meine Wahl auf den südwestlichen oder linker Hand gelegenen Pfad, der etwas kleiner ist. So steckte ich meine Notiz auf eine trockene Weidenstange bei der Gabelung, verfolgte aber zuerst den südöstlichen Arm.

Nach ungefähr 1 ½ Meilen war der Weg kaum mehr zu erkennen, sodass er unmöglich derjenige sein konnte, dem wir zu der Gabelung des Jefferson Rivers gefolgt waren, auch konnte ich keine Spuren von Pferden entdecken, die im zeitigen Frühling den anderen Pfad entlanggekommen waren; ich beschloss deshalb, zurückzukehren und den anderen Weg selbst zu untersuchen. Dabei fand ich heraus, dass Pferde entlang der westlichen Gabel hochgekommen waren, die etwas größer war und mehr in die Richtung lief, die ich anstrebte. Deshalb entschloss ich mich zur Änderung der Route in Richtung des westlichen Wegs. Ich schrieb jetzt eine zweite Notiz an Captain C., die ihn von dieser Veränderung in Kenntnis setzte, und entsandte Drewyer, sie mit der anderen zusammen an der Gabelung anzubringen, und wartete, bis er zurückkehrte … Ich glaube nicht, dass die Welt ein weiteres Beispiel eines Flusses liefern kann, der sich solchermaßen durch ein bergiges Land zwängt wie der Missouri- und Jefferson River und zugleich so schiffbar

40 Bei den beiden »Zweigen« handelt es sich um den vom Osten kommenden Red Rock River und den vom Westen kommenden Horse Prairie Creek, die nach ihrem Zusammenschluss den Beaverhead River bilden.

wie diese ist. Falls der Columbia die gleichen Eigenschaften aufweisen sollte, wird eine sichere Verkehrsverbindung quer über den Kontinent auf dem Wasserweg möglich sein. Aber ich kann kaum darauf hoffen, wo ich doch weiß, dass er auf seinem verhältnismäßig kurzen Verlauf zum Ozean hin dieselbe Anzahl Fuß an Höhe zu verlieren hat, wie Missouri und Mississippi von diesem Punkt hier bis zum Golf von Mexiko. Das Tal der westlichen Gabel ist auf allen Seiten von hügeligen Prärien umgeben, durch die mehrere kleine Bäche ihre breiten Täler bis in die Nähe der Berge ausdehnen. Diese bilden einen Kreis um die ganze Gegend und formen eine der stattlichsten Buchten, die ich jemals gesehen habe. Ihr Durchmesser beträgt ungefähr 16 oder 18 Meilen.

[ORDWAY] Wir müssen uns jetzt von armseligem Wildbret und Ziegen oder Antilopen ernähren, was für uns kaum ausreichend ist, da die Strapazen hart sind.

11. August [LEWIS] Ich schickte nun Drewyer los mit dem Auftrag, sich immer in der Nähe des Wasserlaufs zu meiner Rechten zu halten, und Shields in dessen Nähe zu meiner Linken, um so den Weg zu suchen; sobald einer ihn gefunden hätte, sollte er ein Zeichen geben, indem er einen Hut über die Mündung seines Gewehrs hängte. Ich behielt McNeal bei mir, und nachdem wir in dieser Ordnung ungefähr fünf Meilen zurückgelegt hatten, entdeckte ich etwa zwei Meilen entfernt einen Indianer zu Pferde, der die Prärie in unsere Richtung herunter ritt. Mit meinem Fernglas erkannte ich an seiner Kleidung, dass er keiner Nation angehörte, der wir bereits früher begegnet waren, und war erleichtert, dass er wohl ein Shoshone war. Ich war beim Anblick dieses Fremden überglücklich und hatte keinen Zweifel, bei seiner Nation freundlich aufgenommen zu werden, sofern ich ihm nahe genug kommen könnte, um ihm zu zeigen, dass wir Weiße seien. Ich ging deshalb in meinem bisherigen Tempo weiter auf ihn zu. Als ich bis auf etwa eine Meile herangekommen war, machte er halt, was ich auch tat, und indem ich meine Decke von meinem Packen gelöst hatte, zeigte ich ihm das den Indianern der Rocky Mountains und jenen des Missouris bekannte Signal der Freundschaft, das darin besteht, dass man den Mantel oder den Überwurf an zwei Ecken anfasst und ihn dann über dem Kopf in die Luft hochwirft und auf die Erde gleiten lässt, als wollte man ihn dort ausbreiten. Das wird drei Mal wiederholt. Dieses Signal hatte nicht die gewünschte Wirkung. Der Indianer behielt noch seine Position bei und schien Drewyer und Shields mit einem Anflug von Argwohn im Auge zu behalten, die gerade jetzt in Sicht kamen. Ich hätte sie gern dazu gebracht, stehen zu bleiben, aber sie waren zu weit entfernt, um mich hören zu können. Ich traute mich nicht, ihnen irgendein Signal zu geben aus Furcht, das Misstrauen des Indianers zu verstärken und ihn annehmen zu lassen, dass wir unfreundliche Absichten hegten. Ich beeilte mich, aus meinem Sack ein paar Glasperlen, einen Spiegel und einige Kleinigkeiten herauszunehmen, die ich für diesen Zweck mitgebracht hatte, und während ich mein Gewehr und meinen Kugelbeutel bei McNeal zurückließ, ging ich unbewaffnet auf ihn zu. Er verblieb in der gleichen reglosen Haltung, bis ich etwa 200 Schritte von ihm entfernt war, dann wendete er sein Pferd und begann, sich langsam von mir wegzubewegen. Ich rief ihn jetzt mit lauter Stimme an und sagte mehrfach das Wort *tab-ba-bone*, was in ihrer Sprache ›Weißer Mann‹ bedeutet. Aber während er über die Schulter zurückschaute, behielt er Drewyer und Shields weiterhin im Auge, die immer noch voranschritten, da keiner von ihnen genug Einfühlungsvermögen besaß, um sich klarzumachen, wie unpassend ihr Verhalten war, solange ich im Begriff war, mit dem Indianer in Kontakt zu kommen. Ich gab meinen Männern jetzt doch ein Signal, stehen zu bleiben. Drewyer gehorchte, aber Shields, der mir danach erzählte, dass er das Signal nicht bemerkt hatte, ging noch weiter. Der Indianer hielt wieder und wendete sein Pferd, als ob er auf mich warten wollte, und ich glaube, er wäre stehen geblieben, bis ich ihn erreicht hätte, wäre da nicht Shields gewesen, der immer noch vorwärtsdrängte. Als ich auf etwa 150 Schritte an ihn herangekommen war, wiederholte ich das Wort *tab-ba-bone* und hielt den Flitterkram mit den Händen hoch und streifte meinen Hemdärmel zurück, um ihm Gelegenheit zu geben, meine Hautfarbe zu sehen. Ich schritt dabei weiter langsam auf ihn zu, aber er verharrte nicht länger, als bis ich etwa 100 Schritte vor ihm angelangt war. Plötzlich machte er kehrt, gab seinem Pferd die Peitsche, übersprang den Wasserlauf und entschwand im Nu im nahen Weidengestrüpp und mit ihm all meine Hoffnung, bald Pferde zu erhalten. So groß meine Freude und Erwartung beim ersten Anblick dieses Indianers gewesen war, so stark waren nun mein Ärger und meine Enttäuschung. Ich war äußerst erbost über das Verhalten der Männer, insbesondere Shields, dem ich hauptsächlich diesen Misserfolg zuschreibe, nicht mit den Einheimischen in Kontakt gelangt zu sein. Ich rief die Männer jetzt zu mir und konnte nicht umhin, sie für ihren Mangel an Aufmerksamkeit und Klugheit in dieser Situation zu rügen. Wir verfolgten nun die Pferdespur, da wir hofften, so zu irgendeinem Indianerlager geführt zu werden.

12. August [LEWIS] Der Weg brachte uns zu der entferntesten Quelle der Wasser des gewaltigen Missouris, auf deren Suche wir so viele mühselige Tage und ruhelose Nächte verbracht haben. Ich hatte jetzt eines jener großen Ziele erreicht, auf die all mein Sinnen seit vielen Jahren unveränderlich fixiert war. Man stelle sich dann die Freude vor, die ich empfand, als ich meinen Durst mit diesem reinen und eiskalten Wasser stillte, das am Fuß eines niedrigen Berges oder Hügels mit einer leichten Steigung entspringt. Die Berge erheben sich auf beiden Seiten und lassen diese Lücke an der Quelle des Bächleins offen, durch welche der Weg hindurchführt. Hier hielt ich einige Minuten an und ruhte mich aus. Zwei Meilen unterhalb hatte sich McNeal triumphierend mit einem Fuß auf jede Seite des kleinen Baches gestellt und Gott gedankt, dass er es erleben durfte, mit gespreizten Beinen über dem mächtigen und bis jetzt für endlos gehaltenen Missouri zu stehen. Als wir uns erfrischt hatten, schritten wir weiter zur Spitze der Wasserscheide[41], von der aus ich westlich von uns noch gewaltige Ketten hoher Berge mit ihren teilweise schneebedeckten Gipfeln entdeckte. Ich stieg jetzt den Berg, der viel steiler war als der gegenüberliegende, ungefähr eine Dreiviertelmeile weit hinunter, bis ich einen ziemlich kraftvoll fließenden Wasserlauf mit kaltem, klarem Wasser erreichte. Hier kostete ich das Wasser des großen Columbias zum ersten Mal.

Da wir den Tag über nichts erlegt hatten, kochten wir jetzt und aßen die Überreste unseres Schweinefleisches und konnten auch noch auf ein bisschen Mehl zurückgreifen. Am Bach diesseits des Berges beobachtete ich eine Art tief purpurroter Johannisbeeren, die in ihrem Wuchs niedriger und am Stiel verzweigter ist und deren Blätter doppelt so groß sind wie bei denjenigen am Missouri. Ihr Blatt ist auf der Unterseite mit Flaumhaar bedeckt. Die Frucht ist in Größe und Form wie die der Johannisbeere und hängt in der üblichen Art und Weise am Strauch. Sie ist aber sauer und in puncto Geschmack minderwertig.

[CLARK] Der Fluss ist viel seichter als stromabwärts, wir sind gezwungen, die Kanus über Untiefen zu ziehen, was uns nacheinander in kurzen Abständen gelingt. Es ist enorm mühsam. Die Männer sind sehr erschöpft und geschwächt, weil sie ständig im Wasser stehen und die Kanus über die seichten Stellen ziehen müssen. Wir lagern auf der Backbordseite. Die Männer klagen sehr über die harte Arbeit, die sie leisten müssen, und wollen nur noch vom Fluss wegkommen. Ich beschwichtige sie.

13. August [LEWIS] Wir waren ungefähr vier Meilen weiter durch eine wellige Ebene parallel zum Tal oder zu der Flussniederung gegangen,

41 Lewis erklomm die Wasserscheide am Lemhi Pass, an der Grenze zwischen Montana und Idaho.

als wir in etwa einer Meile Entfernung zwei Frauen, einen Mann und einige Hunde auf einer Anhöhe unmittelbar vor uns sahen. Sie schienen uns aufmerksam zu betrachten, und zwei der Unbekannten setzten sich nach wenigen Minuten, als ob sie unsere Ankunft abwarten wollten. Wir näherten uns in unverändertem Tempo bis auf eine halbe Meile. Ich befahl der Truppe anzuhalten, und nachdem ich meinen Packen und mein Gewehr abgelegt hatte, nahm ich die Fahne, rollte sie auf und ging allein auf sie zu. Die Frauen verschwanden sofort hinter dem Hügel, der Mann blieb, bis ich auf hundert Yards an ihn herangekommen war, dann machte er sich ebenso davon, obwohl ich häufig das Wort *tab-ba-bone* ausreichend laut für ihn wiederholte, sodass er es hören musste. Ich eilte jetzt auf die Kuppe des Hügels, wo die Leute gestanden hatten, konnte aber niemanden mehr sehen. Die Hunde waren weniger scheu als ihre Besitzer, sie kamen mir ziemlich nahe. Ich dachte deshalb daran, einem ein Taschentuch um den Hals zu binden, gefüllt mit einigen Perlen und sonstigen Kleinigkeiten, und ihn dann wieder in Richtung seiner geflohenen Besitzer zu schicken. Vielleicht könnte ich diese so von unserer friedlichen Gesinnung ihnen gegenüber überzeugen. Aber die Hunde ließen sich nicht greifen. Sie verschwanden auch bald. Wir waren kaum eine Meile weitergegangen, als wir das Glück hatten, auf drei weibliche Wilde zu treffen. Die kurzen, steilen Schluchten, die wir überquerten, verbargen uns vor ihrem Blick, bis wir nur noch 30 Schritte von ihnen entfernt waren. Eine junge Frau ergriff sofort die Flucht, eine ältere Frau und ein Mädchen von ungefähr zwölf Jahren blieben stehen. Ich legte sofort mein Gewehr beiseite und ging auf sie zu. Sie schienen sehr beunruhigt, aber sie erkannten, dass wir ihnen schon zu nahe waren, als dass sie noch hätten davonlaufen können. Sie setzten sich also auf den Boden und senkten die Köpfe, als ob sie sich mit dem Tod schon abgefunden hätten, den sie zweifellos als ihr Schicksal erwarteten. Ich nahm die ältere Frau bei der Hand und zog sie hoch, wiederholte das Wort *tab-ba-bone* und entblößte meinen Arm, damit sie meine Haut sehen konnte, um so die Wahrheit der Behauptung zu beweisen, dass ich ein Weißer sei. Denn mein Gesicht und meine Hände, ständig der Sonne ausgesetzt, waren fast genauso dunkel wie ihre eigenen. Sie schienen sofort beruhigt, und als die Männer dazukamen, gab ich den Frauen einige Perlen, ein paar Mokassins, Ahlen, einige Spiegel und ein wenig Farbe. Ich bemalte nun ihre gelbbraunen Wangen mit etwas Zinnober, was bei dieser Nation sinnbildlich für Frieden steht.

Nachdem sie sich einigermaßen gefasst hatten, machte ich ihnen mit Gesten klar, dass ich wollte, dass sie mich zu ihrem Lager führten, denn wir seien bestrebt, die Häuptlinge und Krieger ihrer Nation kennenzulernen. Sie gehorchten bereitwillig, und wir machten uns auf und gingen auf dem Weg den Fluss entlang weiter. Wir waren etwa zwei Meilen marschiert, als wir auf einen Trupp von ungefähr 60 Kriegern auf ausgezeichneten Pferden trafen, die in vollem Tempo auf uns zugaloppierten. Als sie herangekommen waren, schritt ich ihnen mit der Fahne entgegen, mein Gewehr hatte ich bei den Männern ungefähr 50 Schritte hinter mir zurückgelassen. Der Häuptling und zwei andere Reiter, die der Haupttruppe ein wenig voraus waren, sprachen mit den Frauen. Diese teilten ihnen mit, wer wir waren, und zeigten jubelnd die Geschenke, die sie erhalten hatten. Die Männer schritten weiter vor und umarmten mich sehr herzlich auf ihre Weise, die darin besteht, den linken Arm über die rechte Schulter des anderen zu legen und dessen Rücken fest zu packen, während sie ihre linke Wange an seine drücken und häufig das Wort *âh-hi'-e, âh-hi'-e* ausrufen, das heißt ›ich freue mich sehr, ich bin sehr erfreut‹. Beide Gruppen kamen jetzt herbei und wir wurden alle geherzt und mit ihrem Fett und Malfarbe beschmiert, bis ich von dieser Umarmung durch das ganze Volk wirklich genug hatte. Ich hatte jetzt die Pfeife angezündet und bot sie ihnen an; sie setzten sich in einen Kreis um uns und zogen die Mokassins aus, bevor sie die Pfeife entgegennahmen oder rauchten. So will es ihr Brauch, wie ich später erfuhr. Er zeigt die heilige Verpflichtung zur Ernsthaftigkeit ihrer Freundschaftsbekundung, die durch die Handlung des Annehmens und des Rauchens der Pfeife einem Fremden gegeben wird. Die Indianer wollen damit ausdrücken, dass sie für immer barfuß bleiben werden, wenn sie es nicht aufrichtig mit uns meinen. Das wäre aber eine sehr schwere Strafe, ohne Fußbekleidung durch die Prärien ihres Landes marschieren zu müssen.

Nachdem ich einige Pfeifen mit ihnen geraucht hatte, verteilte ich ein paar Kleinigkeiten, über die sie sich sehr zu freuen schienen, insbesondere die blauen Perlen und der Zinnober hatten es ihnen angetan. Ich teilte dem Häuptling jetzt mit, dass die Absichten unseres Besuches freundschaftlich seien und dass ich ihm bei der Ankunft in seinem Lager vollständig unsere Ziele erklären wollte: Wer wir waren, von woher wir gekommen und wohin wir unterwegs waren. Man zog nun wieder die Mokassins an und der Oberhäuptling *Ca-me-âh-wait* hielt eine kurze Ansprache an die Krieger. Ich überreichte ihm die Flagge und erklärte ihm, dass sie ein Symbol des Friedens unter weißen Männern sei und jetzt, da er sie empfangen hätte, als das Band der Eintracht zwischen uns respektiert werden sollte … Bei unserer Ankunft in ihrem Lager am Fluss in einer hübschen, ebenen und fruchtbaren Niederung, vier Meilen von unserem ersten Zusammentreffen entfernt, führten sie uns zu einem aus Weidenbüschen gefertigten Wigwam und einem alten Lederwigwam, die von jungen Männern für unseren Empfang vorbereitet worden waren, die der Häuptling für diesen Zweck abgestellt hatte. Hier saßen wir auf grünen Zweigen und Antilopenhäuten. Einer der Krieger zupfte das Gras im Inneren des Wigwams aus und schuf einen kleinen Kreis von etwa zwei Fuß im Durchmesser. Als Nächstes brachte der Häuptling seine Pfeife und einheimischen Tabak und begann mit einer langen Zeremonie. Wir wurden gebeten, unsere Mokassins abzulegen, nachdem zuvor der Häuptling die seinen ausgezogen hatte, wie auch alle anwesenden Krieger. Dieser Aufforderung kamen wir nach; der Häuptling zündete dann seine Pfeife an dem in dem kleinen magischen Kreis entfachten Feuer an. Während er auf der uns gegenüberliegenden Seite des Kreises stand, hielt er eine minutenlange Rede, an deren Ende er mit dem Pfeifenstiel in die vier Himmelsrichtungen wies, wobei er im Osten begann und im Norden endete. Er präsentierte jetzt mir die Pfeife und schien voller Erwartung, mich rauchen zu lassen, aber als ich meine Hand ausstreckte, um sie entgegenzunehmen, zog er die Pfeife zurück und wiederholte die gleiche Zeremonie noch drei Mal. Dann richtete er den Pfeifenstiel zuerst auf das Himmelsgewölbe, dann auf das Zentrum des magischen Kreises, rauchte selbst drei Züge und ließ dann mich nach eigenem Ermessen rauchen. Er reichte dann die Pfeife allen Weißen und erlaubte anschließend seinen Kriegern das Rauchen. Diese Pfeife war aus einem dichten, halb durchsichtigen, auf Hochglanz polierten grünen Stein gefertigt, etwa 2½ Zoll lang und von ovaler Form. Pfeifenkopf und Stiel gehen in dieselbe Richtung. Ein kleines Stück aus gebranntem Ton ist auf dem Boden des Pfeifenkopfes platziert, um den Tabak vom Ende des Stieles getrennt zu halten. Dieses Stück ist von einer unregelmäßig gerundeten Form, die das Pfeifenrohr nicht vollständig abschließt, sodass der Rauch vorbeiziehen kann. Ich erklärte meinen Gastgebern jetzt die Ziele unserer Expedition. Alle Frauen und Kinder des Lagers waren bald um den Wigwam versammelt, um uns neugierig zu begutachten, da wir die ersten Weißen waren, die sie je gesehen hatten. Als die Pfeifenzeremonie vorüber war, verteilte ich den Rest der kleinen Geschenke, die ich mitgebracht hatte, unter den Frauen und Kindern. Unterdessen war es spät am Abend und wir hatten seit 24 Stunden kein Essen angerührt. Der Häuptling teilte uns mit, dass sie nur Beeren zu essen hatten, und gab uns ein paar Kuchen aus Felsenbirnen und Apfelbeeren, die an der Sonne getrocknet worden waren; aus diesen bereitete ich eine herzhafte Mahlzeit und ging dann zum Fluss, den ich ungefähr 40 Yards breit und drei Fuß tief schätzte. Die Strömung war stark und sein Wasser glasklar. Die Ufer sind niedrig und steil abfallend wie die am oberen Teil des Missouris, und das Bett besteht aus lockeren Steinen und Kies. *Cameahwait* teilte mir mit, dass dieser Strom einen halben Tagesmarsch weiter in einen weiteren, ebenso großen mündet, der aus südwestlicher Richtung kommt. Auf weitere Nachfrage fügte er hinzu, dass es unterhalb des Zusammenflusses jener Flüsse nur wenig mehr Bäume als hier gebe, und dass der Fluss zwischen ungangbaren Bergen eingeschlossen sei. Aufgrund der reißenden Strömung und der felsigen Beschaffenheit des Flussbettes sei es unmöglich, zu Lande oder zu Wasser diesem Fluss bis zu dem großen See zu folgen, wo die weißen Männer lebten. Das waren unwillkommene Informationen, aber ich hoffte, dass dieser Bericht in der Absicht übertrieben wurde, uns bei ihnen zu behalten. Was den Baumbestand betrifft, so konnte ich nicht einen Stamm entdecken, der zum Bau eines Kanus taugte, nur Brennholz war vorhanden. Der Baumbewuchs besteht aus schmalblättriger Silberpappel und Weide, auch rote Weide, Apfelbeere, Felsenbirne und einigen Johannisbeerbüschen, wie sie am Missouri häufig vorkommen. Ich beobachte unzählige Pferde, die überall um das Lager herum grasen, und habe somit nur wenig Zweifel, dass es uns gelingen wird, eine entsprechende Anzahl zu erhalten, um unsere Vorräte zu transportieren, vor allem dann, wenn wir gezwungen werden, auf dem Landweg über diese Berge zu gelangen. Auf dem Rückweg zum Wigwam rief mich ein Indianer zu seiner Behausung und gab mir einen kleinen Bissen gekochtes Antilopenfleisch und ein Stück frischen gebratenen Lachs; beides verspeiste ich mit größtem Behagen. Dieser erste Lachs, der mir unter die Augen gekommen ist, überzeugte mich vollkommen, dass wir an den Gewässern des Pazifischen Ozeans angelangt waren. Dieser Fluss verläuft ein wenig nach Nordwesten, soweit ich es beurteilen kann, und wird auf beiden Seiten von hohen Bergketten eingeschlossen. Die der östlichen Seite wirken vom Fluss aus gesehen niedriger und weiter entfernt.

Heute Abend unterhielten uns die Indianer mit ihren Tänzen beinahe die ganze Nacht. Um zwölf Uhr wurde ich schläfrig und legte mich zur Ruhe und überließ es den Männern, sich mit den Indianern zu vergnügen. Ich beobachte keinen wesentlichen Unterschied zwischen der Musik und der Art des Tanzens zwischen dieser Nation und den am Missouri ansässigen. Ich erwachte im Verlauf der Nacht mehrmals von ihrem Geschrei, war aber zu erschöpft, um nicht mehr in den Schlaf zu finden.

14. August [LEWIS] Das Wild, das [die Shoshonen] hauptsächlich jagen, ist die Antilope, die sie zu Pferde verfolgen und mit Pfeilen abschießen. Dieses Tier ist so außergewöhnlich schnell und ausdauernd, dass ein einzelnes Pferd keine wirkliche Chance hat, es einzuholen oder auf der Flucht zu ermüden. Die Indianer müssen deshalb Listen anwenden. Wenn sie eine Antilopenherde entdecken, trennen sie sich und verteilen sich bis zu der Entfernung von fünf oder sechs Meilen in verschiedenen Richtungen um sie herum, sie wählen irgendeine überschaubare Anhöhe als Ausgangspunkt. Einer oder zwei verfolgen die Herde jetzt mit voller Geschwindigkeit über Hügel, Täler, Wasserrinnen bis zu den furchterregenden Steilhängen. Wenn sie die Tiere so fünf bis sechs oder sieben Meilen verfolgt haben, treiben sie sie mit den frischen Pferden, die solange in Bereitschaft gestanden haben, wieder zurück und verfolgen sie so weit oder vielleicht noch weiter bis fast zum entgegengesetzten Ende des Bereichs, in dem Jäger postiert wurden. Diese verfolgen jetzt der Reihe nach die armen Tiere auf ihren frischen Pferden, stellen ihnen nach und bringen sie zu Fall und töten sie schließlich mit ihren Pfeilen. Vierzig oder fünfzig Jäger beteiligen sich einen halben Tag lang an einer Jagd dieser Art und erlegen vielleicht doch nicht mehr als zwei oder drei Antilopen. Es gibt nur wenige Wapitihirsche oder Schwarzwedelhirsche und das gewöhnliche Rotwild können sie nicht erwischen, weil es sich bei Bedrohung im Unterholz verbirgt. Nur mithilfe von Drewyer konnte ich mich mit diesen Leuten verständigen, denn er beherrscht die übliche Kommunikation der Indianer mittels Gestikulation und bestimmter Zeichen vollkommen. Sie scheint von allen Nationen, die wir bereits kennengelernt hatten, gleichermaßen verstanden zu werden. Es ist zwar richtig, dass eine solche Sprache unvollkommen und anfällig für Irrtümer ist, aber in viel geringerem Maße, als wir dies erwartet hatten. Die wichtigsten Teile der übermittelten Gedanken werden selten verkannt. Ich brachte jetzt den Häuptling dazu, mich über die Geografie seines Landes zu unterrichten. Das unternahm er sehr eifrig, indem er die Flüsse auf dem Boden skizzierte. Aber ich erkannte bald, dass seine Informationen weit hinter meinen Erwartungen und Wünschen zurückblieben. Er zeichnete den Fluss, an dem wir uns gerade befinden, wobei er genau oberhalb unseres Standortes zwei Nebenarme in Richtung der beiden Bergketten platzierte; als Nächstes ließ er diesen Fluss in einen zweiten großen Fluss einmünden, der aus südwestlicher Richtung ungefähr zehn Meilen unterhalb von uns floss. Dieser vereinigte Strom führe in Richtung dieses Tales oder nordwestlich einen Tagesmarsch weiter und beschreibe dann eine

Kehre über zwei weitere Tagesmärsche nach Westen. Hier errichtete er einige Sandhaufen auf jeder Seite, die, wie er mich wissen ließ, die gewaltigen, ständig von Schnee bedeckten Gebirge darstellen sollten, durch die der Fluss seinen Weg nimmt. Die senkrechten, teils vorspringenden Felsen liegen so eng am Fluss, dass es keine Möglichkeit gibt, am Ufer entlangzumarschieren; das Flussbett sei durch scharfe, spitze Felsen und die Strömungsgeschwindigkeit derart versperrt, dass die ganze Oberfläche des Flusses ein einziger Schaum sei, so weit das Auge reiche. Die Berge seien sowohl für Menschen als auch für Pferde unzugänglich. Der Häuptling sagte, dass dies der Zustand des Landes in dieser Richtung sei, weder er selbst noch irgendjemand seiner Nation sei jemals weiter flussabwärts vorgedrungen als bis zu diesen Bergen. Ich erkundigte mich dann nach der Beschaffenheit des Landes auf beiden Seiten des Flusses, aber er konnte mir keine Auskunft geben. Er berichtete mir von einem alten Mann seiner Nation, der einen Tagesmarsch entfernt lebe und der mir wahrscheinlich einige Informationen über das Land im Nordwesten geben könnte, und verwies mich noch an einen anwesenden Alten, der über den Südwesten Bescheid wisse. Der Häuptling teilte mir auch mit, dass er von den Indianern mit den durchbohrten Nasen (Nez-Percé-Indianer), die an diesem Fluss unterhalb der Rocky Mountains leben, gehört habe, dass der Strom eine große Strecke in Richtung der untergehenden Sonne fließe und schließlich in einem großen See verschwinde, dessen Wasser schlecht schmecke und wo die weißen Männer lebten. Als Nächstes begann ich, Erkundigungen bei dem Alten einzuholen, auf dessen Kenntnisse bezüglich des Lands im Südwesten ich verwiesen worden war. Er schilderte es mir mit solchen Schrecken und Hindernissen, dass es denen in nichts nachstand, welche bereits der Häuptling erwähnt hatte. Ich dankte ihm für seine Informationen und Ratschläge und schenkte ihm ein Messer, mit dem er sehr zufrieden schien.

Nach diesem Bericht war ich davon überzeugt, dass die Wasserläufe, die seiner Angabe nach durch die Prärien fließen, und diejenigen, an denen seine Verwandten lebten, südliche Zweige des Columbias sind und zusammen mit den Flüssen Apostles[42] und Colorado entspringen. Ich fragte jetzt Cameahwait, auf welcher Route die ›Indianer mit den durchbohrten Nasen‹ zum Missouri herübergelangen. Er teilte mir mit, dies sei weiter nördlich der Fall, fügte aber hinzu, dass der Weg nach deren Auskunft sehr schlecht sei und sie unterwegs übermäßig Hunger gelitten hatten, weil sie viele Tage lang nur Beeren gefunden

42 Der Rio de los Apostolos war ein sagenhafter Fluss des Südwestens.

hätten. In diesem Teil der Berge, der felsig und zerklüftet und so dicht mit Wald bedeckt sei, dass sie ihn kaum passieren konnten, sei kein Wild zu finden. Aber nachdem ich wusste, dass Indianer über die Berge gekommen und in derselben Jahreszeit von jener Seite des Flusses zu dem Fluss unterhalb der Berge durchgedrungen waren, legte ich meine Wegstrecke unverzüglich fest – vorausgesetzt, der Bericht über diesen Fluss sollte sich bei einer Untersuchung als wahr erweisen. Ich war entschlossen, eine solche Untersuchung durchzuführen, bevor wir uns zu Lande in irgendeine Richtung auf den weiteren Weg machen würden. Ich war mir ganz sicher, dass wenn die Indianer diese Berge mit ihren Frauen und Kindern passieren konnten, wir ebenfalls dazu in der Lage wären; und wenn die Nationen an diesem Fluss jenseits der Berge so zahlreich sein sollten, wie uns beschrieben wurde, müsse es dort genug Nahrungsmittel geben, dass es auch uns möglich sein sollte, uns ausreichend zu ernähren. Man gab mir zu bedenken, dass es keine Büffel auf der westlichen Seite dieser Berge gebe und dass das Wild aus wenigen Wapitihirschen, Rotwild und Antilopen bestehe und dass die Einheimischen sich hauptsächlich von Fisch und Wurzeln ernährten. Auf diese Weise verbrachte ich den Tag, wobei ich mit den Indianern rauchte und mir alles Wissenswerte über das Land aneignete. Sie erzählten mir, dass sie gezwungen waren, wenigstens zwei Drittel des Jahres in den Bergen zu bleiben, um ein Zusammentreffen mit ihren Feinden, die sie unaufhörlich bedrohten, zu vermeiden. Dort litten sie große Not aus Mangel an Lebensmitteln und lebten manchmal wochenlang ohne Fleisch und nur mit ein wenig Fisch, Wurzeln und Beeren. Aber dies, so fügte Cameahwait mit grimmigem Blick hinzu, wäre nicht der Fall, wenn seine Nation Gewehre hätte. Dann könnten sie im Land der Büffel leben und so reichlich essen, wie ihre Feinde es täten, und wären nicht gezwungen, sich in diesen Bergen zu verstecken und nur von Wurzeln und Beeren satt zu werden, wie es nur Bären können. »Wir fürchten unsere Gegner nicht, wenn wir ihnen ebenbürtig begegnen können«, so beendete er seine Rede. Ich erwiderte, dass die Minnetares, Mandans und Ricaras des Missouris uns versprochen hätten, nicht mehr weiter Krieg gegen sie zu führen, und dass wir uns bemühen würden, Mittel und Wege zu finden, um auch die Minnetares von Fort de Prairie oder Pahkees, wie sie sich nennen, von der Kriegsführung gegen sie abzubringen. Und nachdem wir schließlich zu unseren Heimatländern in Richtung der aufgehenden Sonne zurückgekehrt seien, würden weiße Männer mit zahlreichen Gewehren und allen anderen zu ihrer Verteidigung und ihrem Wohlergehen notwendigen Dingen zu ihnen kommen.

Dann würden sie in der Lage sein, sich selbst mit diesen Dingen zu vernünftigen Bedingungen im Tausch gegen die Felle der in ihrem Land so reichlich vorhandenen Biber, Otter und Wiesel zu versorgen. Sie brachten bei dieser Mitteilung große Freude zum Ausdruck und verrieten, dass sie lange darauf gehofft hatten, auf weiße Männer zu treffen, die mit Gewehren handeln; und dass wir uns auf ihre Freundschaft verlassen könnten und sie alles tun würden, was immer wir von ihnen verlangten.

Nun sagte ich Cameahwait, dass er zu seinen Leuten sprechen sollte, um sie dazu zu bringen, morgen mit mir zur Gabelung des Jefferson Rivers zu gehen, wo inzwischen unser Gepäck angekommen war, zusammen mit einem weiteren Anführer und einem großen Trupp weißer Männer, die dort meine Rückkehr erwarteten. Auch sagte ich, dass ich außerdem etwa 30 Pferde mitnehmen wollte, um unser Gepäck hierher zu transportieren, um noch einige Zeit in ihrer Gesellschaft zu bleiben. Es sei unser Wunsch, mit ihnen um Pferde zu verhandeln und schließlich unsere künftigen Pläne abzustimmen, die uns zum Ozean bringen sollten. Ich sprach auch von dem Handel, der nach unserer Rückkehr in unsere Heimat mit ihnen erweitert werden sollte. Der Häuptling entsprach meiner Bitte und hielt eine langatmige, flammende Rede an seine Dorfbewohner. Er kehrte nach etwa anderthalb Stunden zurück und teilte mir mit, dass sie bereit seien, mich am Morgen zu begleiten. Ich versprach, sie für ihre Mühe zu belohnen.

15. August [LEWIS] Ich trieb den Aufbruch mit den Indianern voran. Der Häuptling wandte sich mehrere Male an sie, bevor sie sich in Bewegung setzten. Sie schienen mich nur sehr widerwillig zu begleiten. Ich erfragte schließlich den Grund, und er erzählte mir, dass einige Dummköpfe unter ihnen die Vorstellung verbreitet hätten, dass wir mit den Pahkees unter einer Decke steckten und nur gekommen seien, um sie in einen Hinterhalt zu locken, wo ihre Feinde darauf warteten, sie in Empfang zu nehmen. Er für seinen Teil glaube das nicht. Ich gab meiner Enttäuschung darüber Ausdruck, dass sie so wenig Vertrauen in uns setzten, da mir aber klar sei, dass sie den weißen Mann nicht kannten, würde ich es ihnen nicht nachtragen. Ich versuchte, ihnen klarzumachen, dass es unter Weißen als schändlich gelte zu lügen oder einen Gegner durch Lüge in eine Falle zu locken. Ich sagte dem Häuptling, dass sie sich darauf verlassen könnten, dass keine weiteren weißen Männer mehr kommen würden, um mit ihnen zu handeln oder sie mit Waffen und Munition zu versorgen, falls seine Leute weiterhin so schlecht von uns dächten. Ich hoffte aber, dass es in seiner Nation den einen oder anderen gebe, der kein Feigling sei. Denn wahre Männer würden mit mir gehen und sich selbst von der Wahrheit dessen überzeugen, was ich erklärt hatte: Dass es nämlich eine Schar weißer Männer gebe, die meine Rückkehr entweder an der Gabelung des Jefferson Rivers oder ein wenig weiter stromabwärts erwarteten, und dass sie dorthin in Kanus voll Proviant und Handelsware gekommen seien. Der Häuptling versicherte mir, er wollte selbst mitgehen und habe keine Angst vor dem Tod. Ich stellte bald fest, dass ich ihn an der richtigen Stelle getroffen hatte; die Tapferkeit eines Wilden anzuzweifeln, bedeutet gleichzeitig, seinen Mut anzustacheln. Er bestieg jetzt sein Pferd und erteilte seinem Volk ein drittes Mal eine Strafpredigt. Trotz dieser Rede schlossen sich ihm nur sechs oder acht Männer an, und mit diesen rauchte ich eine Pfeife. Ich befahl ihnen, ihre Packen zu schultern, und war entschlossen, mit ihnen aufzubrechen, solange ich sie bei guter Laune hatte. Um halb ein Uhr brachen wir auf, mehrere der alten Frauen jammerten und flehten den Großen Geist an, ihre Krieger zu schützen, als ob sie geradezu dem unvermeidlichen Tod entgegengingen. Wir waren noch nicht weit vorangekommen, als unser Trupp um zehn oder zwölf weitere Mitstreiter zunahm, und bevor wir den Wasserlauf erreichten, den wir am Morgen des 13. passiert hatten, schien es mir, dass wir alle Männer des Dorfes und eine Anzahl Frauen bei uns hatten. Dies zeigt sehr deutlich die Launenhaftigkeit jener Menschen, die ausschließlich ihrem inneren Impuls folgen und nur Augenblicksentscheidungen treffen. Sie waren jetzt sehr vergnügt und fröhlich, wo sie doch noch vor zwei Stunden so blöde wie die Kobolde des Saturn dreingeblickt hatten. Gegen Sonnenuntergang erreichten wir den oberen Abschnitt des ebenen Tals der Bucht, die wir jetzt Shoshonen-Bucht nannten.

16. August [LEWIS] Ich entsandte Drewyer und Shields am heutigen Morgen, um etwas Fleisch zu erlegen, da weder die Indianer noch wir irgendetwas zu essen hatten. Ich informierte den Häuptling von meiner Absicht und bat, dass er seine jungen Männer beisammenhalten sollte. Ich befürchtete, dass durch ihr Geschrei und ihren Lärm das Wild verschreckt würde und wir nichts erjagen könnten. Sie waren aber durch diese Maßnahme so misstrauisch geworden, dass zwei Spähtrupps auf beiden Seiten des Tales aufbrachen, um die Jäger zu beobachten. Ich glaube, sie wollten sicherstellen, dass ich sie nicht geschickt hatte, um einem Feind über ihr Herannahen zu berichten. Sie redeten sich immer noch ein, dass Feinde ihnen auflauerten. Ich sah, dass jede weitere Anstrengung, sie am Ausrücken zu hindern, nur ihre Befürchtungen verstärken würde, und sagte deshalb nichts mehr.

Nachdem die Jäger etwa eine Stunde unterwegs waren, machten wir uns auf. Wir hatten gerade die Talenge hinter uns gelassen, als wir einen der Spione sahen, der die ebene Prärie unter Peitschenschlägen für sein Pferd heraufkam, der Häuptling zögerte ein wenig und schien etwas konsterniert. Mir erging es genauso, und ich begann zu mutmaßen, dass durch irgendeinen unglücklichen Zufall vielleicht einige ihrer Gegner gerade in diesem Moment hierher gestreift waren; aber wir wurden alle bei der Ankunft des jungen Mannes angenehm überrascht, indem wir erfuhren, dass er uns mitteilen wollte, dass einer der weißen Jäger Erfolg bei der Hirschjagd gehabt hatte. Augenblicklich gaben sie alle ihren Pferden die Peitsche, und ich brauchte fast eine Meile, bis ich herausfinden konnte, worum es ging. Weil ich keine Steigbügel hatte und ein Indianer hinter mir auf dem Pferd saß, war die Hetzerei unangenehm. Ich zügelte deshalb mein Pferd und verbot dem Indianer, es weiterhin zu peitschen, weil er nämlich befürchtete, den besten Teil des Festmahls zu verpassen. Der Kerl war so unruhig, dass er vom Pferd absprang, mich zurückließ und in voller Geschwindigkeit zu Fuß weiter rannte, sicher eine ganze Meile weit. Als die Indianer die Stelle erreicht hatten, wo der Hirsch in meiner Sichtweite lag, stiegen sie ab und rannten übereinanderpurzelnd wie ein Rudel ausgehungerter Hunde los. Jeder packte zu und riss einen Teil der Innereien an sich, die Drewyer zuvor weggeworfen hatte, als er den Hirsch ausweidete.

Dieser Anblick war so ekelhaft, dass mir der Appetit auf Wildbret auf lange Zeit vergangen wäre, hätte ich nicht solchen Hunger verspürt. Ein jeder hatte sich ein Stück des getöteten Tieres ergattert, und alle aßen gierig. Einige verschlangen die Nieren, Milz und Leber, und das Blut rann aus den Mundwinkeln, andere waren in ähnlicher Weise mit dem Pansen und den Eingeweiden zugange, aber die von ihren Lippen tropfende Flüssigkeit war von anderer Beschaffenheit. Einer der Letzten, der meine Aufmerksamkeit auf sich zog, war besonders glücklich über seine Zuteilung: Er hatte ungefähr neun Fuß Dünndarm ergattert und kaute schon an einem Ende, während er am anderen mit den Händen den Inhalt herausquetschte. Ich hatte es bisher nicht für möglich gehalten, dass sich die menschliche Natur jemals so animalisch gebärden könnte, und betrachtete diese armen ausgehungerten Teufel mit Mitleid und Mitgefühl. Als sie erfuhren, wo ich Captain C. und die Truppe treffen würde, bestanden sie darauf, eine Pause zu machen; diesem Wunsch wurde stattgegeben. Wir stiegen also ab, und der Häuptling legte uns mit viel Feierlichkeit Pelzkrägen um den Hals, wie sie sie selbst trugen. Ich begriff sogleich, dass diese uns verkleiden sollten und ihr Ursprung der gleichen, bereits erwähnten Ursache zuzuschreiben war. Um unseren Begleitern weitere Zuversicht zu geben, setzte ich dem Häuptling meinen Zweispitz mit Feder auf, und da mein Oberhemd nach Indianerart geschneidert, mein Haar abrasiert und meine Haut gut von der Sonne gebräunt war, brauchte ich keinen weiteren Zusatz, um wie ein vollwertiger Indianer zu wirken. Die Männer folgten meinem Beispiel und wir waren bald vollständig verwandelt. Als wir in Sichtweite [der Gabelung] ungefähr zwei Meilen entfernt ankamen, entdeckte ich zu meiner Bestürzung, dass die Truppe noch nicht angekommen war, und die Indianer verlangsamten ihr Tempo. Ich wusste jetzt kaum, was zu tun war, und fürchtete jeden Moment, dass sie gänzlich stehen bleiben würden. Ich beschloss jetzt, ihr Vertrauen wiederzugewinnen, koste es was es wolle, und gab deshalb dem Häuptling mein Gewehr und ermunterte ihn, sich damit zu verteidigen, falls seine Feinde in den vor ihm liegenden Büschen lauerten. Ich für meinen Teil würde mich nicht fürchten, zu sterben, und wenn ich ihn betröge, könne er von dem Gewehr Gebrauch machen, wie er es für richtig halte, oder mit anderen Worten, er könne mich erschießen. Die Männer gaben den anderen Indianern auch ihre Gewehre, was ihr Vertrauen zu erhöhen schien; sie schickten ihre Spione auf einige Entfernung voraus. Als ich mich dem vereinbarten Treffpunkt näherte, dachte ich an die Notizen, die ich zurückgelassen hatte, und beauftragte Drewyer, sie zusammen mit einem Indianer zu holen und sie mir zu bringen, was auch geschah. Ich nahm jetzt zu einer Kriegslist Zuflucht, die mir bei dieser Gelegenheit gerechtfertigt erschien, die ich aber – ich muss es einräumen – ein wenig unbeholfen umsetzte. Aber sie erzielte ihre gewünschte Wirkung: Nachdem ich die Notizen gelesen hatte, die die gleichen waren, die ich hinterlassen hatte, erzählte ich dem Häuptling, dass ich meinen Häuptlingsbruder mit der Truppe stromabwärts zurückgelassen hatte, dort, wo der Fluss in die Berge eintrat, und dass wir beide vereinbart hatten, die Kanus nicht weiter stromaufwärts zu bringen als bis zur nächsten Flussgabelung. Wo immer dies auch sein sollte, dort würde er meine Rückkehr abwarten, falls er zuerst dieses Ziel erreicht hätte. Wenn es ihm aufgrund der Schwierigkeiten, die ihm der Wasserweg bereiten könnte, nicht möglich sein sollte, so rasch wie üblich voranzukommen, sollte er jemanden zur ersten Gabelung oberhalb seines momentanen Standortes hochschicken und eine Notiz hinterlassen, die mir mitteilte, wo er sich befinde. Diese Notiz sei heute hier hinterlegt worden und solle mich unterrichten, dass er sich genau unterhalb der Berge aufhalte und langsam weiter heraufkomme.

Er habe hinzugefügt, dass ich hier auf ihn warten solle, aber falls die Indianer mir nicht glaubten, ich auf jeden Fall einen Mann zum Häuptling entsenden würde, sie könnten auch einen ihrer jungen Männer mitschicken. Ich und zwei andere meiner Leute würden hier bei ihnen bleiben. Dieser Plan wurde bereitwillig angenommen und einer der jungen Männer bot seine Dienste an; ich versprach ihm ein Messer und einige Perlen als Belohnung für sein Vertrauen in uns. Die meisten schienen zufrieden, aber es gab auch einige, die sich darüber beklagten, dass der Häuptling sie unnötigen Gefahren aussetze, und die behaupteten, dass wir Unwahrheiten erzählten. Ich schrieb eine Notiz an Captain Clark bei einigen gelichteten Weidenbüschen und befahl Drewyer, früh aufzubrechen, weil ich der Ansicht war, dass wir keine Sekunde verlieren sollten. Der Häuptling und fünf oder sechs seiner Leute schliefen an meinem Feuer, und die anderen verbargen sich in verschiedenen Teilen des Weidengestrüpps, aus Furcht davor, dass sie in der Nacht von Feinden überfallen werden könnten. Ich stellte nun die unterschiedlichsten Vermutungen über den Grund von Captain Clarks Ausbleiben an und war in großer Sorge, dass es ihm zu schwer gefallen war, den Fluss heraufzukommen, sodass er unterhalb der Rattlesnake-Steilufer haltgemacht hatte. Wenn die Indianer mich verließen, würden sie sich sofort zerstreuen und in den Bergen verstecken, das war mir klar, auch dass es unmöglich wäre, sie dort zu finden und so vergeblich, sie zu verfolgen. Sie würden einen Aufruhr unter allen anderen Stämmen, mit denen wir in Berührung kämen, anzetteln, und natürlich wäre der Erwerb von Pferden infrage gestellt, was große Verzögerungen zur Folge hätte und die Mühen unserer Reise erschweren würde. Ich befürchtete, dass dadurch die Männer so entmutigt würden, dass die Expedition insgesamt zunichtegemacht wäre. Meine Stimmung war heute Abend fast genauso düster, wie die der meisten verschreckten Indianer, aber ich trug Fröhlichkeit zur Schau, um die Indianer zu halten, die bei uns waren. Wir legten uns schließlich hin, und der Häuptling suchte sich einen Schlafplatz neben meinem Moskitonetz. Ich schlief sehr unruhig, wie man sich vorstellen kann; meine Gedanken kreisten um die Lage der Expedition, die mir noch immer so wichtig war wie mein eigenes Leben, und um unser aller Schicksal, das in diesem Moment in einem hohen Maß von der Laune einiger Wilder abzuhängen schien, die jedoch so unbeständig ist wie der Wind. Ich hatte dem Häuptling gegenüber mehrere Male erwähnt, dass wir eine Frau seiner Nation bei uns hätten, die von den Minnetares gefangen worden war, und dass ich mit ihrer Hilfe hoffte, mich vollständiger zu erklären, als ich es durch Zeichen tun konnte. Einige aus meinem Trupp hatten den Indianern erzählt, dass wir einen schwarzhäutigen Mann bei uns hätten, der kurze, gelockte Haare besäße, dies hatte ihre Neugierde aufs Äußerste geweckt. Sie schienen fast genauso begierig darauf, dieses Ungeheuer zu sehen, wie sie auf die Handelsware gespannt waren, die wir gegen ihre Pferde tauschen wollten.

17. August [LEWIS] Heute Morgen stand ich sehr früh auf und schickte Drewyer und den Indianer den Fluss hinunter. Drewyer war ungefähr seit zwei Stunden unterwegs, als ein Indianer, der eine kleine Strecke flussabwärts gekundschaftet hatte, zurückkehrte und berichtete, dass die weißen Männer im Anmarsch seien, er habe sie bereits gesehen. Alle waren außer sich vor Freude, und der Häuptling wiederholte seine brüderliche Umarmung. Ich war genauso froh über diese Mitteilung wie die Indianer. Kurz nachdem Captain Clark mit dem Dolmetscher Charbonneau und der Indianerin angekommen war, stellte sich heraus, dass sie eine Schwester des Häuptlings Cameahwait war. Das Wiedersehen dieser Leute war wirklich ergreifend, insbesondere zwischen Sacagawea und einer Indianerin, die zusammen mit ihr gefangen genommen wurde und später den Minnetares entkommen und wieder zu ihrer Nation zurückgekehrt war. Mittags kamen die Kanus an und wir hatten wieder einmal die Genugtuung, alle vereint zu sein, und zwar mit der erfreulichen Aussicht, in Kürze so viele Pferde eintauschen zu können, dass unsere Reise auf dem Landweg vonstattengehen könne, wenn sie auf dem Wasserweg nicht mehr ratsam war.

Wir errichteten jetzt unser Lager genau unterhalb des Zusammenflusses der Flussarme auf der Backbordseite auf ebenem glattem Boden, der mit feinem Rasentorf bedeckt war. Hier luden wir unsere Kanus aus und brachten unser Gepäck an Land, errichteten einen Baldachin aus einem unserer großen Segel und pflanzten einige Weidenbüsche in den Boden, um Schatten für die Indianer zu haben, in den sie sich setzen konnten, während wir zu ihnen sprachen, was wir heute Abend tun wollten. Also riefen wir sie gegen vier Uhr nachmittags zusammen, und durch Labiche, Charbonneau und Sacagawea[43] teilten wir ihnen ausführlich die Beweggründe mit, die uns in diesen entfernten Teil des Landes geführt hatten. Wir machten ihnen auch ihre Abhängigkeit vom Willen unserer Regierung für jede Art von Handelsware, für ihre Verteidigung und ihr Wohlergehen bewusst, und priesen die Stärke

43 Die Captains sprechen englisch, Labiche überträgt ins Französiche, Charbonneau in Hidatsa und Sacagawea in die Sprache der Shoshone.

unserer Regierung und ihre freundliche Gesinnung ihnen gegenüber. Wir nannten ihnen auch den Grund, weshalb wir das Land bis zum Ozean in westlicher Richtung zu durchdringen wünschten, nämlich einen direkteren Weg zu suchen und herauszufinden, wie Handelsware am besten zu ihnen gelangen könnte. Da vor unserer Rückkehr zu unseren Heimatstaaten kein Handel mit ihnen möglich sei, wäre es sowohl für sie als auch für uns vorteilhaft, wenn sie uns alle in ihrer Macht stehende Hilfe erweisen würden, um unsere Expedition und natürlich somit unsere Heimkehr zu beschleunigen. Dies bedeute, uns Pferde zu überlassen, um unser Gepäck zu transportieren, auf das wir dringend angewiesen seien. Auch ein Führer sei notwendig, der uns durch die Berge bringen konnte, falls wir den Fluss nicht hinabfahren könnten. Aber weder ihre Pferde noch ihre Dienste sollten ohne gebührende Gegenleistung gegeben werden. Im Moment sollten sie so viele Pferde zusammentreiben, wie wir zum Transport unseres Gepäcks zu ihrem Dorf am Columbia brauchten, wo wir dann mit ihnen in Ruhe über all diejenigen Pferde verhandeln würden, die sie erübrigen könnten. Die Indianer schienen mit unseren Vorschlägen einverstanden. [Cameahwait] wandte ein, dass sie zurzeit nicht genug Pferde dabeihätten, um unser Gepäck zu ihrem Dorf über den Berg zu transportieren, aber dass er morgen zurückgehen werde und seine Leute auffordern wollte, mit ihren Pferden herüberzukommen, und dass er sein eigenes zur Verfügung stellen und uns unterstützen würde. Dies entsprach in allem genau unseren momentanen Vorstellungen. Als Nächstes erkundigten wir uns nach ihren Häuptlingen. Cameahwait deutete auf zwei Männer. Wir gaben ihm eine kleine Medaille mit dem Porträt von Mr. Jefferson, dem Präsidenten der Vereinigten Staaten, er war auf der einen Seite als Relief zu sehen; auf der anderen Seite waren ineinander verschränkte Hände und Pfeife und Tomahawk abgebildet.

Den beiden anderen Häuptlingen überreichten wir auch je eine kleine Medaille, die während der Präsidentschaft von George Washing[ton] Esq. geprägt worden waren. Alles bei uns schien sie in hohem Maße zu erstaunen; das Aussehen der Männer, ihre Waffen, die Kanus, unsere Art sie zu handhaben, der schwarze Mann York und der Scharfsinn meines Hundes waren gleichermaßen Gegenstand der Bewunderung. Ich feuerte auch mein Luftdruckgewehr ab, was ihnen so vollkommen unverständlich erschien, dass sie es sofort der großen Medizin zurechneten. Die Indianer haben die Vorstellung, dass deren Anrufung unmittelbar den Einfluss oder die Macht des Großen Geistes hervorruft, oder dass in deren Auswirkungen die allgewaltige Macht Gottes offenbar wird. Unsere Jäger erlegten vier Hirsche und

Diese Medaille schenkten Lewis und Clark den Indianerhäuptlingen. Die Vorderseite zeigt Präsident Jefferson, die Rückseite trägt die Inschrift: »Friede und Freundschaft«

am Abend noch eine Antilope, von denen wir auch den Indianern einen angemessenen Teil abgaben. Die Zeremonie unserer Ratssitzung und das Rauchen der Pfeife wurden in Übereinstimmung mit der Sitte dieser Nation barfuß durchgeführt. Bei solchen Gelegenheiten werden Fragen der Etikette von den Indianern beinahe so streng beachtet wie bei den zivilisierten Nationen. Um Indianer bei guter Laune zu halten, darf man sie nicht mit zu viel Geschäftemacherei auf einmal ermüden. Deshalb gaben wir ihnen nach der Ratsversammlung zu essen und amüsierten sie eine Weile, indem wir ihnen Dinge zeigten, die wir für sie interessant hielten, und nahmen danach unsere Fragen bezüglich des Landes wieder auf. Die Informationen, die wir gewannen, waren nur eine Wiederholung derjenigen, die sie mir zuvor gegeben hatten, sie schienen so begründet zu sein, dass ich nicht umhinkonnte, Vertrauen in ihre Aussagen zu setzen. Captain Clark und ich beschlossen nun gemeinsam, dass er sich morgen früh mit elf Männern aufmachen sollte, die mit Äxten und anderen notwendigen Werkzeugen für den Bau von Kanus ausgestattet wären, auch ihre Waffen und so viel Gepäck, wie sie tragen konnten, sollten sie mitnehmen. Außerdem sollten ihn Charbonneau und die Indianerin begleiten, die dann im Shoshonen-Lager bleiben sollten, um die Rückkehr der Indianer mit ihren Pferden hierher zu beschleunigen. Er selbst sollte mit den elf Mann den Columbia weiter hinunterfahren, um ihn zu erkunden, und wenn er ihn für schiffbar befand und Holz finden würde, sofort den Bau von Kanus in Angriff nehmen. In der Zwischenzeit sollte ich die Truppe und das Gepäck zum Shoshonen-Lager bringen, und wenn ich dann dort angelangt sei, hätte er zwischenzeitlich ausreichende Informationen über den Zustand des Flusses etc. gesammelt. Danach könnten wir entscheiden, ob wir die Expedition zu Land oder auf dem Wasser weiterführen wollten. Im erstgenannten Fall brauchten wir alle Pferde, die wir erwerben könnten, sonst müssten wir nur Indianer anheuern, um unser Gepäck dorthin zu transportieren, wo wir die Kanus bauen können. Als dieser Plan ausgearbeitet war, gaben wir entsprechende Befehle, und die Männer bereiteten sich auf einen frühen Abmarsch vor.

[CLARK] Ich beschloss, vorauszugehen und das Land auszukundschaften, um zu sehen, ob sich die Schwierigkeiten wirklich in so düsteren Farben präsentierten, wie die Indianer es ausgemalt hatten. Für den Fall, dass der Fluss schiffbar wäre und ich Bäume finden könnte, um Kanus zu bauen – so weit schienen in diesem Punkt meine Vorstellungen und Pläne mit denjenigen von Captain Lewis übereinzustimmen –, wählte ich elf Männer aus, befahl ihnen, ihre

Sachen zu packen, sich mit Munition zu versorgen, eine Axt und Werkzeug mitzunehmen, das sich zum Bau von Kanus eignet, und morgen früh um zehn Uhr zum Aufbruch bereit zu sein.

18. August [LEWIS] Heute vollendete ich mein einunddreißigstes Lebensjahr und musste daran denken, dass ich nach menschlichem Ermessen bereits etwa die Hälfte der Zeit gelebt habe, die ich in dieser irdischen Welt verbringen werde. Ich habe überlegt, dass ich bis heute in der Tat nur wenig dazu getan habe, um das Glück des Menschengeschlechtes zu fördern oder das Wissen kommender Generationen zu erweitern. Ich betrachtete mit Bedauern die vielen Stunden, die ich in Untätigkeit verbracht habe, und empfinde schmerzlich die Versäumnisse jener Stunden, die besser überlegt und sinnvoller hätten gestaltet werden können. Aber da sie vergangen sind und nicht zurückgeholt werden können, schüttelte ich diese düsteren Gedanken von mir ab und beschloss, in Zukunft meine Bemühungen mindestens zu verdoppeln und die beiden hauptsächlichen Ziele menschlicher Existenz zu befördern, indem ich ihnen mit allen Talenten diene, die mir Natur und Schicksal geschenkt haben; oder in Zukunft für die *Menschheit* zu leben, wie ich bis jetzt für *mich* gelebt habe.

[CLARK] Ich kaufte von den Indianern drei Pferde, für die wir einen Häuptlingsmantel, einige Taschentücher, ein Hemd, Beinkleider und einige Pfeilspitzen etc. bezahlten. Ich gab den beiden Unterhäuptlingen je einen meiner Mäntel, weil sie nicht ordentlich zufriedengestellt schienen, weil der erste Häuptling so viel prächtiger als sie selbst gekleidet war. Um zehn Uhr brach ich auf.

[WHITEHOUSE] Die Indianer sind sehr arm und halten jede Kleinigkeit für ein Schnäppchen, da sie kaum jemals ein Messer, einen Tomahawk oder irgendwelche anderen Kriegswaffen besessen oder benutzt haben.

19. August [LEWIS] Nach allem, was über die Shoshonen gesagt worden ist, wird man leicht erkennen, dass sie wirklich in unsäglicher Armut leben. Doch dessen ungeachtet sind sie nicht nur heiter, sondern sogar fröhlich, lieben farbenprächtige Kleidung und Vergnügen. Wie die meisten Indianer sind sie extreme Egoisten und prahlen häufig mit Heldentaten, die sie nie begangen haben. Sie mögen auch Risikospiele. Sie sind offen, mitteilsam, fair im Handeln, großzügig mit dem Wenigen, was sie besitzen, außergewöhnlich ehrlich und keineswegs bettelhaft. Jedes Individuum ist sein eigener souveräner Herr und handelt nach den Geboten seines eigenen Verstandes; die Autorität des Häuptlings dient lediglich der bloßen Ermahnung, die von seinem vorbildhaften Verhalten unterstützt wird, durch das er sich bei seinen Stammesmitgliedern Respekt und Ansehen erwirbt. Der Titel des Häuptlings ist nicht erblich, ich kann aber nicht in Erfahrung bringen, ob es irgendeine Zeremonie der Einsetzung gibt oder einen Zeitabschnitt im Leben eines Häuptlings, von dem dieser Titel datiert. In der Tat ist jeder Mann ein Häuptling, aber nicht alle haben einen gleich großen Einfluss auf die anderen Mitglieder der Gemeinschaft, und derjenige, welcher das größte Vertrauen bei ihnen genießt, ist der Oberhäuptling. Die Shoshonen können auf etwa 100 Krieger geschätzt werden, dazu kommen ungefähr drei Mal so viel Frauen und Kinder. Sie haben mehr Kinder, als ich bei einem Volk erwartet habe, das seinen Lebensunterhalt unter solch schwierigen Bedingungen sichern muss. Es gibt nur wenige sehr alte Personen, und diese werden mit wenig Zärtlichkeit oder Respekt behandelt. Der Mann ist der alleinige Eigentümer seiner Frauen und seiner Töchter und kann sie tauschen oder über jede verfügen, wie er es für richtig hält. Es ist bei den Shoshonen üblich, mehrere Frauen zu haben, aber es sind meist keine Schwestern, wie bei den Minnetares und Mandans, sondern sie werden von verschiedenen Vätern gekauft. Der Vater verheiratet häufig seine kleinen Töchter mit Erwachsenen oder überlässt sie Männern, die demnächst heiratsfähige Söhne haben. Die Bezahlung, die normalerweise in solchen Fällen geleistet wird, besteht aus Pferden oder Maultieren, die der Vater zum Zeitpunkt des Vertragsabschlusses erhält und zu seinem eigenen Nutzen verwendet. Das Mädchen bleibt bis zum Pubertätsalter bei ihren Eltern. Dieses ist etwa mit 13 oder 14 Jahren erreicht. In diesem Alter wird die junge Frau ihrem vorgesetzten Herrn und Ehemann vertragsgemäß übergeben, und mit ihr wird häufig beinahe genau so viel zurückerstattet, wie der Vater zuvor an Bezahlung für seine Tochter bekommen hat; aber dies steht im freien Ermessen des Vaters. Sacagawea war so vergeben worden, ehe sie von den Minnetares gefangen genommen wurde, sie hatte die Pubertät erreicht. Der Ehemann lebte noch in dieser Gemeinschaft. Er ist mehr als doppelt so alt wie sie und hat zwei andere Frauen. Er beanspruchte sie zunächst als seine Frau, sagte aber dann, dass er sie nun doch nicht mehr wolle, weil sie ein Kind von einem anderen Mann hat, also Charbonneau. Sie weisen ihre Kinder selten zurecht, insbesondere die Jungen, die früh ihr eigener Herr sind. Sie geben als Grund an, dass Schläge den Geist der Jungen einschüchtern und brechen und dass sie dann auch als Erwachsene niemals wieder die Unabhängigkeit ihres Verstandes zurückerlangen. Sie behandeln ihre Frauen mit nur wenig Respekt und zwingen sie zu jeder Art von Schinderei. Die Frauen sammeln wilde Früchte und

Wurzeln, kümmern sich um die Pferde oder helfen dabei, sie kochen, bereiten die Häute auf und schneidern die Kleidung für die ganze Familie, sie sammeln Holz und machen Feuer, stellen die Wigwams auf und richten sie ein. Und wenn sie reisen, beladen sie die Pferde und kümmern sich um alles Gepäck; kurzum, der Mann tut wenig, lediglich seine Pferde pflegen, jagen und fischen. Der Mann betrachtet es als erniedrigend, wenn er gezwungen ist, eine Strecke zu Fuß zu gehen, und falls er so arm ist, dass er nur zwei Pferde besitzt, reitet er das bessere selbst und lässt die Frau – oder die Frauen, wenn er mehrere hat – ihr Gepäck und die Kinder auf dem anderen reiten, oder er lässt sie zu Fuß gehen, wenn das Pferd das zusätzliche Gewicht von Personen nicht tragen kann. Keuschheit bei den Frauen ist nicht von besonderer Bedeutung, sodass der Ehemann für eine Kleinigkeit seine Bettgefährtin für eine Nacht oder länger eintauscht, vorausgesetzt er erhält einen adäquaten Gegenwert. Allerdings drängen sie uns ihre Frauen nicht so auf, wie wir es von den Sioux gewöhnt waren. Einige scheinen sogar mehr Respekt zu genießen, als dies bei anderen Stämmen der Fall ist, die wir getroffen haben. Ich habe meine Männer aufgefordert, den Indianern keine Ursache zur Eifersucht zu geben, indem sie mit ihren Frauen ohne Wissen der Männer Verbindung aufnehmen. Ein solches Verhalten ist ihnen fremd und erscheint dem Ehemann genauso verwerflich wie derartige heimliche Verhältnisse bei den zivilisierten Nationen. Ich kann es unmöglich verhindern, dass es überhaupt zu einem solchen Austausch von Liebesdiensten insgesamt kommt, besonders in Bezug auf unsere jungen Männer, die nach einigen Monaten Enthaltsamkeit sehr empfänglich sind für die Reize der gelbbraunen Schönen. Bis jetzt hat sich aber nichts Schlimmes ergeben und ich hoffe, dass es auch nicht dazu kommt. Die Leute sind klein an Statur, haben dicke Knöchel, krumme Beine und dicke flache Füße, kurzum, sie sind schlecht geformt, im Allgemeinen unvorteilhafter als irgendeine andere Indianernation, die ich bisher kennengelernt habe. Ihr Teint ähnelt dem der Sioux, ist aber dunkler als derjenige der Minnetares, Mandans oder Shawnees. Ich war sehr daran interessiert zu erfahren, ob diese Leute an Geschlechtskrankheiten leiden, und zog durch den Dolmetscher und seine Frau Erkundigungen ein; die Informationen besagten, dass sie mitunter vorkommen, aber ich konnte ihr Heilmittel dafür nicht erfahren; in den allermeisten Fällen sterben die Erkrankten an den Auswirkungen der Seuche. Dies scheint mir ein starker Beweis dafür, dass diese Krankheiten, sowohl die Gonorrhö (Tripper) als auch die venerische Lues (Syphilis), einheimische Krankheiten Amerikas sind.

Diese Menschen haben stark unter den Pocken gelitten, die bekanntermaßen eingeschleppt wurden, und vielleicht haben sie sich die Geschlechtskrankheiten von anderen Indianerstämmen zugezogen, die sie ihrerseits infolge des Verkehrs mit Europäern erworben haben, seit wir in diesen Teil der Welt eingedrungen sind. Andererseits sind viele von jeglichem Umgang mit Weißen abgeschnitten, ich halte es deshalb für wahrscheinlicher, dass der Ursprung jener Krankheiten bei ihnen selbst zu suchen ist.

Von Mitte Mai bis zum ersten September leben diese Leute an den Gewässern des Columbias, wo sie sich in perfekter Sicherheit vor ihren Feinden wähnen, da diese bis heute noch nie bis in dieses Rückzugsgebiet gelangt sind. In dieser Jahreszeit besteht ihre Nahrung hauptsächlich aus Lachs, und da dieser Fisch um den 1. September herum entweder eingeht oder den Fluss zurückwandert, sind sie im Herbst gezwungen, sich am Missouri auf Nahrungssuche zu machen, in dessen Tälern es mehr Wild gibt als irgendwo innerhalb der Berge. Hier ziehen sie langsam den Fluss hinunter, um sich zu sammeln und mit anderen Gruppen zu vereinigen, entweder solchen aus ihrer eigenen Nation oder den Flatheads (Flachköpfen)[44]. Wenn sie sich dann für ausreichend stark halten, wagen sie sich auf der Ostseite der Rocky Mountains in die Prärien, wo zahlreiche Büffelherden zu finden sind. Aber sie verlassen niemals den Bereich der Berge, solange sie dort noch ein spärliches Auskommen haben, und kehren dorthin zurück, sobald sie einen ordentlichen Vorrat an getrocknetem Fleisch angelegt haben; wenn dieser Vorrat verzehrt ist, wagen sie sich wieder in die Prärien; folglich erlangen sie abwechselnd ihre Nahrungsmittel unter Lebensgefahr und ziehen sich, solange diese reichen, in die Berge zurück. Es ist heute der Vorabend des Aufbruchs der Indianer zum Missouri, sie teilen uns mit, dass sie damit rechnen, an oder nahe bei den drei Gabeln mit mehreren Gruppen ihrer eigenen Nation und einer Schar Flatheads zusammenzukommen.

20. August [LEWIS] Ich ging den Fluss etwa eine Dreiviertelmeile hinunter und wählte eine den Indianern unbekannte Stelle in der Nähe des Ufers für ein geheimes Depot aus, das ich drei Männer anlegen ließ. Ich befahl der Wache, ein Gewehr abzufeuern, falls sie irgendeinen Indianer bemerken sollte, der sich in diese Richtung bewegt, als Signal für die Männer, die an der Vorratskammer arbeiteten, um mit der Arbeit aufzuhören und sich zu zerstreuen. Die Eingeborenen

44 Bezeichnung für Indianer am Unterlauf des Columbias, die ihrem Nachwuchs mit zwei Brettern den Schädel einzwängten. Alternativer Name für den Stamm der Tushepaws.

sollten unser Depot keinesfalls entdecken und keine Gelegenheit haben, das Gepäck zu plündern, das wir hier zurücklassen wollten. Gegen Abend war das Depot von den Indianern unbeobachtet fertiggestellt und unser Gepäck verstaut. Ich stellte eine kleine Auswahl an Pflanzen, Mineralien, Sämereien etc. zusammen, die ich zwischen hier und den Missouri-Fällen gesammelt hatte und die ich hier deponieren werde. Die Pelerine der Schlangenindianer ist das eleganteste Stück indianischer Kleidung, das ich je gesehen habe, der Hals oder der Kragen ist aus einem Streifen Otternpelz gefertigt. Sie ist etwa vier oder fünf Zoll breit und wird aus dem Fell des Rückens geschnitten, während Nase und Augen das eine Ende und der Schwanz das andere bilden. Sie geht von den Ohren des Tieres am Kragenrand bis zum Schwanz weiter. Die Pelerine bedeckt die Schultern und den Körper beinahe bis zur Taille und wirkt wie ein kurzer Mantel und ist wirklich hübsch. Sie wird hoch geschätzt und nur bei wichtigen Gelegenheiten veräußert oder verschenkt.

[CLARK] Wir brachen um halb sieben Uhr auf und setzten unseren Weg durch ein hügeliges Land bis zum Lager der Indianer an einem Nebenarm des Columbias fort; trafen viele Gruppen von Indianern. Ehe wir dieses Lager betraten, bat uns der Häuptling zu einer zeremoniellen Unterbrechung und ich rauchte mit allen Anwesenden mehrere Pfeifen. Wir gingen dann weiter zum Lager und ich wurde in den einzigen Wigwam hineingeführt, den sie hatten und der im Zentrum für meine Truppe aufgeschlagen war. Alle anderen Behausungen waren aus Büschen errichtet.

Nach einigen indianischen Ritualen bat ich alle, ihre Pferde zu holen und Captain Lewis auf der anderen Seite zu unterstützen etc. Auch teilte ich ihnen das Ziel meiner Reise mit und bat um einen Führer als Begleitung. Meine Wünsche wurden durch den Häuptling für das ganze Dorf wiederholt ... Nachdem ich ein paar kleine Geschenke verteilt hatte, brach ich um drei Uhr auf, von einem alten Mann[45] als Führer begleitet. (Ich bemühte mich, mir von den Indianern so viele Informationen wie möglich zu beschaffen, leider ohne rechten Erfolg, da sie das Land nur wenig kennen oder auch nur vorgeben, es wenig zu kennen ...)

21. August [CLARK] Die Männer, die an den Gabeln vorbeikamen, informierten mich, dass die südwestliche Gabel die doppelte Größe derjenigen hatte, der ich folgte, und ich beobachtete, dass es ein hübscher Fluss in der Nähe meines Lagers war, ich werde ihn, um Captain

45 Die Captains nennen den Shoshone-Führer »Old Toby«.

Lewis Gerechtigkeit widerfahren zu lassen – er war der erste Weiße, der jemals an dieser Gabel des Columbias stand – Lewis River[46] nennen.

22. August [LEWIS] letzte Nacht kehrte Drewyer sehr spät mit einem Rehkitz zurück, das er getötet hatte, nebst einer beträchtlichen Menge an indianischem Raubgut. Die Geschichte bezüglich des Letzteren ist vielleicht der Erwähnung wert. Drewyer teilte mir mit, dass er während seines gestrigen Jagdzuges gegen zwölf Uhr in der Bucht plötzlich an ein Indianerlager herankam, in welchem ein junger und ein alter Mann, ein Junge und drei Frauen zugegen waren, und dass sie nur wenig überrascht schienen, ihn zu erblicken. Er ritt zu ihnen hoch, stieg ab und trieb das Pferd zum Grasen. Diese Leute hatten gerade ihre aus einigen Wurzeln bestehende Mahlzeit beendet, er machte sich durch Zeichen verständlich und nach ungefähr 20 Minuten sprach eine der Frauen zu den anderen der Gruppe und alle gingen sofort daran, ihre Pferde zu sammeln. Sie brachten sie zum Lager und sattelten sie. In diesem Moment glaubte Drewyer, dass er auch aufbrechen und seine Jagd fortsetzen sollte, und machte sich daran, sein Pferd, welches sich in geringer Entfernung befand, einzufangen. Dabei versäumte er, sein Gewehr mitzunehmen. Die Indianer bestiegen ihre Pferde, der junge Mann griff das Gewehr und die gesamte Gruppe ließ ihr Gepäck zurück, peitschte ihre Pferde und lenkte ihren Weg zum Pass in den Bergen. Da er sich seines Gewehrs beraubt fand, bestieg Drewyer sofort sein Pferd und nahm die Verfolgung auf.

Nachdem er ihnen etwa zehn Meilen gefolgt war, versagten den Pferden zweier Frauen beinahe die Kräfte, und der junge Kerl mit dem Gewehr verlangsamte sein Tempo wegen ihres Geschreis. Schließlich waren die Frauen nicht mehr weit von ihm entfernt, und Drewyer gelang es, sie einzuholen. Er überzeugte sie durch Zeichen, dass er ihnen nichts tun würde. Daraufhin hielten sie an, auch der junge Kerl näherte sich zögernd. Drewyer bat ihn um sein Gewehr, aber der einzige Teil der Antwort, den er verstehen konnte, war das Wort *pahkee*. Das war, wie er wusste, der Name, mit welchem sie ihre Feinde zu bezeichnen pflegten. Als der Bursche einen Augenblick unaufmerksam war, nutzte Drewyer die Gelegenheit, ritt plötzlich seitwärts an ihn heran, schnappte sein Gewehr und entriss es seinen Händen.

Nachdem er sich jetzt des Gewehrs beraubt fand, wendete der Mann sein Pferd und trieb es mit der Peitsche voran; auf die Frauen, welche ihm folgten, so gut es eben ging, nahm er keine Rücksicht. Drewyer

46 Es handelt sich um den Salmon River (Clarks »West Fork of Lewis's River«) und den Lemhi River (Clarks »East Fork of Lewis's River«). Später wurde der Snake River Clarks eigentlicher Lewis River.

kehrte jetzt zu der Stelle zurück, wo die Indianer ihr Gepäck zurückgelassen hatten, und brachte es mit zu meinem Lager. Es bestand aus … etwa einem Scheffel getrockneter und zum Verzehr bereiter Wurzeln dreier verschiedener Arten …

[CLARK] Ich sah heute einen Vogel aus der Familie der Spechte, der sich von Kiefernzapfen ernährt. Schnabel und Schwanz sind weiß, die Flügel schwarz, das übrige Federkleid von einem hellen Braun. Er hat etwa die Größe einer Drossel.

[GASS] Die Bewohner dieser drei Wigwams haben große Vorräte an Sonnenblumenkernen gesammelt, ebenso Samen der Fetten Henne, die sie zerstoßen und mit Elzbeeren mischen. Aus dem Mischmaterial stellen sie eine Art Brot her, das tauglich scheint, einen für einige Zeit am Leben zu erhalten. Von diesem Brot und dem Fisch, den sie aus dem Fluss fangen, ernähren sich diese Menschen hauptsächlich. Sie scheinen mir die armseligsten Kreaturen der gesamten Menschheit zu sein.

[WHITEHOUSE] Die Männer im Lager beschäftigten sich damit, ihre Hirschhäute zuzuschneidern und ihre Mokassins herzustellen etc. [Die Shoshonen] scheinen in Furcht vor anderen Nationen zu leben, die im Krieg mit ihnen stehen, aber Captain Lewis versichert ihnen, dass diese Nationen versprechen, sie in Ruhe zu lassen; und falls sie sich nicht an die Abmachungen halten, wird ihnen ihr Großer Vater Waffen und Munition schicken, mit denen sie sich selbst verteidigen könnten; aber besser wäre es, sie würden in Frieden miteinander leben etc.

23. August [CLARK] Der Fluss[47] bildet von der Stelle aus, an der ich meinen Trupp zurückgelassen hatte, bis zu diesem Wasserlauf eine beinahe ununterbrochene Stromschnelle, was die Passage mit Kanus gänzlich unmöglich macht, da das Wasser zwischen riesigen Felsen eingezwängt ist und die Strömung auf einige Entfernung stromabwärts von einem zum anderen brandet, etc. Bei einer jener Stromschnellen umschließen die Berge den Fluss dermaßen eng, dass sie die Möglichkeit einer Portage verhindern … Stromabwärts, so erzählen mir mein Führer und viele andere Indianer, verengen sich die Berge noch mehr, und auf jeder Seite des Ufers ist eine senkrechte Steilwand, die sich über eine lange Strecke fortsetzt. Das Wasser braust mit großer Gewalt von einem Felsen zum anderen, es schäumt und tost in jeder Richtung zwischen Felsen hindurch und macht die Passage ganz und gar unmöglich. Jene Stromschnellen, die ich gesehen hätte, sagte der Führer, seien klein und unbedeutend im Vergleich zu denen weiter

47 Clark spricht vom Salmon River.

unten und gar nicht weit entfernt, und die Hügel oder Berge seien nicht wie die, die ich bereits kannte, sondern so senkrecht hoch wie ein Baumstamm. Mein Führer zeigte mir einen Pfad, welcher aus dem Norden kommend in den eintrat, auf dem ich mich gerade befand, und der – so sagte er – zu einem großen Fluss führte, der nach Norden fließt. Dort lebe eine Nation, die er Tushepaws nannte. Er fertigte eine entsprechende Skizze[48].

24. August [LEWIS] Ich hatte jetzt neun Pferde und ein Maultier, außerdem zwei, die ich angemietet hatte, das macht zusammen zwölf; ich ließ sie beladen und die Indianerfrauen das Gleichgewicht des Gepäckes herstellen. Ich hatte dem Dolmetscher einige Dinge gegeben, um mit diesen ein Pferd für die Frau zu kaufen, die er erworben hatte. Um zwölf Uhr brachen wir auf und passierten den Fluss unterhalb der Gabeln und bewegten uns auf die Bucht zu, dem zuvor erwähnten Pfad entlang. Die meisten Pferde waren schwer beladen, und es scheint mir, dass es wenigstens 25 Pferde erfordern wird, um unser Gepäck auf solch schwierigen Wegen zu befördern, wie wir sie in den Bergen werden bewältigen müssen. Ich hatte jetzt die unbeschreibliche Befriedigung, mich einmal mehr mit all meinem Gepäck und meiner Truppe unterwegs zu befinden … *Cameahwait* ist wörtlich übersetzt *›einer, der nie geht‹*. Er erzählte mir, dass seine Nation ihm auch einen weiteren Namen verliehen hatte, durch den er als Krieger gekennzeichnet wurde und der *Too-et'-te-con'-e* oder *schwarzes Gewehr* lautete. Diese Menschen haben viele Namen im Verlauf ihres Lebens, insbesondere wenn sie sich zu berühmten Persönlichkeiten entwickeln. Denn es scheint, dass jedes wichtige Ereignis, durch das sie sich von den anderen unterscheiden, sie berechtigt, einen weiteren Namen zu beanspruchen, der im Allgemeinen von ihnen selbst ausgewählt und durch die Nation bestätigt wird. Solche herausragenden Taten sind die Tötung und das Skalpieren eines Feindes, das Töten eines weißen Bären, einen Trupp in den Krieg führen, der erfolgreich ist entweder bei der Vernichtung seiner Feinde oder beim Raub der feindlichen Pferde. All diese sind gleichwertige Heldentaten, während die Tötung eines Feindes, ohne ihn zu skalpieren, als bedeutungslos betrachtet wird; in der Tat scheint die ganze Ehre im Akt des Skalpierens begründet zu sein, denn falls ein Mann ein Dutzend seiner Feinde im Kampf erschlägt und andere erobern die Skalps oder legen ihre Hand als Erste auf die Getöteten, ist die Ehre für denjenigen verloren,

48 Old Toby skizzierte eine Route, der das »Corps of Discovery« folgte. Sie führte über die nördliche Gabel des Salmon Rivers und den Bitterroot River zum Lolo Trail und von dort aus durch die Rocky Mountains in das heutige Idaho.

welcher sie umbrachte, und geht auf die über, die skalpieren oder sie als Erste berühren. Unter den Shoshonen sowie allen Indianern Amerikas wird Tapferkeit als die wichtigste Tugend hoch geachtet; es kann keiner unter ihnen berühmt werden, der nicht in irgendeinem Zeitabschnitt seines Lebens Beweise geliefert hat, dass er diese Tugend besitzt. Ansehen gewinnt man durch eine kriegerische Leistung und dieses Prinzip ist so gänzlich mit den frühesten Elementen ihres Denkens verwoben, dass es sich meiner Meinung nach als ein ernstes Hindernis zur Schaffung eines allgemeinen Friedens unter den Nationen des Missouris erweisen wird. Während ich in Fort Mandan war, wandte ich mich an einige Häuptlinge der Minnetares, die uns dort besuchten, und verglich die Vorteile eines Friedenszustands mit den Nachteilen des Kriegszustands, in welchem sie sich gerade mit ihren Nachbarn befanden. Die Häuptlinge, die bereits ihre Ernte an Meriten eingefahren und in vielen Fällen jene Unannehmlichkeiten am eigenen Leib erfahren hatten, die einen Krieg begleiten, stimmten bereitwillig meiner Ansicht zu. Ein junger Kerl, ganz unter dem Eindruck meiner Ausführungen, fragte mich, falls sie mit all ihren Nachbarn in Frieden leben würden, wie dann die Nation zu ihren Häuptlingen käme? Er fügte hinzu, dass die Häuptlinge jetzt alt seien und in Kürze sterben müssten, dass aber die Nation nicht ohne Häuptlinge existieren könnte. Er war davon überzeugt, dass es keine anderen Richtlinien für die Auswahl von Häuptlingen geben könne, als sich mittels kriegerischer Großtaten hervorzutun, wie es bisher der Brauch war.

[CLARK] Ich schrieb einen Brief an Captain Lewis, der ihn von den vor uns liegenden Unternehmungen und den Informationen meines Führers in Kenntnis setzte. Ich hielt sie für günstig und führte zwei Pläne an, von denen wir einen verfolgen sollten … und sandte einen Mann zu Pferd damit ab … Der Plan, den ich Captain Lewis empfahl, und den wir uns zu eigen machen werden, falls er mir beipflichtet, besteht darin, so viele Pferde wie möglich zu beschaffen (eines für jeden Mann) und meinen gegenwärtigen Führer anzuheuern … Der Plan sieht des Weiteren vor, auf dem Landweg zu einem schiffbaren Teil des *Columbia Rivers* oder zum *Ozean* vorzurücken, je nachdem, was wir uns mithilfe des Gewehrs in Ergänzung des kleinen noch vorhandenen Vorrats an Proviant besorgen könnten, wobei wir als letzten Ausweg auf unsere Pferde zurückgreifen könnten. Ein zweiter Plan besteht darin, die Truppe zu teilen, ein Teil soll diesen unzugänglichen Fluss mit den Vorräten, die wir noch haben, in Angriff nehmen, und der Rest wird sich zu Lande auf Pferderücken fortbewegen und sich bezüglich des Proviants auf die Gewehre verlassen, gelegentlich sollten beide Teile am Fluss zusammenkommen. Der erste Plan wäre mir der liebste.

25. August [LEWIS] Charbonneau erwähnte mir gegenüber mit offensichtlicher Gleichgültigkeit, dass er erwartete, alle Indianer des Lagers am Columbia morgen auf ihrem Weg zum Missouri zu treffen. Beunruhigt über diese Mitteilung fragte ich nach den Gründen dieser Absicht. Er ließ mich wissen, dass der erste Häuptling am Morgen einige seiner jungen Männer zu diesem Lager gesandt und die Indianer gebeten hatte, sie morgen zu treffen, und dass er selbst mit ihnen weiter den Missouri hinunterziehen und folglich mich und mein Gepäck irgendwo im Gebirge zurücklassen würde. Ich war wegen der Torheit von Charbonneau sehr aufgebracht, der keinen ausreichenden Scharfsinn besaß, um die Konsequenzen abzusehen, die unvermeidlich aus solch einer Bestrebung der Indianer entspringen würden, und obwohl er seit dem frühen Morgen durch seine Indianerfrau im Besitz dieser Informationen war, er sie erst am Nachmittag erwähnte. Ich konnte mir bei dieser Gelegenheit nicht verkneifen, ziemlich schroff mit ihm zu sprechen. Ich sah, dass es keine Zeit zu verlieren gab, um diese Weisungen rückgängig zu machen, andernfalls würden wir aller Wahrscheinlichkeit nach keine weiteren Pferde erhalten oder auch nur mein Gepäck zu den Wassern des Columbias befördern können. Ich rief deshalb die drei Häuptlinge zusammen und fragte sie, nachdem ich eine Pfeife mit ihnen geraucht hatte, ob sie zu ihrem Wort stünden und ob ich mich auf die Versprechen verlassen könnte, die sie mir gegeben hatten. Sie bejahten bereitwillig meine Frage, worauf ich sie an ihr Versprechen erinnerte, mir mit meinem Gepäck zu ihrem Lager jenseits der Berge zu helfen oder wenigstens bis zu der Stelle, an der Captain Clark die Kanus bauen würde. Sie gaben zu, es zugesichert zu haben. Ich fragte sie dann, warum sie ihre Leute gebeten hätten, sich morgen mit ihnen auf der anderen Seite des Berges zu treffen, wo es keine Möglichkeit für uns geben würde, mit ihnen zusammenzubleiben, um wegen der Pferde zu handeln. Falls sie wünschten, dass die weißen Männer ihre Freunde seien und ihnen gegen ihre Feinde helfen, indem sie ihnen Waffen lieferten und ihre Feinde davon abhielten, sie anzugreifen, dürften sie uns niemals etwas versprechen, was sie nicht zu halten beabsichtigen. Cameahwait blieb für einige Zeit schweigsam, schließlich sagte er mir, dass er wüsste, dass er unrecht getan hatte, aber dass er zu dieser Maßnahme gezwungen worden sei, weil er all seine Leute hungrig sah, aber da er versprochen hatte, mir Hilfe zu gewähren, werde er zu seinem Wort stehen. Ich ersuchte ihn dann, sofort jemanden auszusenden und seine Anordnungen rückgängig zu machen; zu diesem Zweck wurde ein junger Mann losgeschickt, und ich schenkte ihm ein Taschentuch, um ihn in meinem Sinne zu verpflichten.

26. August [LEWIS] Eine der Frauen, die beim Transport des Gepäckes geholfen hatten, blieb bei einem kleinen Wasserlauf etwa eine Meile hinter uns stehen und schickte die zwei Packpferde, die sie geführt hatte, mit einer ihrer Freundinnen weiter. Ich erkundigte mich bei Cameahwait nach der Ursache ihres Zurückbleibens und wurde von ihm in beiläufiger Weise aufgeklärt, dass sie zurückgeblieben war, um ein Kind auf die Welt zu bringen, und uns bald wieder einholen würde; nach etwa einer Stunde kam die Frau mit ihrem neugeborenen Baby an und schien auf ihrem Weg zum Lager offensichtlich genauso wohlauf zu sein, wie zuvor. Es kommt mir vor, als ob die Leichtigkeit und Sorglosigkeit, mit der die Frauen der Ureinwohner Nordamerikas ihre Kinder zur Welt bringen, eher ein Geschenk der Natur ist und nichts mit der Gewohnheit zu tun hat, wie einige behaupten, auch während ihrer Schwangerschaft schwere Lasten auf dem Rücken zu tragen. Falls eine reine und trockene Luft, ein hoch gelegenes und kaltes Land für die Geburt eines Kindes ungünstig wären, könnten wir in diesem Teil des Kontinents jedes Mal Komplikationen bei diesem Vorgang der Natur erwarten; da die Schlangenindianer aber einen Überfluss an Pferden besitzen, sind ihre Frauen im Gegensatz zu denen anderer Indianerstämme selten gezwungen, Lasten auf ihren Rücken zu tragen, doch gebären sie ihre Kinder genauso leicht, und es kommt selten vor, dass sie bei der Geburt Schwierigkeiten haben. Ich bin mehrere Male von Sachkundigen darauf aufmerksam gemacht worden, dass diejenigen Indianerfrauen, welche durch Weiße schwanger wurden, einer schwereren Niederkunft entgegengehen, als wenn sie das Kind eines Indianers erwarten. Wenn dies wahr ist, würde es als Bestätigung der Auffassung dienen, die ich vorgebracht habe … Ich stieß auf Colter, der gerade mit einem Brief von Captain Clark angekommen ist, in welchem er mir ausführlich von seiner Erkundung berichtet und den Fluss und das Land beschreibt. Aus seiner Sicht ist der Gedanke töricht, diesen Fluss in Kanus hinabfahren zu wollen; ich bin deshalb ›entschlossen‹, morgen mit den Indianern über den Ankauf von Pferden zu verhandeln, um die Ausführung des Plans, die Rocky Mountains auf dem Landweg zu überqueren, zu ermöglichen. Ich informierte jetzt Cameahwait von meiner beabsichtigten Expedition zum großen Fluss in den Prärien jenseits der Berge und machte ihm klar, dass ich von ihm und seinen Leuten

20 Pferde zu kaufen beabsichtigte, um unser Gepäck zu befördern. Er erwiderte, dass die Minnetares im Frühling eine große Anzahl ihrer Pferde gestohlen hätten, hoffe aber, seine Leute würden mir die gewünschte Zahl überlassen. Ich erbat auch einen Führer, er sagte, dass er nicht daran zweifelte, dass der alte Mann, der bei Captain C. war, uns begleiten würde, wenn wir ihn wollten, und dass er besser über das Land Bescheid wisse als irgendein anderer. Da die Angelegenheiten soweit arrangiert waren, sorgte ich dafür, dass die Fidel gespielt wird, und die Truppe tanzte sehr fröhlich zum Vergnügen und zur Freude der Einheimischen. Ich muss allerdings gestehen, dass mein eigener Gemütszustand in diesem Moment nicht mit der vorherrschenden Heiterkeit übereinstimmte, da ich die leise Befürchtung hegte, dass die Launenhaftigkeit der Indianer sie plötzlich veranlassen könnte, uns ihre Pferde vorzuenthalten, ohne welche meine Hoffnungen auf eine vorteilhafte Fortsetzung meiner Reise sich erübrigen würden; aber ich beschloss, die Indianer wenn möglich bei guter Laune zu halten und keine Zeit zu verlieren, die notwendige Anzahl von Pferden zu erhalten.

27. August [CLARK] Meine Truppe beklagt stündlich ihre elende Lage und [fasst] zweifellos ins Auge, in einem Land hungers zu sterben, wo außer ein paar Fischen keinerlei Wild anzutreffen ist.

[ORDWAY] Captain Lewis kaufte heute acht oder neun Pferde. Die Eingeborenen lehnen es ab, sich von weiteren Pferden zu trennen, ohne einen höheren Preis für sie zu erzielen. Der höchste Preis für die, die er bis jetzt gekauft hat, war etwa drei oder vier Dollar an Handelsware, aber wir werden ein wenig mehr bezahlen müssen, um zusätzliche Pferde zu erhalten. Am Abend führten die Eingeborenen einen Kriegstanz auf, indem sie mit ihren Flinten tanzten, aber sie besaßen nur drei oder vier Exemplare. Sie waren sehr fröhlich, aber tanzten nicht so rhythmisch wie die Indianer am Missouri. Ihre Frauen sangen mit ihnen, aber keine tanzte. Sie erzählen uns, dass auch einige ihrer Pferde tanzen sollten, aber sie hätten sie noch nicht dazu gebracht. Die Art, ihre Zeit mit Kurzweil und Spiel zu vertreiben, ist eine andere. Sie haben ein Spiel, bei dem sie ihr ganzes Hab und Gut riskieren, das sie für ihre Pferde erhalten haben, aber es beunruhigt sie nicht, sie scheinen sorglos zu sein und lassen der Welt ganz zufrieden ihren Lauf.

28. August [CLARK] Die Lachse, von denen ich gegenwärtig lebe, sind angenehm zu essen, doch trotzdem werde ich immer schwächer …

29. August [CLARK] Ich ließ unser Gepäck in der Obhut zweier Männer zurück und rückte weiter bergauf, um mich Captain Lewis am oberen Dorf der Schlangenindianer anzuschließen, wo ich um ein Uhr ankam. Ich fand ihn sehr mit Verhandlungen beschäftigt und dem Versuch, noch ein paar Pferde zu kaufen. Ich sprach mit den Indianern über verschiedene Themen und bemühte mich, ihrem Verstand den Vorteil klarzumachen, den sie davon hätten, wenn sie uns Pferde verkaufen, um dadurch unsere Reise zu beschleunigen. Dies sei möglicherweise der beste Weg, uns sobald wie möglich zurückzubringen, dann könnten wir mit ihnen an einem Ort überwintern, wo es jede Menge Büffel gebe. Es ist unser Wunsch, für jeden Mann ein Pferd zu erhalten, um unser Gepäck zu tragen und gelegentlich zu reiten. Die Pferde sind stattlich; wir können aber nicht einschätzen, ob sie schwere Lasten tragen und ob sie sich von dem Gras ernähren können, welches wir in den Bergen zu finden hoffen.

[ORDWAY] Gegen acht Uhr in der Frühe kamen einige Indianer hier an, die vor langer Zeit ihre Nation verlassen hatten. Einer von ihnen wurde in der Prärie skalpiert. Er wusste aber nicht, welcher Nation seine Peiniger angehörten. Ihre Verwandten heulten und schrien, als sie das Dorf betraten.

30. August [CLARK] Als feststand, dass wir nicht mehr Pferde kaufen können, als wir bereits hatten (obzwar nicht in ausreichender Menge, nämlich eines für jeden unserer Truppe), gab ich einem der Männer mein Steinschlossgewehr und verkaufte seine Muskete für ein Pferd, somit kamen wir auf die Gesamtsumme von 29 Pferden, wir erstanden Packseile, machten Sättel und brachen auf dem Landweg flussabwärts auf, geleitet von meinem alten Führer, nebst einem zweiten, der sich ihm anschloss, und den drei Söhnen des Führers … Die Pferde sind nicht die besten, viele haben wunde Rücken und andere sind nicht gewohnt, beladen zu werden, und da wir ihnen keine große Lasten aufpacken können, sind wir gezwungen, so viele zu kaufen, wie wir können, um unser bescheidenes Gepäck transportieren zu können und sie, falls notwendig, zu verzehren.

2. September [CLARK] Wir schritten durch Dickicht voran und waren gezwungen uns einen Weg zu hauen, wir kamen über felsige, hügelige Abhänge, wo unsere Pferde in Gefahr waren, in den sicheren Tod wegzurutschen, und stiegen steile Hügel hinauf und hinunter, wo mehrere Pferde stürzten, einige sich überschlugen und andere abschüssige Hänge hinunterrutschten; ein Pferd gelähmt und zwei am Ende. Unter größten Schwierigkeiten und Gefahren etc. legten wir fünf Meilen zurück.

[WHITEHOUSE] Es ist ein fürchterliches, schlechtes Vorwärtskommen.

3. September [CLARK] Wir erlitten ein großes Missgeschick, indem unser letztes Thermometer bei einem Unfall zerbrach. Heute passierten wir gewaltige Berge und die denkbar schlechtesten Wege für Pferde. Sie stürzten häufig. Der Schnee liegt etwa zwei Zoll hoch, es begann zu regnen, bald darauf machte uns Schneeregen das Leben schwer.

[ORDWAY] Wir aßen die letzten Reste unseres Schweinefleisches etc. Einige der Männer drohen, ein Fohlen zu töten, weil sie hungrig sind, schieben es aber bis morgen Mittag auf, sie hoffen, die Jäger werden irgendein Wild töten.

[WHITEHOUSE] Bei Einbruch der Dunkelheit fing es heftig an zu regnen, deshalb legten wir uns hin und schliefen, durchnässt, hungrig und frierend.

4. September [CLARK] Wir verfolgten den Weg etwa fünf Meilen weit den Wasserlauf zur Gabelung hinunter, wo wir auf eine Gruppe Flatheads stießen. Wir zählten 33 Wigwams, ungefähr 80 Männer, 400 Menschen insgesamt und wenigstens 500 Pferde. Diese Leute empfingen uns freundlich, warfen weiße Ehrenkleider über unsere Schultern und rauchten die Friedenspfeifen. Wir lagerten bei ihnen und fanden sie wohlgesinnt, aber sie hatten nichts als Beeren zu essen, von denen sie uns abgaben. Diese Indianer sind gut mit Fellhemden und Übermänteln bekleidet, sie sind stämmig und hellhäutiger als für Indianer üblich. Die Häuptlinge hielten bis spät in die Nacht flammende Reden, rauchten unsere Pfeife und schienen zufrieden. Ich war der erste Weiße, der jemals an den Wassern dieses Flusses[49] stand.

[ORDWAY] Wir hatten außer etwas geröstetem Mais nichts zu essen. Die Luft auf den Bergen ist sehr frostig und kalt. Unsere Finger schmerzen vor Kälte … Unser Jäger erlegte einen Hirsch, den wir verspeisten. Unser Führer und der junge Indianer, der ihn begleitet, aß die frischen Eingeweide des Hirsches.

5. September [CLARK] Wir riefen die Häuptlinge und Krieger zusammen und sprachen zu ihnen (mit viel Schwierigkeiten, denn unsere Worte mussten mehrfach übersetzt werden, ehe sie in ihrer Sprache ankamen). Sie sprechen hauptsächlich aus dem Rachen heraus und geben glucksende Laute von sich. Wir teilten ihnen mit, wer wir sind, woher wir kommen, wohin wir unterwegs sind und zu welchem Zweck etc. und baten darum, ein paar Pferde von ihnen kaufen und eintauschen zu können, im Verlauf des Tages kaufte ich elf Pferde und tauschte sieben ein, wofür wir ihnen ein paar Handelsartikel gaben. Diese Indianer besitzen gute Pferde … Sie nennen sich selbst

49 Bitterroot River, von den Captains »Clark's River« genannt.

Eoote-lash-schute und bestehen alles in allem aus 450 Wigwams und sind in mehrere Scharen an den Quellen des Columbias und Missouris verteilt, einige leben auch weiter unten am Columbia.

[ORDWAY] Die Indianerhunde sind so ausgehungert, dass sie mehrere Paar Mokassins der Männer fraßen ... Diese Eingeborenen sprechen die sonderbarste Sprache von allen, die wir bis jetzt kennengelernt haben. Es kommt uns so vor, als ob sie einen Sprachfehler oder einen Zungenbruch hätten. Wir denken, dass sie vielleicht die walisischen Indianer[50] etc. sind. Sie sind bisher die liebenswertesten und ehrlichsten und uns sehr wohlgesonnen. Sie tauschten einige ihrer guten Pferde ein und nahmen dafür unsere völlig erschöpften Tiere, sie schienen alles, was in ihrer Macht stand, tun zu wollen, um uns zu helfen.

6. September [CLARK] Es regnete heute Abend. Wir haben nichts zu essen, außer Beeren, unser Mehl ist alle, und wir haben nur noch wenig Mais, die Jäger erlegten nur zwei Fasane.

[WHITEHOUSE] Captain Lewis notierte viele Wörter ihrer Sprache, damit vielleicht herausgefunden werden kann, ob sie Waliser sind oder nicht oder ob sie ursprünglich von den Walisern abstammten.

7. September [GASS] Wir pausierten um zwölf Uhr, und einer der Jäger tötete zwei Hirsche, was viel Freude und Glückwünsche hervorrief.

[WHITEHOUSE] unsere Truppe schien wie neugeboren nach dem Erfolg des Jägers, aber bei aller Not, die wir bis jetzt durchgemacht hatten, klagte keiner und vertrauten wir in all unseren Schwierigkeiten der Vorsehung und der Führung unserer Offiziere.

9. September [LEWIS] Unser Führer konnte uns nicht sagen, wo dieser Fluss in den Columbia River einmündet, er teilte uns mit, dass er seinen Lauf entlang der Berge nach Norden fortsetze, soweit es ihm bekannt sei, und dass er mit einem fast genauso großen Strom zusammenfließe, der in den Bergen in der Nähe des Missouris östlich von uns entspringe und ein ausgedehntes Tal durchquere, welches einen ausgezeichneten Pass zum Missouri bilde. Die Stelle des Missouris, wo der indianische Pass ihn kreuzt, ist ungefähr 30 Meilen oberhalb der *Gates of the Rocky Mountains* oder der Stelle, wo das Tal des Missouris sich zum ersten Mal in eine ausgedehnte Ebene verbreitert, nachdem er in die Rocky Mountains eingetreten ist. Der Führer unterrichtete uns, dass ein Mann auf dieser Strecke in vier Tagen von hier zum Missouri gelangen könnte. Wir setzten unseren Weg an der Westseite

50 Ordway erwähnt hier eine damals zirkulierende Vorstellung, einige der westlichen Indianer stammten vielleicht von walisischen Auswanderern oder Reisenden vergangener Zeiten ab.

des Flusses ungefähr fünf Meilen weiter fort und lagerten an einem großen Wasserlauf, der nach Westen hineinfließt. Unser Führer riet uns, den Fluss an dieser Stelle zu verlassen, und da das Wetter zur Ruhe zu kommen schien und schön wurde, beschloss ich, den nächsten Tag zu rasten, unseren Pferden Ruhe zu gönnen und einige Himmelsbeobachtungen zu machen. Wir nannten diesen Wasserlauf *Travelers Rest*.

10. September [LEWIS] Heute Abend kehrte einer unserer Jäger zurück, begleitet von drei Männern vom Flathead-Volk, die er auf seinem Streifzug oberhalb des *Travelers Rest Creeks* getroffen hatte. Beim ersten Aufeinandertreffen mit ihm waren die Indianer erschrocken und bereiteten sich auf einen Kampf mit Pfeil und Bogen vor, aber er zerstreute bald ihre Befürchtungen, indem er sein Gewehr niederlegte und ihnen entgegenging … Unser Führer konnte die Sprache dieser Leute nicht sprechen, aber verwickelte sie bald in eine Unterhaltung durch Zeichen und Gestikulation, der gemeinsamen Sprache aller Ureinwohner Nordamerikas … Auf diese Art und Weise erfuhren wir von diesen Leuten, dass zwei Männer, von denen sie annahmen, dass sie der Schlangennation angehörten, ihnen 23 Pferde gestohlen hätten und dass sie auf der Jagd nach den Dieben seien. Sie erzählten uns, dass sie in großer Eile seien, wir gaben ihnen etwas gesottenes Wildbret, von dem sie sparsam aßen. Die Sonne war inzwischen untergegangen, zwei der Männer brachen wieder auf, nachdem sie einige kleine Gegenstände erhalten hatten, die wir ihnen schenkten, der dritte blieb, da er eingewilligt hatte, mit uns als Führer weiterzugehen und uns mit seinen Verwandten bekannt zu machen, die, wie er uns informierte, sehr zahlreich seien und in der Ebene unterhalb der Berge am Columbia River wohnten, von wo aus das Wasser ruhig und schiffbar bis zum Meer sei. Er erzählte uns, dass einige seiner Verwandten letzten Herbst am Meer waren und einem alten weißen Mann begegnet seien, der dort allein lebte und ihnen einige Taschentücher wie die, die er bei uns sehe, gegeben hatte. Er sagte, man müsse fünf Mal schlafen, also sechs Tagereisen, um seine Verwandten zu erreichen.

11. September [WHITEHOUSE] Wir kamen an einem Baum mit farbigen Figurenmalereien vorüber, die von Einheimischen geschaffen wurden. Das Fell eines weißen Bären hing am gleichen Baum. Wir halten ihn für eine Kultstätte. [Wir sahen] Kiefern, die so weit abgeschält waren, wie ein Mann hochreichen konnte. Wir nehmen an, dass die Indianer die innere Borke benützen, um sie mit ihren getrockneten Früchten zu mischen, und dann als Nahrung verwenden.

12. September [ORDWAY] Wir fanden weder Wasser noch vor zehn Uhr in der Nacht einen Platz, um zu lagern … Wir konnten keine ebene Schlafstelle finden und kaum Futter irgendwelcher Art für unsere Pferde.

13. September [CLARK] nach zwei Meilen kamen wir an mehreren Quellen vorbei, zu denen sich, wie ich bemerkte, Hirsche und Wapitis Wege gebahnt hatten. Unterhalb davon hatte einer der Indianer eine Grube ausgehoben, um zu baden, ich kostete dieses Wasser, es war heiß und schmeckte nicht schlecht … Bei weiterer Prüfung fand ich dieses Wasser fast kochend heiß an den Stellen, wo es aus den Felsen heraussprudelte. Ich steckte meinen Finger ins Wasser, zunächst konnte ich ihn nicht eine Sekunde drin behalten. Da mehrere Wege von diesen Quellen in verschiedene Richtungen wegführten, wählte mein Führer einen falschen und führte uns drei Meilen weit von unserer Route über eine unerträgliche Wegstrecke; nachdem wir wieder auf die richtige Straße gekommen waren, schritten wir auf leidlichen Pfaden vier oder fünf Meilen vorwärts und machten dann Rast, um sowohl unsere Pferde grasen zu lassen als auch die Ankunft von Captain Lewis zu erwarten, der noch nicht wieder zu uns gestoßen war.

14. September [CLARK] Hier waren wir gezwungen, für unsere Männer ein Fohlen zu töten, um etwas Essbares zu haben. Wir nannten den südlichen Arm *Colt Killed Creek* und diesen Fluss *Flathead River*[51]. Die Berge, die wir heute überquerten, waren viel schlimmer als gestern, der letzte ausgesprochen unwegsam, steil und steinig und dicht bestreut mit umgestürzten Kiefern, Fichten und Lärchen. Unsere Männer und unsere Pferde sind sehr erschöpft.

15. September [CLARK] Wir stiegen auf der rechten Seite des Flusses über steile, felsige und buschige Stellen vier Meilen hinunter zu einem alten indianischen Angelplatz, hier verlässt der Weg linker Hand den Fluss und führt auf einen Berg; er windet sich in alle Richtungen, um die steilen Abhänge und die immense Menge umgestürzter Baumstämme zu überwinden … Nach vier Meilen Aufstieg fand ich eine Quelle und wartete, bis die Nachhut angekommen war, um unsere Pferde ruhen und weiden zu lassen.

Nach ungefähr zwei Stunden traf die Nachhut unserer Truppe ein. Mensch und Tier waren sehr erschöpft, mehrere Pferde rutschten aus und wälzten sich steile Hügel hinunter, wobei sie sich schwere Verletzungen zuzogen. Das Pferd, welches mein Schreibpult und meine kleine Truhe trug, fiel und stürzte 40 Yards weit einen Berg hinunter. Es schlug gegen einen Baum, das Schreibpult zerbrach,

51 Der heutige Lochsa River in Idaho.

das Pferd aber kam mit dem Leben davon und schien nur wenig verletzt. Einige andere trugen schlimme Verwundungen davon. Von dieser Stelle beobachtete ich eine Kette hoher Berge von Südost nach Südwest, mit schneebedeckten, kahlen und baumlosen Gipfeln.

Nach zwei Stunden Aufenthalt rückten wir weiter den steilen und wie üblich zerklüfteten Berg hinauf, es gab mehr Bäume in der Nähe des Gipfels; als wir oben ankamen, konnten wir kein Wasser finden, wir beschlossen, zu kampieren und den Schnee zu schmelzen, den wir auf dem Gipfel vorfanden, um den Rest unseres Fohlens zu kochen und ein Abendmahl daraus zu machen. Der Abend war sehr kalt und wolkig. Zwei unserer Pferde verendeten … Heute haben wir nur zwei Fasane erlegt.

16. September [CLARK] Es begann etwa drei Stunden vor Tagesanbruch zu schneien und hielt den ganzen Tag über an. Der Neuschnee dieses Morgens liegt vier Zoll hoch auf dem alten und zur Nacht hin wuchs die Schneedecke auf sechs bis acht Zoll. Ich ging voran und hatte große Schwierigkeiten, nicht vom Weg abzukommen, da der Schnee an vielen Stellen die Fährte gänzlich zugedeckt hatte und ich gezwungen war, mehrere Minuten nach dem Pfad zu forschen. Um zwölf Uhr hielten wir auf dem Gipfel des Berges, um uns aufzuwärmen und uns zu trocknen sowie unsere Pferde ausruhen und ein wenig an etwas langem Gras weiden zu lassen … Vor uns lag eine dicht bewaldete Gegend mit acht verschiedenen Kieferarten, die so mit Schnee bedeckt waren, dass wir beim Hindurchgehen ständig eine Ladung abbekamen. Ich wurde durch und durch nass und an jedem Körperteil so kalt, wie ich es in meinem Leben noch nie erlebt habe, tatsächlich war ich eine Zeit lang in großer Sorge, dass meine Füße in den dünnen Mokassins erfrieren würden.

Nach einer kurzen Rast in der Tagesmitte nahm ich mir einen Mann als Begleitung und ging so schnell ich konnte ungefähr sechs Meilen zu einem kleinen Gebirgsausläufer weiter, der sich rechter Hand erstreckte, hielt an und machte Feuer für die Truppe in Erwartung ihrer Ankunft. Es dämmerte bereits, als sie eintraf. Die Männer waren sehr erschöpft. Wir lagerten an diesem Ausläufer in einem dicht bewaldeten Grund, der kaum groß genug für uns war, um darauf eben zu liegen, die Männer sind alle durchnässt, erkältet und hungrig. Wir töteten ein zweites Fohlen, das wir am Abend alle gierig verspeisten und es als schmackhaftes Fleisch empfanden …

[GASS] Wir gingen weiter über die schrecklichsten Berge, die ich jemals erblickte …

[WHITEHOUSE] Wir besserten unsere Mokassins aus. Einige der Männer waren ohne Socken, sie wickelten Lumpen um ihre Füße; wir beluden unsere Pferde und brachen auf, ohne irgendetwas zu essen.

17. September [CLARK] Der Weg ist übermäßig schlecht. Schnee auf den Bergen, kein Schnee in den Tälern. Wir erlegten einige Fasane, die für unser Abendessen nicht ausreichten, also waren wir gezwungen, irgendein Tier zu töten. Da ein Fohlen der unbrauchbarste Teil unserer Vorräte ist, fiel es unserem Appetit zum Opfer ... Wir schafften heute nur zehn Meilen, zwei Pferde stürzten und verletzen sich sehr schwer.

[WHITEHOUSE] Die Stute, der das getötete Fohlen gehörte, lief dorthin zurück, wo wir gestern unser Abendessen eingenommen hatten, und führte vier weitere Pferde mit sich.

18. September [LEWIS] Captain Clark brach heute Morgen auf, um mit sechs Jägern zum Flachland vorauszueilen, um einige Fleischvorräte zu beschaffen, da es kein Wild in diesen Bergen gibt. Ich blieb bei der Truppe zurück und übernahm die Führung ... Dementsprechend befahl ich, dass die Pferde vorbereitet würden, da ich entschlossen war, meinen Marsch in dem Maß zu beschleunigen, wie die Kräfte unserer Pferde es erlauben würden ... Wir litten heute unter Wassermangel; da wir nur ein Flüsschen überquerten; wir waren glücklich, als wir an einer steilen Klamm etwa eine halbe Meile von unserem Lager entfernt endlich Wasser fanden. Heute Morgen aßen wir den Rest unseres letzten Fohlens auf. Wir aßen mittags und abends eine spärliche Portion Tornistersuppe, von welcher einige Büchsen, ein wenig Bärenöl und ungefähr 20 Pfund Kerzen unseren Bestand an Vorräten bilden, die einzigen Hilfsmittel sind unsere Gewehre und Packpferde. Auf die Ersteren ist in unserer gegenwärtigen Situation nur ein armseliger Verlass, da es momentan nichts auf dieser Erde gibt außer uns selbst und einigen kleinen Fasanen, kleinen grauen Eichhörnchen und einem blauen Vogel von der Größe einer Turteltaube oder dem Eichelhäher.

[CLARK] Wir lagerten an einem kräftig fließenden Wasserlauf, den wir linker Hand passierten, ich nannte ihn *Hungry Creek*, da wir an diesem Ort nichts zu essen fanden. Ich rastete heute nur eine Stunde, um unsere Pferde grasen und ausruhen zu lassen.

19. September [LEWIS] Wir brachen heute Morgen kurz nach Sonnenaufgang auf und setzten unseren Weg in die gestrige Richtung oder gegen Süd 20° W sechs Meilen weit fort, als der Kamm endete, und wir zu unserer unbeschreiblichen Freude eine große Prärie entdeckten, die sich nach Südwesten erstreckte und, wie es schien, nach Westen ausweitete. Durch diese Ebene, so setzte uns der Indianer in Kenntnis, fließt der Columbia River, auf dessen Suche wir waren. Diese Prärie schien etwa 60 Meilen entfernt, aber unser Führer versicherte uns, dass wir ihre Ausläufer morgen erreichen würden. Das Aussehen dieses Landes ließ uns auf Nahrung hoffen und belebte die Gemüter der erschöpften und ausgehungerten Truppe außerordentlich … Der Weg entlang diesem Wasserlauf war überaus gefährlich, da es sich nur um einen schmalen, felsigen Pfad am Rand eines steilen Abgrundes handelte, von dem abzustürzen absolut tödlich gewesen wäre, an vielen Stellen wären Mensch oder Pferd bei einem falschen Tritt unvermeidlich in Stücke zerschmettert worden. Fraziers Pferd stürzte am Abend von diesem Pfad und wälzte sich mit seiner Last nahezu einhundert Yards tief in den Wasserlauf hinunter. Wir alle erwarteten, dass das Pferd tot sei, aber zu unserem Erstaunen erhob es sich auf seine Füße, als die Last von ihm genommen wurde, und schien nur wenig verletzt zu sein, nach 20 Minuten trabte es mit seiner Last weiter. Dies war die wundervollste Rettung, die ich je erlebt habe. Der Abhang, den es hinuntertaumelte, war beinahe senkrecht und durch große unregelmäßige Felsen zerklüftet … Mehrere der Männer sind an der Ruhr erkrankt. Auch Ausschläge oder Hautreizungen sind bei uns seit einiger Zeit an der Tagesordnung.

[GASS] Wir haben indessen einige Hoffnung, dieser schrecklichen Gebirgswüste zu entkommen, da wir den Beginn eines Tales oder ebenen Landstrichs etwa 40 Meilen vor uns erspäht haben.

Nach dieser Entdeckung gab es so viel Freude und Frohlocken unter der Truppe, wie es unter Passagieren auf See vorkommt, die eine gefährliche und langwierige Reise durchgemacht haben und zum ersten Mal die lang ersehnte Küste erblicken.

20. September [LEWIS] Heute Morgen wurde meine Aufmerksamkeit auf eine Vogelart gelenkt, die mir völlig fremd war. Der Vogel war eher größer als eine Wanderdrossel, obwohl seine Gestalt und sein Verhalten ihr sehr ähneln. Er ist auf dem Rücken bläulich braun gefärbt, die Flügel und der Schwanz sind schwarz, ein drei viertel Zoll breiter schwarzer Streifen läuft über den Kropf vor dem Hals, und zwei andere der gleichen Farbe gingen von seinen Augen an den Seiten des Kopfes entlang nach hinten. Die Spitze des Kopfes, Hals, Brust, Bauch und Flügelspitzen sind von einem prächtigen gelblichen Ziegelrot. Er holte sich Beeren der Esche, die sehr häufig im Land vorkommt und welche ich zum ersten Mal am zweiten dieses Monates bemerkte. Ich habe auch zwei blaue Vögel beobachtet, beide halte ich für Verwandte der Falken oder Geier. Wir wurden heute Morgen bis zehn Uhr aufgehalten, weil wir nicht in der Lage waren, unsere

Pferde einzuholen. Wir waren ungefähr zwei Meilen weitergegangen, als wir den größeren Teil eines Pferdes fanden, auf das Captain Clark zufällig gestoßen war und das er für uns getötet hatte. Er informierte mich durch eine Notiz, dass er so schnell wie möglich zum flachen Land weiterziehen würde, das südwestlich von uns lag und welches wir von den Höhen der Berge am 19. dieses Monats entdeckt hatten. Dort beabsichtigte er, bis zu unserer Ankunft zu jagen. Um ein Uhr machten wir Pause und bereiteten eine kräftige Mahlzeit aus Pferdefleisch, sehr zum Behagen unserer hungrigen Mägen. Hier erfuhr ich, dass eines der Packpferde mit seiner Last fehlte, und entsandte sofort Baptiste Lepage, der es in seiner Obhut hatte, um nach ihm zu suchen. Er kehrte um drei Uhr ohne das Pferd zurück. Was das Packpferd trug, stellte einen beträchtlichen Wert dar und bestand aus Handelsware und all meinem Vorrat an Winterkleidung. Ich schickte deshalb zwei meiner besten Waldläufer auf die Suche nach ihm und zog mit der Truppe weiter …

[CLARK] Nach zwölf Meilen stiegen wir den Berg zu einem flachen Kiefernland hinab, ritten durch eine wunderschöne Gegend drei Meilen zu einer kleinen Prärie weiter, in der ich viele Indianerwigwams fand. In einer Meile Entfernung von den Wigwams traf ich drei Jungen, die wegliefen und sich im Gras versteckten, als sie mich sahen. Ich stieg ab, gab mein Gewehr und Pferd einem der Männer, suchte und fand zwei der Jungen. Ich gab ihnen kleine Bortenstücke und schickte sie zum Dorf voraus, ein Mann näherte sich mir mit großer Vorsicht und führte uns dann zu einem großen geräumigen Wigwam, welcher, wie er mir (durch Zeichen) verständlich machte, seinem großen Häuptling gehörte, der drei Tage zuvor mit allen Kriegern der Nation aufgebrochen war, um in südwestlicher Richtung einen Kriegszug durchzuführen; er werde in 15 oder 18 Tagen zurückkommen. Die wenigen Männer im Dorf waren betagt, sehr viele Frauen versammelten sich um mich mit Zeichen sichtlicher Angst, aber andererseits auch erfreut. Sie gaben uns ein kleines Stück Büffelfleisch, einige getrocknete Beeren und Wurzeln verschiedener Art, dazu eine runde, der Zwiebel sehr ähnliche Frucht, die sie *Camas* nennen. Brot oder Kuchen wird *Pas-she-co* genannt. Sie boten uns das aus dieser Wurzel hergestellte Brot an, von welchem wir alle tüchtig aßen, ich gab ihnen dafür einige kleine Geschenke und ging mit einem Häuptling zu seinem Dorf, wo wir nach ihren Bräuchen freundlich behandelt wurden und die ganze Nacht bei ihnen verblieben. Diese zwei Dörfer bestehen aus etwa 30 doppelten Wigwams, nur wenigen Männern, aber vielen Frauen und Kindern. Sie nennen sich *Cho pun-nish* oder

Pierced Noses[52] (durchbohrte Nasen). Sie sind dunkler als die Tushepaws. Ihre Kleidung ist ähnlich, aber mit mehr Perlen, hauptsächlich weißen und blauen, Messing, Kupfer und Muscheln verziert; ihr Haar tragen sie auf die gleiche Weise. Es sind große stattliche Männer und kleine, hübsch gestaltete Frauen. Sie haben in den Ebenen immense Mengen des Camas oder der Pas-she-co-Wurzel gesammelt und in Haufen aufgetürmt. Diese Wurzeln wachsen fast wie eine Zwiebel an sumpfigen Stellen, die Samen hängen in dreieckigen Schalen am Halm. Sie behandeln sie folgendermaßen: sie graben ein großes Loch, drei Fuß tief, bedecken den Boden mit Spaltholz, legen kleine Steine von etwa drei oder vier Zoll Dicke oben darauf, dann folgt eine zweite Schicht aus zerspaltenem Holz, anschließend wird das Ganze in Brand gesetzt, dadurch erhitzen sich die Steine.

Nachdem das Feuer erloschen ist, legen sie eine Mischung aus Gras und Schlamm auf die Steine, darauf trockenes Gras, welches die Pas-she-co-Wurzel hält, ein dünner Mantel des gleichen Grases wird darübergelegt, dabei wird ständig ein kleines Feuer unterhalten, wenn notwendig in der Mitte des Röstofens etc. Ich fühle mich den ganzen Abend sehr unwohl, da ich von Fisch und Wurzeln zu reichlich gegessen habe. Ich schickte die Jäger aus. Sie erlegten nichts.

21. September [LEWIS] Wir lagerten in einer kleinen offenen Senke, wo es leidliches Futter für unsere Pferde gab. Ich befahl, dass den Pferden die Vorderbeine gefesselt werden, um am nächsten Tag jeden Verzug zu verhindern, da ich entschlossen war, morgen einen Gewaltmarsch zu machen, um, wenn möglich, das offene Land zu erreichen. Wir erlegten einige Fasane, und ich schoss einen Präriewolf, der zusammen mit dem Rest unseres Pferdefleisches und einigen Flusskrebsen, die wir in dem Wasserlauf fingen, eine sehr kräftige Mahlzeit ergab. Wir wissen ja nicht, wann und wo wir wieder etwas zu essen finden werden. Wir sehen immer mehr und immer größere Lebensbäume (Arbor vitae). Ich entdeckte heute mehrere Stämme, die groß genug sind, um erstklassige Pirogen von wenigstens 45 Fuß Länge zu fertigen. Ich fühle mich wegen des Nahrungsmangels zunehmend schwach, und die meisten der Männer klagen über dasselbe Übel und sind völlig abgemagert.

[CLARK] Ich schickte alle Jäger in verschiedene Richtungen aus, um Hirsche zu jagen, ich selbst blieb mit dem Häuptling zurück, um Argwohn zu verhindern und durch Zeichensprache so viele Informationen

52 Die Nez Percé, von den Captains auch Chopunnish genannt, lebten an der Westflanke der Rocky Mountains; die französiche Bezeichnung verweist darauf, dass diese Indianer wahrscheinlich ihre Nasen mit einem Schmuckstück durchbohrten. Clark stieß auf sie in der Nähe der heutigen Stadt Weippe, Idaho; hier verließ das »Corps« die Berge.

wie möglich über den Fluss und das Land im Voraus zu sammeln. Der Häuptling zeichnete mir eine Art Flusskarte und gab mir zu verstehen, dass ein mächtigerer Häuptling als er selbst gerade am Fluss einen halben Tagesmarsch von seinem Dorf entfernt dem Fischfang nachging, er wird Twisted Hair (geflochtenes Haar) genannt … Die Jäger kehren alle mit leeren Händen zurück. Ich kaufte so viel Proviant, wie ich konnte, mit dem Wenigen, was ich in meinen Taschen hatte, also Lachs, Brot, Wurzeln und Beeren, und schickte R. Fields mit einem Indianer aus, um Captain Lewis zu treffen; um vier Uhr nachmittags machten wir uns auf den Weg zum Fluss, bei Einbruch der Dunkelheit trafen wir einen Mann, der dem Dorf zustrebte, ich heuerte ihn an und schenkte ihm ein Halstuch, damit er mich zum Lager von Twisted Hair führen sollte. Wir kamen erst gegen halb zwölf Uhr nachts im Lager des Häuptlings an. Wir fanden in diesem Lager fünf Indianerfrauen und drei Kinder. Mein Führer rief nach dem Häuptling, der sich mit zwei Begleitern auf einer kleinen Insel im Fluss aufhielt, er suchte mich bald auf, ich empfand ihn als freundlichen Mann von offensichtlicher Ernsthaftigkeit, ich gab ihm eine Medaille etc. und rauchte mit ihm bis ein Uhr nachts, danach legte ich mich schlafen. Ich bin heute sehr krank und erbreche mich, was mir Erleichterung verschafft.

22. September [LEWIS] Ungeachtet meiner ausdrücklichen Befehle, den Pferden gestern Abend die Vorderbeine zu fesseln, versäumte einer der Männer, dem nachzukommen. Er will von dem Befehl nichts gewusst haben. Dieses Pflichtversäumnis hielt uns indessen bis halb zwölf Uhr auf, als wir unseren Marsch in westlicher Richtung wieder aufnahmen. Wir waren ungefähr zweieinhalb Meilen weitergeritten, als wir Reuben Fields trafen, der einige getrocknete Fische und Wurzeln bei sich hatte, die er sich von einer Indianergruppe besorgt hatte, deren Wigwams etwa acht Meilen weiter voraus standen. Ich befahl der Truppe zu halten, um eine Erfrischung zu sich zu nehmen. Ich teilte Fisch, Wurzeln und Beeren aus und war froh, dass die Menge ausreichte, um unseren Appetit vollständig zu befriedigen … Die Freude, die ich jetzt fühlte, nämlich über die Rocky Mountains triumphiert zu haben und wieder zu einem ebenen und fruchtbaren Land hinabzusteigen, wo es Hoffnung gibt, einen reichlichen Lebensunterhalt für mich und die Truppe zu finden, kann sich leichter vorgestellt als ausgedrückt werden. Und die Aussicht auf den endgültigen Erfolg der Expedition war nicht weniger wohltuend.

[CLARK] Die Jäger erlegten heute Morgen drei Hirsche. Ich ließ sie auf der Insel zurück und brach mit dem Häuptling und seinem Sohn auf …

Ich fand Captain Lewis und die lagernde Truppe sehr erschöpft und hungrig. Sie schienen sehr erfreut, etwas zu essen zu bekommen, und ließen es sich kräftig schmecken. Ich warnte sie vor den Folgen übermäßigen Essens etc. … Die Indianer stahlen aus R. F.'s Kugelbeutel seinen Messerwischer, Kompass und Stahl, die wir von ihnen nicht mehr zurückerhalten konnten. Wir bemühten uns, das Gespräch mit den Leuten zu suchen, aber in Ermangelung eines Dolmetschers war dies unmöglich. Wir waren gezwungen, uns gänzlich durch Zeichen zu verständigen. Ich brachte Twisted Hair dazu, den Fluss (Clearwater River) von seinem Lager aus flussabwärts aufzuzeichnen, was er mit großem Vergnügen auf einer weißen Wapitihaut tat. Der Fluss führt von der ersten Gabelung, die nur sieben Meilen stromabwärts liegt, zur großen Gabelung (Snake River), an der die *Shoshone*- oder Schlangenindianer fischen und welche nach Süden hin zwei Tagesmärsche entfernt ist, und weiter zu einem großen Fluss (Columbia), der auf der nordwestlichen Seite einmündet und in welchen der Clarks River einmündet, der fünf Tagesmärsche entfernt ist. Von der Mündung dieses Flusses bis zu den Fällen[53] müssen wir nochmals fünf Nächte überschlafen. An den Fällen platziert er Ansiedlungen von Weißen und erklärt uns, dass an allen Gabelungen sowie am Hauptfluss eine große Zahl von Indianern leben … Es gelang mir, Karten des Landes und des Flusses mit der Lage der Indianer von mehreren kompetenten Personen getrennt zu erhalten, die sich aber sehr wenig unterschieden.

[ORDWAY] Diese Eingeborenen besitzen große Mengen von diesem Wurzelbrot, das sie Camas nennen. Die Wurzeln wachsen in den Ebenen. Sie haben Röstöfen erfunden, in welchen sie diese Wurzeln süßer und dem Geschmack angenehm machen.

23. September [CLARK] Wir versammelten die führenden Männer sowie die Häuptlinge und informierten sie durch Zeichen, woher wir kamen und wohin wir unterwegs waren, und wir brachten unseren Wunsch zum Ausdruck, Frieden und gutes Einvernehmen zwischen allen roten Menschen stiften zu wollen etc., was sie sich sehr wohlwollend anhörten, wir gaben dann zwei weitere Medaillen an andere Gruppenhäuptlinge aus, Twisted Hair eine Fahne, ließen eine Fahne und ein Taschentuch für den Oberhäuptling zurück, überreichten Twisted Hair ein Hemd und ein Messer und ein Taschentuch sowie ein kleines Stück Tabak für jeden … Captain Lewis und zwei Männer sind heute Abend sehr krank, meine Hüfte schmerzt stark. Unsere Männer

---

53 Die Celilo-Fälle des Columbias in Oregon, ein wichtiger Treffpunkt der westlichen Indianerstämme.

tauschten einige alte Blechkanister gegen bearbeitete Wapitihäute, um sich Hemden zu machen. Bei Einbruch der Dunkelheit wehte ein heftiger Wind aus Südwesten, begleitet von Regen, der eine halbe Stunde dauerte. Twisted Hair lud Captain Lewis und mich in seinen Wigwam ein, der aus nichts anderem als Kiefernbüschen und Rinde bestand, und gab uns getrockneten Lachs zu essen.

24. September [CLARK] Captain Lewis ist kaum fähig, auf einem sanften Pferd zu reiten, das vom Häuptling bereitgestellt wurde, mehreren Männern ging es so schlecht, dass sie gezwungen waren, für einige Zeit am Wegrand zu liegen. Andere mussten auf die Pferde gehievt werden. Ich verteilte heute Abend Rushs Pillen an die Kranken[54].

26. September [CLARK] Wir zogen auf der Südseite weiter den Fluss hinunter zu einer Niederung gegenüber einer Gabelung und errichteten ein Lager. Ich ließ die Äxte verteilen und mit Stielen versehen, benannte die Männer, die morgen mit dem Bau von Kanus beginnen sollen; unsere Äxte sind klein und schlecht geeignet, Kanus aus der großen Kiefer zu zimmern. Captain Lewis ist immer noch sehr unwohl, mehrere Männer sind unterwegs krank geworden, ich verordnete Salze, Pillen, Jalupwurzeln und Brechweinstein. Ich fühle mich heute Abend auch unwohl.

28. September [CLARK] Beinahe alle unsere Männer klagen über Bauchschmerzen, Schwere im Magen und Durchfall, einigen von den zuerst Erkrankten geht es besser ... Kein Wild erlegt. Die Männer beklagen sich über ihre Diät aus Fisch und Wurzeln. Alle, die dazu in der Lage sind, arbeiten an den Kanus.

29. September [LEWIS und CLARK, Wetteranmerkungen] Drei Viertel der Truppe krank.

2. Oktober [CLARK] Ich sandte zwei Männer, Frazier und S. Goodrich, mit einem Indianer und sechs Pferden zum Dorf zurück, um getrockneten Fisch, Wurzeln etc. zu kaufen. Wir haben nichts zu essen, außer Wurzeln, die den Männern heftige Schmerzen in den Eingeweiden verursachen, wenn sie viel davon essen ... Die Jäger erlegten lediglich einen kleinen Präriewolf. Die Vorräte sind alle aufgebraucht, was uns zwingt, eines unserer Pferde zu schlachten, um Suppe für die kranken Männer zu kochen.

3. Oktober [CLARK] Allen unseren Männern geht es gesundheitlich besser, und sie arbeiten an den Kanus.

---

54 Die »Camas«, Knollen eines wilden Liliengewächses und wesentlicher Bestandteil der Verpflegung, lösten beim »Corps« heftige Magen- und Darmbeschwerden aus.

5. Oktober [CLARK] Wir ließen all unsere Pferde, 38 an der Zahl, zusammentreiben und mit Brandzeichen versehen. Wir schnitten ihr Stirnhaar ab und übergaben sie den zwei Brüdern und einem Sohn eines der Häuptlinge, der beabsichtigt, uns den Fluss hinunterzubegleiten. Jedem dieser Indianer gab ich ein Messer und einige kleine Artikel etc. Sie versprachen, sich um unsere Pferde zu kümmern, bis wir zurückkehren würden ... Wir haben nichts zu essen außer getrocknetem Fisch und Wurzeln. Captain Lewis und ich aßen gekochte Wurzeln zu Abend, die uns derart aufblähten, dass wir für mehrere Stunden kaum in der Lage waren zu atmen. Wir stellten diesen Abend zwei unserer Kanus fertig und ließen sie zu Wasser, sie erwiesen sich als äußerst tauglich. Unsere Jäger konnten trotz aller Bemühungen nichts erlegen ... Mehrere Indianerfrauen kamen mit Fischen und Wurzeln, die wir von ihnen für Perlen kauften, welche sie sehr lieben. Captain Lewis geht es nicht so gut wie gestern.

[WHITEHOUSE] Die Strecke über die Berge wird von der Stelle aus, wo wir den Flathead River verließen, bis zu diesem Ort hier auf ungefähr 160 Meilen geschätzt.

6. Oktober [CLARK] Ich ließ ein Loch graben, all unsere Sättel sammeln und sie bei Nacht darin verstecken, ebenso einen Pulverkanister und einen Sack voll Kugeln, und zwar an der Stelle, wo das Kanu, das Shields herstellt, aus dem Stamm eines Baumes geschnitten wurde ... Alle Kanus waren heute Abend fertiggestellt und bereit, zu Wasser gelassen zu werden. Mir ist sehr unwohl mit Schmerzen im Gedärm und Magen, bestimmt die Nachwirkung meiner Ernährungsweise, sie hielten die ganze Nacht an ... Der Fluss unterhalb dieser Gabelungen wird *Kos kos kee* (Clearwater) genannt.

7. Oktober [CLARK] Ich bleibe sehr unpässlich, trotzdem muss ich den Überblick behalten. Wir haben alle Kanus ins Wasser gesetzt und beladen und wollten aufbrechen. Wir vermissten aber beide Häuptlinge, die versprochen hatten, uns zu begleiten; ich vermisste auch meine Pfeife und meinen Tomahawk, beides konnte nicht gefunden werden.

8. Oktober [CLARK] Wir brachen um neun Uhr auf und passierten auf einer Strecke von 16 Meilen 15 Stromschnellen, vier Inseln und einen Wasserlauf auf der Steuerbordseite. Genau unterhalb von dieser Stelle kippte ein Kanu, das Sergeant Gass steuerte, fast um, es bekam ein Leck oder barst auf einer Seite, der Boden füllte sich mit Wasser und in der Stromschnelle sank es. Die Männer, die teilweise nicht schwimmen konnten, hielten sich am Kanu fest, ich ließ eines der anderen Kanus ausladen und holte mit der Hilfe unseres kleinen Kanus und eines indianischen alle Gegenstände heraus, dann zogen wir das leere Kanu an Land. Ein Mann, Tompson, war leicht verletzt, alles war nass, insbesondere der Großteil unseres kleinen Vorrates an Handelsware. Ich ließ die nassen Sachen ausbreiten und stellte zwei Wachen auf, um die Indianer fernzuhalten, die zum Stehlen neigen; sie hatten bereits ein paar Kleinigkeiten an sich genommen. Diese Leute schienen aber geneigt, uns während unserer Notlage jede in ihrer Macht stehende Hilfe zu geben.

9. Oktober [CLARK] Bei Einbruch der Dunkelheit wurden wir davon informiert, dass unser alter Führer und sein Sohn uns verlassen hatten und mehrere Meilen oberhalb, den Fluss hinaufrennend, gesehen worden sind; wir konnten die Ursache seines Handelns nicht ergründen, warum er uns ohne Bezahlung für die Dienste, die er uns erwiesen, und ohne uns seine Absicht mitzuteilen, verlassen hatte. Wir baten den Häuptling, einen Berittenen nach unserem alten Führer auszuschicken, um ihn zurückzuholen, damit er seinen Lohn empfange etc. Er riet uns jedoch davon ab, da ihm seine Nation alle Sachen wegnehmen würde, ehe er an ihren Lagern vorbeikäme. Captain Lewis erholt sich schnell.

[ORDWAY] Am Abend spielten einige aus unserer Truppe auf der Fidel und tanzten, was die Eingeborenen sehr erfreute. Eine Indianerfrau geriet ganz außer sich. Sie fing an zu singen und allen, die um sie herum waren, einige Camas-Wurzeln und Messingkettchen zu geben. Einer aus unserer Truppe lehnte es ab, etwas von ihr anzunehmen. Sie schien sehr verärgert und warf die Sachen ins Feuer. Sie nahm einen scharfen Feuerstein ihres Ehemanns und schnitt sich beide Arme an verschiedenen Stellen auf, sodass das Blut herausströmte. Sie schmierte das Blut in ihre Hand und leckte es auf, auf diese Art fuhr sie etwa eine halbe Stunde lang fort, fiel dann in Ohnmacht oder steigerte sich in einen Anfall hinein, einige Zeit danach erlangte sie das Bewusstsein wieder, nachdem man sie mit Wasser begossen hatte. Alle schienen sich große Mühe mit ihr zu geben.

10. Oktober [CLARK] Wir kamen an einer großen südlichen Gabelung an, dem Lewis River … Ich glaube, dass der Lewis River etwa 250 Yards breit ist, der *Kooskooske River* (Clearwater) ist etwa 150 Yards breit … Unsere Kost ist äußerst schlecht, da wir nichts als Wurzeln und getrockneten Fisch zu essen haben, die ganze Truppe ist mir gegenüber sehr im Vorteil, weil sich alle das Fleisch von Hunden schmecken lassen, wir haben mehrere von den Eingeborenen gekauft, um unseren Vorrat an Fisch und Wurzeln zu ergänzen etc.

Die *Cho-pun-nish* oder Pierced-Nose-Indianer sind vergleichsweise stämmige Männer und hübsche Frauen, und auf ihre Weise sehr gut gekleidet. Die Kleidung der Männer besteht aus einer weißen Büffelrobe oder Wapitihaut, die mit weißen Perlen bestickt ist. Meeresmuscheln – d.h. Perlmutt schmückt ihre Haare und auf ein Stück Otternfell genäht ihre in zwei Zöpfe gebundenen Nackenhaare, die nach vorn über ihre Schultern hängen. Hinzu kommen Federn und verschiedenfarbige Schminke, weiß, grün und hellblau. Einige tragen ein Hemd aus aufbereiteten Häuten und lange Leggins und bemalte Mokassins, die ihre Winterkleidung zu sein scheinen. Die Frauen kleiden sich in ein Hemd aus Steinbock- oder Ziegenhäuten, welches fast bis auf ihre Knöchel reicht und das mit einem Gürtel gehalten wird. Ihre Köpfe sind nicht geschmückt, ihre Hemden sind mit kleinen, verschiedenartig geformten Messingstücken, Perlen, Muscheln und merkwürdigen Knochen etc. verziert. Die Männer geben jene Körperteile preis, die im Allgemeinen bei anderen Nationen verborgen werden, aber die Frauen sind bemühter als diejenigen anderer Nationen, die ich kennengelernt habe, ihre Geschlechtsteile zu verhüllen. Sie scheinen nur wenigen Vergnügungen nachzugehen, da ihre Zeit vollauf mit der Nahrungsbeschaffung ausgefüllt ist … Sie sind damit meist den ganzen Sommer und Herbst beschäftigt, indem sie Lachs fischen, während sie im Winter in den Prärien Hirsche auf Schneeschuhen jagen und sich um ihre zahlreichen Pferde kümmern. Im Frühling überqueren sie die Berge nach dem Missouri hin, um auf Büffel zu treffen, die Nahrung und Kleidung verheißen. In dieser Zeit stoßen sie häufig auf Feinde und verlieren ihre Pferde und viele von ihnen das Leben. Sie kennen nur wenige Krankheiten, die hauptsächlich skrofulöser Natur sind. Sie wenden Schwitzkuren an und machen Gebrauch von heißen und kalten Bädern. Sie sind sehr selbstsüchtig und geizig mit allem, was sie besitzen, und sie erwarten für jede Kleinigkeit oder Dienstfertigkeit eine Gegenleistung, versäumen aber ihrerseits, Gegengeschenke zu machen.

8. Auf dem Columbia stromab

11. Oktober – 14. November 1805

11. Oktober [CLARK] Wir gingen vor Anker und lagerten bei zwei indianischen Wigwams auf einem großen Fischfangplatz. Hier trafen wir einen Indianer einer Nation, die in der Nähe der Mündung dieses Flusses ansässig ist. Wir kauften ihnen drei Hunde und ein wenig Fisch ab, wir passierten heute neun Stromschnellen, alles große Fischfangstellen. Wir sahen an mehreren Stellen des Flusses indianische Häuser, Bohlen und gespaltene Baumstämme auf dem Erdboden aufgestellt, all dies sind die verschiedenen Teile der Häuser der Einheimischen, in denen sie während der Zeit des Fischfangs leben. Augenblicklich sind sie draußen in der Prärie zu beiden Seiten des Flusses, um Antilopen zu jagen, wie wir von unseren Häuptlingen erfahren. In der Nähe dieser Häuser beobachten wir Friedhöfe, auf denen Holzstücke kunterbunt über das Grab oder den Körper gesetzt sind, der mit Erde bedeckt ist. Das Land ist beidseitig eine offene Ebene, flach und fruchtbar. Nachdem wir einen steilen Abhang von etwa 200 Fuß hinaufgestiegen sind, konnten wir keinen einzigen Baum, gleich welcher Gattung, am Fluss entdecken.

[GASS] Die meisten unserer Leute sind Fleischesser und mögen keinen Fisch, sondern ziehen Hundefleisch vor, das, wenn es gut gekocht wird, sehr gut schmeckt.

13. Oktober [CLARK] Die Frau von Charbonneau, unserem Dolmetscher, beruhigt alle Indianer bezüglich unserer freundlichen Absichten. Eine Frau unter einer Schar von Männern ist ein Friedenszeichen.

[WHITEHOUSE] Wir schafften zwei unserer Kanus zugleich die Stromschnellen hinunter. Die Männer unter uns, die nicht schwimmen können, umgingen die Stromschnellen zu Lande. Sie trugen einige Büchsen, Gewehre und mathematische Instrumente etc. mit sich. Wir hatten Glück, all unsere Kanus sicher über diese Stromschnellen zu bringen.

14. Oktober [CLARK] Nach dem Essen brachen wir auf und waren noch keine zwei Meilen weitergefahren, als unser hinteres Kanu bei der Passage einer kurzen Stromschnelle gegenüber der Spitze einer Insel auf einen glatten Felsen auflief und breitseits drehte. Die Männer stiegen alle auf den [Felsen], außer einem unserer Indianerhäuptlinge, der an Land schwamm. Das Kanu füllte sich und sank. Ein Teil unserer Ladung trieb ab, zum Beispiel Bettzeug, Kleidungsstücke und Häute der Männer, der Wigwam etc., das meiste wurde durch zwei der Kanus erwischt, während ein drittes entlud und gegen die kräftige Strömung den Männern auf dem Felsen zu Hilfe eilte, die unter großen Schwierigkeiten das Kanu festhielten.

Nach ungefähr einer Stunde hatten wir Männer und Kanu an Land geschafft, allerdings unter Verlust von einigem Bettzeug, Tomahawks, Pulverbeuteln, Fellen, Kleidungsstücken etc. Alles war nass. Wir ließen alle Sachen auf der Insel zum Trocknen auslegen, unser Verlust an Vorräten ist sehr beträchtlich. Alle unsere Wurzeln waren im Kanu, das unterging, sie können nicht ausreichend getrocknet werden, damit sie genießbar blieben, unser loses Pulver war auch im Kanu und ist völlig durchnässt. Dieses, denke ich, werden wir retten. Auf der Insel fanden wir gespaltene Baumstämme, Teile eines Hauses, das die Indianer sehr gewissenhaft mit Steinen bedeckt hatten, wir bemerkten auch eine Stelle, wo die Indianer Fisch vergraben hatten. Wir haben zu jeder Zeit Wert darauf gelegt, nichts anzurühren, was den Indianern gehört, nicht einmal ihr Holz. Aber jetzt sind wir gezwungen, diese Regel zu brechen und einen Teil des umherliegenden Holzes zu nehmen, um Feuer zu machen, da kein anderes zu finden ist.

15. Oktober [GASS] Dieser Fluss ist im Allgemeinen sehr reizvoll, außer an den Stromschnellen, wo es für Leben und Eigentum riskant ist, wenn man sie durchfährt; aber sogar diese Stromschnellen, wenn sie unabhängig von ihrer Schiffbarkeit betrachtet werden, können zu seiner Schönheit beitragen, indem sie Vielfalt und Szenen von romantischer Großartigkeit vermitteln, wo es ansonsten so viel Gleichförmigkeit gibt.

16. Oktober [CLARK] Wir fuhren sieben Meilen weiter bis zum Zusammenfluss dieses Flusses mit dem Columbia, der vom Nordwesten her einmündet … Nachdem wir unser Lager errichtet und Feuer gemacht hatten, kam ein Häuptling aus einem Lager, das sich etwa eine Viertelmeile weiter oberhalb am Columbia befand, an der Spitze von etwa 200 singenden und mit Stöcken auf ihre Trommeln schlagenden und musizierenden Männern. Sie bildeten einen Halbkreis um uns und sangen noch einige Zeit, wir gaben ihnen allen zu rauchen und sprachen zu ihren Häuptlingen, so gut wir es durch Zeichen vermochten, und versicherten sie unserer freundlichen Gesinnung allen Nationen gegenüber. Wir überreichten dem Oberhäuptling eine große Medaille, Hemd und Taschentuch.

17. Oktober [CLARK] Die Zahl an toten Lachsen an den Ufern und im Fluss ist unglaublich; in dieser Jahreszeit müssen die Einheimischen nur die Fische einsammeln, sie aufschlitzen und auf ihren Gerüsten trocknen, von denen sie große Mengen aufgestellt haben. Wie weit sie ihr Holz flößen müssen, aus dem sie ihre Gerüste herstellen, konnte ich nicht erfahren; aber hier ist weit und breit kein Holz zu sehen außer kleinen Weidenbüschen. Von dieser Insel aus zeigten mir die Eingeborenen in etwa acht Meilen Entfernung die Einmündung einer großen westlichen Gabel, die sie *Tâpetêtt* nennen. Die Kleidung dieser Einheimischen unterscheidet sich nur wenig von derjenigen der am Kooskooske- und Lewis River lebenden Indianer, nur die Frauen kleiden sich sehr verschieden. Sie tragen kurze Lederhemden, welche mit Perlen, Muscheln etc. überaus reich verziert sind, und jene am Columbia-Hauptfluss nur einen Schurz oder ein rund um die Hüften gebundenes und zwischen ihren Beinen hindurchgezogenes, vorn befestigtes Lederstück, um diejenigen Körperstellen dürftig zu verbergen, die von unseren Frauen so heilig versteckt und verborgen werden. Diese Frauen neigen zu Korpulenz, sind kleinwüchsig, haben breite Gesichter, abgeflachte Köpfe und eine gedrungene Stirn, welche eine gerade Linie von der Nase zur Kopfspitze zu bildet, ihre Augen sind rabenschwarz, ebenso ihre Haare, die sie weder flechten noch auf sonstige Weise schmücken.

Die Schmuckstücke all dieser Gruppen gleichen sich, nämlich große blaue und weiße Perlen, die entweder von ihren Ohren hängen oder ihre Hälse oder Handgelenke und Arme umgeben. Sie tragen auch Armbänder aus Messing, Kupfer und Horn und Schmuckstücke aus Muscheln, Fischknochen und merkwürdigen Federn. Ihre Kleidung besteht aus einem kurzen Lederhemd und einem Überwurf aus Hirsch- oder Antilopenhäuten. Diese Leute scheinen offensichtlich in einer Art Glückszustand zu leben: Die Männer nehmen der Frau einen größeren Anteil an Arbeit ab, als dies unter wilden Stämmen üblich ist, und, wie ich unterrichtet werde, begnügen sich mit einer Frau … Diese Indianer respektieren und ehren die Alten; ich beobachtete eine betagte Frau in einem der Wigwams, die ich betrat. Sie war völlig blind, wie man mir durch Zeichen zu verstehen gab, und hatte mehr als 100 Winter gelebt, sie nahm die beste Position im Haus ein, und wenn sie sprach, wurde dem, was sie sagte, große Aufmerksamkeit erwiesen. Diese Leute und auch die *Flatheads*, welche wir am Kooskooske- und Lewis River passiert hatten, sind für entzündete Augen anfällig und viele sind auf einem oder auf beiden Augen blind. Dieses Schicksal muss den Sonnenspiegelungen etc. auf den Gewässern, in denen sie im Frühling, Sommer und Herbst ununterbrochen fischen, und den Schneefällen während der Wintermonate zugeschrieben werden. In diesem offenen Land hat das Auge keine Erholung. Ich habe unter allen Stämmen, denen ich an diesen Gewässern begegnet bin und die sich von Fisch ernähren, viele verschiedene Gruppen beobachtet, die schon im mittleren Alter ihre Zähne verloren haben, einige haben sie bis auf das Zahnfleisch abgenutzt, insbesondere die im Oberkiefer. Im Allgemeinen sind die Zähne der Indianer in einem sehr schlechten Zustand. Die Ursache dafür kann ich nicht erklären, vielleicht der den Wurzeln anhaftende Sand etc.? Die Methode, die sie bei der Behandlung des getrockneten Lachses anwenden, ihn kaum aufzuwärmen und Gräten und Schuppen mit dem Fleisch zusammen zu essen, trägt ohne Zweifel auch dazu bei.

Die Häuser oder Wigwams der Stämme am Columbia bestehen aus großen Matten, die aus Binsen gefertigt werden. Sie sind 15 bis 60 Fuß lang, im Allgemeinen von einer rechteckig-quadratischen Form, in der sechs Fuß hohen Innenseite von auf Gabeln liegenden Stangen getragen, das Dach ist ebenfalls mit Matten bedeckt, die einen freien Streifen von etwa zwölf bis 15 Zoll Breite über die gesamte Länge aussparen, um Licht einzulassen und den Rauch des Feuers abzuleiten, diese Öffnung ist in der Mitte des Hauses angebracht. Die Dächer sind nahezu flach, was mir beweist, dass Regenfälle in diesem offenen Land nicht häufig sind.

Diese Indianer scheinen von einem sanften Wesen und freundlich veranlagt zu sein. Sie haben in ihren Hütten unabhängig von ihren Netzen, Fischspeeren und Fischangeln Bogen und große Köcher mit Pfeilen, für deren Spitzen sie Feuerstein benützen. Ihre Vergnügungen sind denen der Missouri-Bewohner ähnlich. Sie betteln nicht und empfangen das, was ihnen gegeben wird, mit viel Freude.

Ich sah nur wenige Pferde. Sie scheinen nur wenig Gebrauch von diesen Tieren zu machen, da sie hauptsächlich Kanus benutzen, um Nahrung etc. zu beschaffen.

18. Oktober [CLARK] Der Oberhäuptling und einer der *Chim-nâ-pum*-Nation[55] zeichneten mir eine Skizze des oberen Columbias, seiner Gewässer und der Stämme seiner Nation, die am Ufer leben.

19. Oktober [CLARK] Der Oberhäuptling *Yelleppit*, zwei andere Häuptlinge und ein Häuptling einer weiteren Gruppe weiter flussabwärts präsentierten sich uns heute Morgen sehr früh. Wir rauchten mit ihnen, informierten sie durch Zeichen, wie bereits alle anderen auch, von unseren freundlichen Absichten gegenüber unseren roten Kindern, insbesondere jenen, die ihre Ohren unseren Ratschlägen öffnen. Wir gaben Yelleppit eine Medaille, ein Taschentuch und eine Wam-

55 Wahrscheinlich Yakama-Indianer, die wie die Wanapams in dieser Region lebten, während Walula, Umatilla und Palouse-Indianer sie nur vorübergehend aufsuchten.

pum-Schnur und den Übrigen je eine Wampum-Schnur. Yelleppit ist ein ins Auge fallender, hübscher Indianer, mit einem würdigen Gesichtsausdruck, etwa 35 Jahre alt, ungefähr fünf Fuß acht Zoll groß und gut proportioniert. Er bat uns, bis Mittag zu bleiben, damit seine Leute herunterkommen und uns sehen könnten, wir entschuldigten uns und versprachen, bei unserer Rückkehr einen oder zwei Tage bei ihm zu bleiben, was ihn zufriedenzustellen schien … Ich beschloss, mit den zwei Häuptlingen, dem Dolmetscher und seiner Frau auf der Backbordseite stromabwärts zu gehen, und befahl der Besatzung des kleinen Kanus, auf der Backbordseite zum Anfang der Stromschnelle, die ungefähr zwei Meilen entfernt war, vorauszufahren. Ich bestieg eine hohe Steilwand, etwa 200 Fuß hoch über dem Wasser gelegen … Von dieser Stelle aus entdeckte ich einen mit Schnee bedeckten Berg von gewaltiger Höhe, dies muss einer der von Vancouver bestimmten Berge sein, wie man sie von der Mündung des Columbias aus sehen kann. Der westlichen Richtung nach zu schließen, in welcher er liegt, nehme ich an, dass es sich um den 156 Meilen entfernten Mt. St. Helens handelt.[56] Ich ging bei fünf Wigwams an Land, die nahe beieinanderstanden. Ich betrat den dritten, vierten und fünften Wigwam und fand die Bewohner arg erschreckt … Sobald sie aber die Indianerfrau des Dolmetschers sahen, zeigten sie auf sie und informierten jene, die noch in der gleichen Position verharrten, wie ich sie angetroffen hatte, nämlich mit hängenden Köpfen. Sie kamen alle sofort heraus und schienen richtig aufzuleben. Der Anblick dieser Indianerfrau bestätigte den Leuten unsere freundlichen Absichten, da es in dieser Gegend nicht üblich ist, dass eine Frau einen Kriegstrupp begleitet … Bald nachdem wir an Land gegangen waren, kamen ungefähr 100 Indianer aus den anderen Wigwams, und einige von ihnen brachten Holz, das sie uns gaben, wir rauchten mit allen, und zwei unserer Männer, Pierre Cruzatte und Gibson, spielten auf der Geige, was sie sehr erfreute. Wir schenkten der Hauptperson eine Wampum-Schnur, behandelten sie freundlich, wofür sie dankbar schienen. Dieser Stamm kann ungefähr 350 Männer aufbieten. Ihre Kleidungsstücke sind den an der Gabelung gebräuchlichen ähnlich, mit Ausnahme ihrer Überwürfe, die kürzer sind und nicht über die Taille reichen; die Mehrzahl von ihnen trägt fast überhaupt keine Kleider. Die Frauen sind nur mit einem schmalen Kleidungsstück bedeckt, das über Schultern und Hals bis hinunter zu ihren Hüften reicht, und welches sie mit einem um die Hüfte geschlungenen

56 Clark sah vermutlich den Mount Adams.

Stück Leder festhalten, ihre Brüste sind groß und hängen sehr tief und schlecht geformt herunter. Sie haben hohe Wangenknochen, abgeflachte Köpfe, tragen nur wenig Schmuckstücke. Sie sind alle mit Fischerei und dem Trocknen der Fische beschäftigt, die sie in großen Mengen auf ihren Gerüsten aufgereiht haben. Ihre Gewohnheiten, Sitten etc. konnte ich nicht erfahren.

20. Oktober [CLARK] Unsere Neugier veranlasste uns, die Methode zu untersuchen, die diese Eingeborenen beim Umgang mit ihren Toten praktizieren. Sie errichten ein Gewölbe aus breiten Bootsrümpfen und Kanustücken, die sich auf einen Firstbalken stützen, der durch zwei in einer östlichen und westlichen Richtung in den Boden gesetzte, sechs Fuß hohe und ungefähr 60 Fuß lange und zwölf Fuß breite Gabeln getragen wird. In diesem Gewölbe beobachtete ich große Mengen menschlicher Knochen aller Art. In einem Haufen in der Mitte des Gewölbes liegen am östlichen Ende 21 auf Matten gebettete Schädelknochen im Kreis; im westlichen Teil des Gewölbes schienen die erst kürzlich Verstorbenen zu liegen, da viele der Körper in Ledergewänder eingewickelt und mit Matten bedeckt auf Brettern lagern etc. Wir beobachteten außerdem Fischfangnetze verschiedener Art, große und kleine Körbe, Holzbohlen, Kleider, Häute, Speisen und Schmuckstücke, die in dem Gewölbe aufgehängt sind. Wir sahen dort auch die Skelette mehrerer Pferde und eine Vielzahl von Knochen ringsherum. Ich gelangte zu der Überzeugung, dass die Tiere sowie die oben erwähnten Gegenstände den Verstorbenen geopfert wurden.

21. Oktober [CLARK] Diese Indianer empfingen uns mit großer Freundlichkeit und musterten uns mit viel Aufmerksamkeit. Ihre Tätigkeiten, Sitten, Kleidung und Aussehen sind denen der Eingeborenen weiter flussaufwärts sehr ähnlich; sie sprechen die gleiche Sprache … Wir hielten einige Minuten an, um wie üblich die Stromschnelle zu untersuchen, bevor wir in sie einliefen, wir hießen alle aussteigen, die nicht schwimmen konnten, und zu Fuß weitergehen; nachdem wir die Stromschnelle passiert hatten, fuhren wir weiter … Danach gelangten wir zur Mündung eines kleinen, 40 Yards breiten Flusses auf der Backbordseite, der aber zu dieser Jahreszeit nur wenig Wasser führt und seinen Quellfluss in den offenen Prärien im Südosten zu haben scheint … Unmittelbar oberhalb und unterhalb dieses kleinen Flusses beginnt eine Stromschnelle, die überall mit großen Felsbrocken angefüllt ist … Von dieser Stromschnelle aus liegt der Conocil-Berg (Mount Hood) südwestlich und nicht weit links von den Großen Fällen, wie mir die Indianer mitteilen, ich nenne ihn den Fälleberg, er ist sehr hoch und der Gipfel mit Schnee bedeckt …

Einer aus unserer Truppe, J. Collins, beschenkte uns mit einem sehr guten, aus dem *Pas-she-co-Cama*-Brot gemachten Bier, das Brot ist der Überrest von dem, was an Nahrungsvorräten bei den ersten Flatheads oder Chopunnish-Nation an der Quelle des *Kooskooske Rivers* angelegt wurde, und das dadurch, dass es häufig nass geworden war, schimmelte und säuerte etc.

22. Oktober [CLARK] Wir entdeckten auf der Backbordseite die Einmündung eines großen Flusses, der aus Südosten zu kommen scheint. Wir gingen in einiger Entfernung oberhalb der Mündung dieses Flusses (Deschutes River) an Land, und Captain Lewis und ich selbst brachen auf, um diesen Fluss in Augenschein zu nehmen … Wir landeten und gingen von einem alten Mann begleitet stromabwärts, um die Fälle (Celilo Falls) anzusehen und nach der besten Strecke für eine Portage zu schauen, die es, wie wir bald entdeckten, ganz in der Nähe auf der Steuerbordseite gab … Am unteren Teil jener Stromschnellen gelangten wir zu fünf großen Wigwams der Eingeborenen, die für den Markt Fisch trockneten und zubereiteten, sie gaben uns Haselnüsse und Beeren zu essen. Wir kehrten zum Anfang der Stromschnellen zurück, stiegen hinunter und trugen alle Gegenstände außer den Kanus über die Umtragestrecke zu einer Stelle, wo ich in geeigneter Lage ein Lager für den Schutz unserer Vorräte vor Diebstahl errichtet hatte, den wir mehr fürchteten als die Pfeile der Indianer. Wir sandten zwei Männer aus, um den Fluss auf der gegenüberliegenden Seite zu erkunden, und sie berichteten, dass dort die Kanus nach kurzer Landbeförderung am oberen Eintritt der Wasserfälle durch eine schmale Fahrrinne hinuntergebracht werden könnten, und zwar dort, wo auch die Indianer ihre Kanus hinübertragen. Indianer halfen uns dabei, unsere schweren Sachen mit ihren Pferden über die Portage zu bringen … In und um ihre Wigwams herum beobachte ich viele Stapel getrockneten Lachses, der in der folgenden Art und Weise haltbar gemacht wird:

Nachdem er ausreichend getrocknet ist, wird er zwischen zwei Steinen fein zerstoßen und in Behälter aus Korbgeflecht gelegt, die aus Gras und Binsen von mehr als zwei Fuß Länge und einem Fuß im Durchmesser hergestellt werden, die Körbe sind mit der für diesen Zweck getrockneten und gedehnten Haut des Lachses überzogen. In diesen Körben wird der Lachs so fest wie möglich hinuntergepresst; sind sie voll, sichern sie den offenen Teil mit den Fischhäuten, welche sie durch die Schlingen des Korbes festzurren, sie setzen dann die Körbe mit dem zugeschnürten Teil nach oben auf eine trockene Stelle. Üblicherweise stellen sie sieben Körbe so eng wie möglich nebeneinander und dann fünf obendrauf und sichern das Ganze mit Matten, die rund um sie gewickelt, mit Schnüren festgemacht und außerdem mit weiteren Matten bedeckt werden. Zwölf Körbe mit einem Gewicht von jeweils 90 bis 100 Pfund bilden einen Stapel. So aufbewahrt können die Fische mehrere Jahre unverdorben gehalten werden, wie man mir mitteilte; große Mengen davon werden an die Weißen verkauft, die die Mündung dieses Flusses besuchen, sowie an die Eingeborenen stromab.

23. Oktober [CLARK] Ich fuhr mit dem größeren Teil der Männer in den Kanus zur gegenüberliegenden Seite oberhalb der Fälle, und wir schleppten die Kanus über eine Portage von 457 Yards, welche sich auf der Backbordseite befindet, sie ist gewiss die bessere Seite, um die Kanus herumzubekommen. Ich stieg dann durch einen schmalen Kanal von etwa 150 Yards Breite hinunter, der auf der Länge einer Meile bis zu einem Gefälle von acht Fuß eine Art Halbkreis bildet, wo er dann von zwei großen Felsen geteilt wird. An dieser Stelle waren wir gezwungen, die Kanus mit starken Seilen aus Wapitihaut, die wir für diesen Zweck mitführten, hinunterzulassen. Ein Kanu riss sich dabei los, wurde aber weiter unterhalb von den Indianern aufgefangen. Ich vollendete dieses notwendige Unternehmen und landete um drei Uhr nachmittags sicher mit allen Kanus bei unserem Lager unterhalb der Fälle. Wir waren fast völlig mit Flöhen übersät, die unter dem Stroh und den Fischhäuten am oberen Teil der Portage, wo die Eingeborenen nicht lange zuvor gelagert hatten, so zahlreich waren, dass die ganze Truppe sich während des Hinuntertransportierens der Kanus nackt ausziehen musste, damit sie Gelegenheit zum Abstreifen ihrer Beine und Körper hatte. Es gibt große Mengen an Seeottern im Fluss unterhalb der Fälle, ich schoss heute einen in der schmalen Fahrrinne, konnte ihn aber nicht fassen. Sehr viele Indianer besuchen uns sowohl von oberhalb als auch unterhalb des Flusslaufes. Einer der alten Häuptlinge, der uns seit der Quelle des Flusses begleitet hatte, teilte uns mit, er habe die Indianer sagen hören, dass die Nation unterhalb beabsichtige, uns zu töten. Wir sahen alle Waffen etc. durch und vervollständigten die Munition auf 100 Schuss. Die Eingeborenen verlassen uns heute Abend früher als üblich, was der Information unseres alten Häuptlings einen Hauch von Bestätigung gibt, und da wir zu allen Zeiten und an allen Orten auf der Hut sind, hegen wir keine größere Besorgnis als gewöhnlich. Wir kauften für die Truppe acht kleine dicke Hunde, um sie zu schlachten. Die Eingeborenen, die ungern ihren guten Fisch verkaufen, nötigten uns, das Hundefleisch zu essen, was den meisten von uns inzwischen zur lieben Gewohnheit geworden ist … Ich beobachtete am Strand in der Nähe der Indianerwigwams zwei wunderschöne Kanus von andersartiger Form und Größe, als wir sie bisher kannten. Sie waren in der Mitte breit und verjüngten sich zu jedem Ende hin, am Bug waren merkwürdige Gestalten in das Holz hineingeschnitten. Captain Lewis ging zu den Wigwams hinauf, um diese Kanus zu begutachten, er tauschte unser kleinstes Kanu gegen eines der schönen, indem er dem Besitzer noch ein Beil und einige wertlose Schmuckstücke gab; der Indianer erzählte ihm, er habe es von einem weißen Mann für ein Pferd gekauft. Diese Kanus sind ordentlicher gemacht als irgendeines, das ich jemals gesehen und für geeignet gehalten habe, um Wellen zu bezwingen und immense Lasten zu tragen. Sie sind dünn ausgehöhlt und durch Querhölzer von etwa einem Zoll Durchmesser versteift, die an beiden Seiten durch Löcher mit starker Rinde festgebunden sind. Unsere zwei alten Häuptlinge schienen heute Abend sehr unruhig.

24. Oktober [CLARK] Unsere zwei alten Häuptlinge drückten den Wunsch aus, von dieser Stelle aus zu ihrer Gruppe zurückzukehren, sie sagten, »dass sie für uns von keinem weiteren Nutzen sein könnten, da sich ihre Nation nicht weiter den Fluss hinunter erstreckt als bis zu den Fällen, und da die Nation weiter flussabwärts feindliche Absichten gegen uns hegte, würden sie gewiss auch getötet; vor allem auch deshalb, weil sie miteinander Krieg geführt hätten. Wir baten sie, noch zwei weitere Nächte bei uns zu bleiben, wir würden die Nation stromabwärts besuchen, um Frieden zwischen ihnen zu vermitteln, sie erwiderten, sie seien bestrebt, zurückzukehren, um nach unseren Pferden zu sehen. Wir bestanden darauf, dass sie noch zwei Nächte ausharrten, womit sie sich schließlich einverstanden erklärten; unsere Absicht war, die Häuptlinge bei uns zu behalten, bis wir die nächsten Fälle passiert hätten, die, wie uns gesagt wurde, sehr schlimm waren und sich in keiner großen Entfernung von uns befinden sollten, auch könnten sie uns von irgendwelchen Absichten der Eingeborenen unterrichten, und wenn möglich, würden wir flussabwärts einen Frieden zwischen ihnen und den dortigen Stämmen zustande bringen … An dieser Stelle wird das Wasser des großen Flusses in einer Felsenge zusammengepresst, die fünfundvierzig Yards Breite nicht übersteigt, und sich eine Viertelmeile fortsetzt, dann sich wieder auf 200 Yards Breite ausweitet und diese Breite etwa zwei Meilen lang beibehält, bis sie wieder durch Felsen unterbrochen wird. Dieses Hindernis ist verantwortlich dafür, dass das Wasser an den letzten Fällen bei Hochwasser gewaltig ansteigt. Die ganze Wassermenge des großen Flusses muss in allen Phasen durch diese enge Rinne von 45 Yards Breite. Da die Portage unserer Kanus über die hohen Felsen für uns nicht möglich wäre und die einzige Gefahr beim Passieren der Engen Wirbel und Strudel sind, die aus der Verdichtung des Wassers entstehen, dachte ich (wie auch unser erfahrener Bootsmann Pierre Cruzatte), dass wir durch gutes Steuern sicher hinunterfahren könnten. Dementsprechend beschloss ich, durch diese Stelle ungeachtet des furchterregenden Anblicks der aufgewühlten engen Passage hindurchzusteuern, die in jeder Richtung anschwoll, schäumte und quirlte und welche von der Spitze des Felsens nicht so schlimm erschien, wie sie tatsächlich war. Schließlich gelangten wir zum Erstaunen aller Indianer der letzten Wigwams, die uns von der Spitze des Felsens aus beobachteten, sicher hinunter … Der Oberhäuptling der Nation stromabwärts besuchte uns mit mehreren seiner Männer, und so bot sich eine günstige Gelegenheit, Frieden und gutes Einvernehmen zwischen ihm und seinen Leuten und den zwei Häuptlingen, die uns begleiteten, zustande zu bringen. Wir haben die Genugtuung, unsere Ziele erreicht zu haben, und wir glauben, dass diese zwei Gruppen oder Nationen in Zukunft auf gutem Fuß miteinander leben werden. Ich gab dem Oberhäuptling eine Medaille und einige andere Gegenstände, über die er sich sehr freute. Pierre Cruzatte spielte auf der Geige und die Männer tanzten zum Vergnügen der Eingeborenen, die uns gegenüber jede erdenkliche Höflichkeit zeigten. Wir rauchten mit ihnen bis spät in die Nacht, als jedermann sich zurückzog, um zu schlafen.

[WHITEHOUSE] Wir sahen auch ein Mischlingskind unter den Bewohnern, seine helle, rosige Hautfarbe überzeugte uns, dass es von einem Weißen und einer Indianerfrau gezeugt wurde. Und wir haben kaum einen Zweifel, dass Weiße mit ihnen Handel treiben.

25. Oktober [CLARK] Captain Lewis und ich gingen hinunter, um die Stelle zu prüfen, welche die Indianer als die schlimmste bei der Durchfahrt bezeichneten.[57] Wir befanden sie als zu schwierig, um ohne große Gefahr hindurchgelangen zu können, aber da die Portage mit unseren großen Kanus undurchführbar war, beschlossen wir, bloß unsere wertvollsten Dinge über Land zu tragen und die Kanus leer durchzuschicken. Dementsprechend teilten wir bei unserer Rückkehr die Truppe ein, einige sollten die Kanus übernehmen und andere unsere Vorräte über eine Portage von einer Meile zu einer Stelle am Flussbett unterhalb dieser schlimmen Wirbel und Strudel bringen. Ein paar Männer hatte ich mit Seilen ans Ufer beordert, um sie jeman-

57 Es handelt sich um die »Long Narrows« des Columbias bei »The Dalles«, einer erneuten Einzwängung des Flusses durch felsige Steilufer und schwer passierbare Stromschnellen.

dem zuwerfen zu können, der unglücklicherweise auf Schwierigkeiten beim Hindurchpassieren stoßen sollte; sehr viele Indianer schauten uns von den hohen Felsen, unter denen wir hindurch mussten, aus zu. Den drei ersten Kanus gelang es reibungslos, das vierte füllte sich beinahe mit Wasser, das letzte nahm bei der Durchfahrt ein wenig Wasser auf, somit hatten wir den schlimmsten Teil dieser Flusspartie überwunden, und ich war ausgesprochen zufrieden und erfreut.

26. Oktober [WHITEHOUSE] Captain Lewis verglich die Sprachen der einzelnen Indianerstämme, die er auf dem ganzen Weg entlang dieser Seite der Berge aufgezeichnet hatte, und stellte fest, dass alle einer Nation angehören, aber Abweichungen in ihren Sprachen aufweisen, was daher rührt, dass sie in weitem Umkreis zerstreut sind.

27. Oktober [CLARK] Ich habe einige Worte mit Charbonneau, unserem Dolmetscher, über seine Pflichten gewechselt. Ich schickte mehrere Jäger aus, die vier Hirsche, ein Waldhuhn und ein Eichhörnchen anbrachten. Die zwei Häuptlinge und die Truppe wurden durch sieben weitere Indianer von flussabwärts in zwei Kanus verstärkt, wir gaben ihnen zu essen und zu rauchen. Etliche von ihnen kehrten übel gelaunt zurück, sie waren ärgerlich, weil sie daran gehindert wurden, mit unseren Sachen, die zum Trocknen ausgelegt waren, zu tun, was sie wollten. Wir nahmen ein Vokabular von den Sprachen der zwei Häuptlinge auf, die sehr unterschiedlich sind, obgleich sie bloß sechs Meilen voneinander entfernt leben. Die bei den Großen Fällen nennen sich *E-nee-shur*[58], und werden flussaufwärts verstanden. Die an den Großen Engen nennen sich *E-che-lute*[59] und werden flussabwärts verstanden, viele Wörter sind die gleichen und allen Flathead-Gruppen zu eigen, welchen wir am Fluss begegnet sind, alle haben sich den glucksenden Laut angeeignet, der flussaufwärts vorherrschend ist. Alle diese Völker flachen die Köpfe der weiblichen Kinder ab und vielen der männlichen Kinder ebenfalls.

[GASS] Wir nehmen an, dass es sich um eine Schar der Flathead-Nation handelt, da alle ihre Köpfe in der gleichen Form zusammengepresst sind …

Dieser einzigartige und deformierende Vorgang wird in der Kindheit auf folgende Weise durchgeführt: Ein Stück Brett wird gegen den Hinterkopf gelegt und reicht bis ein Stück weit über die Schultern; ein weiteres, kürzeres Stück erstreckt sich von den Augenbrauen zur Kante

58 Vermutlich Tenino-Indianer, die einen Dialekt sprachen, wie er zwischen den Rocky Mountains und The Dalles verbreitet war.

59 Wishram-Wascos, die einen Dialekt sprachen, der von The Dalles bis zum Ozean vorherrschte.

des Ersteren, sie werden dann mit aus Häuten hergestellten Riemen oder Schnüren zusammengebunden, sodass sie die Stirn zurückdrücken, damit bringen sie den Kopf dazu, am Scheitel zu wachsen, und zwängen ihn oberhalb der Ohren hinaus.

28. Oktober [CLARK] Der Wind, der die Ursache unseres Verzugs ist, hält die Aktivitäten der Leute am Fluss überhaupt nicht auf, da ihre Kanus geeignet sind, die höchsten Wellen auszureiten, sie sind aus weißer Zeder oder Kiefer sehr leicht gebaut, sind in der Mitte breit und verjüngen sich an jedem Ende, sie sind am hochgezogenen Bug mit geschnitzten Tierköpfen versehen. Diese Indianer machen häufig Gebrauch von Kanus, sowohl als Beförderungsmittel wie auch für den Fischfang, sie benutzen auch Schüsseln und Körbe, die aus Gras und Spänen gefertigt werden, um Wasser aufzubewahren und ihren Fisch und ihr Fleisch zu kochen. Viele Eingeborene aus dem letzten Dorf kamen herunter, setzten sich und rauchten mit uns. Der Wind wehte stark und war heute Abend von Regen begleitet, unser Standort eignet sich kaum als Lagerplatz, aber so wie es aussieht, sind wir gezwungen, uns damit abzufinden. Der Hafen ist sicher, wir lagerten auf dem Sand, es ist nass und unangenehm.

29. Oktober [CLARK] Der Häuptling befahl dann seiner Frau, ihm seinen Medizinbeutel auszuhändigen, er öffnete ihn und zeigte uns 14 Finger, die, so sagte er, Finger seiner Feinde waren, die er im Krieg getötet hatte, er wies nach Südosten, woraus ich schloss, dass es sich dabei um Schlangenindianer handelte; dies ist der erste mir bekannte Hinweis, dass Indianer eine andere Trophäe ihrer Heldentaten als den Skalp von den Leichen ihrer Gegner nehmen. Der Häuptling bemalte diese Finger nebst anderen Sachen, die in seiner Tasche waren, mit roter Farbe und legte sie sorgfältig zurück, nachdem er zunächst eine kurze flammende Ansprache gehalten hatte, in welcher, nehme ich an, er sich dessen rühmte, was er im Krieg geleistet hatte.

30. Oktober [CLARK] Heute sahen wir einige der großen Bussarde[60]. Captain Lewis schoss auf einen, sie sind viel größer als gewöhnliche Bussarde oder die größten Adler. Unter einem Teil ihrer Flügel sind sie weiß etc. Die Flusssohle oberhalb der Mündung dieses kleinen Flusses (Wind River) ist reichlich mit Gras und Farn bedeckt und ist etwa eine Dreiviertelmeile breit … Wir nennen diesen kleinen Fluss New Timbered River nach einer Eschenart, die an seinen Ufern in einer sehr großen Vielfalt wächst, und einem der Buche ähnelnden Baum, der aber in seiner Blattform abweicht.

60 Gemeint ist der kalifornische Kondor.

31. Oktober [CLARK] Diese Grabgewölbe besitzen alle beinahe die gleiche Größe und Form, acht Quadratfuß, fünf Fuß hoch, ein wenig geneigt, um den Regen abzuleiten, aus Kiefern oder Zedernbrettern hergestellt und sorgfältig mit breiten Brettern bedeckt, mit einem in der östlichen Seite eingelassenen Tor, das teilweise von breiten, merkwürdig eingeschnitzten Brettern versperrt wird. In mehreren dieser Gewölbe waren die toten Körper sehr sorgfältig in Häute eingewickelt, die ringsum mit Seilen aus Gras und Rinde festgebunden waren. Sie lagen auf einer Matte, alle östlich und westlich ausgerichtet. Einige der Gewölbe bargen vier Seite an Seite aneinanderliegende Körper. Wieder andere Gewölbe enthielten nur Knochen, häufig etwa vier Fuß tief. Oben und auf den an den Gewölben angebrachten Stangen hingen kleine Messingkessel und Bratpfannen, deren Böden durchbohrt waren, Körbe, Schüsseln aus Holz, Meeresmuscheln, Häute, Stoffstückchen, Haare, Schmucktaschen und kleine Knochenstücke etc. Auf den Brettern, die die Gewölbe bildeten, beobachtete ich mehrere hölzerne, in der Gestalt von Menschen geschnittene und an den Seiten der Gewölbe rundum aufgestellte Bildnisse. Einige waren inzwischen so alt und zermürbt, dass sie beinahe formlos waren. Ich bemerkte auch die Überreste von gänzlich im Boden verrotteten und mit Moos bedeckten Gewölben. Dies muss über viele Jahrhunderte der Bestattungsort für die Anwohner der Stromschnellen gewesen sein, die Grabgewölbe sind aus dem dauerhaftesten Holz gefertigt – Kiefer und Zeder – ich kann nicht zuverlässig sagen, dass diese Eingeborenen die hölzernen Götzen anbeten, habe vielmehr allen Grund, zu glauben, dass sie es nicht tun, da sie in den auffallendsten Teilen ihrer Häuser aufgestellt sind und mehr wie Verzierungen als wie Gegenstände der Anbetung behandelt werden … Ein bemerkenswert hoher frei stehender Felsen befindet sich in einer Sohle auf der Steuerbordseite in der Nähe der unteren Landzunge dieser Insel, etwa 800 Fuß hoch und 400 Schritte im Umkreis; wir nennen ihn den *Beaten Rock*.

Die Kaskaden des Columbias sind etwa eine halbe Meile lang. Hier wird das Wasser dieses großen Flusses innerhalb eines Bereichs von 150 Schritten zusammengepresst, es gibt darin unzählige große und kleine Felsen, und das Wasser stürzt mit enormer Geschwindigkeit hindurch und schäumt auf ausgesprochen schreckliche Weise mit einem Gefälle von ungefähr 20 Fuß. Weiter unten verbreitert es sich auf etwa 200 Schritte, und die Strömung ist auf eine kurze Strecke mäßig stark. Ein wenig oberhalb liegen drei kleine Felsinseln, und am Anfang der Fälle sind drei kleine Felsinseln quer im Fluss eingebettet, mehrere Felsen sind im Fluss oberhalb der brüllenden Wassermassen. Diese Hindernisse, zusammen mit den spitzen Steinen, die beständig von dem Berg auf der Steuerbordseite losbrechen und in das Gebrüll hineinrollen, zusätzlich derjenigen, die sich von den oberen Inseln lösen und dann liegen bleiben, müssen die Ursache dafür sein, dass sich der Fluss weiter oben auf eine solche Strecke aufstaut.

[GASS] Wir entluden unsere Kanus und schafften sie über die Stromschnellen, teils zu Wasser und teils über acht oder zehn Fuß hohe Felsen. Es war das ermüdendste Unternehmen, mit dem wir seit langer Zeit konfrontiert waren, und wir bekamen im Verlauf des ganzen Tages nur zwei Kanus hinüber, die Strecke betrug etwa eine Meile und das Gefälle des Wassers ungefähr 25 Fuß auf diese Entfernung.

1. November [CLARK] Die Indianer, die letzten Abend ankamen, nahmen ihre Kanus auf die Schultern und trugen sie unterhalb der Kaskaden, die sie »Great Shute« (Großes Gebrüll) nennen; wir gingen daran, unser kleines Kanu und alles Gepäck zu Lande 940 Yards auf einem schlimmen, rutschigen und felsigen Weg zu transportieren. Die Indianer, so beobachteten wir, schleppten ihre Ladung über die ganze Länge der Umtragestrecke 2 ½ Meilen mit sich, um eine zweite Kaskade zu vermeiden, die man nur schlecht passieren kann und durch die sie mit ihren leeren Kanus hindurchfuhren …

Wir bekamen all unser Gepäck über die Portage von 940 Yards, danach wuchteten wir die vier großen Kanus hinüber, indem wir sie auf Stangen, die wir von einem Felsen zum anderen gelegt hatten, über die Felsen schoben, und an einigen Stellen über Teilarme des Flusses. Beim Hinüberschaffen der Kanus über die Felsen etc. trugen drei von ihnen Beschädigungen davon, die uns zu verweilen zwangen, um sie reparieren zu lassen … Ich kann bezüglich des Handelsverkehrs, den die Indianer stromab betreiben, nichts Zuverlässiges erfahren, ob Weiße oder die Indianer, die mit den Weißen Handel treiben, sesshaft sind oder die Mündung dieses Flusses nur besuchen. Ich glaube größtenteils an das Letzte, da ihr Wissen über die Weißen sehr unvollkommen zu sein scheint, und die Dinge, die sie hauptsächlich tauschen, Trockenfisch, Bärengras und Wurzeln, können keine Handelsgegenstände für Pelzhändler sein. Indessen erhalten sie als Gegenleistung dafür blaue und weiße Perlen, kupferne Teekessel, Messingarmbänder, einige scharlachrote und blaue Gewänder und einige alte Kleidungsstücke, sie ziehen Perlen allem anderen vor und würden sich von ihren letzten Bissen und Kleidungsstücken trennen, um einige Perlen zu erhalten. Diese Perlen bilden flussaufwärts die Handelsgrundlage unter den Indianern …

Die Eingeborenen an den Wassern des Columbias machen einen gesunden Eindruck, einige haben Geschwülste an verschiedenen Körperteilen; entzündete und schwache Augen sind weit verbreitet, viele haben ihr Augenlicht gänzlich verloren, sehr viele sehen nur auf einem Auge gut, mit dem anderen kaum etwas. Dieses Unglück muss ich wieder dem Wasser etc. zuschreiben. Sie haben schlechte Zähne, was bei Indianern nicht üblich ist, sie sind manchmal bis auf das Zahnfleisch abgenutzt. Wie es dazu kommt, kann ich nicht befriedigend erklären, schreibe es aber bis zu einem gewissen Grade ihrer Essmethode und ihren Nahrungsmitteln zu, insbesondere den Wurzeln, die sie naturbelassen und mit Sand verdreckt verzehren. Ich habe keine dieser langen, zum Verkauf angebotenen Wurzeln frei von Sand gesehen. Die Angehörigen dieses Indianerstammes sind eher kleiner als üblich und haben hohe Wangen, die Frauen sind klein und unansehnlich und leiden an geschwollenen Beinen und Schenkeln; ihre Knie sind bemerkenswert groß, was ich der Art und Weise zuschreibe, in der sie auf ihrem Gesäß sitzen. Sie gehen beinahe nackt und tragen nur ein kleines, etwa drei Quadratfuß großes um ihre Brust gebundenes Lederstück, das bis zur Hüfte herunterfällt, dazu ein zweites, welches ihren Steiß bedeckt. In dieser Gegend haben alle Männer und Frauen flache Köpfe, sie sind äußerst schmutzig, sowohl was ihre Person betrifft als auch beim Kochen, sie tragen ihr Haar wirr und lose hängend. Sie verlangen hohe Preise für das, was sie verkaufen, und behaupten, dass die Weißen flussabwärts ebenso hohe Preise für ihre Waren bezahlen etc. Die Nasen sind alle durchbohrt, und wenn diese Indianer angekleidet sind, haben sie ein langes, zugespitztes weißes Muschelstück oder Wampum durch die Nase gezogen. Diese Muscheln sind etwa zwei Zoll lang. Ich beobachtete in vielen Dörfern, die ich besucht habe, dass die Köpfe der weiblichen Kinder in einer Presse aus zwei Brettern stecken, um sie in der Kindheit in eine bestimmte Form zu bringen.

3. November [CLARK] Ich kam an die Einmündung eines Flusses (Sandy River), der sich über eine Sandbank zu verteilen schien, auf dessen Grund ich beinahe über die ganze Breite hinweg sehen konnte und der an keiner Stelle mehr als vier Zoll tief zu sein schien; ich versuchte, diesen Strom zu durchwaten, und zu meinem Erstaunen befand ich den Boden als unpassierbaren Treibsand. Ich rief den Kanus zu, am Ufer anzulegen, ich bestieg eines und landete unterhalb der Mündung, Captain Lewis und ich gingen diesen Fluss etwa 1½ Meilen hinauf, um ihn zu erforschen, wir kamen zu dem Ergebnis, dass es sich um einen sehr beachtlichen Strom handelte, der seine Wasser durch zwei Flussbetten ausströmen lässt, welche eine Insel von etwa drei Meilen Länge und 1 ½ Meilen Breite bilden. Sie ist aus grobem Sand entstanden, der aus diesem schnellen Sandfluss ausgespült wird. Dieser Strom hat das Aussehen des *Platte Rivers* … Unterhalb des schnellen Sandflusses ist das Land niedrig und fruchtbar und auf beiden Seiten des Flusses dicht bewaldet …

Der Fluss ist breit und birgt immense Mengen in alle Richtungen fliehender Wasservögel, wie zum Beispiel Schwäne, Gänse, Wildgänse, Kraniche, Störche, weiße Möwen, Kormorane und Regenpfeifer etc. Es gibt auch viele Seeottern im Fluss.

[WHITEHOUSE] Allen Berechnungen nach können es von hier aus nicht mehr als zweihundert Meilen bis zum Ozean sein.

4. November [CLARK] Dieses Dorf umfasst ungefähr 200 Männer der *Skillute*-Nation, ich zählte 52 Kanus am Ufer des Dorfes. – Viele Kanus sind sehr groß und am Bug erhöht. Wir erkannten den Mann, der uns gestern Abend überholte, er lud uns in einen Wigwam ein, welcher ihm wohl teilweise gehörte, und gab uns rundliche Wurzeln von etwa der Größe einer kleinen irischen Kartoffel, die sie in den Gluten rösten, bis sie weich werden. Diese Wurzel nennen sie *Wap-pato*, sie wird in großen Mengen angebaut … Sie hat einen angenehmen Geschmack und eignet sich sehr gut anstelle von Brot. Wir kauften etwa vier Scheffel dieser Wurzel und teilten sie unter unserer Truppe auf.

Sieben Meilen unterhalb dieses Dorfes passierten wir die obere Landzunge einer großen Insel. Hier landete ich und spazierte etwa drei Meilen am Rand einer prächtigen offenen Ebene entlang, hinter der sich das Land allmählich erhebt und sich zu bewalden beginnt, zum Beispiel mit weißer Eiche, verschiedenartigen Kiefern, wilden Holzäpfeln mit dem Geschmack und dem Geruch des gewöhnlichen Holzapfels und mehreren Arten von Unterholz, welche mir aber nicht bekannt sind; mehrere Silberpappeln und Eschen dieses Landes wachsen am Flussufer verstreut. Ich entdeckte einige Elch- und Hirschspuren und stieß an einer Stelle wieder zu Captain Lewis, wo er zum Mittagessen mit der Truppe an Land gegangen war. Bald danach kamen mehrere Kanus mit Indianern vom Dorf herunter, wie ich aus der Kleidung schloss, um uns einen freundlichen Besuch abzustatten, sie hatten neben ihrer gewöhnlichen Kleidung scharlachrote und blaue Decken umgehängt, außerdem waren sie mit Seemannsjacken, Überziehern, Hemden und Hüten ausgestattet; die meisten hatten entweder

Kriegsäxte, Speere oder Bogen mit Pfeilköchern und Musketen oder Pistolen bei sich und Blechflaschen, um ihr Pulver aufzubewahren. Wir fanden diese Burschen anmaßend und unangenehm, aber wir rauchten mit ihnen und behandelten sie mit aller Aufmerksamkeit und Freundlichkeit.

Während wir zu Mittag aßen, stahlen diese Kerle meinen Tomahawk und meine Pfeife, mit der sie geraucht hatten; ich durchsuchte sofort jeden Mann und die Kanus, aber konnte nichts finden. Während der Suche nach dem Kriegsbeil stahl einer der Schurken die Kapuzenjacke eines unserer Dolmetscher, die, unter die Wurzel eines Baumes gestopft, schließlich in der Nähe der Stelle gefunden wurde, wo sie sich aufhielten. Wir wurden sehr ungehalten, was sie auch bemerkten und sie zum Abziehen veranlasste … Wir fuhren bis eine Stunde nach Einbruch der Dunkelheit mit der Absicht weiter, von den Eingeborenen loszukommen, die ständig um uns und lästig waren, nachdem wir aber festgestellt hatten, dass wir von diesen Leuten für die Dauer dieser Nacht nicht loskommen würden, gingen wir an Land und lagerten auf der Steuerbordseite. Schon bald kamen zwei mit Waren beladene Indianerkanus zu uns, wir kauften ein paar Wurzeln.

[ORDWAY] Gegen Abend trafen wir mehrere Indianer in einem hübschen Kanu, das am Bug mit einem Götzenbild verziert war. Einer der beiden beherrschte einige englische Worte, hauptsächlich Flüche und Schimpfwörter.

5. November [CLARK] Es regnete die halbe Nacht, der Regen dauerte auch den Morgen über an, ich schlief letzte Nacht nur sehr wenig aufgrund des während der ganzen Nacht andauernden Geräuschs, das von Schwänen, weißen und grauen Wildgänsen verursacht wurde etc. … Dies ist die erste Nacht, die wir seit unserer Ankunft an den Wassern des Columbia-Flusses gänzlich unbehelligt von Indianern verbracht haben.

7. November [CLARK] Wir begegneten jetzt Indianern, die sich *War-ci-â-cum*[61] nennen. Sie sprechen eine andere Sprache als die weiter oberhalb beheimateten Eingeborenen, mit welchen sie der *Wapato*-Wurzeln wegen Handel treiben, die sie in großen Mengen als Nahrungsmittel verwenden. Ihre Häuser sind andersartig gebaut und gänzlich über dem Boden errichtet. Ihre Dachgesimse sind ungefähr fünf Fuß hoch … In einer Ecke eine Feuerstelle, um die sie ihre etwa vier Fuß vom Fußboden erhöhten Bettstellen errichtet haben. Der

61 Wahkiakums, dem größeren Volk der Chinooks zugehörig, die am Nordufer des Columbias und entlang der Pazifikküste lebten.

Fußboden besteht aus Erde, unter ihren Bettstellen lagern sie Körbe mit getrocknetem Fisch, Beeren und Wapato ein, über das Feuer hängen sie das Fleisch, welches sie nicht sofort verzehren. Ihre Kanus sind gleich geformt wie diejenigen, die wir bereits kannten. Die Kleidung der Männer unterscheidet sich nur wenig von der, die flussaufwärts getragen wird, die der Frauen ist gänzlich verschieden, ihre Gewänder sind kleiner und bedecken nur ihre Schultern und fallen bis zur Hüfte herunter, und mitunter, wenn es kalt ist, tragen sie ein rings um den Körper von den Armen bis zu den Hüften reichendes Pelzstück.

Große Freude im Lager. Wir sind in Sichtweite des Ozeans, dieses großen Pazifischen Ozeans, den wir so lange zu sehen begehrten. Das durch die sich an den Felsenküsten (wie ich annehme) brechenden Wellen verursachte Tosen ist deutlich zu hören.

[CLARK] Der Ozean in Sicht! O welche Freude.[62]

8. November [CLARK] Wir sind alle nass und streitsüchtig, und das seit mehreren Tagen. Unsere gegenwärtige Lage ist insofern sehr unangenehm, als wir nicht genügend flaches Land für einen Lagerplatz und unser Gepäck finden, um es unbehindert von der Flut auszulegen, die hohen Berge bedrängen uns und sind so steil, dass wir uns nicht zurückziehen können, und das Wasser des Flusses ist salzig und ungenießbar. Hinzu kommt, dass die Wellen auf eine solche Höhe anschwellen, dass wir uns nicht von dieser Stelle entfernen können, in dieser Lage sind wir gezwungen, unser Lager zwischen dem Stand der Ebbe und den Fluttiden aufzustellen und unser Gepäck auf Baumstämme zu hieven. Wir sind bis jetzt noch nicht sicher, ob die Weißen, die mit den Indianern Handel treiben oder von denen sie ihre Güter beziehen, an der Mündung sesshaft sind oder diese Gegend zu festgelegten Zeiten zum Handelsverkehr aufsuchen etc. Ich halte das Letzte für wahrscheinlich. Die Meereswogen ließen heute Abend die Kanus derart schlingern und rollen, dass etliche aus unserer Truppe seekrank wurden.

9. November [CLARK] Unser Lager steht während der Tidenhöhe gänzlich unter Wasser, und jeder Mann ist so nass, wie Wasser dies während einer ganzen Nacht und eines Tages bewirken kann, wenn der Regen nicht aufhört … Ungeachtet der unangenehmen Lage unserer Truppe, alle sind durchnässt und frieren und leiden unter der Kälte, die sie seit mehreren Tagen plagt, sind sie fröhlich und begierig, zum Ozean zu gelangen. Da das Wasser des Flusses zu salzig ist, um es als Trinkwasser zu verwenden, sind wir gezwungen, Regenwasser zu nutzen. Einige

62 In Wirklichkeit sah Clark das Mündungsgebiet des Columbias.

der nicht an Salzwasser gewöhnten Mitglieder der Truppe haben zu großzügig davon getrunken, es wirkt als Abführmittel. An dieser tristen Landzunge müssen wir eine weitere Nacht verbringen, da der Wind zu stürmisch und die Wellen zu hoch sind, um weiterzufahren.

11. November [CLARK] Wir sind wie üblich alle durchnässt, und unsere Lage ist wirklich unangenehm; die großen Regenmengen haben kleinere Steine auf den Hügelhängen gelockert, und nun fallen diese auf uns herunter, unsere Kanus sind an einer Stelle, die ganz der Willkür der Wellen ausgesetzt ist, unser Gepäck an einer anderen und wir selbst und unsere Truppe verstreut auf im Wasser treibenden Baumstämmen und solchen trockenen Stellen, wie man sie an den Hügelhängen und Felsspalten findet. Wir kauften von den Indianern 13 Rotforellen (Lachs), die wir ausgezeichnet fanden. Diese Indianer gehören einer Nation an, die oberhalb und auf der gegenüberliegenden Seite unseres derzeitigen Aufenthaltsortes ansässig ist, und sich selbst *Calt-har-ma* nennt. Sie sind schlecht gekleidet, schlecht gebaut und von kleiner Gestalt, sie sprechen eine Sprache, die jener der zuletzt genannten Nation sehr ähnelt, einer trug eine Seemannsjacke und Beinkleider und gab uns durch Zeichen zu verstehen, dass er diese Kleidungsstücke von den Weißen erhalten hatte, die unterhalb der Landspitze etc. lebten. Die Leute verließen uns und überquerten den Fluss (der an dieser Stelle etwa fünf Meilen breit ist) durch die höchsten Wellen, die man sich vorstellen kann, in einem kleinen Boot. Es sind gewiss die besten Kanu-Navigatoren, die ich jemals gesehen habe. Es regnete den ganzen Tag.

[GASS] Der Morgen war feucht und der Wind wehte noch so sehr, dass wir nicht weiterreisen konnten. Wir errichteten große Feuer und gestalteten unsere Lage so angenehm wie möglich, aber sie war immer noch schlecht genug, da wir weder Zelte noch anderen Schutz hatten, außer unseren Decken und einigen Matten, die wir von den Indianern bekamen und welche wir an Stangen befestigten, um den Regen fernzuhalten.

12. November [CLARK] Es wäre bedrückend, wenn man uns sehen könnte; alle sind wir durchnässt und frieren, auch unsere Bettsachen und die Kleidungsstücke der Truppe sind verrottet und wir nicht in der Lage, sie zu ersetzen. Wir lagern in einer feuchten Senke, die kaum groß genug ist, um uns aufzunehmen; unser Gepäck ist eine halbe Meile von uns entfernt, und die Kanus sind der Gnade der Wellen ausgesetzt, obwohl sie so gut wie möglich gesichert und mit immensen Steinstücken beschwert sind, um zu verhindern, dass sie an den Felsen zerschmettert werden. Eines ging letzte Nacht verloren und wurde eine kurze Strecke unterhalb auf einem Felsen angeschwemmt, ohne mehr Beschädigungen als einen Riss im Boden aufzuweisen. Glücklicherweise sind unsere Männer gesund.

14. November [CLARK] Captain Lewis beschloss, zu Lande vorzurücken und wenn möglich, die Weißen zu finden, von denen die Indianer sagen, dass sie sich stromabwärts aufhalten, und falls, wie von Vancouver beschrieben hat, eine Bucht in der Nähe der Mündung dieses Flusses gelegen ist, zu untersuchen, ob es dort weiße Händler gibt etc. Um drei Uhr brach er mit Drewyer Jos., Reu. Fields und R. Frazier in einem unserer großen Kanus auf, wobei fünf Männer sie rund um die Landspitze an den Sandstrand bringen sollten. Dieses Kanu kehrte, durch Welleneinbruch fast gänzlich mit Wasser gefüllt, bei Einbruch der Dunkelheit zurück, nachdem es Captain Lewis und seinen Trupp sicher zum Sandstrand gebracht hatte. Der Regen dauerte den ganzen Tag fort, alles ist durchnässt. Der Regen etc., der ohne längere Unterbrechung als zwei Stunden die zehn vergangenen Tage anhielt, hat fast die Hälfte der wenigen Kleidungsstücke der Truppe verrotten lassen, insbesondere die Lederbekleidungen; glücklicherweise haben wir bis jetzt noch kein sehr kaltes Wetter, aber bei einem plötzlichen Kälteeinbruch wird der Großteil der Truppe sehr leiden, wenn es bis dahin keine Jagdgelegenheit mehr geben sollte, um Häute für die Kleiderherstellung zu beschaffen.

9. Pazifischer Küstenwinter

15. November 1805 – 22. März 1806

15. November [CLARK] Gegen drei Uhr beruhigte sich der Wind und der Fluss auch; ich ließ die Kanus in großer Eile beladen und brach von diesem tristen Standort auf, wo wir sechs Tage lang ohne die Möglichkeit der Weiterfahrt oder Verbesserung unserer Situation oder irgendwelche Jagdmöglichkeiten eingesperrt waren. Sind knapp an Vorräten und Regenströme brechen die ganze Zeit über uns herein.

16. November [GASS] Wir sind jetzt am Ende unserer Reise, die entsprechend der Absicht der Expedition vollständig ausgeführt wurde und deren Ziel es war, eine Passage über den Missouri- und Columbia River zum Pazifischen Ozean zu entdecken; ungeachtet der Schwierigkeiten, Entbehrungen und Gefahren, denen wir ausgesetzt waren und die wir erdulden und überwinden mussten.

[WHITEHOUSE] Wir haben jetzt eine klare Sicht auf den Pazifischen Ozean. Die Wellen rollen und die Brandung tost ohrenbetäubend … Wir sind nunmehr der Meinung, dass wir mit unseren Kanus nicht weiterkönnen, und glauben, dass wir am Ende unserer Reise zum Pazifischen Ozean angekommen sind. Sobald die notwendigen Erkundungen gemacht sind, werden wir eine kurze Strecke den Fluss hoch zurückkehren und uns Winterquartiere suchen.

17. November [CLARK] Um halb zwei Uhr kehrte Captain Lewis zurück, nachdem er die Haley Bay[63] zum Kap Disappointment überquert und die Meeresküste eine ziemliche Strecke nach Norden verfolgt hatte. Mehrere Chinook-Indianer folgten Captain Lewis – und ein Kanu kam mit Wurzeln, Matten etc. heran, um diese zu verkaufen. Diese Chinooks machten uns eine gekochte Wurzel zum Geschenk, die in Geschmack und Größe sehr der gewöhnlichen Lakritze ähnelt: Als Gegenleistung für diese Wurzel gaben wir mehr als das Doppelte ihres Wertes, um das begehrliche Verlangen der Indianer zufriedenzustellen. Es ist eine unangenehme Sache, ein Geschenk von Indianern zu empfangen, da sie niemals mit dem zufriedengestellt sind, was sie als Gegenleistung erhalten, selbst wenn der Wert der Dinge zehn Mal höher ist als das, was sie gaben. Diese Chinook-Nation setzt sich aus etwa 400 Seelen zusammen, sie bewohnen das Land an den kleinen Flüssen, die in die Bucht unterhalb von uns einmünden, und an den Teichen nordwestlich von uns; sie ernähren sich hauptsächlich von Fischen und Wurzeln, sind

---

63 Die von George Vancouver 1792 entdeckte Baker Bay (im heutigen Staat Washington).

gut mit Gewehren bewaffnet und erlegen manchmal Elche, Hirsche und Geflügel … Ich befahl allen Männern, die mehr vom eigentlichen Ozean zu sehen wünschten, sich vorzubereiten, um mit mir morgen früh beizeiten aufzubrechen. Der Oberhäuptling der Chinooks und seine Familie kamen herauf, um uns heute Abend zu besuchen.

19. November [CLARK] Der Hirsch dieser Küste unterscheidet sich in vielfacher Weise von unserem gewöhnlichen Hirsch, da er viel dunkler gefärbt und stärker gebaut ist, er hat ein kürzer verzweigtes Geweih, die Schwanzspitze der Rute ist schwarz.

20. November [CLARK] Ich fand viele Chinooks bei Captain Lewis vor, darunter zwei Häuptlinge, *Com-com-mo-ly* und *Chil-lar-la-wil*, denen wir beiden Medaillen und einem eine Fahne überreichten. Einer der Indianer trug einen aus zwei Seeotterfellen gefertigten Überwurf, diese Pelze waren wundervoller als alle, die ich jemals gesehen hatte. Lewis und ich bemühten uns, diesen Überwurf zu kaufen. Schließlich erwarben wir ihn für einen Gürtel aus blauen Perlen, den die Indianerfrau unseres Dolmetschers Charbonneau um die Hüfte geschlungen hatte.

21. November [CLARK] Die geografische Breite dieses Ortes ist 46° 19' 11,1" nördliche Breite. Eine alte Frau und Ehefrau eines der Chinook-Häuptlinge schlug ein Lager nahe dem unseren auf. Sie brachte sechs junge Squaws mit, ich glaube zur Befriedigung der Leidenschaften unserer Männer und um für ihre Liebesdienste angemessene Geschenke zu erhalten. Diese Menschen scheinen Sinnlichkeit als ein notwendiges Übel anzusehen und verabscheuen sie bei einer unverheirateten Frau nicht als Verbrechen. Die jungen Frauen mögen die Aufmerksamkeit unserer Männer und können auf die aufrichtige Billigung ihres Betragens bei Freunden und Verwandten setzen. Die Frauen der Chinook-Nation haben hübsche Gesichter, sind klein und schlecht gebaut mit dicken Beinen und Schenkeln, die häufig wegen einer Stockung des Kreislaufes in den kleinen Füßen geschwollen sind. Dies wird verursacht durch viele Perlenschnüre oder merkwürdige Schnüre, die rund um das Bein und eng über den Knöchel gezogen sind. An ihren Beinen tragen sie Tätowierungen, ich sah auf dem linken Arm einer Squaw die folgenden Buchstaben *J. Bowmon*, derartige Verzierungen werden von den Einheimischen dieser Gegend sehr bewundert und eine Frau ohne diesen Schmuck wird als der unteren Klasse zugehörig betrachtet.

22. November [CLARK] O! Wie schrecklich ist der Tag. Wellen brechen mit großer Gewalt gegen die Küste und drücken das Wasser in unser Lager etc. Alles ist durchnässt und wir sind auf unsere Schutzplanen beschränkt.

23. November [CLARK] Captain Lewis versah einen Baum mit einem Brandzeichen, Namen, Datum etc. Ich vermerkte meinen Namen, Tag und Jahr auf einer Erle, von der Truppe schnitten alle die ersten Buchstaben ihrer Namen in verschiedene Bäume in der Flusssohle. Abends kamen sieben Indianer der *Clatsop*-Nation in einem Kanu herüber, sie führten zwei Seeotterfelle mit sich, für die sie blaue Perlen etc. und solch hohe Preise verlangten, dass wir nicht in der Lage waren, sie zu kaufen, ohne unseren kleinen Vorrat an Handelsware vollends zu dezimieren … Lediglich um den Indianer in Versuchung zu führen, der eines jener Felle besaß, bot ich ihm meine Uhr, Taschentuch, einige rote Perlen und einen amerikanischen Dollar an, aber all dies lehnte er ab und forderte »*ti-â, co-mo-shack*«, was Häuptlingsperlen und die handelsüblichen blauen Perlen bedeutet, von denen wir jedoch zu diesem Zeitpunkt nur wenige haben.

24. November [CLARK][64]

Sergeant J. Ordway	überqueren & untersuchen		Sandy River
Sergeant N. Pryor	"	"	SR
Sergeant P. Gass	"	"	
Jo. Shields	zum Sandy River zurückkehren		
Go. Shannon	untersuchen und überqueren		Fälle
T. P. Howard	"	"	Fälle
P. Wiser	"	"	SR
J. Collins	"	"	SR
Jo. Fields	"	"	flussauf
Al. Willard	"	"	flussauf
R. Willard	"	"	flussauf
J. Potts	"	"	Fälle
R. Frazier	"	"	flussauf
Wm. Bratton	"	"	flussauf
R. Fields	"	"	Fälle
J. B. Thompson	"	"	flussauf
J. Colter	"	"	flussauf
Hugh Hall	"	"	SR
Labiche	"	"	SR
Pierre Cruzatte	"	"	SR
J. B. Lepage	"	"	flussauf

64 Am 25. November lassen die Captains das gesamte »Corps«, York und Sacagawea (Janey) eingeschlossen, über den Standort für das zu errichtende Winterquartier abstimmen. Sechs Personen wollen zu den Celilo Falls, zehn zum Sandy River zurückkehren, und die Übrigen wollen den Fluss überqueren und das gegenüberliegende Ufer, wohl auch eine Strecke flussaufwärts, prüfen.

Charbonneau	–	–	–
S. Goodrich	"	"	Fälle
W. Werner	"	"	flussauf
Go. Gibson	"	"	flussauf
Jos. Whitehouse	"	"	flussauf
George Drewyer	andere Seite untersuchen		Fälle
McNeal	"	"	flussauf
York	"	"	Ausschau halten

Fälle	Sandy River	Ausschau halten flussaufwärts
6	10	12

Janey ist für einen Ort, wo es reichlich Pottasche gibt.

Captain Lewis wird morgen wieder aufbrechen, um die gegenüberliegende Seite nach Jagdmöglichkeiten zu untersuchen, um gegebenenfalls dort überwintern zu können. Salz sollte auch vorhanden sein, wenn nicht, wird er zum Sandy River weiterziehen.

W. C. Wir sind dafür, uns ohne Aufschub zum gegenüberliegenden Ufer zu begeben, um dort sowohl die Haltung der Indianer zu erforschen als auch die Möglichkeit der Nahrungsmittelbeschaffung herauszufinden und auch zu erkunden, ob Handelsschiffe ankommen werden, ehe wir im Frühling aufbrechen. Wir müssen uns ernähren können, ohne auf unsere Vorräte angewiesen zu sein, und feststellen, ob nicht die Gegend an der Meeresküste für unsere dürftigst bekleideten Männer günstiger ist als eine höher gelegene Gegend, wo das Klima strenger sein muss.

[CLARK] Da wir jetzt beschlossen haben, sobald wie möglich in Winterquartiere zu ziehen, müssen wir eine günstige Lage suchen, die Wildtiere verspricht, auf die wir zum Lebensunterhalt diesen Winter angewiesen sein werden. Wir haben allen Grund zu glauben, dass die Eingeborenen keine ausreichenden Lebensmittelvorräte für unseren Bedarf haben, und wenn sie sie hätten, ihr Preis so hoch wäre, dass es zehn Mal so viel kosten würde, ihre Wurzeln und getrockneten Fische zu kaufen, wie wir zahlen können. Dieser Umstand veranlasst zweifellos jeden Einzelnen von uns, emsige Nachforschungen bei den Eingeborenen anzustellen, in welchem Gebiet es reichlich wilde Tiere gibt. Die Männer stimmen im Allgemeinen überein, dass die meisten Wapitihirsche sich auf dem gegenüberliegenden Ufer aufhalten und dass die größten Hirschrudel weiter flussaufwärts anzutreffen sind. Da der Wapitihirsch ein viel größeres Tier als der gewöhnliche Hirsch und leichter zu erlegen ist und er besseres Fleisch und bessere

Häute für die Kleidung unserer Truppe hergibt – überdies noch eine günstige Lage zur Meeresküste mit ihrem Salzvorkommen und die Wahrscheinlichkeit dazukommen, dass Schiffe in die Mündung des Columbias einlaufen, welche, so die Indianer, in drei Monaten auftauchen würden, um mit ihnen Handel zu treiben, Schiffe, von denen wir einen neuen Vorrat indianischer Schmuckstücke erlangen könnten, um auf unserer Heimreise dafür Nahrungsmittel zu kaufen – hat uns dies alles zusammen mit den Bitten aller außer einem unserer Männer veranlasst, den Fluss zu überqueren und die gegenüberliegende Seite in Augenschein zu nehmen. Zu den oben erwähnten Vorteilen kommt noch hinzu, dass diese Lage nahe der Meeresküste milderes Klima verheißt, jedenfalls ein erträglicheres, als es dasjenige oberhalb der ersten Bergkette sein muss. Die Indianer sind leicht gekleidet und berichten von wenig Schnee. Das Wetter, das wir erlebt haben, seit wir in der Nachbarschaft der Meeresküste ankamen, war sehr warm, und viele der vergangenen Tage sogar unangenehm warm. Wenn dies weiterhin der Fall sein sollte, wird es ganz bestimmt das Beste für unsere ausschließlich in Leder gekleidete Truppe sein.

26. November [CLARK] Wir brachen früh auf und setzten ein kurzes Stück oberhalb des Felsens im Fluss und zwischen einigen niedrigen sumpfigen Inseln zur Südseite des Columbias über und fuhren dann noch etwas weiter flussabwärts.

28. November [CLARK] Es regnete die ganze letzte Nacht, wir sind alle durchnässt, unser Bettzeug und die Vorräte sind gleichfalls feucht und wir sind außerstande, uns selbst, Bettzeug oder Vorräte in trockenem Zustand zu halten. Mehrere Männer jagten auf der Landzunge ohne Erfolg nach Hirschen ... Wir haben nichts zu essen außer Trockenfisch, den wir von den Großen Fällen mitbrachten, dies ist unsere gegenwärtige Lage; wirklich unangenehm. Gegen zwölf Uhr schlug der Wind nach Nordwesten um und wehte mit solcher Heftigkeit, dass ich jeden Moment erwartete, entwurzelte Bäume zu sehen, viele wurden umgerissen. Dieser Wind und der Regen dauerten mit kurzen Unterbrechungen während des späteren Teils der Nacht an. O! Wie unangenehm ist unsere Situation bei diesem furchtbaren Wetter.

29. November [LEWIS] Da der Sturm so heftig ist, war die Truppe nicht in der Lage, mit den großen Kanus weiterzufahren. Ich beschloss deshalb, auf der Suche nach einem geeigneten Platz für unsere Winterresidenz den Fluss auf seiner östlichen Seite hinunterzufahren und brach dementsprechend frühzeitig auf, begleitet von fünf Mann, Drewyer, R. Fields, Shannon, Colter und Labiche in dem kleinen Kanu.

30. November [CLARK] Die Squaw gab mir heute ein Stück Brot aus einer Art Mehl, das sie sorgsam für ihr Kind aufgehoben hatte, es war leider feucht geworden.

[GASS] Einige Jäger gingen um das Kap herum, erlegten zwei oder drei Enten. Dies ist der ganze Vorrat an frischen Nahrungsmitteln, seit wir uns in diesem Lager niedergelassen haben. Wir ernähren uns fast gänzlich von Trockenlachs.

1. Dezember [LEWIS] [Die Jäger] haben die Fährte von einem einzigen Hirsch und einigen kleinen grauen Eichhörnchen aufgespürt. Diese Eichhörnchen haben etwa die Größe der roten Eichhörnchen der Seen und der Ostatlantikstaaten, ihr Bauch ist von einem rötlichen Gelb oder von des Gerbers Lohbrühenfarbe, der Schwanz flach und genauso lang wie der Körper, die Ohren schwarz und nicht allzu groß, der Rücken und die Seiten sind gräulich braun. Des Weiteren gibt es den Dornstrauch mit einer braunen Rinde und drei Blättern, die am äußersten Ende der Zweige wie die Blätter des Brombeerenstrauches hervortreiben und der, obwohl er eine Strauchart ist, manchmal bis zur Höhe von zehn Fuß wächst. Der grüne Dornstrauch ist noch belaubt, ebenso die Esche mit einem bemerkenswert großen Blatt; der große Holunder trägt himmelblaue Beeren, und ein breitblättriger Strauch, der ungefähr wie das Federholz wächst, aber keine Gelenke aufweist, ist gleichfalls hier beheimatet. Die Rindenschale hängt am Stamm und ist von einer gelblich braunen Farbe … Um halb zwei Uhr war Drewyer immer noch nicht da. Ich hörte ihn fünf Mal genau oberhalb von uns schießen und hoffe, dass er auf ein Rudel Wapitis gestoßen ist.

[CLARK] Das Meer und die Wellen, die sich an den Felsen und Küsten im Südwesten und Nordwesten brechen, tosen in einiger Entfernung wie ein gewaltiger Wasserfall und dieses Tosen dauert bereits seit unserer Ankunft in der Nachbarschaft der Küste des großen westlichen Ozeans vor 24 Tagen an. Ich kann nicht Pazifik sagen, da ich keinen pazifischen (friedlichen) Tag seit meiner Ankunft in seiner Umgebung erlebt habe. Ich habe keine Nachricht von Captain Lewis, seitdem er weg ist.

2. Dezember [CLARK] Ich fühle mich sehr unwohl und habe gänzlich den Appetit auf den getrockneten zerstoßenen Fisch verloren, der in der Tat die Ursache meiner gegenwärtigen Erkrankung ist. Die Männer klagen allgemein über Durchfall und Bauchschmerzen.

3. Dezember [CLARK] Die gestern nach einem Wapiti ausgeschickten Männer kehrten mit einem solchen zurück. Das weckte die Lebensgeister meiner Männer, aber mir ist unwohl und ich kann das Fleisch nicht essen. O! Wie unangenehm ist meine Lage, reichlich Fleisch und ich bin nicht imstande, irgendetwas zu mir zu nehmen. Ich vermerkte meinen Namen, den Monatstag und das Jahr auf einem großen Kiefernbaum dieser Halbinsel »Captain William Clark 3. Dezember 1805. Auf dem Landweg durch die Vereinigten Staaten in den Jahren 1804 & 1805«. Die Indianerfrau spaltete die zwei Schenkelknochen des Wapiti, nachdem das Mark herausgenommen war, kochte diese und gewann daraus ein Pint Fett oder Talg.

5. Dezember [CLARK] Captain Lewis' langer Verzug stromabwärts war die Ursache meiner inneren Unruhe und Sorge seinetwegen. 1000 Vermutungen stürmten auf meinen Geist, bezüglich seiner wahrscheinlich schwierigen Situation und mangelnden Sicherheit … Captain Lewis kehrte zurück, nachdem er eine gute Lage mit ausreichend Elchen für die Überwinterung gefunden hatte.

[GASS] es herrscht das feuchteste Wetter an dieser Küste, das ich jemals erlebte; während eines Monates hatten wir nur drei schöne Tage; und es gibt keine Aussicht auf Änderung.

7. Dezember [CLARK] Wir brachen zu dem Ort auf, den Captain Lewis gesehen und als Winterquartier gut befunden hatte … Ich wartete etwa eine halbe Stunde, bis York mich einholte; wir bewegten uns dann um diese Bucht herum. Ich nahm mir die Freiheit, sie Meriwether's Bay zu nennen, nach dem Vornamen von Captain Lewis, der ohne Zweifel der erste Weiße war, der diese Bucht erkundete, wir zogen einen Fluss hinauf, der auf der Südseite der Bucht einmündet … Dieser Lagerplatz[65] liegt etwa 30 Fuß über dem Flutpegel und ist dicht mit hohen Kiefern bestanden. Dies ist wohl weit und breit die geeignetste Lage für unsere Zwecke.

8. Dezember [CLARK] Da wir uns für diese Lage als Winterquartier festgelegt hatten, beschloss ich, den direktesten Weg zur Meeresküste einzuschlagen, deren Tosen wir hören und die nicht weit entfernt von uns zu sein schien. Mein Hauptziel ist es, nach einer Stelle zur Salzgewinnung Ausschau zu halten, den Weg oder die Route zu markieren, dass die draußen jagenden Männer die Richtung zum Fort finden können, falls sie sich bei bewölktem Himmel verirren sollten – und die Wahrscheinlichkeit von Wildbeständen in dieser Richtung zu erkennen, die den Lebensunterhalt der Männer, die wir zur Salzgewinnung aussenden werden, sichern sollen. Ich nahm fünf Männer mit und brach auf einen Kurs Süd 60° West auf.

9. Dezember [CLARK] Wir zogen weiter zur Mündung des Wasserlaufs, der eine große Biegung macht. Oberhalb der Mündung dieses Was-

65 Hier wird, etwa fünf Meilen südwestlich von Astoria, Oregon, das Winterlager Fort Clatsop errichtet, in dem das »Corps« bis zum 23. März 1806 bleiben wird.

serlaufs oder nach Süden zu befinden sich drei Häuser mit etwa zwölf Familien der Clatsop-Nation, wir gingen zu den Häusern hinüber, die auf der Südlage des Hügels gebaut waren, ungefähr vier Fuß in den Boden eingelassen; Wände, Dach und Giebelenden sind aus gespaltenen Kiefernbrettern gefertigt, die Türen klein mit einer Leiter, um in den inneren Teil des Hauses hinunterzusteigen, es gibt zwei Feuerstellen in der Mitte des Hauses; ihre Bettstellen sind alle ringsum etwa 2½ Fuß über dem Fußboden aufgestellt, mit Matten bedeckt, und darunter werden ihre Taschen, Körbe und überzähligen Matten gelagert.

Diese Leute behandelten mich mit außergewöhnlicher Freundlichkeit, ein Mann, der sich um mich kümmerte, sobald ich die Hütte betrat, breitete neue Matten als Sitzgelegenheit für mich aus und gab mir wiederholt Fischbeeren, Wurzeln etc. auf kleinen reinlichen Platten aus Binsen zu essen, alle Männer der anderen Häuser kamen herbei und rauchten mit mir. Diese Leute schienen viel reinlicher in ihrer Nahrungszubereitung, als Indianer gewöhnlich sind, und waschen häufig Gesichter und Hände. Am Abend präsentierte eine alte Frau in einer aus einem hellfarbenen Horn gemachten Schüssel eine Art Sirup aus getrockneten Beeren, der für dieses Land üblich ist und den die Eingeborenen *Shele-wele* nennen. Dieser Sirup mundete mir ausgezeichnet. Sie gaben mir Herzmuscheln zu essen und eine Art Sirup, der aus Brot der *Shele-wele*-Beeren gemischt mit Wurzeln gemacht wird. Die Wurzeln boten sie auf sauberen, aus Holz hergestellten Schneidebrettern an … Sie beschäftigen sich mit einem eigenartigen Spiel, das sie sehr lieben und das mit einem bohnenförmigen kleinen Gegenstand durchgeführt wird, den sie mit großer Geschicklichkeit von einer Hand in die andere gleiten lassen, währenddessen sie singen und gelegentlich ihre Hände nach denen ausstrecken, die ihr Eigentum riskieren, um zu raten, in welcher Hand die Bohne gerade ist. Der Spieler, der die Bohne hat, ist der Bankhalter und steht allen im Raum allein gegenüber. Bei diesem Zeitvertreib setzen sie ihre Perlen und andere Teile ihrer wertvollsten Besitztümer. Diese Unterhaltung nahm etwa drei Stunden des Abends ein; mehrere Insassen des Wigwams, in dem ich mich aufhalte, haben alle Perlen verloren, die sie bei sich hatten. Sie haben noch ein anderes Spiel, ein Mann versuchte, es mir zu zeigen, aber ich verstehe es nicht richtig: Sie nehmen viele Spielsteine in der Art von Backgammon-Steinen, die sie zwischen zwei in bestimmten Abständen aufgestellten Pflöcken hindurchrollen etc. Als ich mich anschickte, schlafen zu gehen, brachte der Mann namens *Cus-ka-lah*, der mich höchst aufmerksam behandelte, zwei neue Matten hervor und breitete sie nahe dem Feuer aus; er befahl seiner Frau, zu seinem Bett zu gehen, was das Signal für alle war, sich zurückzuziehen, was sie sofort taten. Ich lag nicht lange auf meinen Matten, als ich von Flöhen aufs Heftigste angegriffen wurde, sie belagerten mich während der ganzen Nacht und wichen nicht von mir.

10. Dezember [CLARK] Wir zogen unter schweren Regenfällen weiter zum Lager bei unserem beabsichtigten Fort … Die Meeresküste ist etwa sieben Meilen in westlicher Richtung entfernt, ungefähr fünf Meilen der Strecke führen durch ein dichtes Gehölz mit Schluchten, Hügeln und Sümpfen; das Land, zwei Meilen reicher schwarzer Humusboden in einer offenen, sich wellenden, sandigen Ebene, der Höhenkamm verläuft parallel zum Fluss, ist mit grünem Gras bedeckt.

11. Dezember [CLARK] Wir sind alle damit beschäftigt, Hütten oder Unterkünfte für unsere Winterquartiere zu errichten. Sergeant Pryor unwohl seit einer Schulterverrenkung, Gibson mit der Ruhr, Jo. Fields mit Beulen auf seinen Beinen und Werner mit einem gezerrten Knie.

12. Dezember [CLARK] Am Abend besuchten uns zwei Kanus der *Clatsops*, sie brachten *Wapato* mit, eine schwarze, süße Wurzel, die sie *Shaw-na ta-que* nennen, und ein kleines Seeotterfell, wir kauften alles für einige Angelhaken und einen kleinen Sack Indianertabak, der uns von den Schlangenindianern geschenkt worden war. Diese Indianer scheinen wohlgesinnt, wir gaben dem Oberhäuptling namens *Con-ny-au* oder *Com-mo-wol* eine Medaille und behandelten seine Begleiter mit so viel Aufmerksamkeit, wie wir konnten. Es war mir sofort klar, dass sie knickrige Händler sind und hartnäckig um sehr wenig zanken und niemals einen Handel ohne eigenen Vorteil abschließen wollen. Sie schätzen blaue Perlen in hohem Maße, weiße schätzen sie auch, aber andere Farben lehnen sie rundweg ab. Die *Wapato* verkaufen sie teuer, nachdem sie sie ihrerseits zu einem hohen Preis von den weiter oben lebenden Eingeborenen erworben hatten.

13. Dezember [CLARK] Wir fahren fort, gerade, wunderschöne Balsamkiefer auf unsere Häuser zu decken – und wir sind sehr erfreut, festzustellen, dass sich das Holz ausgesprochen leicht und auf die Breite von zwei Fuß oder mehr aufspaltet.

[ORDWAY] Wir errichteten eine weitere Reihe Hütten und begannen die letzte Reihe; jetzt formen sie drei Seiten eines Vierecks mit sieben 16 mal 18 Fuß großen Räumen. Die vierte Quadratseite beabsichtigen wir mit Palisaden und Toren zu versehen, um ein Verteidigungsfort zu haben.

14. Dezember [GASS] Wir vervollständigten den Aufbau unserer Hütten, insgesamt sieben an der Zahl, außer der Bedachung, die, stelle ich jetzt fest, nicht so schwierig sein wird, wie ich erwartete; da wir eine

Baumart in großer Zahl gefunden haben, die sich leicht spalten lässt, und die feinsten Bretter liefert, die ich je gesehen habe.

15. Dezember [ORDWAY] Captain Clark und der größte Teil der Truppe brachen mit drei Kanus auf, um 17 Wapitihirschen nachzuspüren …

[Wir] wurden zerstreut. Die Nacht überraschte einige von uns, und Whitehouse, Collins, Hugh McNeal und ich verirrten uns und verbrachten die ganze Nacht ohne Feuer.

16. Dezember [CLARK] Die Winde sind heftig. Bäume stürzen umher, Wirbelstürme mit Böen von Regen, Hagel und Donner, diese Unwetter tobten den ganzen Tag lang, sicherlich einer der schlimmsten Tage, die es je gegeben hat!

17. Dezember [CLARK] Alle Männer bei der Arbeit an den Häusern, einige stopfen Ritzen aus, verschmieren sie, schneiden Türen zu etc.

20. Dezember [CLARK] Die Männer sind alle mit dem Tragen von Balken oder Brettern und dem Bedachen der Häuser beschäftigt, vier wurden heute gedeckt, der spätere Teil des Tages ist bewölkt mit mehreren Regenschauern. Drei Indianer kamen in einem Kanu an. Sie führten Matten, Wurzeln und Sacacommis-Beeren zum Verkauf mit sich, für welche sie derart hohe Preise verlangten, dass wir ihnen nichts abkauften. Diese Leute verlangen im Allgemeinen das Doppelte und Dreifache des Wertes für ihre Waren. Mit blauen und weißen Perlen handeln sie mit ihren flussaufwärts gelegenen Nachbarn, desgleichen mit Feilen, die sie benutzen, um ihre Werkzeuge zu schärfen, Angelhaken verschiedener Größen und Tabak. Tabak und blaue Perlen ziehen sie allem anderen vor.

22. Dezember [CLARK] Wir beendeten die Arbeit an den vier Hütten, die wir bislang als einzige gedeckt haben, der Bohlenboden und die Schlafkojen sind fertiggestellt … Sergeant J. Ordway, Gibson und mein Diener sind krank. Mehrere Männer leiden an Furunkeln und Blutergüssen aller Art.

23. Dezember [CLARK] Captain Lewis und ich ziehen heute in unsere unfertige Hütte … Ich schickte einen kleinen Trockenfisch zu *Cus-ca-lah*, der krank ist.

24. Dezember [CLARK] Cus-ca-lah, der Indianer, der mich so höflich behandelt hatte, als ich im Clatsop-Dorf war, kam mit seinem jungen Bruder und zwei Squaws in einem Kanu herauf. Er legte vor Captain Lewis und mir je eine Matte und ein Bündel Wurzeln hin. Im Laufe des Abends forderten sie zwei Feilen für die Matten- und Wurzelgeschenke. Da wir keine Feilen entbehren konnten, gaben wir beiden das Geschenk zurück, was Cus-ca-lah ein wenig verärgerte. Er bot dann jedem von uns eine Frau an, was wir ebenfalls nicht akzeptierten und was der ganzen Gesellschaft sehr missfiel. Die Frauen schienen über unsere Ablehnung ihrer Gunstbezeugungen sehr empört zu sein.

25. Dezember [CLARK] Bei Tagesanbruch wurden wir heute Morgen vom Abfeuern der Gewehre, einem Salut und einem Lied von unserer ganzen Truppe, die sich unter unseren Fenstern versammelt hatte, geweckt, worauf sich alle auf ihre Zimmer zurückzogen und den ganzen Morgen fröhlich waren.

Nach dem Frühstück teilten wir unseren Tabak auf, der sich auf zwölf Rollen belief, eine Hälfte schenkten wir den Männern, die rauchten, und jenen, die ihn nicht schätzen, machten wir ein Taschentuch zum Geschenk. Die Indianer verließen uns am Abend. Die ganze Truppe ist behaglich in ihren Hütten untergebracht. Ich empfing ein Geschenk von Captain L., nämlich ein Schafsfell, Unterhose, Hemd und Socken, ein Paar Mokassins von Whitehouse, einen kleinen indianischen Korb von Goodrich, zwei Dutzend weiße Wieselschwänze von der Indianerfrau und eine schwarze Wurzel von den Indianern vor ihrer Abreise … Wir hätten diesen Weihnachtstag, die Geburt Christi, gerne schmausend verbracht, hätten wir irgendetwas gehabt, um entweder unsere Stimmung zu heben oder gar unseren Appetit zu stillen; unser Mahl bestand aus magerem, so sehr verdorbenem Wapitihirsch, dass wir ihn aus purer Not vertilgten, etwas schlecht gewordenem Trockenfisch und einigen Wurzeln.

[WHITEHOUSE] Wir haben keinerlei hochprozentige Spirituosen bei uns; sind aber meistens bei guter Gesundheit, ein Segen, den wir mehr schätzen als allen Luxus, den dieses Leben bieten kann, und die Truppe ist dem Allerhöchsten für seine Güte dankbar. Wir hoffen, dass Gott uns weiterhin in derselben Weise bewahren und uns ermöglichen wird, sicher in die Vereinigten Staaten zurückzukehren.

26. Dezember [CLARK] Joseph Fields stellt einen Tisch und zwei Stühle für uns fertig.

27. Dezember [CLARK] Die Männer stellen heute Schornsteine und Schlafkojen fertig.

28. Dezember [CLARK] Ich befahl Drewyer, Shannon, Labiche, Reuben Fields und Collins zu jagen; Joseph Fields, Bratton, Gibson, an irgendeine geeignete Stelle des Ozeans zu marschieren, ein Lager zu errichten und mit fünf der größten Kessel die Salzgewinnung zu beginnen, und Willard und Wiser, ihnen zu helfen, die Kessel zur Meeresküste zu tragen. Alle anderen Männer werden damit beschäftigt, Palisaden aufzustellen und die Tore des Forts anzufertigen. Meinem Diener [York] geht es schlecht. Er hat sich eine starke Erkältung zugezogen und ist überanstrengt durch den Fleischtransport aus den Wäldern und das Hieven der schweren Baumstämme auf die Bauten etc.

29. Dezember [CLARK] Es ist offensichtlich, dass ständig ein beträchtlicher Austausch von Waren zwischen den Stämmen und den Dörfern dieser Leute betrieben wird. Sie alle sind unterhalb der Hüfte fast unbekleidet, ein Stück Fell rund um den Körper geschlungen und ein kurzes Gewand bilden ihre gesamte Bekleidung, dazu gelegentlich zerrissene Hüte und Perlen rund um ihre Hälse, Handgelenke und Knöchel und in ihren Ohren. Diese Indianer sind klein und im Allgemeinen nicht hübsch anzusehen, insbesondere nicht die Frauen. Die Chinook-Frauen sind lüstern und treiben ihre Flirts in aller Offenheit. Die Clatsops und andere scheinen schüchtern und zurückhaltend. Die Flöhe sind in diesem Land überaus zahlreich und nur schwer zu erwischen. Ich bin sicher, dass die Indianer verschiedene Häuser und Dörfer haben, zwischen denen sie häufig umziehen, um den Flöhen zu entkommen, und ungeachtet all ihrer Vorsichtsmaßnahmen, besuchen sie niemals unsere Hütte, ohne Schwärme jener lästigen Insekten zu hinterlassen. Tatsächlich komme ich kaum dazu, eine halbe Nacht frei von dieser Flohplage zu schlafen, trotz der Vorkehrung, meine Decken jeden Tag abzusuchen und jede Menge Flöhe zu töten.

30. Dezember [CLARK] Unsere Befestigung wurde heute Abend fertiggestellt – und bei Sonnenuntergang ließen wir die Eingeborenen wissen, dass wir künftig die Tore bei Sonnenuntergang schließen, zu welcher Zeit alle Indianer das Fort verlassen müssen, und dass sie erst am nächsten Morgen nach Sonnenaufgang, wenn die Tore geöffnet werden, zurückkehren dürfen.

31. Dezember [CLARK] Zwei andere Kanus legten an, eines von der *War-ci-â-cum*-Siedlung mit drei Indianern und das andere mit drei Männern und einer Squaw vom oberen Flusslauf, sie sind von der *Skillute*-Nation. Sie führten einige Wapato-Wurzeln, aus Flachs und Binsen gefertigte Matten, getrockneten Fisch und einige *Shaw-na tâh-que* und aufbereitete Wapitihirschhäute mit sich, für die sie alle enorme Preise verlangten, insbesondere für eben diese Häute. Ich kaufte einige Wapato, zwei Matten und etwa drei Pfeifenfüllungen ihres Tabaks in einer sauberen kleinen, aus Binsen gefertigten Tasche … Ich gab dafür einen großen Angelhaken und mehrere kleine Artikel, die Angelhaken gefielen ihnen sehr … Wir ließen Senkgruben graben und ein Wachhäuschen herstellen – ein Skillute brachte ein Gewehr mit und bat mich, es zu reparieren, es bedurfte nur einer abgeflachten Schraube, um zuzuschnappen, ich setzte einen Feuerstein in sein Gewehr, und er bot mir als Gegenleistung ein Viertelscheffel Wapato. Ich gab ihm ein Stück Schafsfell und ein kleines

Stück blauen Stoff, um sein Gewehrschloss zu bedecken, worüber er sich sehr freute und mir einige Wurzeln etc. als Gegenleistung überließ.

Undatiert, Dezember [CLARK] Eine Liste der Stämme in der Nähe der Mündung des Columbias, nach Informationen der Indianer erstellt, der Orte, wo sie wohnen, der Namen der Stämme und ihrer Oberhäuptlinge, soweit sie dieselbe Sprache benutzen.

1. *Clatsop*-Stamm, mehrere kleine Dörfer an der Meeresküste im Südosten der Mündung und an dem südöstlichen Ufer des Columbias – nicht zahlreich.

1. Häuptling *Con-ny au Com-mo-wol*
2. Häuptling *Sha-no-ma*
3. Häuptling *War-ho-lote*

2. Der *Chinook*-Stamm, gegenüber auf der Nordwestseite, kleine Dörfer und einzelne Häuser aus Spaltbrettern, an einem Wasserlauf der Haley Bay und an kleinen Seen oder Teichen ansässig, in keiner großen Entfernung vom Fluss oder der Bucht. Verhältnismäßig zahlreich – so wird gesagt. Chinook.

1. Häuptling *Stock-home*
2. Häuptling *Com-com-mo-ley*
3. Häuptling *Shil-lar-la-wit*
4. Häuptling *Nor-car-te*
5. Häuptling *Chin-ni-ni*

3. Der *Chiltch*-Stamm[66], wohnt in der Nähe der Meeresküste und nördlich der Chinooks, in Häusern lebend, sehr zahlreich. Sprechen die gleiche Sprache.

1. Häuptling *Mar-lock-ke*
2. Häuptling *Col-chote*
3. Häuptling *Ci-in-twar*

4. Der *Calamox*-Stamm[67], wohnt an der Meeresküste im Südosten des Columbias und an einem kleinen Fluss und, wie ich von den *Clatsops* informiert wurde, bewohnt er zehn Dörfer, sechs davon am Ozean und vier am kleinen Fluss, die *Calamox* sollen nicht zahlreich sein. Sie sprechen die Clatsop-Sprache.

1. Häuptling *O-co-no*

---

66 Chehalis.

67 Tillamooks.

5. Der *Caltharmar*-Stamm[68], lebt in einem Dorf mit großen, aus Spaltbrettern gebauten und ordentlich hergestellten Häusern auf der Südostseite des Columbias, hinter einer Insel in einer starken Biegung des Flusses nach Südosten. Sie sind nicht zahlreich und leben wie die anderen von Fisch, schwarzwurzeln, lakrize-Beeren und Wap-pe-to-Wurzeln, das Dorf ist, etwa 15 Meilen auf direkter Linie vom Meer entfernt.

1. Häuptling	*Clax-ter* im Krieg gegen die Schlangenindianer im Süden der Fälle
2. Häuptling	*Cul-te-ell*
3. Häuptling	*[leer]* im Krieg gegen die Schlangenindianer.

6. Die *Claxter*-Nation[69]. Diese Nation wohnt auf der [Leerstelle]-Seite des Columbias in [Leerstelle] Dörfern oberhalb und ist zahlreich. Sie schlugen kürzlich die Chinooks, sie sind eine heimtückische Clique

1. und Oberhäuptling *Qui-oo*

7. Der *War-ci-a-cum*-Stamm ist auf der Nordwestseite des Columbias in der großen Biegung hinter einigen Inseln ansässig. Dieser Stamm ist nicht zahlreich. Er wohnt in zwei Dörfern in Häusern.

Der Häuptling *Scum ar-qua-up*

1. Januar 1806 [LEWIS] Heute Morgen wurde ich zu früher Stunde durch eine Gewehrsalve geweckt, die von der Truppe vor unseren Quartieren abgefeuert wurde, um das neue Jahr anzukündigen; dies war das einzige Zeichen von Ehrerbietung, welches uns zur Verfügung stand, um diesen Feiertag gebührend zu begehen. Unser Festmahl, obwohl besser als dasjenige an Weihnachten, bestand hauptsächlich in der Erwartung des ersten Januars 1807. Wir hoffen, dann im Schoße unserer Freunde an der Freude und Heiterkeit dieses Tages teilzunehmen … und das Mahl genießen zu dürfen, das die Hand der Zivilisation für uns vorbereitet hat. Gegenwärtig waren wir damit zufrieden, unseren Wapiti und die gekochten Wapatos zu verspeisen, und den Durst mit unserem einzigen Getränk, nämlich reinem Wasser, zu stillen. Zwei unserer Jäger, die am Morgen aufbrachen, kehrten am Abend zurück, nachdem sie zwei Wapitiböcke erlegt hatten; sie reichten Captain Clark und mir je einen Markknochen und eine Zunge, die wir am Abend zu uns nahmen. Ich wurde heute von einigen der

68 Cathlamets.
69 Vielleicht Clatskanies.

Clatsops besucht, die Wurzeln und Beeren zum Tauschhandel mitbrachten. Wir waren bezüglich zweier unserer Männer, Willard und Wiser, beunruhigt, die am 28. des vorigen Monats mit den Salzsiedern ausgesandt wurden und sofort zurückkehren sollten; ihr Ausbleiben lässt uns annehmen, dass sie ihren Weg verfehlt haben.

[LEWIS und CLARK, Truppenbefehl] Da das Fort jetzt fertiggestellt ist, halten es die befehlshabenden Offiziere für richtig, anzuordnen, dass die Wache wie üblich aus einem Sergeant und drei Gefreiten bestehen soll und dass dieselbe regelmäßig jeden Morgen bei Sonnenaufgang abgelöst wird … Es soll auch die Pflicht der Wache sein, die Ankunft aller Indianergruppen dem Sergeant der Wache zu melden, der das Gleiche sofort den befehlshabenden Offizieren berichten wird. Die kommandierenden Offiziere verlangen und beauftragen die Garnison, die Einheimischen in einer freundlichen Art zu behandeln; es wird ihnen zu keinem Zeitpunkt gestattet sein, sie zu beschimpfen, zu bedrohen oder zu schlagen; außer für den Fall, dass Beschimpfung, Bedrohung oder Schläge zuerst von den Einheimischen ausgehen. Trotzdem soll es jeder Person gestattet sein, jedem Eingeborenen, der ihm lästig fällt, in einer friedlichen Art und Weise den Zutritt zu seinem Raum zu verwehren oder ihm Raumverbot zu erteilen; und wenn dieser Eingeborene ablehnen sollte, den Raum zu verlassen, oder versucht, Räume zu betreten, nachdem ihm verboten wurde, dies zu tun, soll es die Pflicht des Sergeants der Wache sein, von diesem Vorkommnis Bericht zu erstatten und diesen Eingeborenen aus dem Fort zu entfernen und darauf zu achten, dass er während dieses Tages nicht wieder eingelassen wird, außer wenn dies ausdrücklich erlaubt wird. Der Sergeant der Wache darf für diesen Zweck Zwangsmaßnahmen ergreifen (die sich nicht darauf erstrecken, Leben zu gefährden), um die Vorschriften auszuführen. Wird ein Einheimischer beim Diebstahl ertappt, soll der Sergeant der Wache die befehlshabenden Offiziere davon sofort unterrichten, damit angemessene Maßnahmen ergriffen werden können. Bei Sonnenuntergang wird der Sergeant täglich vom Dolmetscher Charbonneau und zwei Männern seiner Wache begleitet, um alle Indianer zu sammeln und aus dem Fort hinauszubringen, außer solchen, welche von den befehlshabenden Offizieren die ausdrückliche Bleibeerlaubnis haben; sie sollen nicht wieder eingelassen werden, bis das Haupttor am folgenden Morgen geöffnet wird. Bei Sonnenuntergang oder sofort, nachdem die Indianer verabschiedet worden sind, sollen beide Tore zugemacht, der Zugang gesichert und das Haupttor abgeschlossen werden, bis zum Sonnenaufgang des nächsten Morgens … Jede Einzelperson, die irgendein Werkzeug oder Eisen- oder Stahlinstrument, Waffen, Ausrüstungsgegenstände oder Munition verkauft oder tauscht, soll einer Befehlsverweigerung schuldig erachtet werden und wird dementsprechend angeklagt und bestraft. Die John Shields geliehenen Werkzeuge sind von den Einschränkungen dieser Anordnung ausgenommen.

2. Januar [LEWIS] Der große und kleine oder Pfeifschwan, Sandhügelkranich, große und kleine Gänse, die braune und weiße Wildgans, der Kormoran, die Duckan-Stockente, Canvisback-Ente und mehrere andere Entenarten sind noch vorhanden; obwohl ich nicht glaube, dass sie noch so zahlreich sind wie bei unserer ersten Ankunft in der Umgebung.

3. Januar [LEWIS] Da unsere Truppe aus Not angewiesen war, sich eine gewisse Zeitspanne hauptsächlich von Hunden zu ernähren, isst sie jetzt dieses Fleisch ausgesprochen gern; es ist der Bemerkung wert, dass wir während dieser Zeit viel gesünder, stärker und wohlgenährter waren, als wir dies jemals waren, seit wir das Büffelland verließen. Was mich selbst betrifft, habe ich mich so vollkommen mit dem Hund abgefunden, dass ich ihn für eine angenehme Nahrung halte und ihn magerem Hirsch oder Elch vorziehe. Eine kleine Krähe, der mit einem blauen Schopf versehene Rabe und der kleinere Rabe mit einer weißen Brust, der kleine braune Zaunkönig, ein großer brauner Sperling, der kahle Adler und der majestätische Bussard des Columbias sind noch vorhanden.

[CLARK] Ich meinerseits konnte mich bis jetzt nicht mit dem Geschmack dieses Tieres (Hund) anfreunden.

[LEWIS und CLARK, Wetteranmerkungen] Den Verlust meines Thermometers bedaure ich am meisten. Ich bin sicher, dass das Klima hier viel wärmer ist als auf dem gleichen Breitengrad des Atlantischen Ozeans, um wie viele Grade es sich handelt, steht jetzt außerhalb meiner Macht zu bestimmen. Seit unserer Ankunft in dieser Umgebung am 7. November haben wir nur einen leichten Frost erlebt, welcher sich am Morgen des 16. jenes Monats ereignete. Wir haben noch kein Eis gesehen, und das Wetter ist so warm, dass wir gezwungen sind, unser Fleisch mit Rauch und Feuer haltbar zu machen, damit es nicht verdirbt.

4. Januar [LEWIS] Diese Leute, die Chinooks und andere, die in dieser Umgebung leben und die gleiche Sprache sprechen, sind uns gegenüber sehr freundlich, sie scheinen ein sanftes, harmloses Volk zu sein, aber sie stehlen, wenn sich eine Gelegenheit ergibt und sie vor Entdeckung sicher sind. Sie sind große Feilscher beim Handel und wenn sie denken, man wird kaufen, wird ein ganzer Tag um eine Handvoll Wurzeln geschachert; dieses, denke ich, rührt aus ihrer mangelden Kenntnis des Vergleichswertes der Handelswaren und der

Furcht, betrogen zu werden; grundsätzlich lehnen sie den ihnen zunächst angebotenen Preis ab, akzeptieren ihn dann aber sehr häufig für eine kleinere Menge des gleichen Gutes. Um mich dieser Praktik zu vergewissern, bot ich einmal einem Chinook meine Uhr, zwei Messer und eine beträchtliche Menge Perlen für ein kleines, minderwertiges Seeotterfell an, dass ich eigentlich nicht brauchte, er hielt es sofort für sehr wertvoll und lehnte ab zu tauschen, es sei denn, ich würde die Menge der Perlen verdoppeln; ich erhielt das Fell am nächsten Tag im Tausch gegen einige Schnüre der gleichen Perlen, was er Tags zuvor abgelehnt hatte. Ich glaube deshalb, dieser Charakterzug geht aus einer gänzlich habgierigen Veranlagung hervor. Diesbezüglich unterscheiden sie sich von allen Indianern, mit denen ich jemals zu tun hatte, denn deren Bestreben geht ständig dahin wegzugeben, was immer sie in Besitz haben, gleichgültig wie nützlich oder wertvoll, und zwar für ein Spielzeug, das ihrem kindlichen Gemüt gefällt, ohne Nützlichkeit oder Wert zu hinterfragen. Nichts Interessantes ereignete sich heute; unser Wapato ist gänzlich aufgebraucht.

5. Januar [LEWIS] Um fünf Uhr nachmittags kehrten Willard und Wiser zurück, sie waren nicht verschollen, wie wir befürchteten. Sie unterrichteten uns, dass sie erst am fünften Tag nach dem Verlassen des Forts eine geeignete Stelle für das Salzsieden finden konnten; dass sie sich schließlich an der Küste 15 Meilen südwestlich von hier in der Nähe des Wigwams einiger Calamox-Familien eingerichtet hatten; dass die Indianer sehr freundlich waren und ihnen eine beträchtliche Menge vom Speck eines Wals gegeben hatten, der an der Küste in einiger Entfernung südöstlich von ihnen umgekommen war; einen Teil dieses Walspeckes brachten sie mit, er war weiß und dem Schweinefett nicht unähnlich, obwohl das Gewebe schwammiger und irgendwie gröber war. Ich ließ einen Teil davon auskochen und fand ihn sehr wohlschmeckend und zart, im Geschmack ähnelte er dem Biber- oder Hundefleisch. Die Burschen teilten uns auch mit, dass J. Fields, Bratton und Gibson (die Salzsieder) mit ihrer Hilfe ein bequemes Lager errichtet hatten, einen Wapiti und mehrere Hirsche getötet und einen reichlichen Vorrat an Fleisch beschafft hatten; sie begannen mit der Salzgewinnung und konnten pro Tag drei Quart bis zu einer Gallone erzielen. Sie brachten eine Probe des Salzes von etwa einer Gallone mit, wir fanden es ausgezeichnet, fein, stark und weiß; dies war ein großer Genuss für mich und die meisten aus der Truppe, da wir seit dem 20. des letzten Monats kein Salz mehr gehabt hatten. Ich sage die meisten aus der Truppe, denn mein Freund Captain Clark erklärt, es sei ihm völlig gleichgültig, ob er es benutzt oder nicht;

was mich anbelangt, muss ich gestehen, dass ich den Salzmangel als äußerst unangenehm empfunden habe; den Mangel an Brot betrachte ich als unbedeutend, Hauptsache, ich bekomme fettes Fleisch, denn bezüglich der Fleischarten bin ich nicht sehr wählerisch, das Fleisch des Hundes, des Pferdes und des Wolfes sind mir durch Gewöhnung ebenso vertraut geworden wie jedes andere. Ich denke, wenn die Schnur stark genug ist, die Leib und Seele zusammenhält, spielen die Stoffe, aus denen sie sich zusammensetzt, keine so große Rolle.

[CLARK] Ich beschloss, morgen früh mit zwei Kanus und zwölf Männern auf die Suche nach dem Wal aufzubrechen oder unter allen Umständen von den Indianern ein Stück des Walspecks zu kaufen; für diesen Zweck stellte ich ein kleines Sortiment an Handelsware zusammen und wies die Männer an, sich bereitzuhalten etc.

6. Januar [LEWIS] Die Clatsops, Chinooks, Calamox etc. sind sehr redselig und neugierig; sie besitzen ein gutes Erinnerungsvermögen und haben uns gegenüber Namen und Fassungsvermögen der Schiffe etc. von vielen Händlern und anderen, die die Mündung dieses Flusses besucht haben, aufgezählt. Sie sind im Allgemeinen von kleiner Statur, verhältnismäßig schmächtig, eher hellhäutiger und viel schlechter gebaut als die Indianer des Missouris und jene von unserer Grenze; sie sind meist heiter, aber nie ausgelassen. Ihre Unterhaltung mit uns drehte sich in der Regel um Themen des Handels, Rauchens, des Essens oder ihre Frauen; über die Letzten sprechen sie vorbehaltlos, auch von jedem ihrer Körperteile und von der intimsten Beziehung. Sie schätzen die Tugend ihrer Frauen nicht hoch und würden ihre Frauen und Töchter für einen Angelhaken oder eine Perlenschnur prostituieren. Wie andere Völker der Wilden lassen sie ihre Frauen jede Art von häuslicher Schinderei tun. Aber die Männer scheuen sich nicht, selbst Hand anzulegen. Die Frauen werden auch gezwungen, Wurzeln zu sammeln, und helfen den Männern beim Fischfang, diese beiden Dinge bilden den weitaus größten Teil ihres Lebensunterhaltes. Ungeachtet der sklavischen Art, in der sie ihre Frauen behandeln, erweisen sie ihrem Urteil und ihrer Meinung in mancher Hinsicht mehr Respekt als die meisten indianischen Nationen; den Frauen wird erlaubt, frei vor ihnen zu sprechen, und sie scheinen manchmal in autoritärer Weise zu befehlen. Die Männer konsultieren sie im Allgemeinen bei ihren Geschäften und handeln in Übereinstimmung mit ihrer Meinung. Ich glaube, es kann als eine generelle Maxime festgestellt werden, dass diese Nationen ihre alten Leute und Frauen mit höchster Ehrerbietung und Respekt behandeln, und sie leben hauptsächlich von solchen Nahrungsmitteln, die Männer und Frauen gemeinsam beschaffen, und dass eben diese Gruppen dort mit geringster Aufmerksamkeit behandelt werden, wo die Sorge um den Lebensunterhalt gänzlich der Kraft des Mannes überlassen ist. Es scheint mir, dass die Natur die Kind-Elternbande schwächer ausgebildet hat als die sonstigen Zuneigungen des menschlichen Herzens, deshalb denke ich, dass unsere alten Männer und Frauen in gleicher Weise ihre Sorgenfreiheit und Bequemlichkeit der Zivilisation verdanken. Unter den Sioux, Assiniboines und anderen Indianerstämmen am Missouri, die sich durch das Jagen ernähren, existiert folgende Sitte: Wenn eine Person, gleichgültig welchen Geschlechts, so alt wird, dass sie nicht mehr in der Lage ist, zu Fuß von Lager zu Lager zu wandern, wenn sie auf Nahrungssuche sind, wird sie von den Kindern oder nahen Verwandten ohne Bedenken oder Gewissensbisse zurückgelassen. Sie stellen in der Regel ein kleines Stück Fleisch und ein Gefäß mit Wasser in ihre Reichweite und geben der armen, alten Kreatur zu verstehen, dass er oder sie nun lange genug gelebt hätte und dass es Zeit für sie sei zu sterben. Mir wird mitgeteilt, dass diese Sitte sogar unter den Minnetares, Arwerharmays und Ricaras vorherrscht, wenn sie von ihren alten Leuten auf ihren Jagdausflügen begleitet werden; aber um diesen Stämmen gerecht zu werden, muss ich bemerken, dass es mir in ihren Dörfern immer schien, dass sie ihre Alten ziemlich gut versorgen, und manche ihrer Feste scheinen hauptsächlich für ihre alten und schwachen Personen veranstaltet zu werden.

[CLARK] Gestern Abend waren Charbonneau und seine Indianerfrau sehr begierig, die Erlaubnis zu bekommen, mit mir zu gehen. Die Frau sagte, dass sie einen langen Weg mit uns gereist sei, um die großen Wasser zu sehen, und dass sie diesen monströsen Fisch jetzt auch sehen wolle, sie halte es für sehr hart, wenn dieser Wunsch möglicherweise nicht in Erfüllung gehe[70]. (Sie war noch niemals am Ozean.)

7. Januar [CLARK] Ich ging etwa zwei Meilen weiter und näherte mich dem Fuß eines hohen Berges, wo ich unsere Salzsieder fand. Sie hatten ein ordentliches Lager errichtet, günstig gelegen zu Holz, Salzwasser und dem Süßwasser des Clatsop Rivers, der an dieser Stelle nicht weiter als 100 Schritte vom Ozean entfernt war. In ihrer Nähe befanden sich auch vier Häuser der Clatsops und Calamox, die, so unterrichteten sie mich, ihnen gegenüber sehr freundlich und aufmerksam gewesen seien. Ich heuerte einen jungen Indianer an, um mich zu dem Wal zu führen, wofür ich ihm eine Feile gab und mehrere andere kleine Dinge bei meiner Rückkehr versprach … Wir glitten

70 Beide durften samt Baby Captain Clark begleiten.

über runde, schlüpfrige Steine unterhalb von einem hohen Berg, der ungefähr vier Meilen weit als Küstenlinie in den Ozean hineinragt.

Nachdem wir 2½ Meilen auf den Steinen gegangen waren, machte mein Führer plötzlich halt, deutete auf die Spitze des Berges und äußerte das Wort *Pe Shack*, was schlecht bedeutet, und machte Zeichen, dass wir auf den Felsen nicht weitergehen könnten, sondern diesen Berg überwinden müssten. Ich zögerte einen Moment und betrachtete diesen gewaltigen Berg, dessen Spitze in den Wolken verborgen war, der Aufstieg schien fast senkrecht zu sein; da aber auf diesem Pfad etliche Indianer nur wenige Stunden zuvor immense Lasten herangebracht hatten, hielt ich es dann doch für wahrscheinlich, dass der Aufstieg nicht allzu schwierig sein könnte, und ging deshalb weiter. Ich stellte freilich bald fest, dass der [Aufstieg] viel schlimmer wurde, als ich gedacht hatte, und an einer Stelle waren wir gezwungen, uns auf fast 100 Fuß an Büschen und Wurzeln hochzuziehen, und nach etwa zwei Stunden Anstrengung und Mühsal erreichten wir den Gipfel des hohen Berges, von dessen Spitze ich mit Erstaunen auf die Höhe hinuntersah, die wir überwunden hatten und welche wohl 1000 oder 1200 Fuß betrug und fast senkrecht aufzusteigen schien. Hier oben trafen wir 14 Indianer, mit Tran und Walspeck beladene Männer und Frauen. In der Wand dieses furchterregenden Vorsprungs unmittelbar unter uns gibt es eine Schicht weißer Erde, welche (so teilte mir mein Führer mit) die benachbarten Indianer für ihre Bemalung verwenden und die mir der Erde zu ähneln scheint, aus der das französische Porzellan gemacht wird.

8. Januar [LEWIS] Die Clatsops, Chinooks und andere, die die Küste und das Land in dieser Gegend bewohnen, rauchen übermäßig gern Tabak. Bei der Zeremonie des Rauchens scheinen sie den Rauch zu verschlucken, während sie ihn aus der Pfeife ziehen, und viele Züge nacheinander kann man den Rauch nicht mehr wahrnehmen, in der gleichen Weise atmen sie ihn in ihre Lungen ein, bis sie mit diesem Dampf übersättigt sind, woraufhin sie ihn weit durch ihre Nasenlöcher und den Mund hinauspaffen; ich habe keinen Zweifel, dass so genossen der Rauch des Tabaks berauschender wirkt und dass sich die Indianer all seiner Eigenschaften in ihrem vollsten Ausmaß bemächtigen; sie geben uns häufig eindrucksvolle Proben der heftigen Wirkung des Tabaks auf ihre Gedärme, wobei dies von keinem der beiden Geschlechter für unanständig gehalten wird, sie alle nehmen sich die Freiheit, den Forderungen der Natur ohne Vorbehalt zu gehorchen. Diese Leute scheinen den Genuss von Spirituosen nicht zu kennen, denn sie haben uns nicht einmal danach gefragt; ich nehme deshalb an, dass die Händler, die sie besuchen, ihnen niemals den Verkauf von

Alkohol angeboten haben. Aus welchem Grund auch immer ist dies ein sehr glücklicher Umstand, sowohl für die Eingeborenen selbst als auch für die Ruhe und die Sicherheit von jenen Weißen, die sie besuchen.

[CLARK] Ich ging bis zur Spitze des weithin höchsten Berges und genoss von dort die großartigsten und schönsten Ausblicke, die meine Augen jemals gesehen hatten. Vor mir der unbegrenzte Ozean; nach Norden und Nordosten die Küste so weit mein Blick reichte, immens große Wellen schäumen und brechen sich mit großer Kraft an den Felsen von Cape Disappointment[71], so weit ich dies nach Nordwesten sehen konnte ... Der Columbia in einiger Entfernung oberhalb mit seinen Buchten und kleinen Flüssen, und auf der anderen Seite habe ich Sicht auf die Küste in immenser Länge gegen Südost und Süden zu. Von dieser Stelle aus deutete mein Führer auf eine Ortschaft an der Mündung eines kleinen Flusses, in deren Nähe der Wal gefunden wurde, er zeigte auch auf vier andere Plätze, wo die bedeutendsten Dörfer der Calamox liegen, ich konnte die Häuser zweier Dörfer klar sehen und auch den Rauch von einem dritten, das aber zu weit weg war, um es mit bloßem Auge erkennen zu können.

Nachdem ich die Richtungen vermerkt und die Entfernungen berechnet hatte, ging ich weiter ... zu der Stelle, wo der Wal verendet war. Ich fand nur noch das Skelett dieses Monsters auf dem Sand zwischen zweien der Dörfer der Calamox-Nation. Der Wal war bereits aller wertvollen Teile durch die Calamox-Indianer beraubt worden. In der Nähe von deren Dorf lag er auf dem Strand, wo die Wellen und die Gezeiten ihn angetrieben und zurückgelassen hatten. Das Skelett maß 105 Fuß. Ich kehrte zu dem fünf Häuschen zählenden Dorf am Wasserlauf zurück, den ich *Ecola-* oder Whale Creek nennen werde, fand die Eingeborenen eifrig damit beschäftigt, den Walspeck zu sieden, was sie in einem großen, quadratischen, hölzernen Trog mittels heißer Steine durchführten; das gewonnene Öl bewahren sie in der Blase und den Eingeweiden des Wals auf; der Walspeck, von dem das Öl durch dieses Verfahren nur teilweise extrahiert wurde, wird in großen Stücken in den Hütten bis zu seiner Verwendung aufbewahrt; sie setzen gewöhnlich die Speckstücke auf einem hölzernen Bratspieß dem Feuer aus, bis sie gut durchgewärmt sind, und essen sie dann entweder pur oder mit *Shaw-na ta-que*-Wurzeln oder in das Öl getunkt. Obwohl die *Calamox* große Mengen an Walspeck und Öl besaßen, waren sie so knickrig, dass sie davon nur widerstrebend kleine Mengen abgaben. Meine äußerste,

71 Das »Corps« nannte den Teil des Mündungsgebiets des Columbias, wo es im November sein provisorisches Lager errichtet hatte, Cape Disappointment.

von der Truppe mit einem kleinen Vorrat an Handelsware unterstützte Bemühung ergab nicht mehr als etwa 300 Pfund Walspeck und einige Gallonen Öl; so klein dieser Vorrat auch sein mag, preise ich ihn sehr; und danke der Vorsehung, dass sie den Wal zu uns gelenkt hat; und halte sie für viel freundlicher uns gegenüber, als sie einst zu Jona war, indem sie dieses Monster geschickt hat, damit wir es verschlingen können, statt dass wir wie Jona von ihm verschlungen werden.

9. Januar [LEWIS] Die Clatsops, Chinooks etc. begraben ihre Toten in ihren Kanus … Ein kleines Kanu wird [auf den Erdboden] gestellt, der Körper wird hineingelegt, nachdem er sorgfältig in ein Gewand aus einigen aufbereiteten Häuten eingewickelt wurde; ein Paddel wird auch darin deponiert; ein größeres Kanu wird jetzt umgedreht, welches das kleinere überdeckt und umschließt; eine oder mehrere große Matten aus Binsen oder Flachs werden dann um die Kanus herumgerollt und das Ganze mit einer langen, gewöhnlich aus der Rinde des *Arbor vitae* hergestellten Schnur sorgfältig festgezurrt. An oder auf den Querstangen, die die Kanus versteifen, werden häufig verschiedene Kleidungsstücke, Küchenutensilien etc. gehängt oder gelegt. Ich kann die Indianer nicht ausreichend genug verstehen, um Nachforschungen bezüglich ihrer religiösen Vorstellungen zu betreiben, folgere aber aus ihren Gepflogenheiten, Grabbeigaben zu deponieren, dass sie an ein Leben nach dem Tod glauben.

Die Personen, die üblicherweise die Einmündung dieses Flusses zwecks Handelsverkehrs oder Jagens besuchen, sind, glaube ich, entweder Engländer oder Amerikaner; die Indianer berichten uns, dass sie die gleiche Sprache sprechen wie wir, und geben uns Belege ihrer Wahrheitsliebe, indem sie viele englische Wörter wie z. B. Muskete, Pulver, Schuss, Messer, Feile, verdammter Schlingel, Sohn einer Hündin etc. wiederholen. Ob diese Händler aus dem Nootka-Sund, aus irgendeiner anderen Neugründung an dieser Küste oder unmittelbar aus den Vereinigten Staaten oder Großbritannien kommen, kann ich weder feststellen, noch können uns die Indianer darüber informieren. Die Indianer, die ich gefragt habe, in welche Richtung die Händler gehen, wenn sie von hier abreisen, oder woher sie anreisen, zeigen immer nach Südwesten, weshalb Nootka wahrscheinlich nicht ihr Bestimmungsort sein kann; und da nach Indianeraussagen die Mehrheit dieser Händler sie jährlich gegen Anfang April besucht und sechs oder sieben Monate bleibt, können sie nicht unmittelbar aus Großbritannien oder den Vereinigten Staaten kommen, da die Entfernung zu groß ist, um gegen Jahresende dorthin zurückzukehren. Aus diesem Umstand ist wohl zu schließen, dass es einen anderen Handelsstützpunkt an der Küste Amerikas südwestlich von hier geben muss, von dem der Welt noch wenig bekannt ist, oder er kann auf irgendeiner Insel im Pazifischen Ozean zwischen den Kontinenten Asien und Amerika im Südwesten von uns sein. Der Handelsverkehr aufseiten der Weißen besteht im Verkauf von Gewehren (hauptsächlich alte britische oder amerikanische Musketen), Pulver, Kugeln und Schrot, Kupfer- und Messingkessel, Messingteekessel und Kaffeekannen, Decken aus scharlachrotem und blauem Stoff (grob), Platten und Streifen von Feinblech, Kupfer und Messing, dickem Messingdraht, Messern, Perlen und Tabak nebst Angelhaken, Knöpfen und einigen anderen kleinen Artikeln; auch einer beträchtlichen Menge Seemannskleider, wie Hüte, Mäntel, lange Hosen und Hemden. Für diese bekommen sie als Gegenleistung von den Einheimischen bearbeitete und unbearbeitete Wapitihäute, Felle des Seeotters, des gewöhnlichen Otters, Bibers, Fuchses und der Tigerkatze; auch getrockneten und zerkleinerten Lachs in Körben und eine Art von Biskuit, den die Eingeborenen aus Wurzeln herstellen, von ihnen Shappelell genannt. Die Einheimischen lieben vor allem die gewöhnlichsten billigen blauen und weißen Perlen von mäßiger Größe … Die blauen werden normalerweise den weißen vorgezogen; diese Perlen bilden das hauptsächliche Zahlungsmittel bei allen Indianerstämmen an diesem Fluss; sie würden dafür alles weggeben, was sie besitzen.

[CLARK] letzte Nacht gegen zehn Uhr während des Rauchens mit den Eingeborenen wurde ich von einer lauten schrillen Stimme aus den Hütten auf der gegenüberliegenden Seite erschreckt, die Indianer rannten sofort alle mitten durch das Dorf, mein Führer, der bei mir blieb, machte Zeichen, dass jemandem die Kehle durchschnitten worden sei. Bei meiner Nachforschung stellte ich fest, dass ein Mann, McNeal, abwesend war. Ich schickte sofort Sergeant N. Pryor und vier Männer auf die Suche nach ihm; sie entdeckten ihn, als er in großer Eile mitten durch den Bach watete, um mich zu unterrichteten, dass die Leute auf der gegenüberliegenden Seite über irgendetwas beunruhigt seien, aber worüber, wusste er nicht. Ein Mann hatte ihn sehr freundlich eingeladen, mit ihm in seinen Wigwam zum Essen zu gehen, ihn untergehakt und zu einem Wigwam geführt, in dem eine Frau ihm etwas Walspeck gegeben habe. Er sagte weiter, dass ihn dann der Mann in einen anderen Wigwam eingeladen habe, damit er etwas Besseres bekäme, ihn dann aber die Frau an der Decke festgehalten habe, die er um sich geschlungen hatte, ein anderer hinausgerannt sei und gebrüllt habe und sein angeblicher Freund verschwunden sei. Ich befahl sofort jedem Mann, sich in Bereitschaft zu halten, und schickte Sergeant Pryor und vier Mann, um die Ursache der Unruhe zu erfahren, es war offensichtlich ein vorsätzlicher Plan des angeblichen Freundes von McNeal, [ihn] seiner Decke und der wenigen Sachen wegen, die er bei sich hatte, zu ermorden. Dies wurde durch eine Chinook-Frau herausgefunden, die die Männer des Dorfes alarmierte und die rechtzeitig bei mir waren, um die schreckliche Tat zu verhindern. Dieser Mann gehörte einer anderen Gruppe an und lief weg, sobald er entdeckt wurde. Wir müssen jetzt an den schrecklichen Weg denken, der 35 Meilen weit nach Fort Clatsop zurückführt, und schaudern dabei. Ich hatte den Walspeck und das Öl unter die Truppe aufgeteilt, wir brachen bei Sonnenaufgang auf und kehrten auf der gleichen Route zurück, die wir hergekommen waren. Wir trafen mehrere Gruppen von Männern und Frauen der Chinook- und Clatsop-Nation auf ihrem Weg, mit den *Calamox* um Walspeck und Öl Handel zu treiben; auf dem steilen Abhang des Berges überholte ich fünf Männer und sechs Frauen mit immensen Lasten an Öl und Walspeck, diese Indianer waren auf einer anderen Route vorbeigezogen, wodurch wir sie gestern verpassten; einer Frau rutschte ihre Last vom Rücken ab, als sie gerade dabei war, einen steilen Teil des Berges hinunterzusteigen; sie hielt die Last mittels eines Gurtes, der an der Mattentasche befestigt war, mit einer Hand, und hielt sich mit der anderen an einem Strauch fest. Da ich mich an der Spitze meiner Truppe befand, bemühte ich mich als Erster, dieser Frau zu helfen, indem ich ihr die Last abnahm, bis sie zu einer besseren Stelle ein wenig unterhalb gelangen konnte; ich fand die Last zu meinem Erstaunen so schwer, dass ich sie gerade noch heben konnte; sie musste sicherlich 100 Pfund Gewicht übersteigen. Der Ehemann dieser Frau, der schon weiter unten war, kam bald zu ihrer Unterstützung herauf, diese Leute leisteten uns bis zu den Salzwerken Gesellschaft … Da ich ausgesprochen erschöpft war und meine Truppe ebenso sehr, beschloss ich, bis zum Morgen zu bleiben, um uns ein wenig auszuruhen. Die Clatsops zogen mit ihren Lasten weiter.

10. Januar [LEWIS] Gegen zehn Uhr vormittags wurde ich von Tia *Shah-har-war-cap*[72] und elf Angehörigen seiner Nation in einem großen Kanu besucht; es handelt sich um die Cathlamet-Nation, die unmittelbar oberhalb von uns auf der Südseite des Columbias wohnt. Dies ist das erste Mal, dass ich den Häuptling zu Gesicht bekam, er jagte gerade, als wir sein Dorf auf unserem Weg zu diesem Ort passierten. Ich überreichte ihm eine Medaille der kleinsten Größe; er gab mir einen Indianertabak und einen Korb aus Wapitihaut, als Gegenleistung gab ich ihm Faden für das Herstellen eines Abschöpfnetzes

72 Ein Häuptling (»Tia«) der Cathlamets.

und ein kleines Stück Tabak. Diese Leute sprechen die gleiche Sprache wie die Chinooks und Clatsops, denen sie auch in ihrer Kleidung, in Sitten und Gewohnheiten etc. ähneln. Sie brachten einige getrocknete Lachse, Wapatos, Hunde und aus Binsen und Flachs gefertigte Matten an, um zu tauschen; ihre Hunde und einen Teil ihrer Wapatos veräußerten sie und blieben die ganze Nacht in der Nähe des Forts.

12. Januar [LEWIS] Heute Morgen schickten wir Drewyer und einen Mann aus, um zu jagen, sie kehrten abends zurück. Drewyer hatte sieben Wapitis getötet; ich weiß kaum, wie wir überleben sollten, wenn nicht die Bemühungen dieses ausgezeichneten Jägers wären … Wir haben bis jetzt normalerweise das Fleisch unter die vier Abteilungen aufgeteilt, aus denen sich unsere Truppe zusammensetzt, und überließen jeder Abteilung die Sorge für das Aufbewahren und die Verantwortung, davon Gebrauch zu machen, aber wir stellen fest, dass sie derart verschwenderisch damit umgehen, wenn sie zufällig einen leidlichen Vorrat verfügbar haben, dass wir beschlossen, ein anderes System mit unserem gegenwärtigen Vorrat an sieben Wapitis einzuführen; nämlich das Fleisch in Streifen zu schneiden und zu dörren, um es ihnen in kleinen Mengen auszugeben.

14. Januar [LEWIS und CLARK, Wetteranmerkungen] Ich habe noch nie einen so warmen Winter wie den gegenwärtigen erlebt.

16. Januar [LEWIS] Wir haben gegenwärtig eine Menge Wapitifleisch und ein wenig Salz, unsere Häuser sind trocken und behaglich, und nachdem wir unseren Entschluss gefasst haben, bis zum 1. April zu bleiben, scheint jedermann mit seiner Lage und seiner Kost zufrieden. Wir könnten zwar schon jetzt unseren Rückweg antreten so weit das bewaldete Land reicht, oder wenigstens bis zu den Wasserfällen des Flusses; aber vor April richtig loszuziehen, wäre der pure Wahnsinn. Die Indianer warnen uns, dass der Schnee während des Winters in den Prärien des Columbias knietief liegt, und in diesen Ebenen könnten wir kaum so viel Brennmaterial beschaffen, wie wir zum Kochen unserer Lebensmittel brauchen würden, und selbst wenn wir glücklich über diese Prärie und wieder im Waldland am Fuß der Rocky Mountains wären, könnten wir unmöglich diese gewaltige Barriere von Bergen überqueren, auf welchen im Winter der Schnee an vielen Stellen bis zu einer Höhe von 20 Fuß liegt; kurzum, die Indianer teilen uns mit, dass die Berge bis um den 1. Juni unpassierbar seien, selbst dann gebe es noch viel Schnee, dass sich kaum Futter für die Pferde finde. Wir sollten uns deshalb nicht voreilig auf unsere Heimreise begeben und die Rocky Mountains um den 1. Juni erreichen, was wir leicht bewerkstelligen können, indem wir erst am 1. April von hier aufbrechen.

17. Januar [LEWIS] Die Kochgeräte der Indianer in unserer Umgebung bestehen aus hölzernen Schüsseln oder Trögen, Körben, hölzernen Löffeln und hölzernen Spießen … Ihre Körbe werden aus Zedernrinde und Bärgras mit den Fingern so dicht verwoben, dass sie ohne die Hilfe von Gummi oder Harz wasserdicht sind; diese Körbe erfüllen den doppelten Zweck, ihr Wasser aufzubewahren oder es auf ihren Köpfen zu tragen; sie sind von unterschiedlichem Fassungsvermögen, von der kleinsten Tasse bis zu fünf oder sechs Gallonen; sie sind im Allgemeinen von einer Kegelform, oder eher dem Segment eines Kegels, dessen schmaleres Ende den Unterteil oder Boden des Korbes bildet. Die Herstellung derselben geht sehr schnell und sie verkaufen sie für eine Kleinigkeit. Wegen der Korbfabrikation ist das Bärgras ein Handelsartikel unter den Einheimischen … Dieses Gras wächst nur in hohen Berglagen in der Nähe der Schneeregion; der Halm ist etwa einen Zoll breit und zwei Fuß lang, glatt, biegsam und stark; die jungen Halme, welche weiß sind, solange sie nicht der Sonne oder Luft ausgesetzt werden, finden am meisten Verwendung, insbesondere bei kunstvollen Objekten.

18. Januar [LEWIS] Die Clatsops, Chinooks etc. bauen ihre Häuser gänzlich aus Holz. Sie sind 14 bis 20 Fuß breit und 20 bis 60 Fuß lang, und beherbergen eine oder mehr Familien, manchmal leben drei oder vier Familien im gleichen Raum. Diese Häuser sind auch durch eine Bretterwand geteilt, aber dies geschieht nur in den größten Häusern, da die Räume immer groß sind, verglichen mit der Anzahl der Bewohner … In der Mitte jedes Raums ist eine Aussparung von sechs Mal acht Quadratfuß etwa zwölf Zoll niedriger als der Boden eingelassen, deren Seiten mit vier Brettern aus quadratischem Holz gesichert sind; dort machen sie ihr Feuer, ihr Brennmaterial ist im Allgemeinen Kiefernrinde. Matten werden auf allen Seiten rund um das Feuer ausgebreitet, auf diesen sitzen sie tagsüber und schlafen auf ihnen meist bei Nacht.

19. Januar [LEWIS] Mehrere Familien dieser Leute wohnen normalerweise im gleichen Raum zusammen; eine Familie scheint aus Vater und Mutter und ihren Söhnen mit deren Frauen und Kindern zu bestehen; ihr Proviant scheint ihnen gemeinsam zu gehören, und die größte Harmonie scheint unter ihnen zu existieren. Der älteste Mann wird nicht immer als das Oberhaupt der Familie respektiert, diese Funktion geht meist auf einen der jungen Männer über. Sie haben selten mehr als eine Frau, doch erlaubt ihre Sitte auch mehrere Frauen. Die vereinigten Familien bilden Nationen oder Gruppen von Nationen, die jede die Autorität ihres eigenen Anführers anerkennt, dessen Amt nicht erblich zu sein scheint, noch scheint sich seine Macht weiter als auf eine bloße Rüge für irgendeine falsche Tat einer Einzelperson zu erstrecken; die Ernennung eines Häuptlings hängt von dessen aufrechtem Betragen und seiner Fähigkeit und Veranlagung ab, der Gemeinschaft einen Dienst zu erweisen; und seine Autorität oder die ihm erwiesene Ehrerbietung steht in genauem Gleichgewicht mit der Popularität oder freiwilligen Wertschätzung, die er unter den Individuen seiner Gruppe oder seiner Nation erworben hat. Ihre Gesetze bestehen wie bei allen unzivilisierten Indianern aus einer Reihe von Sitten, die aus ihren örtlichen Situationen herausgewachsen sind. Da wir nicht in der Lage sind, ihre Sprache zu sprechen, konnten wir nichts über die Existenz irgendwelcher besonderer Sitten und Gebräuche unter ihnen in Erfahrung bringen.

20. Januar [LEWIS] Am Morgen des Achtzehnten gaben wir sechs Pfund des gedörrten Wapitifleisches pro Mann aus, heute Abend berichtete der Sergeant, dass es völlig aufgebraucht sei; die sechs Pfund haben also nur zweieinhalb Tage ausgereicht. Bei dieser Rationierung werden die sieben Wapitis uns noch drei Tage reichen, doch scheint niemand sehr über den Zustand der Vorräte beunruhigt; so sehr sind die Männer an Unregelmäßigkeiten gewöhnt. Wir haben in letzter Zeit so häufig unseren Lebensmittelvorrat auf ein Minimum reduziert und manchmal eine kleine Fastenprobe einlegen müssen, dass ausreichender Proviant nur noch für drei Tage keine Sorge erregt. In solchen Fällen bietet uns unsere Geschicklichkeit als Jäger einigen Trost.

21. Januar [LEWIS] Die Wurzel der Distel, von den Einheimischen *Shaw-na ta-que* genannt, ist senkrecht und spindelförmig und besitzt zwei bis vier Würzelchen; sie ist neun bis 15 Zoll lang und hat etwa die Größe eines Männerdaumens; die Schale ist irgendwie rau und von einer braunen Farbe; wenn die Wurzel gerade dem Erdboden entnommen worden ist, ist sie weiß und beinahe so fest wie eine Möhre; wenn man sie wie die weiße Zwiebel oder *Pas-she-co Camas*[73] für den Verzehr zubereitet, wird sie schwarz, und ist zuckriger als irgendeine Frucht oder Wurzel, die ich unter den Einheimischen im Gebrauch angetroffen habe; die süße ist so intensiv wie Zucker. Diese Wurzel wird manchmal auch roh gegessen, ohne irgendeine Zubereitung, ist dann aber nicht so schmackhaft. Sie gedeiht meisten in einem tiefen, reichen, trockenen Lehmboden, der einen guten Anteil an Sand hat.

22. Januar [LEWIS] Es gibt drei Arten von Farn in dieser Gegend, die Wurzel einer Farnart wird von den Eingeborenen gegessen; diese wächst sehr üppig in den offenen Hochländern und den Prärien,

73 Die Camas-(Wurzel), eine zur Gattung der Lilien gehörende Pflanze.

wo sie nicht sandig sind und aus tiefer, lockerer, reicher, schwarzer Lehmerde bestehen … Sie ergibt eine weiße Substanz, die ähnlich wie Weizenteig schmeckt, wenn die Wurzel in glühender Asche geröstet wird. Sie hat allerdings eine gewisse Schärfe, die mir unangenehm ist; aber die Einheimischen essen diese Wurzel sehr begierig, und ich habe keinen Zweifel, dass sie sehr nahrhaft ist.

23. Januar [LEWIS] Die Männer der Garnison sind noch eifrig damit beschäftigt, Wapitihäute für Kleidung aufzubereiten, sie haben dabei große Schwierigkeiten, weil es ihnen an Seife mangelt, noch können wir Asche beschaffen, um Lauge herzustellen; keine der Kiefern, die wir als Brennstoff benutzen, bietet irgendwelche Aschen; so außergewöhnlich, wie es scheinen mag, das grüne Holz verbrennt, ohne den geringsten Rest Asche zu hinterlassen.

24. Januar [LEWIS] Die wertvollste von all ihren [der Einheimischen] Wurzeln ist dieser Gegend fremd. Ich meine die Wapato oder die Zwiebel der Sagittifolia oder des gewöhnlichen Pfeilkrauts, die in großem Überfluss in den sumpfigen Gründen dieses wunderschönen und fruchtbaren Tals am Columbia wächst, das genau oberhalb der Einmündung des Quicksand (Treibsand) Rivers beginnt und sich etwa 70 Meilen weit hinunter erstreckt. Diese Zwiebel bildet einen Haupthandelsartikel zwischen den Bewohnern des Tales und jenen aus dieser Umgebung oder von der Meeresküste.

25. Januar [LEWIS] Die unter den Indianern dieser Umgebung verzehrten einheimischen Früchte und Beeren sind eine tief purpurrote Beere von etwa der Größe einer kleinen Kirsche, von ihnen *Shal-lun* genannt, eine kleine blassrote, *Sol'-me* genannte Beere; die Reb- oder niedrige Preiselbeere, eine hellbraune Beere, ähnlich der schwarzen Mehlbeere, aber eher größer; und eine scharlachrote Beere von etwa der Größe einer kleinen Kirsche. Die von den Kanadiern aus dem Nordwesten *Sac à commis* genannte Pflanze bringt diese Beere hervor; diese Pflanze wird deshalb so genannt, weil die Angestellten der dortigen Handelsgesellschaften die Blätter dieser Pflanze in einer kleinen Tasche zum Rauchen bei sich führen, dem sie übermäßig zugetan sind.

26. Januar [LEWIS] Werner und Howard, die am 23. zur Salzgewinnung ausgeschickt wurden, sind noch nicht zurückgekehrt, wir sind besorgt, dass sie den Weg verfehlt haben; keiner von ihnen ist ein sehr guter Waldläufer und dieses dichte, stark bewaldete Kiefernland, dazu das ständig wolkige Wetter machen es sogar einem guten Waldläufer schwer, auf eine größere Entfernung den gewünschten Kurs einzuhalten.

[ORDWAY] Im Verlauf der letzten Nacht fiel beträchtlich Schnee. Es schneit weiter. Kaltes, frostiges Wetter.

27. Januar [LEWIS] Goodrich ist von Lues venerea (Syphilis) genesen, die er sich durch ein Liebesverhältnis mit einer Chinook-Maid zugezogen hat. Ich behandelte ihn, wie ich es letzten Winter bei Gibson tat, mit Quecksilber. Ich kann nicht erfahren, ob die Indianer irgendwelche Heilkräuter haben, die besonders wirksam bei der Heilung dieser Krankheit sind; und tatsächlich zweifele ich sehr, ob überhaupt einer von ihnen irgendwelche Mittel hat, um eine vollständige Heilung zu bewirken. Wer sich diese Krankheit bei ihnen einmal zugezogen hat, wird ein Leben lang daran leiden und endet immer in Hinfälligkeit und vorzeitigem Tod; in Verbindung mit bestimmten Heilkräutern und ihrer Nahrung ertragen sie allerdings diese Krankheit mit nur geringer Unannehmlichkeit viele Jahre lang und erfreuen sich dabei sogar einer leidlichen Gesundheit … Obgleich diese Krankheit unter den Indianern am Columbia existiert, wird sie doch nur bei wenigen Individuen nachgewiesen, wenigstens bei den Männern … Auf meiner ganzen Route diesen Fluss entlang sah ich nicht mehr als zwei oder drei mit der Gonorrhö (Tripper) und etwa doppelt so viele mit den Blattern[74].

28. Januar [Lewis] Gegen Mittag kehrten Howard und Werner mit einem Vorrat an Salz zurück; das schlechte Wetter und die schwierige Wegstrecke hatten ihre Verspätung verursacht. Sie unterrichteten uns, dass die Salzsieder bezüglich des erforderlichen Proviants noch sehr im Rückstand seien, nachdem sie nur zwei Hirsche in den letzten sechs Tagen erlegt hatten; und dass es keine Wapitis in ihrer Nachbarschaft gibt …

[WHITEHOUSE] Heute habe ich mir an den Füßen schwere Erfrierungen zugezogen.

29. Januar [LEWIS] Nichts Erwähnenswertes ereignete sich heute. Unsere Kost besteht aus dem Fleisch magerer Wapitis, das in reinem Wasser und ein wenig Salz gesotten wird. Der Walspeck, den wir sehr sparsam benutzt haben, ist jetzt aufgebraucht. Bei dieser Nahrung fühle ich mich nicht gerade gestärkt, aber erfreue mich dennoch der besten Gesundheit; ein großer Appetit macht den Mangel an delikaten Soßen und Gerichten vergessen, und noch erweisen sich meine gewöhnlichen Mahlzeiten als nicht uninteressant für mich, denn ich ertappe mich oft dabei, unseren Koch nach dem Frühstück oder Mittagessen zu fragen.

30. Januar [LEWIS] Die Kleidung der Clatsops und der anderen in dieser Umgebung unterscheidet sich nur wenig von derjenigen, die ich

74 Ein anderer Name für die Lues venerea oder Syphilis.

bei den Skillutes schon beschrieben habe; sie tragen niemals Leggins oder Mokassins, die die Milde dieses Klimas, nehme ich an, unnötig gemacht hat; und da sie gezwungen sind, häufig auch im Wasser zu stehen, wären diese Kleidungsstücke auch unpraktisch. Sie tragen einen kegelförmigen Hut ohne Rand, der von einer Kordel gehalten wird, die unter dem Kinn vorbeigeht und an zwei gegenüberliegenden Punkten innerhalb des Hutes befestigt ist. Diese Hüte werden aus der Zedernrinde und Bärgras hergestellt und so dicht gewoben, dass sie den Regen äußerst wirksam abhalten. In diese Hüte arbeiten sie verschiedene mehrfarbige Figuren ein, aber meistens beschränken sie sich auf die Farben Schwarz und Weiß. Diese Figuren sind primitive Darstellungen von Walen, Kanus und den Harpunierern, die sie erlegen. Manchmal sind es auch Quadrate, Rauten, Dreiecke etc.

1. Februar [LEWIS] Die Eingeborenen, die den unteren Teil des Columbias bewohnen, fertigen ihre Kanus bemerkenswert stabil, leicht und gut geeignet für das Ausreiten von hohen Wellen. Ich habe die Einheimischen nahe der Küste in diesen Kanus sicher und sorglos wellenreiten gesehen, wo ich es für jedes Boot absolut unmöglich gehalten hätte, auch nur eine Minute zu überstehen. Sie werden im Allgemeinen aus weißer Zeder oder Arbor vitae gebaut, aber manchmal auch aus Fichte … Einige der großen Kanus sind mehr als 50 Fuß lang und können acht- bis zehntausend Pfund oder 20 bis 30 Personen tragen, und einige von ihnen, insbesondere an der Meeresküste, sind verpicht, bemalt und mit merkwürdigen Bildwerken an Bug und Heck verziert; jene Bilder erheben sich manchmal bis zur Höhe von fünf Fuß; die Sockel, auf denen diese Bildnisse befestigt sind, sind manchmal aus dem Kernholz zusammen mit dem Kanu herausgeschnitzt, und das Bildwerk wird aus kleinen Holzstücken geformt, die mit Zapfen und Zapfenlöchern ohne die Hilfe eines einzigen Nagels verbunden sind. Wenn die Einheimischen ihre Kanus benützen, stellt sich einer ans Heck und steuert mit einem Paddel, die anderen reihen sich paarweise aneinander und paddeln über dem Dollbord, alle am Boden kniend und auf ihren Füßen sitzend … Sie haben nur wenige Äxte, und das einzige normalerweise beim Fällen der Bäume oder der Herstellung des Kanus oder beim Schnitzen etc. benutzte Werkzeug ist ein Beitel, der aus einer alten Feile hergestellt wird und etwa ein oder anderthalb Zoll breit ist. Dieser Beitel hat manchmal einen großen Holzklotz als Griff … Man sollte annehmen, dass die Herstellung eines großen Kanus mit einem Instrument wie diesem die Arbeit mehrerer Jahre sei; aber diese Leute fertigen Kanus in einigen

Wochen. Die Kanus sind ihr ganzer Stolz; wir sind bestrebt, einige für unseren Rückweg auf dem Fluss zu erwerben, aber es ist uns bis jetzt noch nicht gelungen, die Eingeborenen zu überreden, uns wenigstens eines abzutreten. Heute öffneten wir die Bleikanister, in denen unsere Munition untergebracht ist, und untersuchten sie genauestens … Wir fanden sie genauso trocken wie beim Einfüllen vor, und das, obwohl die gesamten Munitionsbehälter aufgrund mehrerer Unfälle stundenlang im Wasser gelegen haben. Die Kanister enthalten jeweils vier Pfund Pulver und acht Pfund Blei. Wäre mir nicht der glückliche Einfall gekommen, das Pulver mithilfe des Bleis zu sichern, wir hätten nicht eine einzige Pulverladung zu diesem Zeitpunkt mehr gehabt … Wir haben einen reichlichen Vorrat für den Rückweg und sorgen immer dafür, einen Teil des Pulvers in jedes Kanu zu laden, damit wir, sollten ein Kanu oder gar mehrere verloren gehen, nicht gänzlich der Munition beraubt wären, die jetzt unsere einzige Hoffnung auf Lebensunterhalt und Verteidigung auf einer Strecke von 4000 Meilen durch ein ausschließlich von Wilden bewohntes Land ist.

2. Februar [LEWIS] Heute kein erwähnenswertes Ereignis; aber alle freuen sich, dass ein Monat der Zeit, die uns an Fort Clatsop bindet und uns von unseren Freunden trennt, jetzt vergangen ist. Eines der Glücksspiele zum Vergnügen der Indianer dieser Umgebung besteht wie bei den Shoshonen darin, in der Hand irgendeinen kleinen Artikel von der Größe etwa einer Bohne zu verstecken; diesen werfen sie mit großer Geschicklichkeit von einer Hand in die andere und begleiten diese Tätigkeit mit einem besonderen Lied … Wenn das Individuum, das den Gegenstand hält, sich genügend amüsiert hat, indem er ihn von einer Hand zur anderen gewechselt hat, streckt es seine Hände zu seinen Mitspielern aus, die raten sollen, welche Hand den Gegenstand enthält; wenn sie auf die Hand zeigen, die ihn enthält, gewinnen sie die Wette, ansonsten verlieren sie … Diese Leute lieben ihre Spiele über alles und verwetten jede Art von Eigentum, das sie besitzen.

4. Februar [LEWIS] es gibt mehrere Fichtenarten in dieser Umgebung, die ich beschreiben werde, so gut es meine dürftigen botanischen Kenntnisse mir ermöglichen.[75] …

7. Februar [LEWIS] Heute Abend hatten wir ein ausgezeichnetes Abendessen. Es bestand aus einem Markknochen und einem Bruststück eines Wapitis, der den Anschein wenigstens eines dürftigen Fettanteils bot. Dies heißt für Fort Clatsop auf hohem Niveau leben …

75 Die Tagebucheintragungen vom 4., 5. und 6. Februar beschäftigen sich detailliert mit sechs verschiedenen Nadelbäumen Nordamerikas.

Die Pocken haben eine große Anzahl der Eingeborenen dieser Gegend getötet. Sie wüteten vor ungefähr vier Jahren unter den Clatsops und töteten mehrere Hundert von ihnen, vier ihrer Häuptlinge fielen ihren Verheerungen zum Opfer. Diese Clatsops sind in ihren Kanus in der Bucht einige Meilen unterhalb von uns bestattet worden. Ich glaube, das Wüten der Pocken in jüngerer Zeit kann auch die vielen Überreste von Dörfern erklären, die wir an Fluss und Küste vorgefunden haben.

10. Februar [LEWIS] Willard kam spät abends von den Salzwerken an, er hatte im Knie einen schlimmen Schnitt von seinem Tomahawk. Er hatte vorgestern vier Wapitis nicht weit von den Salzwerken entfernt erlegt und zerlegt und brachte einen Teil des Fleisches zum Lager, aber nachdem er sich ins Knie geschnitten hatte, war er nicht mehr in der Lage, bei den Arbeiten länger nützlich zu sein und war deshalb zurückgekehrt. Er teilte uns mit, dass Bratton sehr unwohl und dass Gibson so krank sei, dass er sich nicht aufrichten oder alleine gehen könne, und ihn ersucht habe, uns zu bitten, ihn zum Fort bringen zu lassen.

11. Februar [LEWIS] Wir schickten Sergeant Pryor mit einem Trupp von vier Mann, um Gibson zum Fort zu bringen. Sandten auch Colter und Wiser zu der Salzkocherei, um dort den Betrieb mit Joseph Fields weiterzuführen; da Bratton ebenfalls erkrankt war, empfahlen wir auch ihm, zum Fort zurückzukehren, falls er es für richtig hielte; sollte er nicht zurückkehren, war Wiser gehalten zurückzukehren.

12. Februar [LEWIS] Es gibt zwei Arten von immergrünen Sträuchern, die ich zum ersten Mal an den Großen Wasserfällen des Columbias antraf und welche ich seitdem auch in dieser Umgebung gefunden habe; sie wachsen in reichem, trockenem Boden, gewöhnlich nicht weit von irgendeinem Wasserlauf … Ich kenne weder die Früchte noch die Blüte der beiden. Der erste Strauch ähnelt der für viele Teile der Vereinigten Staaten alltäglichen Pflanze, der Gebirgsstechpalme.

14. Februar [LEWIS] Wir sind bezüglich unserer kranken Männer bei den Salzwerken sehr besorgt. Sergeant Pryor und sein Trupp sind noch nicht zurückgekehrt, wir wissen nicht, was ihren Verzug verursacht.

[CLARK] Ich vollendete eine Karte des Gebietes, das wir von der Mündung des Missouris in den Mississippi bis zu unserem jetzigen Standort durchquerten. Auf dieser Karte ist der Verlauf des Missouris, des Jefferson Rivers, des südöstlichen Arms des Columbias oder Lewis Rivers, des Kooskooskes und des Columbias von der Einmündung seines Südostarms bis zum Pazifik durch Himmelsbeobachtungen und Vermessungen festgelegt; dasselbe gilt auch für einen Teil des Clarks Rivers und für unseren Weg über die Rocky Mountains. Wir wissen jetzt, dass wir die zweckmäßigste und schiffbarste Passage quer durch den nordamerikanischen Kontinent gefunden haben. Es ist diejenige, welche wir eingeschlagen haben, mit Ausnahme der Strecke vom Ende der Missouri-Wasserfälle bzw. vom Beginn der Rocky Mountains bis zum Erreichen des Clarks Rivers an der Mündung des Travelers Rest Creeks. Die Strecke zwischen diesen beiden Punkten wird am besten zu Land zurückgelegt, da die Navigation auf dem Missouri oberhalb der Wasserfälle miserabel und mühsam und 521 Meilen lang ist … Die beste und zweckmäßigste Route über den Kontinent führt also über den Missouri bis zu den Großen Wasserfällen; von da zum Clarks River an der Einmündung des Travelers Rest Creeks, von wo man eine Bergkette verfolgt, die nach Westen in weitere Berge übergeht, die ihrerseits die zwei Arme des Kooskooske Rivers bis zu ihrem Zusammenfluss trennt. Von dort führt dieser Fluss zum südöstlichen Zweig des Columbias und von hier aus flussabwärts zum Columbia und schließlich den Letzten hinunter zum Pazifischen Ozean. Es gibt einen großen Fluss[76], der in den Columbia auf der Südseite einmündet, an welchem Punkt genau, konnten wir nicht erfahren. Derselbe fließt von Südosten aus durch die ausgedehnten Ebenen des Columbias und entspringt, wie die Indianer uns mitteilen, in den Bergen südlich der Quelle des Jefferson Rivers und in der Nähe der spanischen Siedlungen … Dieser Fluss könnte eine praktikable Überlandverbindung nach New Mexico bieten, ist aber wegen einer unpassierbaren Stromschnelle, die sich etwa eine Meile vor seiner Mündung in den Columbia befindet, zunächst nicht schiffbar …

15. Februar [LEWIS] Nach Einbruch der Dunkelheit traf Sergeant Pryor mit Gibson ein. Wir sind sehr froh, ihn keineswegs so krank zu finden, wie wir es erwartet hatten. Wir sehen ihn nicht gefährdet, obwohl er noch Fieber hat und sehr geschwächt ist. Wir glauben, dass seine Krankheit ihren Ursprung in einer starken Erkältung hat, die er sich beim Jagen und Verfolgen von Wapitis und anderem Wild durch die Moore und Sümpfe um die Salzwerke herum zuzog. Er ist fast schmerzfrei, aber ziemlich schwach und sehr träge. Wir gaben ihm kleine Dosen von verdünntem Salpeter und brachten ihn dazu, reichlich Salbeitee zu trinken, ließen ihn die Füße in warmem Wasser baden und verabreichten ihm um neun Uhr abends 35 Tropfen Laudanum.

Die Vierfüßer dieses Landes zwischen Rocky Mountains und Pazifischem Ozean sind erstens die Haustiere, welche nur aus Pferd

76 Clark kombinierte hier Informationen von Indianern und geografische Schlussfolgerungen, um die Existenz des Willamette Rivers zu belegen, der vom Süden in den Columbia einmündet. Die Truppe verpasste diese Einmündung auf dem Hinweg, untersuchte den Fluss aber auf dem Rückweg und nannte ihn »Multnomah«.

und Hund bestehen; zweitens die einheimischen Wildtiere, die aus Braun-, Weiß- oder Grizzly-Bären (die, glaube ich, zur gleichen Familie gehören mit einem bloß zufälligen Unterschied in puncto Fellfarbe), schwarzem Bär, gewöhnlichem Rothirsch, Schwarzwedelhirsch, Damhirsch, Maultierhirsch, Wapiti (Elch), großem braunem Wolf, kleinem und großem Präriewolf, Luchs, gewöhnlichem Rotfuchs, Schwarzfuchs oder Fischer, Silberfuchs, großem rotem Fuchs der Prärien, kleinem Fuchs der Prärien, Antilope, Schaf, Biber, gewöhnlichem Otter, Seeotter, Nerz, Spuck, Robbe, Waschbär, großem grauem Eichhörnchen, kleinem braunem Eichhörnchen, kleinem grauem Eichhörnchen, Bodeneichhörnchen, Dachs, Ratte, Maus, Maulwurf, Panther, Hasen, Kaninchen und Iltis oder Stinktier bestehen. Sie alle sollen einzeln beschrieben werden, in der Reihenfolge, in der sie vorkommen … Das Pferd ist hauptsächlich auf die Nationen beschränkt, die die großen Prärien des Columbias bewohnen, welche sich von 40° bis 50° nördlicher Breite erstrecken und die das Gebiet bewohnen, das zwischen den Rocky Mountains und einer Bergkette liegt, die den Columbia um die großen Fälle herum oder von 116° bis 121° westlicher Länge passiert. In diesem ausgedehnten Gebiet von hauptsächlich unbewaldetem Land wohnen, soweit wie wir erfahren haben, die folgenden Nationen: nämlich die Shoshone- oder Schlangenindianer, die Chopunnish, Sokulks, Cutssahnims, Chymnapums, Ehelutes, Eneshuh und Chilluckkittequaws[77]. Sie nützen alle dieses fügsame, edle und wertvolle Tier, nämlich das Pferd, und besitzen, ausgenommen die drei letzten, große Mengen von ihnen. Ihre Pferde scheinen von einer ausgezeichneten Rasse zu sein; sie sind hochgewachsen, elegant gebaut, lebhaft und ausdauernd; kurzum, viele von ihnen sehen wie prächtige englische Rennpferde aus und würden in jedem Land Staat machen. Einige dieser Pferde sind buntscheckig mit großen, unregelmäßig verstreuten weißen Flecken, die mit schwarzen, braunen, beigen oder anderen dunklen Farbe vermischt sind, aber bei Weitem der größere Anteil ist von einer einheitlichen Farbe mit weißen Stirnflecken und weißen Fesseln. Sie sind ähnlich wie unsere besten Vollblutpferde in Virginia gezeichnet, denen sie in Schnelligkeit, Zähigkeit und Gestalt ähneln.

77 Diese Stammesgruppen können als nördliche Paiutes (Shoshonen oder Schlangenindianer), Nez Percés (»Chopunnish«), Wanapams (»Sokulks«), Yakamas (»Cutssahnims« und »Chymnapums«), Wishram-Wascos (»Ehelutes«), Teninos (»Eneshuh«) und Wishrain-Wascos (»Chilluckkittequaws«) identifiziert werden; »Chilluckkittequaws« ist eher eine Chinookan-Redewendung als eine Stammesbezeichnung, aber die Captains assoziierten sie mit Wishram-Wasco-Indianern.

16. Februar [LEWIS] Wir haben noch keine Nachrichten von Sergeant Gass und seinem Trupp. Bratton ist noch sehr schwach und klagt über Schmerzen im unteren Teil des Rückens, was, so nehme ich an, von seiner Schwäche herrührt. Ich verordne ihm Baumrinde. Gibsons Fieber hält sich noch hartnäckig, obwohl nicht sehr hoch; ich gab ihm eine Dosis von Dr. Rushs Pillen, die ich in vielen Fällen bei Fieber, das durch Furunkel verursacht wurde, als ausgesprochen hilfreich erlebt habe. Der Salpeter hat heute Abend ein heftiges Schwitzen hervorgebracht, und die Pillen wirkten spät nachts auf sein Fieber ein, worauf es fiel, und er eine ruhige Nachtruhe hatte.

[GASS] Eine der unangenehmsten Nächte verbrachten ich und ein anderer im Freien, nur mit unseren Hemden und Overalls bekleidet und einer einzigen Wapitihaut als Zudecke, um uns vor einem heftigen nächtlichen Regen zu schützen. Wir hatten ein Wapitirudel aufgescheucht, und um bei der Verfolgung leichtfüßiger zu sein, ließen wir unsere Kleider dort zurück, wo wir den ersten erlegt hatten; wir konnten aber nicht vor Einbruch der Dunkelheit zurückgelangen.

17. Februar [LEWIS] Shannon brachte mir eine der großen Rabenkrähen oder Bussarde[78] des Columbias, den sie verwundet und am Leben gelassen hatten. Ich glaube, dies ist der größte Vogel Nordamerikas. Er war in keinem guten Zustand, und doch wog er 25 Pfund. Wäre er es gewesen, könnte er sehr wohl zehn Pfund mehr oder 35 Pfund gewogen haben. Von Flügelspitze zu Flügelspitze maß er neun Fuß zwei Zoll …

Wir stießen erst auf diesen Vogel, als wir den Columbia unterhalb der großen Fälle befuhren, und haben ihn unterhalb der Gezeitenwasser zahlreicher angetroffen als oberhalb. Ich glaube, dass dieser Vogel eher der Gattung Geier zugehört als irgendeiner anderen, obwohl ihm einige ihrer charakteristischen Kennzeichen fehlen, insbesondere die Haare auf dem Hals und die Federn an den Beinen. Aus einer gewissen Distanz betrachtet handelt es sich um einen hübschen Vogel.

20. Februar [LEWIS] Collins … erfolglos, was die Jagd anbelangt, aber brachte einige Preiselbeeren für die Kranken mit. Gibson erholt sich rasch; Bratton hat einen hartnäckigen Husten und Schmerzen im Rücken und scheint immer schwächer zu werden. McNeals Zustand hat sich aufgrund seiner Unachtsamkeit verschlimmert.

Diesen Vormittag wurden wir von *Tâh-cum*, einem führenden Häuptling der Chinooks, und 25 Männern seiner Nation besucht. Wir hatten diesen Häuptling niemals zuvor gesehen, er ist ein gut aussehender Mann von ungefähr 50 Jahren, höher gewachsen als die

78 Der kalifornische Kondor ist gemeint.

meisten seiner Nation; da er auf einen Freundschaftsbesuch kam, gaben wir ihm und seiner Schar etwas zu essen und rauchten reichlich mit ihnen. Wir gaben diesem Häuptling eine kleine Medaille, womit er sehr zufrieden schien. Am Abend bei Sonnenuntergang ersuchten wir sie aufzubrechen, wie es bei uns Brauch ist, und schlossen unsere Tore. Wir erlauben niemals Trupps von solcher Größe, die ganze Nacht hindurch innerhalb des Forts zu bleiben; denn ungeachtet ihrer offenbar freundlichen Gesinnung könnte ihre große Habsucht und Hoffnung auf Beute sie veranlassen, heimtückisch zu werden. In jeder Situation beschlossen wir, stets auf der Hut zu sein, so gut es eben ging, und uns niemals der Gnade irgendwelcher Wilden auszusetzen. Wir wissen wohl, dass die Heimtücke der Ureinwohner Amerikas und das zu große Vertrauen unserer Landsleute in ihre Aufrichtigkeit und Freundschaft den Tod von vielen Hunderten der Unseren verursacht hat. So lang schon sind unsere Männer an einen freundlichen Umgang mit den Einheimischen gewöhnt, dass wir es schwierig finden, ihnen die Notwendigkeit einzubläuen, bezüglich dieses Menschenschlags immer vorsichtig zu sein. Wir wissen wohl, dass unser Vertrauen aus dem langen freundschaftlichen Verkehr mit ihnen erwächst, aber die wohlbekannte Heimtücke der Eingeborenen verleiht ihnen keineswegs Anspruch auf uneingeschränktes Vertrauen, und wir müssen dessen Wachsen in unseren eigenen Gedanken und in denen unserer Männer kontrollieren, indem wir uns immer wieder erinnern und gegenüber unseren Männern wiederholen, dass unsere Erhaltung davon abhängt, niemals diesen Zug in ihrem Charakter aus dem Blick zu verlieren und immer vorbereitet zu sein, ihn anzutreffen, in welcher Gestalt auch immer er sich präsentieren mag.

21. Februar [LEWIS] Sergeant Ordway kam mit dem Trupp vom Salzlager zurück, das wir jetzt geräumt haben. Sie führten das Salz und die Utensilien bei sich. Unser Vorrat an Salz beträgt jetzt etwa 20 Gallonen … Ich gab Willard und Bratton jedem eine Dosis von Scotts Pillen[79]; bei dem Erstgenannten wirkten sie, und bei dem Letztgenannten taten sie es nicht. Gibson nimmt die Baumrinden noch drei Mal am Tag ein und erholt sich rasch.

[ORDWAY] Ich bin sehr erschöpft und krank und bis auf die Haut durchnässt, da ich den Schneematsch und die Sümpfe durchwatet habe.

22. Februar [LEWIS] Die Holzarbeiten und Skulpturen der Leute sowie diese Hüte und ihre wasserdichten Körbe offenbaren eine unter den Ureinwohnern Amerikas keineswegs übliche Geschicklichkeit.

79 Vermutlich ein Abführmittel.

Abends kehrten sie zu ihrem Dorf zurück, und Drewyer begleitete sie in ihrem Kanu, um die Hunde zu erhalten, die die Clatsops uns als Bezahlung für den Wapiti überlassen wollten, den sie uns einige Wochen zuvor gestohlen hatten. Diese Frauen erklärten uns, dass kleine Fische zu wandern begannen, die wir ihrer Beschreibung nach für Heringe halten … Unsere Kranken, Gibson, Bratton, Sergeant Ordway, Willard und McNeal, sind alle auf dem Weg der Besserung. Wir haben zu keinem Zeitpunkt so viele Kranke gehabt, seitdem wir den Wood River verließen. Am meisten wird über schlimme Erkältungen und Fieber geklagt, vermutlich ist es die Grippe.

25. Februar [LEWIS] Mir ist es äußerst unangenehm, dass ich keine weiteren Himmelsbeobachtungen machen konnte, seit wir in Fort Clatsop sind, aber das Wetter war derart schlecht, dass ich diese Tätigkeit für völlig undurchführbar gehalten habe.

27. Februar [LEWIS] Willard fühlt sich weiter noch sehr unwohl, die anderen kranken Männer sind beinahe genesen. Goodrich und McNeal, die sich mit Lues angesteckt haben, genesen schnell, Ersterer ist beinahe gesund.

28. Februar [LEWIS] Kuskelar, ein Clatsop-Mann, und seine Frau besuchten uns heute. Sie brachten einige Sardellen, Stör, eine Biberrobe und einige Wurzeln zum Verkauf mit, doch sie verlangten einen solch hohen Preis für jeden Gegenstand, dass wir nichts kauften außer einem Teil vom Stör, für den wir einige Angelhaken gaben. Wir gestatteten ihnen, die ganze Nacht zu bleiben.

2. März [LEWIS] Die Nahrung der Kranken ist so minderwertig, dass sie ihre Kraft nur langsam wiedererlangen. Niemand von ihnen ist jetzt noch wirklich krank, sondern sie sind alle in einem Zustand der Genesung mit starkem Appetit und wir haben nichts zu essen außer magerem Wapitifleisch …

Der Präriehahn[80] ist in den Ebenen des Columbias häufig … Dieser Vogel hat etwa die Größe eines Truthahns. Der Schnabel ist groß, kurz gebogen und konvex. Die Nasenlöcher sind groß und der Schnabel schwarz. Seine Färbung ist eine gleichförmige Mischung aus einer dunkelbraunen, eher an ein Taubengrau grenzenden Farbe und einem rötlichen und gelblichen Braun mit einigen kleinen schwarzen Flecken. In dieser Mischung herrscht das dunkle Braun vor, und auf kurze Entfernung ein leichter Schimmer der taubengrauen Farbe. Die breitere Seite der großen Flügelfedern ist dunkelbraun gefärbt. Der Schwanz ist

80 Beifußhuhn.

aus 19 Federn zusammengesetzt, von denen diejenige im Zentrum die längste ist und die verbleibenden neun auf jeder Seite sich paarweise verkürzen. Sind die Schwanzfedern zusammengefaltet, laufen sie sehr spitz zu und scheinen im Verhältnis zum Körper lang. Beim Fliegen ähnelt der Schwanz dem einer wilden Taube. Doch die Bewegung der Flügel ist mehr diejenige des Fasans und des Waldhuhns ... Die Flügel sind auch verhältnismäßig kurz, eher etwas kürzer als jene des Fasans oder des Waldhuhns. Die Gewohnheiten dieses Vogels sind ganz dieselben wie jene des Waldhuhns. Nur, dass sich seine Nahrung ausschließlich aus den Blättern und Knospen des weichblätterigen Dorns zusammensetzt; ich erinnere mich nicht, diesen Vogel jemals außer in der Nachbarschaft dieses Strauches gesehen zu haben. Er ernährt sich mitunter von Feigenkakteen ... Das Fleisch des Hahns ist dunkel, und in puncto Geschmack nur mittelmäßig. Ich halte es weder für so gut wie dasjenige des Fasans noch dasjenige des Waldhuhns.

3. März [LEWIS] Unsere Rekonvaleszenten sind langsam auf dem Wege der Besserung. Lepage ist auch krank geworden, ich gab ihm eine Dosis von Scots Pillen, die aber nicht ansprachen. Alles geht wie gewohnt weiter, und wir zählen die Tage, die uns vom 1. April trennen und uns an Fort Clatsop binden.

4. März [LEWIS] Heute kein erwähnenswertes Ereignis. Wir leben üppig von unserem Wapato und Stör. Der Anchovis ist so empfindlich, dass er rasch verdirbt, außer man mariniert oder räuchert ihn. Die Eingeborenen stechen ihnen einen kleinen Stock durch die Kiemen und hängen sie im Rauch ihrer Wigwams auf oder entzünden ein kleines Feuer darunter, um sie zu dörren. Sie brauchen nicht ausgenommen zu werden und werden in 24 Stunden haltbar gemacht. Die Einheimischen scheinen dabei nicht sehr pingelig zu sein, sie essen sie, auch wenn sie schon ein wenig stinken. Den frischen Stör bewahren sie viele Tage auf, indem sie ihn ins Wasser tauchen. Gekocht wird er mithilfe von Wasserdampf.

5. März [LEWIS] Spät abends kamen die Jäger vom *Kil-haw-â-nack-kle*-Fluss zurück, der sich in den oberen Teil der Bucht ergießt. Sie hatten weder einen Wapiti erlegt noch gesehen. Sie unterrichteten uns, dass die Wapitis alle zu den Bergen, eine beträchtliche Strecke von uns entfernt, weggewandert seien. Dies ist eine unwillkommene und eher beunruhigende Mitteilung, da wir nur für zwei Tage Lebensmittel vorrätig haben und diese beinahe verdorben sind. Wir stellten ein kleines Warensortiment zusammen, um mit den Indianern zu handeln, und beauftragten Sergeant Pryor, früh am Morgen in einem Kanu mit zwei Männern aufzubrechen, den Columbia zum

Aufenthaltsort der indianischen Fischer hinaufzufahren und einiges an Fisch zu kaufen. Wir hießen auch zwei Jägertrupps, die Jagd morgen früh wieder aufzunehmen, den einen oberhalb des Netul und den anderen Richtung Point Adams. Falls wir feststellen, dass die Wapitis fort sind, sind wir entschlossen, den Fluss langsam hinaufzufahren und uns zu bemühen, unterwegs das Nötigste zu beschaffen und uns den Monat März über im Waldland zu ernähren. Früher als April halten wir es für eine Torheit, uns in die offenen Prärien zu wagen, da wir wissen, dass es dort kein Brennmaterial gibt, außer einigen kleinen trockenen Sträuchern. Wir werden unsere Quartiere in Fort Clatsop bis zum ersten April nicht verlassen, außer wenn der Mangel an Lebensmitteln uns dazu zwingt.

6. März [LEWIS] Um elf Uhr vormittags wurden wir von Comowol und zweien seiner Kinder besucht. Er beschenkte uns mit einigen Sardellen, die auf ihre Art und Weise gut haltbar gemacht worden waren. Wir fanden sie ausgezeichnet. Sie waren uns sehr willkommen, insbesondere in diesem Moment. Wir gaben dem alten Mann einige kleine Sachen als Gegenleistung. Dieser, haben wir festgestellt, ist bei Weitem der freundlichste und unaufdringlichste Wilde, den wir in dieser Umgebung getroffen haben.

Hall hat gestern den Fuß und den Knöchel durch den Aufprall eines großen Holzstockes stark verletzt; die Knochen sind glücklicherweise nicht gebrochen und ich erwarte, dass er in Kürze wieder in der Lage sein wird zu gehen. Bratton ist jetzt schwächer als alle anderen Rekonvaleszenten, die sich infolge der mangelhaften Ernährung nur langsam erholen. Leider sind wir nicht der Lage, dies zu ändern.

Die Wasservögel dieses Landes, oder solche, die ihre Nahrung aus dem Wasser holen, sind der große Blau- und Braunreiher, Fischfalke, der mit einer blauen Haube versehene Fischer, mehrere Arten von Möwen, Kormoran, zwei Arten von Seetauchern, die weiße und die braune Wildgans, kleine und große Gänse, kleiner und großer Schwan, die Stockente, die Canvasback-Ente, die rotköpfige Fischente, die schwarze und weiße Ente, die kleine braune Ente, zwei Arten von Tauchern, die blau geflügelte Krickente und einige andere Entenarten.

7. März [LEWIS] Bratton geht es heute viel schlechter, er klagt über einen heftigen Schmerz im Kreuz und ist infolgedessen unfähig aufzustehen. Wir gaben ihm eines unserer Flanellhemden, legten einen Verband aus Flanell um die schmerzende Stelle und badeten und rubbelten sie kräftig mit einem ätherischen Einreibemittel, das ich mit Weingeist, Kampfer, Olivenseife und ein wenig Laudanum zubereitete. Er fühlte sich abends besser.

[GASS] Zu unseren üblichen Schwierigkeiten kommt jetzt auch noch der Mangel an Tabak. 33 Personen unserer Truppe sind Raucher, es gibt nur sieben, die keinen Wert auf Tabak legen. Wir benutzen die Rinde des Holzapfelbaums als Ersatz.

9. März [LEWIS] Der kleine Schwan unterscheidet sich vom größeren nur in der Größe und seinem Ruf. Er ist ungefähr um ein Viertel kleiner und sein Ruf ist völlig anders. Er beginnt mit einer Art von pfeifendem Geräusch und endet in einem runden, vollen Ton, der eher lauter als das Pfeifen ist; dieser Ruf ist genauso laut wie derjenige des großen Schwans.

Nach dem eigenartigen Pfeifen dieses Vogels habe ich ihn den Pfeifschwan genannt. Seine Gewohnheiten, Farbe und Kontur scheinen genau jene des großen Schwans zu sein. Wir sahen ihn zum ersten Mal unterhalb der Großen Engen des Columbias in der Nähe der Chilluckkittequaw-Nation. Er kommt in dieser Umgebung sehr häufig vor und war den ganzen Winter vorhanden. Der kleine Schwan kommt ungefähr fünf Mal so häufig vor wie der große.

10. März [LEWIS] Die Jäger, die sich gestern oberhalb des Netul befanden, berichteten uns, dass sie eine Kiefer maßen, die in Brusthöhe eines Mannes 42 Fuß im Umfang betrug, und bei einer Höhe, die ein großer Mann mit ausgestrecktem Arm erreichen kann, maß der Umfang immer noch 40 Fuß.

11. März [LEWIS] Wir leben wieder etwas üppiger; Sardellen, frischer Stör und Wapato.

12. März [LEWIS] Neben dem bereits erwähnten Fisch dieser Küste und des Flusses haben wir die folgenden Arten angetroffen: nämlich Wal, Tümmler, Glattrochen, Flunder, Lachs, Rotforelle, zwei Arten der Lachsforelle, Gebirgs- oder getüpfelte Forelle und eine Art ähnlich einer im Missouri innerhalb der Berge beobachteten, die in den östlichen Staaten Flaschennase genannt wird. Ich habe überhaupt keinen Zweifel, dass es noch viele andere Fischarten gibt, die sich in dieser Gegend auch in anderen Jahreszeiten einfinden, in welchen wir keine Gelegenheit mehr zur Beobachtung haben. Die Schalentiere sind Venusmuschel, essbare Uferschnecke, gewöhnliche Muschel, Herzmuschel und eine kreisförmige flache Muschel.

13. März [GASS] Heute stellte ich eine Liste der Anzahl von Mokassinpaaren auf, die jeder Mann in der Truppe besitzt, und ermittelte insgesamt 338 Paare. Dieser Vorrat wurde nicht ohne große Mühe beschafft, da die meisten von ihnen aus Wapitihäuten hergestellt sind. Jeder Mann hat auch eine ausreichende Menge an Lederflicken.

14. März [LEWIS] Die Indianer berichten uns, dass der Lachs früh im nächsten Monat zu wandern beginnt; es wird für uns verhängnisvoll sein, wenn er es nicht tut, denn er wird unser Grundnahrungsmittel sein, während wir den Columbia oberhalb der Fälle und seinen südöstlichen Zweig zu den Bergen hochfahren.

15. März [LEWIS] Wir wurden heute Nachmittag von Delashelwilt, einem Chinook-Häuptling, seiner Frau und sechs Frauen seiner Nation besucht. Seine Frau, die alte Kupplerin, hatte sie als Handelsware mitgebracht. Dies war die gleiche Schar, die so vielen unserer Truppe im letzten November die Geschlechtskrankheit übertragen hat, von der sie schließlich genesen sind. Ich gab deshalb den Männern eine besondere Ermahnung bezüglich dieser Frauen, die sie mir zu beachten versprachen … Bratton ist noch krank.

16. März [LEWIS] Zwei Taschentücher sind jetzt die einzigen kleinen Handelsartikel, die wir besitzen; der Rest unseres Vorrats besteht aus sechs blauen Gewändern, einem scharlachroten, dem Uniformmantel und Hut eines Artilleristen, fünf aus unserer großen Fahne gemachten Gewändern und wenigen alten, mit Borte besetzten Tüchern. Mit diesem Vorrat sind wir für den Ankauf von Pferden und Dingen des Lebensunterhalts auf die Indianer angewiesen. Ein spärlicher Verlass in der Tat, für eine Reise des Ausmaßes, wie sie nun vor uns liegt. Die weiße Lachsforelle, die wir vorher nur bei den Großen Fällen des Columbias gesehen hatten, ist jetzt in den nahen Wasserläufen aufgetaucht.

17. März [LEWIS] Der alte Delashelwilt und seine Frauen bleiben noch. Sie haben nahe dem Fort ein Lager aufgeschlagen und scheinen entschlossen, uns eng zu belagern, aber ich glaube, dass unsere Männer ungeachtet der Bemühungen dieser Damen, ihre Reize spielen zu lassen, ihre Standhaftigkeit bewahrt und das Zölibatsgelöbnis eingehalten haben, das sie bei dieser Gelegenheit gegenüber Captain C. und mir selbst ablegten. Wir haben unsere Pirogen für die Abfahrt vorbereiten lassen und werden, sobald das Wetter es erlaubt, aufbrechen.

Drewyer kehrte spät heute Abend von den Cathlahmahs mit unserem Kanu zurück, das Sergeant Pryor einige Tage zuvor dort zurückgelassen hatte, und mit einem zweiten Kanu, das er von diesen Leuten gekauft hat. Für dieses Kanu gab er ihnen meinen betressten Uniformrock und beinahe eine halbe Rolle Tabak. Es scheint, dass nichts außer diesem Rock sie veranlasst hätte, ein Kanu zu verkaufen, das in ihrem Handelsverkehr einen Artikel von größtem Wert, vergleichbar dem einer Frau, darstellt, und im Allgemeinen dem Vater im Austausch für seine Tochter gegeben wird. Ich denke, dass die Vereinigten Staaten mir einen anderen Uniformmantel schulden, vor allem deshalb, weil derjenige, den ich bei dieser Gelegenheit verkauft habe, nur wenig abgetragen war. Wir brauchen noch ein weiteres Kanu, und da die Clatsops uns keines zu einem Preis verkaufen werden, den wir uns leisten können, werden wir eines von ihnen als Ersatz der sechs Elche nehmen, die sie im Winter von uns gestohlen haben.

18. März [LEWIS] Comowol und zwei Cathlahmahs besuchten uns heute; wir erlaubten ihnen, die ganze Nacht zu bleiben. Am Morgen gaben wir Delashelwilt eine Bescheinigung seines guten Benehmens etc. und auch eine Liste mit unseren Namen, worauf wir ihn mit seiner Weiberbande zu seinem Dorf zurückschickten. Diese Listen unserer Namen haben wir mehreren Eingeborenen gegeben und auch eine Kopie in unserem Raum ausgehängt. Den Zweck dieser Listen gaben wir in der Präambel derselben wie folgt an (nämlich): »Der Zweck dieser Liste ist es, dass durch irgendeine zivilisierte Person, die dieselbe zu sehen bekommt, es der gelehrten Welt bekannt gemacht werden soll, dass die Truppe, die aus den Personen, deren Namen beigefügt sind, und die im Mai 1804 durch die Regierung der Vereinigten Staaten ausgesandt wurde, das Innere des nordamerikanischen Kontinents zu erforschen, dasselbe über den Missouri und Columbia bis zu der Einmündung des Letzten in den Pazifischen Ozean durchquerte, wo sie am 14. November 1805 ankam und von wo sie den [Leerstelle] Tag des März 1806 zu ihrer Rückkehr in die Vereinigten Staaten auf der gleichen Route, die sie gekommen war, wieder aufbrach.« Auf der Rückseite einiger Listen fügten wir eine Skizze der Verbindung der oberen Zweige des Missouris mit jenen des Columbias hinzu, insbesondere mit seinem hauptsächlichen südöstlichen Arm, und außerdem vom Weg, den wir gekommen waren, und den wir beabsichtigten, auf unserer Rückreise einzuschlagen, soweit derselbe etwas abweichen wird. Dabei schienen so viele widrige Umstände dagegen zu sprechen, dass unsere Regierung durch die Wilden oder die Händler dieser Küste jemals einen regulären Bericht erhalten würde, dass wir davon absahen, einen solchen zu verfassen. Unsere Truppe ist auch zu klein, um daran zu denken, irgendeinen auf dem Seeweg in die Vereinigten Staaten zurückkehren zu lassen, insbesondere, da wir uns auf unserer Rückreise notwendigerweise in drei oder vier Trupps aufteilen werden, um die Ziele zu erreichen, die wir im Blick haben; und überhaupt werden wir die Vereinigten Staaten aller menschlichen Wahrscheinlichkeit nach viel früher erreichen, als ein Mann dies könnte, der, hier zurückgelassen, für die Überfahrt in die Vereinigten Staaten von den Händlern der Küste abhinge, die vielleicht nicht einmal sofort dorthin zurückkehren.

[ORDWAY] Vier Männer gingen zu der Prärie nahe der Küste, um ein Kanu zu nehmen, das den Clatsop-Indianern gehörte, das wir aber dringend brauchen. Am Abend kehrten sie zurück, zwei von ihnen zu Lande, wobei sie einen Wapiti erlegten. Die anderen brachten das Kanu in die Nähe des Forts und verbargen es, da der Häuptling der Clatsops gerade anwesend ist.

19. März [LEWIS] Die Calamox, Clatsops, Chinooks, Cathlahmahs und Wackkiacums ähneln einander sowohl in ihrer Gestalt und Kleidung als auch in ihren Gewohnheiten und Manieren. Ihre Hautfarbe ist nicht bemerkenswert, da sie das übliche Kupferbraun der meisten Stämme Nordamerikas aufweist. Alle diese Stämme sind von unansehnlicher kleiner Statur und haben dicke, breite Plattfüße, dicke Knöchel, krumme Beine, breite Münder, dicke Lippen, verhältnismäßig große, fleischige, übermäßig breite Nasen mit großen Nasenlöchern, schwarze Augen und schwarze, grobe Haare. Ihre Augen sind manchmal von einem dunklen, gelblichen Braun, die Pupille schwarz. Ich habe einige hohe wohlgeformte Nasen unter ihnen beobachtet, aber sie sind extrem selten. Die Nase liegt meist niedrig zwischen den Augen. Der bemerkenswerteste Zug in ihrer Physiognomie ist die eigentümliche Flachheit und Breite der Stirn, die sie künstlich herbeiführen, indem sie den Kopf während des Säuglingsstadiums zwischen zwei Brettern zusammenpressen. Dies ist eine Sitte unter allen Nationen, die wir im Westen der Rocky Mountains angetroffen haben. Ich habe die Köpfe vieler Säuglinge beobachtet, nachdem dieser eigenartige Verband etwa im Alter von zehn oder elf Monaten entfernt wurde, und die um die Oberkante der Stirn herum nicht mehr als zwei Zoll dick und eher schmaler waren. Vom Scheitel des Kopfes zum äußersten Ende der Nase verläuft eine gerade Linie. All dies geschieht, um der Stirn eine größere Breite zu geben, was sie sehr bewundern. Dieser Prozess scheint bei ihren weiblichen Kindern länger fortgesetzt zu werden als bei ihren männlichen Kindern, und keines von beiden Geschlechtern scheint dabei irgendeinen Schmerz zu erleiden.

Nach dieser eigentümlichen Kopfform bezeichnen die Nationen östlich der Rocky Mountains alle Völker westlich davon, außer den Aliatans oder den Schlangenindianern, mit dem allgemeinen Namen Flachköpfe. Ich denke, dass das Vorherrschen dieser Sitte ein starker Beweis dafür ist, dass jene Nationen ursprünglich aus der gleichen Rasse hervorgingen.

20. März [LEWIS] Obwohl es uns in diesem Winter und im Frühling in Fort Clatsop nicht üppig ergangen ist, haben wir doch so bequem gelebt, wie wir es erwarten konnten, und haben alle Ziele erreicht, die unser Verbleiben an diesem Ort veranlassten, nur nicht das Zusammentreffen mit den Händlern, die die Einmündung dieses Flusses besuchen … Viele unserer Männer klagen immer noch über Unwohlsein; Willard und Bratton bleiben schwach, hauptsächlich, glaube ich, wegen des Mangels an geeigneter Nahrung. Ich erwarte eine bessere Gesundheit, wenn wir erst einmal unterwegs sind. Das ist bisher immer eingetreten. Die Gewehre von Drewyer und Sergeant Pryor waren beide unbrauchbar. Das Erstere wurde mit einem neuen Schloss versehen, da dass alte untauglich geworden war; das zweite hatte eine abgebrochene Gewehrhahnschraube, die durch ein Ersatzteil ersetzt wurde, welches für das Gewehrschloss in Harpers Ferry angefertigt worden war. Ohne die Vorkehrung, Ersatzschlösser und Teile von Schlössern mitzuführen, und ohne die Geschicklichkeit von John Shields wären in diesem Moment die meisten unserer Gewehre gänzlich unbrauchbar gewesen; aber glücklicherweise kann ich berichten, dass sie alle wieder in gutem Zustand sind.

[GASS] Ich berechnete die Anzahl der durch die Truppe vom 1. Dezember 1805 bis zum 20. März 1806 erlegten Wapitis und Hirsche und kam auf 131 Wapitis und 20 Hirsche.

21. März [GASS] Die Frauen praktizieren gerne den Geschlechtsverkehr, werden aber auch wie die am Missouri für einen niedrigen Betrag als Prostituierte verkauft. Eine alte Chinook-Squaw besuchte häufig unsere Quartiere, mit neun Mädchen, die sie als Prostituierte hielt. Zur Ehre der Flatheads, die auf der Westseite der Rocky Mountains leben, und eine Strecke weit den Columbia hinunter ansässig sind, müssen wir sie als eine Ausnahme erwähnen, da sie solche lockeren Gefühle fleischlicher Lust nicht zeigen und sie die üblichen Sitten der Prostitution nicht teilen. Sie sind die einzige Nation auf der ganzen Strecke, die Keuschheit schätzt.

22. März [LEWIS] Um zwölf Uhr wurden wir von Comowol und drei der Clatsops besucht. Diesem Häuptling überließen wir unsere Häuser und Möbel. Er ist uns gegenüber viel liebenswürdiger und gastfreundlicher gewesen als jeder andere Indianer in dieser Umgebung … Wir beschlossen, morgen auf alle Fälle aufzubrechen, die Kanus provisorisch mit Schlamm abzudichten und am ersten schönen Tag anzuhalten und sie auszupichen. Die aufbrechenden Blätter der Heidelbeeren lassen uns an den Frühling denken.

10. Auf der Heimreise

23. März – 2. Juli 1806

23. März [CLARK] Dieser Morgen erwies sich als so verregnet und unbeständig, dass wir eine Zeit lang unentschlossen waren, ob wir aufbrechen und uns auf den [Fluss] wagen sollten, welcher anzusteigen schien … Der Regen hörte auf, und es klarte gegen Mittag auf. Jetzt beluden wir unsere Kanus und verließen um ein Uhr nachmittags Fort Clatsop und machten uns auf die Heimreise. An diesem Ort hatten wir überwintert und waren vom 7. Dezember 1805 bis heute geblieben und haben so gut gelebt, wie wir dies erwarten konnten; und wir können sagen, dass wir niemals einen Tag ohne drei Mahlzeiten irgendeiner Art hatten, ungeachtet der wiederholten Regenfälle, die fast ständig niedergegangen sind, seit wir die langen Stromengen am [Leerstelle] vom letzten November passierten. Tatsächlich hatten wir seit dieser Zeit nur [Leerstelle] Tage schönes Wetter gehabt.

24. März [LEWIS] Um halb vier Uhr nachmittags brachen wir auf und setzten unseren Weg zwischen den Robbeninseln fort; da wir unachtsam waren, verfehlten wir unsere Route, worauf ein Indianer, als er es wahrnahm, uns folgte, einholte und uns in die richtige Fahrrinne schickte. Dieser Cathlahmah beanspruchte das kleine Kanu, das wir den Clatsops weggenommen hatten. Aber er stimmte sehr bereitwillig zu, stattdessen die Haut eines Wapiti zu nehmen, die ich ihm zu geben befahl, und kehrte sofort zurück.

[CLARK] Wir rückten zum Cathlahmah-Dorf vor … In diesem Dorf erwarben wir einige Wapato und einen Hund für unsere kranken Männer Willard und Bratton, die immer noch in einem schwachen Zustand sind. In diesem Dorf sah ich zwei sehr große, elegante, mit Muscheln verzierte Kanus, diese Muscheln hielt ich auf den ersten Blick für Zähne, und die Eingeborenen machten mehreren Männern weis, dass es die Zähne ihrer Feinde seien, die sie im Krieg getötet hatten. Aber bei eingehender Untersuchung entdeckten wir, dass es sich um Meeresmuscheln handelte. Sie schmücken auch ihre kleineren Holzboote mit diesen Muscheln, die das Aussehen menschlicher Zähne haben. Auch Kapitän Cook hätte sehr wohl ohne eine eingehende Prüfung jene Muscheln mit menschlichen Zähnen verwechselt. Das Dorf dieser Leute ist der schmutzigste und übel riechendste Ort, den ich jemals gesehen habe, und die Einwohner entsprechen seinem Charakter.

26. März [LEWIS] Bald nachdem wir eine Essenspause machten, kamen die zwei Wackkiacums an, die uns seit gestern Morgen mit zwei zu verkaufenden Hunden verfolgt haben. Sie wünschen Tabak im Tausch für ihre Hunde, wozu wir aber nicht bereit sind, da unser Vorrat jetzt auf sehr wenige Rollen reduziert ist. Unsere Männer, die an Tabakkonsum gewöhnt sind und denen wir jetzt das Rauchen versagen müssen, scheinen sehr unter dem Mangel zu leiden. Als Ersatz nehmen sie die Rinde des wilden Holzapfels, die sie kauen; sie ist sehr bitter, aber sie versichern mir, dass sie damit einen guten Ersatz für Tabak gefunden hätten.

27. März [LEWIS] Das Hauptdorf der Skillutes liegt auf der unteren Seite des Coweliske Rivers einige Meilen von seiner Einmündung in den Columbia entfernt. Diese Indianergruppe soll sehr zahlreich sein. In Kleidung, Gewohnheiten, Manieren und Sprache unterscheiden sie sich aber wenig von den Clatsops, Chinooks etc. Sie standen vor Kurzem mit den Chinooks auf Kriegsfuß, aber der Frieden soll jetzt zwischen ihnen wiederhergestellt sein; jedoch findet der gesellige Umgang zwischen ihnen noch nicht wieder statt. Chinooks begeben sich nicht in die Gegend der sumpfigen Inseln, die Skillutes meiden die Mündung des Columbias. Die Clatsops, Cathlahmahs und Wackkiacums sind die Boten zwischen diesen Nationen, da sie mit beiden verbündet sind.

29. März [LEWIS] Ihre Frauen tragen Schmuck, Gewänder und Haare wie die weiter flussabwärts. Bloß sind die Haare häufiger in zwei Zöpfe geflochten, welche über jedem Ohr vor dem Körper hängen. Anstelle des von den Frauen weiter unterhalb getragenen Rindengewebes tragen sie eine Art von ledernem Hosenbodenstück von etwa der Breite eines normalen Taschentuchs und eher länger. Zwei Ecken werden an einem der schmalen Enden vorn genau oberhalb der Hüften festgebunden; das andere Ende wird zwischen den Beinen hindurchgeführt und als schmales verhüllendes Bündel eng gezogen, die Ecken werden vorn ein wenig breit gezogen und über der Leiste und um den zuerst um die Taille herum gebundenen Teil eingeschlagen. Das kleine Kleidungsstück, das bis zur Hüfte hinunterreicht, ist meist ihr tägliches und einziges Kleidungsstück neben dem gerade erwähnten. Wenn es ein wenig warm ist, wird dieses Gewand abgelegt und das Lederbruchband oder Hosenbodenstück bildet ihre einzige Kleidung. Dies ist ein viel anstößigerer Artikel als das Gewebe aus Rinde und bedeckt kaum die weibliche Scham. Es ist an dieser Stelle so eng gezogen, dass die ganze Form des Intimbereichs deutlich wahrgenommen wird.

30. März [LEWIS] Ich unternahm einen Spaziergang von einigen Meilen durch die Prärie und einen offenen Hain von Eichenbäumen, der die Prärie im rückwärtigen Teil begrenzt … Der Baumbestand und das Aussehen des Landes sind fast wie zuvor beschrieben. Die höher gelegenen Regionen sind fast gänzlich mit einem dichten Bewuchs mehrerer Tannenarten bedeckt, wie sie bereits in der Nachbarschaft von Fort Clatsop beschrieben worden sind. Wir erblickten Mount St. Helens und Mount Hood. Der Erstere ist das am edelsten aussehende Naturdenkmal seiner Art ... Die höheren Regionen sind wellig, aber keineswegs für die Kultivierung zu steil. Sie sind im Allgemeinen fruchtbar, bestehen aus einem dunklen reichen Lehm und sind ziemlich frei von Steinen. Dieses Tal ist ... etwa 70 Meilen breit und seine Länge halte ich für sehr beträchtlich, kann sie aber nicht exakt festlegen. Dieses Tal wäre ausreichend für den Unterhalt von 40 oder 50 Tausend Seelen, wenn es richtig kultiviert würde, und ist tatsächlich die einzige wünschenswerte Lage für eine Siedlung, die ich auf der Westseite der Rocky Mountains gesehen habe.

[ORDWAY] Ich muss sowohl diesen Wilden wie jenen an der Küste das Lob zugestehen, die ordentlichsten und hübschesten, leichtesten, am besten geformten Kanus anzufertigen, die ich je sah, außerdem übertrifft sie niemand bei ihrer Handhabung.

31. März [LEWIS] Diese Indianer sprechen wiederum eine eigene Sprache, obgleich sie sich in ihrer Kleidung, Gewohnheiten, Manieren etc. nur wenig von den Quathlahpohtles unterscheiden ... Sie haben zwar einige identische Wörter, aber die Klangfarbe der Sprache ist gänzlich anders, so sehr, dass sie vielleicht zu Recht für eine andere Sprache erachtet werden kann ... Wir beschlossen, ein oder zwei Tage länger in unserem gegenwärtigen Lager zu bleiben, und zwar aus mehrfachem Grund, so z. B. zur Untersuchung des Treibsandflusses, um einige Himmelsbeobachtungen zu machen und zur Fleischbeschaffung, um uns bis zu den Fällen oder den westlichen Bergen durchschlagen zu können, wo auf der Hinreise das Wild knapp war.

1. April [LEWIS] Wir waren jetzt überzeugt, dass es irgendeinen anderen bedeutenden Fluss geben müsse, der in den Columbia auf seiner Südseite unterhalb unseres gegenwärtigen Standorts einmündet und den wir noch nicht gesehen haben. Das ausgedehnte, zwischen dem Bergland der Küste und den westlichen Bergen liegende Tal auf dieser Seite des Flusses muss durch irgendeinen Strom entwässert werden, den wir bis jetzt im Treibsandfluss vermutet hatten ... Wir bemühten uns festzustellen, durch welchen Strom der südliche Teil des Columbia-Tals entwässert wird, konnten aber keine befriedigenden Informationen von den Einheimischen erhalten. Sie [die Indianer] unterrichteten uns, dass der Treibsandfluss infolge von Wasserfällen und Stromschnellen nur eine kurze Strecke schiffbar ist; und dass keine Nation an ihm siedle … Sie klagten sehr über Lebensmittelknappheit und teilten uns mit, dass die Nationen flussaufwärts in der gleichen Situation seien, und dass sie den Lachs erst beim nächsten Vollmond erwarteten, was am 2. Mai der Fall sei … Diese Mitteilung verursachte uns viel Unbehagen bezüglich unserer künftigen Ernährung. Oberhalb der Fälle oder durch die Prärien und von da zu den Chopunnish gibt es weder Hirsch, Antilope noch Wapitis, auf die wir uns für den Lebensunterhalt verlassen können; ihre Pferde sind in dieser Jahreszeit höchstwahrscheinlich sehr mager, und wenn sie keinen Fisch haben, müssen ihre Hunde in der gleichen Situation sein. Unter diesen Umständen scheint es in jeder Hinsicht nur wenig Aussicht auf ausreichend Nahrung zu geben. Wir erwogen deshalb ernsthaft, welche Maßnahmen wir ergreifen sollten; dabei erachteten wir es als unzweckmäßig, die Ankunft des Lachses abzuwarten, da dies uns einen solch großen Teil der Jahreszeit aufhalten würde, dass wir wahrscheinlich die Vereinigten Staaten nicht mehr erreichten, bevor das Eis den Missouri schließt. Auf alle Fälle würden wir dann auch den Verlust unserer Pferde riskieren, die wir in der Obhut der Chopunnish gelassen hatten. Diese hatten uns gesagt, sie würden die Rocky Mountains so früh, wie die Jahreszeit es ihnen erlaubt, in Richtung Missouri überqueren, was, wie wir glauben, etwa Anfang Mai sein dürfte. Sollten diese Leute ihr Lager nahe beim Kooskooske vor unserer Ankunft verlassen, hätten wir wahrscheinlich kaum Chancen, unsere Pferde wiederzufinden, ohne die es aber nur wenig Möglichkeit geben wird, die Berge noch einmal zu bezwingen; wir sind deshalb entschlossen, so wenig Zeit wie möglich zu verlieren, um zum Chopunnish-Dorf zu gelangen.

2. April [LEWIS] Heute Morgen fassten wir den Entschluss, in unserem gegenwärtigen Lager oder irgendwo in dieser Umgebung zu bleiben, bis wir so viel getrocknetes Fleisch beschafft hätten, wie wir für unsere Reise zu den Chopunnish brauchten. Des Weiteren beschlossen wir, unsere Pirogen auf unserem Weg zu den Großen Fällen des Columbias gegen Kanus der Einheimischen zu tauschen oder solche Kanus von ihnen für Wapitihäute und Handelsware käuflich zu erwerben, die unseren Absichten entsprechen würden. Diese Kanus gedachten wir dann bei den Eingeborenen der Prärien gegen Pferde zu tauschen, bis wir so viele erlangt hätten, dass mit ihnen ganz und gar zu Lande weiterziehen könnten … Denn wir betrachten jetzt die Pferde als unsere einzige sichere Nahrungsquelle und sehen dem weder mit Abscheu noch Entsetzen entgegen. So leicht versöhnt sich der Geist, wenn er mit einem interessanten Ziel befasst ist, mit seiner Lage! … Wir unterrichteten jetzt die Truppe von unserer Absicht, hier und jetzt einen Fleischvorrat anzulegen … Etwa um diese Zeit kamen mehrere Kanus der Eingeborenen in unserem Lager an und [informierten uns] über einen großen Fluss, der sich in den Columbia auf seiner Südseite einige Meilen unterhalb unseres Lagerplatzes ergießt. Wir brachten sie sogleich dazu, uns eine Skizze von diesem Fluss zu fertigen, indem sie mit einem Kohlenstück auf einer Matte zeichneten. Es schien, dass dieser Fluss, den sie *Multnomah* nannten, sich hinter der Insel, die wir die Götzenbild-Kanu-Insel nannten, in den Columbia ergießt, und da wir diese Insel sowohl bei der Hin- wie bei der Rückfahrt auf der Südseite passiert haben, konnten wir ihn nicht sehen. Sie teilten uns mit, dass es ein großer Fluss sei, der eine beträchtliche Strecke nach Süden zwischen den Bergen verlaufe. Captain Clark beschloss, zurückzukehren und diesen Fluss zu untersuchen.

[CLARK] Um halb zwölf Uhr vormittags brach ich auf, und nach kurzer Zeit sah ich in einiger Entfernung vier große Kanus flussabwärts fahren. Sie schlugen den Weg in Richtung unseres Lagers ein, das zu diesem Zeitpunkt sehr schwach besetzt war, da Captain Lewis nur zehn Männer bei sich hatte. Ich zögerte einen Moment, ob es ratsam wäre, unter Zeitverlust zurückzukehren und zu warten, bis ein Teil unserer Jäger zurückkehren würde, um unser Lager zu verstärken. Aber nach einem zweiten Nachdenken und mit Blick auf die von meinem Freund Captain Lewis bei solchen Gelegenheiten stets ergriffenen Vorkehrungen, verbannte ich alle Vorahnungen und fuhr weiter hinunter … Ich betrat einen der Räume dieses [Indianer-] Hauses und bot den Eingeborenen mehrere Gegenstände im Tausch gegen Wapato an. Sie waren mürrisch und lehnten entschieden ab, irgendetwas zu verkaufen. Ich hatte ein kleines Stück Luntenzündschnur in meiner Tasche, von welcher ich ein 1 Zoll langes Stück abschnitt und es ins Feuer legte. Ich nahm meinen Taschenkompass heraus und dazu einen Magneten und setzte mich auf eine Matte auf einer Seite des Feuers nieder. Die Lunte fing Feuer und brannte heftig, wobei sie die Farbe des Feuers veränderte; mit dem Magneten versetzte ich die Nadel des Kompasses in lebhafte Bewegung, was die Eingeborenen erstaunte und beunruhigte. Sie legten mehrere Stücke Wapato zu meinen Füßen und baten mich eindringlich, das schlimme Feuer herauszunehmen; hierzu erklärte ich mich bereit; da in diesem Moment die Zündschnur aufgebraucht war, erlosch sie natürlich und ich packte den Magneten weg etc. Diese Maßnahme beunruhigte sie so sehr, dass die Frauen und die Kinder Schutz in ihren Betten und hinter den Männern suchten. Die ganze Zeit über sprach ein sehr alter blinder Mann mit großer Leidenschaft und flehte offenbar seinen Gott an. Ich zündete meine Pfeife an, rauchte mit ihnen und gab den Frauen den vollen Gegenwert der Wurzeln, die sie zu meinen Füßen gelegt hatten. Sie schienen ein wenig besänftigt, und ich verließ sie und fuhr weiter … Ich gelangte an diesen Fluss, den die Eingeborenen, wie sie uns gesagt hatten, *Multnomah* nannten, und zwar nach einer Nation, die auf der Wapato-Insel ein wenig unterhalb der Einmündung dieses Flusses ansässig ist. Der Multnomah ergießt sich in den Columbia im Südosten und es kann zu Recht gesagt werden, dass er ein Viertel der Größe dieses majestätischen Flusses ausmacht. Drei kleine Inseln sind in seiner Mündung gelegen, die den Fluss vor dem Blick vom Columbia aus verbergen. Von der Einmündung dieses Flusses aus kann ich deutlich den Mount Jefferson sehen, der im Südosten hoch aufragt und mit Schnee bedeckt ist. Der Mt. Hood erhebt sich im Osten, ebenso der Mount St. Helens, ein hoher höckeriger Berg. Ich sah auch im Norden den Mt. Rainier. Bald nachdem ich an diesem Fluss angekommen war, fuhr ein alter Mann der *Clackamas*-Nation hinunter. Sie zählt viele Mitglieder und lebt in elf Dörfern an einem Zweig dieses Flusses, der seine Wasser vom Mt. Jefferson empfängt und sich anderthalb Tage oder in einer Entfernung von 40 Meilen in diesen Fluss ergießt. Die Strömung des Multnomah ist genauso ruhig wie diejenige des Columbias, gleitet sanft dahin mit einer ebenen Oberfläche und scheint für das größte Schiff ausreichend tief zu sein. Ich versuchte ihn mit einer Schnur von fünf Klaftern auszuloten, der einzigen, die ich hatte. Ich konnte über die gesamte Breite des Flusses keinen Boden erreichen. Ich fuhr den Multnomah flussaufwärts zehn Meilen von seiner Einmündung in den Columbia entfernt und gelangte zu einem großen Haus auf der nordöstlichen Seite. Ich lagerte in der Nähe des Hauses, weil die Flöhe in dem Haus so zahlreich waren, dass wir nicht in ihm schlafen konnten.

[WHITEHOUSE] Ich bin der Meinung, dass, falls irgendeine walisische Nation von Indianern existiert, es jene Indianer [Clackamas] sein müssen und nicht die Flathead-Nation wie zuvor erwähnt; dieses glaube ich aufgrund ihrer Hautfarbe, der Anzahl von Siedlungen und Feuerwaffen schließen zu können, und dies wird mit Sicherheit bestätigt werden, wenn erst einmal der Fluss Multnomah vollständig erforscht wird.

3. April [CLARK] Nachdem ich mich umfassend von der Größe und dem Ausmaß dieses Flusses überzeugt habe, der dieses gewaltige Landgebiet zwischen der westlichen Bergkette, der Meeresküste und im Süden bis zu den Gewässern von Kalifornien um 37° nördlicher Breite reichend bewässern muss, entschloss ich mich, zurückzukehren.

5. April [LEWIS] Ich sah heute einen Helmspecht, einen Kolibri, Gänse, Enten etc. Zecken sind jetzt aufgetaucht. Es sind die gleichen wie jene der Atlantikstaaten. Moskitos sind auch erschienen, aber sind noch nicht besonders lästig ... Der Hartriegel wächst reichlich auf den Hochländern in dieser Umgebung. Er unterscheidet sich von demjenigen der Vereinigten Staaten im Aussehen seiner Rinde, die viel glatter ist, er gelangt hier auch zu viel größerer Höhe, als ich ihn jemals woanders beobachtete. Manchmal beträgt der Durchmesser des Stamms beinahe zwei Fuß. Wir sahen Mauerschwalben, kleine Gänse, den kleinen gesprenkelten Specht mit einem weißen Rücken, den mit einem blauen Schopf versehenen Raben, Krähen, Adlergeier und Falken. Wir konnten einen großen Käfer und eine langbeinige Spinne beobachten, sowie auch Schmetterlinge, Schmeißfliegen und viele andere Insekten. Sie unterscheiden sich nicht von denen unseres Landes und verdienen keine besondere Erwähnung.

[ORDWAY] Sehr viele Wilde, die mit ihren Familien gerade von dem Land weiter oben in das Tal des Columbias auf der Suche nach Nahrung hinunterfahren, besuchen ständig unser Lager. Sie teilen uns mit, dass die Eingeborenen oberhalb der großen Fälle keine Lebensmittelvorräte haben und dass viele dabei sind zu verhungern. Diese Informationen sind uns wiederholt von verschiedenen Indianertrupps mitgeteilt worden, sodass sie keinen Zweifel zulassen. Deshalb die Verzögerung unserer Weiterreise; wir müssen so viel getrocknetes Wapitifleisch horten, wie wir durch die Columbia-Prärien brauchen werden, in denen wir nicht erwarten können, irgendwelche Tiere zu finden.

6. April [LEWIS] An diesem Ort [Willamette River] sah Captain C. in verschiedenen Richtungen eine große Anzahl kleiner auf dem Ufer verstreut liegender Kanus. Diese kleinen Kanus werden von den Frauen beim Sammeln von Wapato benutzt; eine Frau gelangte mit einem solchen in einen Teich, wo die Sagittaria sagittifolia wächst. Ständig bis zur Brust im Wasser stehend, bricht sie mittels ihrer Zehen und ihrer Füße die Zwiebel dieser Pflanze von der Hauptwurzel ab und zieht sie aus dem Schlamm heraus. Sie hebt sie sofort an die Oberfläche des Wassers und wenn sie sie ergriffen hat, wirft sie sie in ihr Kanu, das sie immer in ihrer Reichweite hält. Sie kann mitten im Winter stundenlang auf der Suche nach dieser Zwiebel im Wasser bleiben. Diese Kanus sind zehn bis 14 Fuß lang, in der Mitte ungefähr 18 bis 23 Zoll breit, verjüngen sich oder werden in Richtung der beiden äußersten Enden schmaler und sind neun Zoll tief … Sie sind so leicht, dass eine Frau sie über Land ziehen oder sie mit Leichtigkeit durch die Sümpfe in jede Richtung bringen kann, und sie sind stabil genug, um eine einzelne Person und mehrere Büschel Wurzeln zu tragen.

7. April [LEWIS] Gestern Abend tötete Reuben Fields einen Vogel der Wachtelart. Er ist eher größer als die Wachtel oder das Rebhuhn, wie sie in Virginia vorkommen. Seine Gestalt ist genau diejenige von unserem Rebhuhn, während sich sein Gefieder unterscheidet. Der obere Teil des Kopfes, Seiten, Rücken und Hals einschließlich des Kropfes und etwa die Hälfte der unteren Körperpartie sind von einem hellen Taubenblau. Unterhalb des Schnabels hat er eine feine, dunkle, backsteinrote Farbe. Zwischen diesem Backsteinrot und der Taubenfarbe verläuft dort ein schmaler Streifen von reinem Weiß.

[CLARK] Ich bat einen alten Indianer, mir den unteren Teil des Multnomah im Sand aufzuzeigen. Seine Skizze stimmte völlig mit den mir von verschiedenen anderen gegebenen Skizzen überein, mit dem Zusatz eines kreisförmigen Bergs, der diesen Fluss bei den Fällen berührt und mit den Bergen der Meeresküste verbindet. Er bestimmte auch den Clackamas, der einen hohen kegelförmigen Berg nahe seiner Mündung auf der unteren Seite passiert und am Mount Jefferson entspringt. Er stellte ihn dar, indem er den Sand wie einen hohen und mit ewigem Schnee bedeckten Berg aufrichtete. Den hohen Berg, den dieser Indianer nahe der Einmündung des Clackamas Rivers festlegt, haben wir nicht gesehen, da die Hügel in seiner Richtung von diesem Tal aus hoch sind und den Blick auf ihn verdecken.

8. April [CLARK] John Shields richtete mein kleines Gewehr und brachte es dazu, sehr treffgenau zu schießen. Die Truppe verdankt der Findigkeit dieses Mannes viel, der ihre Gewehre repariert, wenn sie kaputtgehen, was sehr oft passiert. Ich beobachtete eine auf einem Auge blinde Indianerfrau, die uns gestern besuchte, und einen Mann, der auf beiden Augen fast blind war. Den Verlust des Augenlichts habe ich unter allen diesen Fluss bewohnenden Nationen häufiger wahrgenommen als unter anderen mir bekannten Stämmen. Sie haben fast ständig in allen Lebensphasen wunde Augen. Der Verlust eines Auges ist sehr häufig bei ihnen; Blindheit bei Personen mittleren Alters ist keinesfalls ungewöhnlich, und sie ist eine ständige Begleiterscheinung im hohen Alter. Ich weiß diese auffällige Schwäche der Augen keiner Ursache zuzuschreiben, außer sie hätte ihren Grund in der Spiegelung der Sonne auf dem Wasser, der sie ständig beim Fischen preisgegeben sind.

[LEWIS und CLARK, Wetteranmerkungen] Die männlichen Blüten des Silberpappelbaums fallen. Die Stachelbeere hat ihre Blütenblätter abgeworfen, und ihre Blätter erhielten ihre volle Größe. Der Holunder, der bemerkenswert groß ist, fing zu blühen an. Einige seiner frischen Knospen haben ihre Kelche geöffnet.

[GASS] Einige der Männer klagen über rheumatische Schmerzen, welche von dem Wetter und der Kälte, die wir letzten Winter erlitten, herrühren.

9. April [LEWIS] Wir passierten mehrere schöne Kaskaden, die aus großer Höhe über die riesigen Felsen stürzten, die den Fluss auf beiden Seiten beinahe einschließen, außer einer kleinen Senke auf der Südseite, in der unsere Jäger gerade lagerten. Die bemerkenswerteste dieser Kaskaden stürzt ungefähr 300 Fuß senkrecht über einen massiven Felsen in eine schmale Sohle des Flusses auf der Südseite ab. Mehrere kleine Bäche fallen von einer viel größeren Höhe herab und bei ihrem Herunterstürzen entsteht ein undurchdringlicher Dunst, sie werden auf den unteren Felsen wieder sichtbar und stürzen ein zweites Mal in der gleichen Art ab, bevor sie den Fuß der Felsen erreichen … Während unseres Hierseins kamen der Oberhäuptling und zwei untergeordnete Häuptlinge der Chilluckkittequaw-Nation mit mehreren Männern und Frauen ihres Stammes in zwei großen Kanus an. Die Leute waren auf ihrer Rückreise flussaufwärts, nachdem sie sich zuvor auf einer Handelsreise ins Tal des Columbias begeben hatten, und waren mit Wapato, getrockneten Sardellen, mit einigen Perlen etc. beladen, die sie im Tausch gegen getrockneten und zerstoßenen Lachs, Bärgras etc. erhalten hatten. Diese Leute waren sehr nett zu uns gewesen, als wir den Fluss hinunterfuhren, wir rauchten deshalb mit ihnen und behandelten sie mit jeder Aufmerksamkeit.

10. April [LEWIS] Das kleine Kanu ging den Jägern verloren und trieb mit einem Zinngefäß und einem Tomahawk darin ab; die Indianer erwischten es beim letzten Dorf und brachten es heute Abend zu uns hoch. Für diesen Dienst gaben wir ihnen ein paar Messer.

11. April [LEWIS] Da sich der Regen heute Morgen noch fortsetzte, beschlossen wir, unsere Kanus zunächst zum oberen Rand der Stromschnellen zu bringen, und hofften, dass der Regen bald aufhören und uns einen schönen Nachmittag bescheren würde, um unser Gepäck über die Portage zu bringen. Diese Portage beträgt zweitausendachthundert Yards und führt einen engen, holprigen und schlüpfrigen Weg entlang. Die Aufgabe, die Kanus über die Stromschnellen zu schaffen, wurde in gegenseitigem Einvernehmen meinem Freund Captain C. anvertraut, der dazu die ganze Truppe mitnahm, außer Bratton, der noch so schwach ist, dass er nicht arbeiten kann, sowie drei anderen, die wegen verschiedener Unfälle gerade kaum gehfähig sind. Einer der Männer wurde als Mannschaftskoch abkommandiert. Einige Männer waren auf jeden Fall absolut notwendig, um unser Gepäck vor den War-clel-lars[81] zu beschützen, die sich in beträchtlicher Zahl um unser Lager drängten. Sie sind die größten Diebe und Schurken, mit denen wir zusammengetroffen sind. Bis zum Abend brachte Captain C. vier unserer Kanus mit viel Mühe über die Stromschnellen. Die Kanus wurden stark beschädigt, weil sie trotz aller Vorschriftsmaßnahmen gegen die Felsen getrieben wurden. Die Männer klagten abends, dass sie so sehr erschöpft seien, dass wir vorschlugen, unser fünftes Kanu erst morgen hochzuschaffen. Diese Stromschnellen sind jetzt viel gefährlicher als sie im Herbst waren, als wir sie passierten. Damals gab es nur drei schwierige Punkte über sieben Meilen, gegenwärtig ist dagegen die ganze Strecke äußerst schwierig zu bewältigen. Das Wasser scheint mehr als 20 Fuß höher zu sein als zu dem Zeitpunkt, da wir den Fluss herunterkamen. Der Weg am Fluss zwischen den Portage-Punkten beträgt drei Meilen. Viele der Einheimischen drängten sich um das Ufer des Flusses herum, wo die Männer damit beschäftigt waren, die Kanus hochzuschaffen; einer von ihnen hatte die Unverschämtheit, Steine auf zwei der Männer zu werfen, die gerade zufällig ein wenig von der Truppe getrennt standen. Am Abend bei der Rückkehr der Truppe vom oberen Rand der Stromschnellen trafen die Männer unterwegs auf viele Eingeborene, die übel gesinnt schienen; zwei dieser Kerle stellten John Shields nach, der sich einige Zeit beim Kauf eines Hundes aufgehalten hatte und eine beträchtliche Strecke hinter der Truppe zurückgeblieben war. Sie versuchten, ihm den Hund wegzunehmen und stießen ihn vom Weg. Er hatte nichts, um sich zu verteidigen, außer ein großes Messer, das er mit der Absicht zog, einen oder beide zu töten, ehe sie ihre Pfeile zogen. Als sie aber die drohende Gefahr erkannten, wichen sie dem Kampf aus und flohen sofort in die Wälder. Drei weitere Angehörige dieser Schurkenbande, die War-clel-lars, stahlen heute Abend meinen Hund und nahmen ihn zu ihrem Dorf mit; ich wurde kurz danach durch einen Indianer, der die Clatsop-Sprache beherrschte, von der wir einiges während des Winters gelernt hatten, von dieser Aktion unterrichtet und schickte drei Männer zur Verfolgung der Diebe mit der Weisung los, wenn sie den geringsten Widerstand bei der Übergabe des Hundes leisteten,

81 Bei den War-clel-lars und Clats-del-la-Gruppen handelt es sich um zu den Chinooks gehörende Watlalas, die am Unterlauf des Columbias siedelten.

auf sie zu feuern; sie holten die Kerle ein oder erblickten sie vielmehr in einiger Entfernung; als die Indianer die Verfolger erkannten, ließen sie den Hund zurück und flohen. Sie stahlen auch eine Axt von uns, aber sie war kaum in ihrem Besitz, als Thompson sie ertappte und sie ihnen entriss. Wir befahlen dem Wachhabenden, sie vom Lager fernzuhalten, und teilten ihnen durch Zeichen mit, dass, falls sie irgendwelche weitere Versuche machten, unser Eigentum zu stehlen oder unsere Männer beleidigten, wir sie sofort umbringen würden. Ein Häuptling des War-clel-lar-Stammes teilte uns mit, dass es zwei sehr schlimme Männer unter den War-clel-lars gab, die die hauptsächlichen Akteure in diesen schandvollen Szenen gewesen waren … Ich bin überzeugt, dass uns in diesem Moment lediglich die Zahl unserer Männer schützt. Ich hoffe, dass die freundliche Vermittlung dieses Häuptlings verhindern kann, dass wir gezwungen sind, Gewalt gegen diese Leute anzuwenden; unsere Männer scheinen wohl geneigt, einige von ihnen zu töten. Wir bleiben auf der Hut.

12. April [LEWIS] Ein wenig oberhalb unseres Lagers liegt einer der schwierigsten Abschnitte der Stromschnelle. Dort schießt die Strömung mit großer Heftigkeit gegen einen vorspringenden Fels. Beim Versuch, das Kanu um diesen Punkt herumzubekommen, wurde der Bug unglücklicherweise in zu großem Abstand vom Felsen von der Strömung erfasst, das Kanu drehte zum Strom und die äußersten Anstrengungen der ganzen Truppe reichten nicht, sich der Kraft zu widersetzen, mit der es von der Strömung weggetrieben wurde. Sie waren gezwungen, das Tau loszulassen, und Kanu samt Tau trieben mit dem Strom davon. Der Verlust dieses Kanus wird uns zwingen, ein weiteres zu einem außerordentlich hohen Preis von den Indianern zu kaufen … In der Nähe des Flusses fanden wir Silberpappel, Weide, breitblättrige Esche, eine Art von Ahorn, purpurroten Hagedorn, eine kleine Art von Kirsche, purpurrote Johannisbeeren, Stachelbeeren, rote Weide, Geißblatt, Heidelbeeren, Sacacommis, zwei Arten von Gebirgsstechpalmen und gewöhnliche Esche.

13. April [LEWIS] Hunde bilden jetzt den Hauptanteil unserer Nahrung, sie sind bei den meisten Mitgliedern der Truppe zur Lieblingsspeise geworden; ich bin sicher, dass es eine gesunde, starke Nahrung ist, die uns gut tut, ich ziehe sie dem mageren Wildbret vor, und sie ist dem Pferdefleisch in allen Variationen bei Weitem überlegen.

15. April [LEWIS] Um drei Uhr nachmittags kamen wir an die Einmündung des Quenett-Wasserlaufs, dem wir eine kurze Strecke flussaufwärts folgten, wo wir an der Stelle lagerten, die wir Rockfort-Lager genannt haben. Hier wurden wir von einigen Leuten aus den Dörfern an den Großen Engen und Wasserfällen besucht. Wir teilten ihnen unseren Wunsch mit, Pferde zu kaufen, und kamen überein, morgen mit ihnen auf der gegenüberliegenden oder Nordseite des Flusses zwecks eines Tauschhandels zusammenzutreffen.

16. April [LEWIS] Ich beschäftigte mich, indem ich eine Sammlung der essbaren Pflanzen in der Umgebung anlegte, die auch von den Indianern verzehrt werden. Von jeder bewahrte ich ein Musterexemplar. Reuben Fields kehrte abends zurück und brachte ein großes graues Eichhörnchen und zwei andere einer Art mit, die ich nie vorher gesehen hatte. Sie sind etwas kleiner als das graue Eichhörnchen der mittleren Atlantikstaaten und von einer gescheckten grauen und gelblichen braunen Farbe, in der Gestalt gleicht es genau unserem grauen Eichhörnchen. Ich habe sie abgehäutet und legte die Felle zum Trocknen in die Sonne.

17. April [LEWIS] Die Prärie ist vier bis neun Zoll hoch mit einer reichen Vegetation an Gras und Kräutern bedeckt und entfaltet eine wunderschöne Szenerie, die uns insbesondere deshalb erfreute, weil wir so lange von Bergen und den fast undurchdringlich dichten Wäldern der Meeresküste eingesperrt gewesen waren … Heute Abend kamen Willard und Cruzatte von Captain Clark zurück und brachten mir eine Notiz, in der mich Captain C. informierte, dass er bezüglich des Pferdeankaufs bei den Eingeborenen noch immer erfolglos sei und noch kein einziges erworben habe. Unsere Vorräte haben derart abgenommen, dass ich zu befürchten beginne, wir seien nicht in der Lage, so viele Pferde zu beschaffen, wie dies zum Transport unseres Gepäcks erforderlich wäre. Selbst wenn es uns gelingen sollte, eine begrenzte Anzahl Pferde zu erwerben, würde dadurch unsere Weiterreise nicht beschleunigt werden, da immer noch ein Teil unseres Gepäckes zu Wasser befördert werden muss … Ich entsandte Shannon mit einer Notiz zu Captain Clark, in der ich ihn bat, den Preis zu verdoppeln, den wir bis jetzt für Pferde angeboten haben, und wenn möglich mindestens fünf zu erhalten. So würde es uns ermöglicht, sofort mit unseren kleinen Kanus und diesen Pferden zu den Dörfern in der Nähe der Musselshell-Stromschnelle weiterzuziehen, wo Pferde zahlreicher und billiger zu haben sind; mit dem Rest unserer Handelsware zusätzlich zu den Kanus können wir dort zweifellos so viele Pferde erhalten, wie wir brauchten. Zeitverlust in den Dörfern an den Engen und Fällen wird für uns teuer werden, weil wir gezwungen sein werden, sowohl Brennmaterial als auch Lebensmittel von den Indianern zu kaufen. Auch hätten sie die Möglichkeit, feindselige Aktionen gegen uns durchzuführen, falls sie solche vorhätten.

[CLARK] Ich hatte schlecht geschlafen und erhob mich frühzeitig. Ich brachte meine Waren zu einem Felsen unweit der Eingeborenenbehausungen, der eine geeignete Lage für meine Handelsabsichten bot. Ich teilte die Handelsartikel in Warenpartien auf, die vermutlich den Indianern gefallen würden. In jedes Warensortiment packte ich so viele Artikel, wie wir erübrigen konnten, und legte sie dann zur Ansicht aus. Ich erklärte den Indianern, dass jedes Paket für ein Pferd bestimmt sei. Sie ließen mich den größeren Teil des Tages im Ungewissen und sagten, dass sie nach ihren Pferden ausgeschickt hatten und tauschen würden, sobald man die Pferde eingefangen habe. Mehrere Partien Handelsware wurden für die beiseitegelegt, welche die Pferde bringen würden. Ich schloss mit dem Häuptling einen Handel über zwei Pferde ab, etwa eine Stunde danach widerrief er den Handel, und wir feilschten erneut um drei Pferde. Nur eines der drei war tauglich, die anderen zwei hatten so kaputte Rücken, dass sie nicht zu gebrauchen waren. Ich lehnte daher die zwei ab, was ihm missfiel, worauf er sich von dem dritten nicht mehr trennen wollte. Ich packte dann die Handelswaren ein und war gerade dabei, zum Dorf weiter oben aufzubrechen, als ein Mann kam und mir zwei Pferde verkaufte und ein weiterer Mann verkaufte mir ein Pferd, und mehrere andere teilten mir mit, dass sie mit mir handeln würden, falls ich bliebe, bis ihre Pferde hochgetrieben werden könnten. Dies veranlasste mich, einen weiteren Tag in diesem Dorf zu bleiben … Der Häuptling der Eneshurs[82] und 15 oder 20 seiner Leute besuchten mich und schienen begierig, die Waren zu sehen, die ich für die Pferde anbot. Mehrere von ihnen willigten ein, mir Pferde zu besorgen, wenn ich noch einige Artikel zu jenen hinzufügen würde, die ich anbot, worin ich einwilligte; sie legten diese Bündel beiseite und erklärten mir, dass sie mir die Pferde am Morgen liefern würden. Ich schlug vor, mit ihnen zu ihrer Siedlung zu gehen. Der Häuptling teilte mir mit, dass die Pferde alle in den Prärien bei ihren Wurzeln sammelnden Frauen seien. Sie würden nach den Pferden ausschicken und sie morgen herbringen. Diese Nachricht war sehr erfreulich, obwohl ich ihren Wahrheitsgehalt anzweifelte, da ich bereits mehrmals enttäuscht wurde. Aber ich beschloss, bis morgen zu bleiben.

[ORDWAY] Ein schöner warmer Morgen … Von allen Seiten ertönt munteres Vogelgezwitscher.

18. April [CLARK] Gegen zehn Uhr früh kamen die Indianer von den Eneshur-Dörfern herunter, um, wie ich dachte, die Waren abzuho-

82 Tenino-Indianer.

len, die sie gestern beiseitegelegt hatten. Aber zu meinem Erstaunen wollten sie heute nichts tauschen. Zwei andere Warenposten wurden beiseitegelegt und die Pferde für zwei Uhr nachmittags versprochen. Ich behandelte die Wunden des Oberhäuptlings, gab seinen Kindern einige kleine Geschenke und versprach dem Häuptling zusätzlich eine Medizin, um seine Wunden ganz zu heilen. Seine wehleidige Frau klagte über Rückenschmerzen, die mir geringfügig erschienen; ich hielt dies aber für eine gute Gelegenheit, um sie auf meine Seite zu kriegen, indem ich ihr irgendetwas für ihren Rücken gab. Ich rieb ein wenig Kampfer auf ihre Schläfen und ihren Rücken und legte warmes Flanell auf. Bald darauf glaubte sie, sich so besser zu fühlen. Jetzt schien mir die Zeit günstig, um mit dem Häuptling Handel zu treiben, der überdies mehr Pferde als die ganze Nation hatte. Ich machte ihm also ein Angebot, das er akzeptierte und mir zwei Pferde verkaufte. Sehr viele Indianer aus verschiedenen Richtungen besuchten mich heute an diesem Ort, aber keiner von ihnen war bereit, sich von seinen Pferden zu trennen.

19. April [LEWIS] Gestern Abend herrschte große Freude bei den Eingeborenen. Der Lachs war angekommen! Ein Exemplar wurde gefangen und galt als Vorbote guter Nachrichten. Sie unterrichteten uns, dass diese Fische in großen Mengen im Verlauf von etwa fünf Tagen ankommen würden. Dieser erste Lachs wurde zubereitet und in kleinen Stücken unter allen Kindern des Dorfes verteilt. Diese Sitte ist in der abergläubischen Ansicht begründet, dass sich dadurch die Ankunft des Lachses beschleunigen wird. Mit viel Mühe erhielten wir heute vier weitere Pferde von den Indianern, wir waren gezwungen, dafür zwei von unseren Kesseln abzugeben. Wir haben jetzt nur noch je einen kleinen Kessel für eine acht Mann starke Abteilung. Abends brach Captain Clark mit vier Männern zum Eneshur-Dorf bei den Großen Fällen auf, um erneut zu versuchen, weitere Pferde zu beschaffen. Diese Leute sind bei ihren Verträgen sehr treulos. Sie erhalten häufig die Handelsware im Tausch gegen ihre Pferde und bestehen nach einigen Stunden auf irgendeinem zusätzlichen Artikel oder widerrufen den Tauschhandel. Sie haben uns heute Abend mehrere kleine Gegenstände gestohlen. Ich befahl, dass den Pferden die Vorderbeine gefesselt werden und sie in geringer Entfernung von unserem Lager unter strenger Aufsicht der verantwortlichen Männer grasen sollten. Einer der Männer, Willard, vernachlässigte seine Aufsichtspflicht und ließ zu, dass sein Pferd sich entfernte; es wurde nicht mehr gefunden. Daraufhin befahl ich, die anderen Pferde auf die eingezäunten Bereiche zu beschränken. Dies zusätzlich zu den anderen Schwierigkeiten, unter denen ich arbeitete, erzürnte mich sehr. Ich rügte ihn deshalb härter für diesen Fall von Nachlässigkeit, als es üblicherweise meine Art ist.

20. April [LEWIS] [Die Teninos] sind in jeder Beziehung arm, schmutzig, stolz, hochmütig, ungastlich, geizig und treulos; nur unsere Anzahl, glaube ich, hindert sie daran, zu versuchen, uns irgendwann umzubringen. Heute Morgen erhielt ich die Nachricht, dass die Eingeborenen im Verlauf der letzten Nacht der Truppe sechs Tomahawks und ein Messer gestohlen haben. Ich sprach mit dem Häuptling über dieses Thema. Er schien über seine Leute sehr ungehalten und hielt ihnen eine Gardinenpredigt, aber unser Eigentum wurde nicht zurückgegeben. Ich erfuhr, dass das gestern gekaufte und bezahlte Pferd, welches nicht mehr da war, als ich die Pferde zusammentreiben ließ, von dem Halunken verspielt wurde, der es an mich verkauft hatte. Es war vom Mitglied einer anderen Nation mitgenommen worden. Ich nahm daher diesem Kerl die Tauschware wieder ab … Ich warf heute Abend die Indianer aus unserem Lager hinaus und teilte ihnen mit, dass, wenn ich sie bei dem Versuch erwischte, irgendeinen Gegenstand von uns zu stehlen, ich sie schwer verprügeln würde. Sie verzogen sich übel gelaunt, und ich befahl der Truppe, ihre Waffen bereitzuhalten und auf der Hut zu sein. Sie stahlen im Verlauf des Tages zwei Löffel von uns.

[CLARK] Ich konnte heute kein einziges Pferd erhalten, zu welchem Preis auch immer. Sie boten mir zwei Tiere gegen zwei Kessel, die wir nicht entbehren konnten. Ich benutzte jede List, um die armen Teufel zu veranlassen, mir Pferde zu verkaufen.

21. April [LEWIS] Ungeachtet aller Vorkehrungen, die ich bezüglich der Pferde ergriffen hatte, hatte eines von ihnen seinen Strick aus fünf Strähnen Wapitihaut zerrissen und war entlaufen. Ich schickte mehrere Männer auf die Suche nach dem Pferd mit Befehlen, um zehn Uhr vormittags mit oder ohne Pferd zurückzukehren, da ich entschlossen war, nicht länger bei diesen Schurken zu bleiben. Sie stahlen uns heute Morgen ein weiteres Kriegsbeil, ich durchsuchte viele von ihnen, aber konnte keines finden. Ich befahl, alle übrigen Stangen, Paddel und den Rest unseres Kanus ins Feuer zu werfen, da der Morgen kalt war, und auch damit kein Teilchen zugunsten der Indianer zurückgelassen würde. Ich entdeckte einen Kerl beim Stehlen einer eisernen Gelenkpfanne von einem Kanu, versetzte ihm mehrere schwere Schläge und hieß die Männer ihn aus dem Lager werfen. Ich unterrichtete jetzt die Indianer, dass ich den Erstbesten von ihnen erschießen würde, der versuchte, etwas von uns zu stehlen.

Weiterhin, dass wir keine Angst hätten, mit ihnen zu kämpfen, dass es in diesem Augenblick in meiner Macht stünde, sie alle zu töten und ihre Häuser in Brand zu setzen, aber es nicht mein Wunsch sei, sie mit Strenge zu behandeln, vorausgesetzt, sie würden mein Eigentum in Ruhe lassen. Dass ich ihre Pferde wegnehmen würde, wenn ich die Personen herausfinden könnte, die die Tomahawks gestohlen hatten, aber dass ich eher auf das entwendete Eigentum verzichten würde, als das Pferd einer unschuldigen Person zu nehmen. Die Häuptlinge hielten sofort ihre Köpfe gesenkt und sagten nichts.

[GASS] Während wir Vorbereitungen trafen, um aufzubrechen, stahl ein Indianer einige Eisenartikel unter den Augen der Männer, was Captain Lewis so ärgerte, dass er ihn schlug; dies war die erste derartige Handlung, die sich während der Expedition ereignete.

22. April [LEWIS] Wir waren noch nicht auf der Spitze eines Hügel angekommen, über den der Weg gegenüber vom Dorf führt, als Charbonneaus Pferd seine Ladung abwarf, sich über Sattel und Decke, die noch auflagen, erschreckte und in voller Geschwindigkeit den Hügel hinunterjagte. In der Nähe der Ortschaft befreite es sich vom Sattel und der Decke, ein Indianer versteckte die Decke in seinem Wigwam …

Da ich jetzt überzeugt war, dass die Indianer sie [die Decke] genommen hatten, schickte ich die Indianerfrau voraus, um Captain C. zu bitten, die Truppe haltmachen zu lassen und einige der Männer zu meiner Hilfe zurückzuschicken, da ich entschlossen war, entweder die Indianer die Decke ausliefern oder ihre Häuser niederbrennen zu lassen. Sie haben mich so sehr durch wiederholte Schurkereien aufgebracht, dass ich fast geneigt bin, sie mit jeder erdenklichen Härte zu behandeln. Ihr wehrloser Zustand erheischt freilich Vergebung, was ihr Leben anbelangt. Mit diesem Entschluss kehrte ich in ihr Dorf zurück, das ich gerade erreicht hatte, als Labiche mir mit der Decke entgegenkam, die er in einem Indianerwigwam hinter ihrem Gepäck versteckt gefunden hatte … Wir trafen jetzt die folgenden Regelungen bezüglich unserer künftigen Marschordnung (nämlich), dass Captain C. und ich die Männer einteilen sollten, die ohne Pferd waren und abwechselnd jeden Tag einmal an der Spitze, einmal am Ende der Truppe marschieren werden.

23. April [LEWIS] Nachdem wir unser Lager errichtet hatten, veranlassten wir alle alten und tapferen Männer, sich ringsum zu setzen und mit uns zu rauchen. Wir ließen die Geige spielen und einige der Männer tanzten, worauf uns die Eingeborenen mit einem Tanz nach ihrer Art und Weise unterhielten. Ihr Tanz unterschied sich von allen, die ich bisher gesehen habe. Sie bildeten einen Kreis und sangen alle, sowohl die Zuschauer als auch die Tänzer, die innerhalb des Kreises auftraten. Diese legten ihre Schultern mit ihren eng um sich herumgeschlungenen Überwürfen aneinander und tanzten in einer Linie von Seite zu Seite, wobei mehrere Gruppen von vier bis sieben zur selben Zeit innerhalb des Kreises auftreten. Das Ganze schloss mit einem gemeinsamen Tanz beider Geschlechter, in dem die meisten von ihnen sangen und tanzten. Diese Leute sprechen eine den Chopunnish sehr ähnliche Sprache, denen sie auch in ihrer Kleidung ähneln.

24. April [LEWIS] Die Eingeborenen hatten uns beim Tausch von Pferden gegen unsere Kanus sehr zugesetzt, aber als sie feststellten, dass wir Vorbereitungen getroffen hatten, um zu Lande weiterzureisen, wollten sie die Kanus umsonst haben. Ich beschloss, sie eher in Stücke zu hacken, als sie ihnen unter diesen Bedingungen zu überlassen. Drewyer versetzte einem der Kanus einen Schlag und spaltete ein kleines Stück mit seinem Tomahawk ab; sie erkannten, dass wir diesbezüglich fest entschlossen waren, und boten uns mehrere Perlenschnüre zusätzlich für jedes Kanu an, worauf wir handelseinig wurden. Wir rückten am Fluss zwischen den Hügeln und seinem nördlichen Ufer weiter hinauf … Der Großteil der Truppe klagt heute Abend über entzündete Füße und Beine; dies rührt zweifellos vom Gehen über die rauen Steine und tiefen Sand her, nachdem wir zuvor einige Monate lang an einen weichen Boden gewöhnt waren. Mein linker Knöchel bereitet mir große Schmerzen. Ich badete meine Füße in kaltem Wasser, was mir beträchtliche Linderung verschaffte.

25. April [GASS] Die Männer klagen allgemein über ihre Füße, die wund sind; und die Offiziere müssen zu Fuß gehen, um einige von ihnen reiten zu lassen.

27. April [LEWIS] Der Oberhäuptling der Walla-Wallas schloss sich uns mit sechs Männern seiner Nation an. Dieser Häuptling namens *Yellept* hatte uns am Morgen des 19. Oktober in unserem Lager ein wenig unterhalb dieser Stelle besucht; wir gaben ihm damals eine kleine Medaille und versprachen ihm eine größere auf unserer Rückreise. Er schien sehr erfreut darüber, uns zurückkehren zu sehen, lud uns ein, drei oder vier Tage in seinem Dorf zu bleiben und versicherte uns, dass wir reichlich mit den Lebensmitteln versorgt werden sollten, die sie selbst hatten, und mit einigen Pferden, um uns auf unserer Reise zu unterstützen … Yellept hielt seinem Dorf zu unseren Gunsten eine flammende Rede, ersuchte die Bewohner, uns mit Brennmaterial und Lebensmitteln zu versehen und gab selbst ein Beispiel, indem er uns einen Armvoll Holz und eine Platte mit drei gebratenen Meeräschen brachte. Die anderen folgten bald seinem Beispiel beim Brennmaterial und wir waren bald im Besitz eines reichlichen Vorrates … Wir kauften vier Hunde von diesen Leuten, welche für die Truppe ein herzhaftes Mahl ergaben, nachdem wir seit fast zwei Tagen auf knappen Rationen gewesen waren. Die Indianer zogen sich heute Abend auf unser Bitten zurück und benahmen sich in jeder Beziehung ausgesprochen gut. Sie informierten uns über einen gangbaren Weg, der gegenüber von diesem Dorf vom Columbia zur Einmündung des Kooskooskes auf der Südseite des Lewis Rivers führe; auch gebe es unterwegs reichlich Hirsche und Antilopen, gutes Wasser und Gras. Wir wussten, dass ein solcher Weg in dieser Richtung unsere Route um mindestens 80 Meilen abkürzen würde … Unter diesen Umständen zögerten wir nicht, diesem Vorschlag unseres Führers zu folgen, dessen Informationen durch Yellept und andere bestätigt wurden.

28. April [LEWIS] Heute früh brachte Yellept ein sehr anmutiges weißes Pferd zu unserem Lager, präsentierte es Captain C. und gab seinen Wunsch zu verstehen, einen Kessel zu bekommen. Als ihm mitgeteilt wurde, dass wir bereits alle Kessel, die wir entbehren konnten, weggegeben hatten, sagte er, dass er mit dem zufrieden sei, was immer wir ihm geben. Captain C. gab ihm seinen Säbel, einhundert Kugeln und Pulver und einige kleine Gegenstände, mit denen er vollkommen zufrieden schien. Ehe wir auf unsere Wegstrecke durch die Prärien kamen, wo wir auf keine Wigwams oder sesshafte Indianer stoßen würden, war es nötig, einen Vorrat an Lebensmitteln anzulegen, um nicht gänzlich auf das Gewehr angewiesen zu sein. Wir schickten Frazier los, dem wir den Auftrag für entsprechende Ankäufe erteilt hatten, damit er uns mit so vielen fetten Hunden wie möglich eindecke. Es gelang ihm, zehn Hunde zu beschaffen. Da wir bestrebt waren, aufzubrechen, baten wir den Häuptling, uns mit Kanus auszustatten, um den Fluss zu überqueren. Er bestand darauf, dass wir wenigstens den heutigen Tag noch bei ihm blieben, besser zwei oder drei. Keinesfalls wollte er uns Kanus geben, um ihn heute damit zu verlassen … Wir fanden eine Shoshonen-Frau, Gefangene unter diesen Leuten, mit derer und Sacagaweas Hilfe wir Mittel fanden, uns mit den Walla-Wallas zu verständigen. Wir unterhielten uns mehrere Stunden mit ihnen und befriedigten gänzlich ihre Nachfragen über uns selbst und die Ziele unseres Trachtens. Sie waren sehr erfreut und brachten mehrere kranke Personen zu uns, für die sie um medizinische Hilfe baten. Einer litt an Rheumatismus im Knie, ein anderer an einem gebrochenen Arm etc. Zur Freude aller verordneten wir diesen armen Kreaturen verschiedene Heilmittel. Wir gaben ihnen auch etwas Augenwasser, womit wir ihnen einen, wie ich glaube, lebenswichtigen Dienst erwiesen und welches mit Sicherheit das vordringlichste Mittel in der medizinischen Behandlung dieser Menschen ist … Kurz vor Sonnenuntergang kamen die Chimnapums[83] an, etwa 100 Männer und einige Frauen; sie schlossen sich den Walla-Wallas an, die zahlenmäßig ungefähr gleich viele waren, und bildeten einen Halbkreis rund um unser Lager herum, wo sie sehr geduldig warteten, um unsere Truppe tanzen zu sehen. Die Fiedel wurde gespielt, und die Männer amüsierten sich etwa eine Stunde mit Tanzen. Wir baten dann die Indianer zu tanzen, was sie sehr fröhlich taten; sie setzten ihren Tanz bis zehn Uhr nachts fort. Das ganze Indianervolk – etwa 550 Männer, Frauen und Kinder – sang und tanzte. Die meisten von ihnen verharrten dabei an der gleichen Stelle und sprangen zum Rhythmus ihrer Musik hoch. Einige Männer, die als ausgesprochen tapfer hoch geachtet wurden, betraten jetzt den durch einen geschlossenen Kreis von Körpern gebildeten Raum und tanzten in einer kreisförmigen Art und Weise seitwärts.

29. April [LEWIS] Bis elf Uhr vormittags hatten wir den Fluss mit unserer Truppe und unserem Gepäck überquert, wurden aber mehrere Stunden aufgehalten, weil wir nicht in der Lage waren, unsere Pferde zusammenzutreiben. Unser Führer war der Meinung, dass es zu spät am Abend war, um noch einen geeigneten Lagerplatz zu erreichen, und dass wir vor Einbruch der Nacht kein Wasser erreichen könnten. Wir hielten es deshalb für das Beste, am Walla Walla River zu bleiben.

1. Mai [LEWIS] Ich sehe sehr wenig Unterschied zwischen dem Aussehen des Landes hier und demjenigen der Prärien des Missouris, nur dass hier die gewaltigen Büffel-, Wapitiherden etc. fehlen, die die dortige Region beleben … Einige Zeit, nachdem wir uns niedergelassen hatten, kamen drei junge Männer des Walla-Walla-Dorfes an und führten eine stählerne Falle mit sich, die einem aus unserer Truppe gehörte, und die unachtsam zurückgelassen worden war; dies ist ein Zeichen ihrer Integrität, wie es unter Indianern selten vorkommt. Während unseres Aufenthalts bei ihnen fanden sie mehrere Male die Messer der Männer, die diese leichtsinnigerweise verloren hatten, und gaben sie ihnen zurück. Ich glaube, dass wir zurecht zur Ehre dieser Leute bestätigen können, dass sie die gastfreundlichsten, ehrlichsten und aufrichtigsten Leute sind, mit denen wir auf unserer Reise zusammengetroffen sind.

---

83 Yakama-Indianer.

2. Mai [LEWIS] Die drei jungen Männer der Walla-Walla-Nation blieben bei uns. Im Verlauf des Tages beobachtete ich, wie sie den inneren Teil des jungen und saftigen Stängels einer großen, grobfaserigen Pflanze mit dreirippigen Blatt aßen …

Die Blüte und die Frucht ähneln derjenigen der Pastinake. Diese Pflanze ist auf den fruchtbaren Böden am Ohio und seinen Nebenflüssen, dem Mississippi etc., sehr häufig anzutreffen. Ich kostete von dieser Pflanze, fand sie angenehm und aß kräftig von ihr, ohne irgendeine Unpässlichkeit zu spüren.

3. Mai [LEWIS] Wir trafen mit *Wearkkoomt* zusammen. Er ist der erste Häuptling einer großen Gruppe der Chopunnish-Nation. Er hatte zehn seiner jungen Männer bei sich. Dieser Mann ging den Lewis River zu Lande hinunter, als wir ihn letzten Herbst bis zum Columbia zu Wasser hinabfuhren. Ich glaube, dass er sich sehr bemüht hat, uns eine gastliche und freundliche Aufnahme unter den Eingeborenen zu verschaffen.

4. Mai [LEWIS] Wir trafen mit *Tetoharsky*, dem jüngsten der zwei Häuptlinge, zusammen, der uns letzten Herbst zu den Großen Fällen des Columbias begleitete. Hier trafen wir auch mit unserem Führer zusammen, der mit uns den Fluss bis zum Columbia hinabgefallen war. Die Indianer empfahlen uns, den Fluss an dieser Stelle zu überqueren und den Kooskooske auf der Nordostseite hinaufzuziehen. Sie sagten, dass es näher und eine bessere Route zu den Flussgabelungen sei, wo der Häuptling Twisted Hair lebte, dessen Obhut wir unsere Pferde überlassen hatten; dorthin versprachen sie uns zu führen. Wir beschlossen, dem Rat der Indianer zu folgen.

[GASS] Wir rasteten bei einem Indianer-Wigwam und konnten nichts zu essen kriegen, außer etwas aus einer Art Wurzeln gemachtem Brot, mit dem ich nicht vertraut war. Wir hatten indessen einen Hund, den wir von den Indianern gekauft hatten … Eine spärliche Ration für über dreißig hungrige Männer.

5. Mai [LEWIS] Während wir beim Mittagessen waren, warf ein indianischer Kerl sehr unverschämt einen armen halb verhungerten jungen Hund beinahe in meinen Teller. Mit dieser Geste wollte er uns verhöhnen, weil wir Hunde aßen, und lachte sehr herzhaft über seine eigene Unverschämtheit; ich war durch seine Frechheit so provoziert, dass ich den jungen Hund griff und ihn mit großer Gewalt auf ihn warf und ihn auf die Brust und ins Gesicht schlug, mein Kriegsbeil ergriff und ihm durch Zeichen zu verstehen gab, wenn er seine Unverschämtheit wiederholte, würde ich ihm mit dem Tomahawk zusetzen; der Bursche zog sich anscheinend sehr gekränkt zurück, und ich setzte meine Mahlzeit *auf Hundebasis* ohne weitere Belästigung fort.

[CLARK] Während wir letzten Herbst bei der Einmündung des Chopunnish lagerten, gab ich einem indianischen Mann ein ätherisches Einreibmittel, um Knie und Oberschenkel gegen einen Schmerz zu behandeln, über den er klagte. Der Mann genas bald danach und pries fortan die Heilkraft unserer Arzneien. In der Nähe der Einmündung des Kooskooskes war ich, als wir letzten Herbst hinabfuhren, mit einem Mann zusammengetroffen, der wegen eines schlimmen Geschwürs auf seinem Oberschenkel nicht gehen konnte. Ich gab diesem Mann ein mildes Abführmittel, reinigte und verband seine Wunde und überließ ihm etwas Olivenseife, um die Wunde zu waschen, die bald heilte. Auch dieser Mann schrieb mir die Wiederherstellung seines Beines zu. Diese zwei Behandlungen haben meinen Ruf gehoben und jenen Eingeborenen ein hohe Meinung von meiner Fähigkeit als Arzt gegeben. Ich habe bereits viele Gesuche bekommen. In unserer gegenwärtigen Lage halte ich es für verzeihlich, diese Irreführung fortzusetzen, denn sie werden uns keine Lebensmittel ohne Gegenleistung an Handelsartikeln geben, und unser Vorrat ist jetzt auf ein Minimum geschrumpft. Wir achten darauf, ihnen kein Arzneimittel zu geben, das ihnen möglicherweise schaden kann. Und häufig kann ich eine solche Arznei verordnen und chirurgische Hilfe geben, die in einfachen Fällen zur Heilung beitragen.

6. Mai [LEWIS] Der hier Clarks River genannte Fluss ist derjenige, den wir vordem den Flathead River genannt haben, ich habe ihn zu Ehren meines trefflichen Freundes und Reisegenossen Captain Clark so umbenannt. Für diesen Strom kennen wir keinen indianischen Namen, und kein Weißer außer uns selbst war jemals an seinen Hauptzweigen … Der Fluss, welchen ich bisher als Clarks River bezeichnet habe, hat seine drei Hauptquellen in den Bergen Hood, Jefferson und der nördlichen Flanke der südwestlichen Berge und ist natürlich ein kurzer Fluss. Diesen Fluss werde ich künftig den Towarnehiooks River nennen, da es der Name ist, mit dem er durch die Eneshur-Nation bezeichnet wird.

7. Mai [LEWIS] Die Indianer informieren uns, dass der Schnee auf den Rocky Mountains noch so tief ist, dass wir nicht in der Lage sein werden, sie vor dem nächsten Vollmond oder etwa dem ersten Juni zu überqueren; andere verlegen diesen Zeitpunkt noch weiter nach hinten. Eine unwillkommene Nachricht für die Männer, die von Pferdefleisch und Wurzeln leben müssen. Wir sind bestrebt, so bald wie möglich zu den fetten Ebenen des Missouris zurückzukehren und von da zu unserem heimatlichen Zuhause weiter.

[GASS] Alle Indianer von den Rocky Mountains zu den Fällen des Columbias sind ein ehrliches, aufrichtiges und gut veranlagtes Volk; aber von den Fällen zur Meeresküste und ihr entlang sind sie ein lumpenhaftes, verstohlenes Pack.

9. Mai [LEWIS] Das Land entlang der Rocky Mountains ist auf mehrere Hundert Meilen Länge und etwa 50 Breite eben und ausgesprochen fruchtbar ... Dieses Land kann eine umfangreiche Besiedlung ermöglichen; das Klima scheint fast so mild wie dasjenige an der atlantischen Küste, wenn nicht gar milder, und es kann ansonsten nichts als gesund sein; es besitzt eine schöne, trockene, reine Luft. Das Gras und viele Pflanzen stehen jetzt mehr als kniehoch. Ich bin überzeugt, dass die Kultivierung dieses Landstrichs für den zivilisierten Menschen Nahrung in großem Überfluss erbrächte ... Seinen gegenwärtigen Bewohnern hat die Natur mit freigebiger Hand essbare Pflanzen beschert. Die reichliche Ernte wird ohne großen Arbeitsaufwand eingebracht. Die Eingeborenen verstehen es, aus den Ernteerzeugnissen eine nahrhafte und wohlschmeckende Kost zu bereiten. Unter allen Wurzeln werden die Camas und die Cous[84] als die schmackhaftesten und wertvollsten hoch geschätzt, sie kommen auch am häufigsten vor.

[GASS] Zwischen den Großen Fällen des Columbias und diesem Ort sahen wir mehr Pferde als irgendwo sonst.

10. Mai [LEWIS] Wir schlugen vor, ein gutes Pferd in eher schwachem Zustand gegen ein junges Pferd in leidlichem Zustand in der Absicht zu tauschen, es zu verspeisen. Der Gastfreundschaft des Nez-Percé-Häuptlings *Broken Arm* widerstrebte die Vorstellung eines solchen Tauschhandels. Er versicherte uns, dass seine jungen Männer einen großen Überfluss an jungen Pferden hätten, und wenn wir zu essen wünschten, würden wir mit so vielen versorgt, wie wir wollten. Sie lieferten uns bald darauf zwei fette junge Pferde, von denen wir eines töteten, das andere sollte uns als Vorrat dienen. Dies ist ein viel größerer Akt von Gastfreundschaft, als wir von irgendeiner Nation oder einem Stamm erlebt haben, seit wir die Rocky Mountains passiert haben. Kurzum, es sei zu ihrer ewigen Ehre gesagt, dass dies der einzige Akt ist, der die Bezeichnung Gastlichkeit verdient, den wir in dieser Gegend erlebt haben.

[ORDWAY] Einige Frauen schlugen einen Lederwigwam auf und brachten Holz herbei und entfachten ein Feuer. Die Häuptlinge boten unseren Offizieren den Wigwam als Unterkunft an ... Abends spielten

84 Cous, eine kleine grüne, der Petersilie ähnliche Pflanze; die Wurzel (wie bei der Camas) war ein wichtiges Grundnahrungsmittel für die Indianer.

wir die Fiedel und tanzten eine Weile. Auch aus anderen Dörfern strömten Indianer herbei, um uns zu sehen.

11. Mai [LEWIS] Wir machten uns jetzt einigermaßen kundig, dass Tunnachemootoolt, Neeshneparkkeeook, Yoomparkkartim und Hohastillpilp die führenden Häuptlinge der Chopunnish-Nation waren und in der hier erwähnten Reihenfolge rangieren; da all jene Häuptlinge in unserem Wigwam waren, hielten wir es für einen günstigen Augenblick, das zu wiederholen, was gestern schon gesagt worden war, und minutiöser auf die Sichtweisen unserer Regierung bezüglich der Bewohner dieses westlichen Teils des Kontinentes einzugehen: ihre Absicht, Handelsniederlassungen zu ihrer Unterstützung zu errichten, ihren Wunsch, Frieden und Harmonie unter den Eingeborenen wiederherzustellen. Wir sprachen auch von Stärke, Macht und Reichtum unserer Nation etc. Zu diesem Zweck zeichneten wir auf ihre Weise eine Karte des Landes mit einem Kohlenstück auf eine Matte, und mithilfe des Schlangenjungen und unseres Dolmetschers wurde es möglich, uns ihnen verständlich zu machen, obwohl das Gespräch die französische, Minnetare-, Shoshonen- und Chopunnish-Sprache einbeziehen musste. Die Übersetzung nahm fast den halben Tag in Anspruch, ehe wir ihnen unsere Absichten übermittelt hatten. Sie schienen hoch erfreut.

Nachdem diese Ratsversammlung vorbei war, vergnügten wir uns, indem wir ihnen die Kraft des Magnetismus, Fernglas, Kompass, Armbanduhr, Luftgewehr und verschiedene andere ihnen gleichfalls neuer und unverständlicher Artikel zeigten. Sie erzählten uns, dass, nachdem wir letzten Frühling die Minnetares verlassen hatten, drei ihrer Leute diese Nation besucht hatten. Dort sei ihnen von uns und diesen seltsamen Dingen, die wir mit uns führten, berichtet worden; sie hätten aber kein Vertrauen in die Information gesetzt; jetzt freilich habe man alles mit eigenen Augen gesehen.

12. Mai [LEWIS] Die Indianer hielten heute Morgen eine Ratsversammlung zur Behandlung der Themen, über welche wir gestern mit ihnen gesprochen hatten. Ihre Ergebnisse waren, wie wir erfuhren, günstig. Sie setzten Vertrauen in die Information, die sie erhalten hatten, und beschlossen, unserem Rat zu folgen.

Nachdem die Ratsversammlung beendet war, dickte der Oberhäuptling *Broken Arm* mit dem Mehl der Cous-Wurzeln die Suppe in den Kesseln und Schüsseln all seiner Leute ein. Danach hielt er eine feierliche Rede, welche die Überlegungen ihrer Ratsversammlung bekannt machte und die Notwendigkeit des Friedens untereinander und eine strenge Beachtung der Beschlüsse einschärfte. Er schloss mit der Einladung zum Essen an alle, die den Dekreten des Rates folgen wollten. Gleichzeitig bat er diejenigen, welche sich nicht so weit verpflichten wollten, sich dadurch zu erkennen zu geben, dass sie nicht am Mahl teilnähmen. Mir wurde von einem unserer Männer, der bei der Rede anwesend war, erzählt, dass es keine abweichende Stimme noch einen offenen Widerspruch in dieser großen nationalen Frage gab … Während der lauten und lebhaften Ansprache des Häuptlings schrien die Frauen, rangen ihre Hände, rissen sich ihre Haare aus und schienen in der äußersten Verzweiflung zu sein … Die Häuptlinge wünschten, uns jetzt eine Antwort auf die von uns am Vortag gemachten Mitteilungen zu geben. Gleichzeitig machten sie uns darauf aufmerksam, dass viele von Schmerzen und allerlei Übeln geplagte Kranke auf die Hilfe unserer Arznei warteten. Es wurde zwischen Captain C. und mir vereinbart, dass er die Kranken besuchen sollte, da er ihr Lieblingsarzt war, während ich hier kommunizieren und den Häuptlingen antworten würde. Der Vater von Hohastillpilp … sagte, dass sie sich der Vorteile des Friedens voll bewusst seien und dass es ihr leidenschaftlicher Wunsch sei, mit ihren Nachbarn einvernehmlich und in Frieden zu leben. Deshalb habe seine Nation zu Beginn des letzten Sommers drei ihrer tapferen Männer mit der Friedenspfeife zu den Shoshonen auf der Südseite vom Lewis River in die Prärien des Columbias geschickt. Diese Männer seien jedoch ermordet worden, was letzten Herbst zum Kriegszug gegen diese Nation geführt habe. Ihre Krieger hätten 42 Feinde getötet und selbst nur drei Männer verloren; damit sei der Tod ihrer Freunde gerächt, und das Blutvergießen sollte nun für immer ein Ende haben. Sie wollten niemals wieder Krieg gegen die Shoshonen führen, sondern seien bereit, sie als Freunde zu empfangen. Das Leben ihrer jungen Männer sei zu wertvoll, um es in einem Krieg aufs Spiel zu setzen. Da wir aber noch nicht die Schwarzfußindianer und die Minnetares von Fort de Prairie getroffen hätten, hielten sie es nicht für sicher, sich in die Ebenen des Missouris hinüberzuwagen, was sie gerne tun würden, vorausgesetzt, jene Nationen ließen sie am Leben.

13. Mai [LEWIS] Diese Leute haben immense Mengen von ihnen [Pferde], 50, 60 oder einhundert Stück zu besitzen ist für eine einzelne Person nicht außergewöhnlich. Die Chopunnish sind im Allgemeinen stämmige, gut gebaute, aktive Männer. Sie haben hohe Nasen und einen fröhlichen und angenehmen Gesichtsausdruck; ihre Hautfarbe ist nicht weiter bemerkenswert. Genau wie andere wilde Nationen in Amerika reißen sie ihre Barthaare heraus. Nicht alle Männer entfernen ihre Schamhaare, dies ist mehr Frauensache. Sie sind sehr lebenslustig, aber nicht liederlich; sie spielen gern und mögen ihre Vergnügen, die hauptsächlich im Schießen ihrer Pfeile auf ein kugelförmiges, aus Weidenrinde gemachtes Ziel bestehen; sie reiten gerne, üben sich in Kunststücken zu Pferde und machen Wettläufe. Sie sind treffsichere Schützen und gewandte Reiter. Sie scheinen nicht so sehr wertlosem Kram verfallen zu sein wie die meisten der Nationen, mit denen wir zusammengetroffen sind, sondern scheinen immer bestrebt, nützliche Artikel zu erhalten, wie Messer, Äxte, Tomahawks, Kessel, Decken und Mokassins. Blaue Perlen stellen indessen eine Ausnahme dar; dieser Artikel kann unter allen Nationen dieses Landes zu Recht mit dem Wert von Gold oder Silber unter zivilisierten Nationen verglichen werden. Sie sind im Allgemeinen in ihrer Art und Weise gut gekleidet. Ihre Kleidung besteht aus einem langen Hemd, das zur Mitte des Oberschenkels reicht, langen Beinkleidern, die zur Taille reichen, Mokassins und einem Überwurf. Diese Kleidung wird aus verschiedenen Häuten hergestellt und gleicht völlig der schon bei den Shoshonen eingehend beschriebenen. Ihre Frauen kleiden sich auch wie die Shoshonen … Das Kleidungsstück, auf dem sie die meisten Bilder und Zierrate unterbringen, ist eine Art Collier oder Brustplatte; dies ist am häufigsten ein Streifen aus Otternfell von etwa sechs Zoll Breite, der aus der Mitte des Fells in seiner ganzen Länge einschließlich seines Kopfes herausgeschnitten wurde. Er wird mit den Haaren nach außen getragen; ein Loch wird der Länge nach durch das Fell in der Nähe vom Kopf des Tieres geschnitten, das ausreichend groß ist, damit der Kopf der Person hindurchpasst. So wird es um den Hals gelegt und hängt vor dem Körper, der Schwanz reicht häufig bis über ihre Knie; auf diesem Fell werden vorn Stücke von Perlmutt, Perlen, Wampum-Stücke roten Stoffes und kurzum das angebracht, was immer sie für höchst wertvoll oder dekorativ halten. Ich bemerkte eine von Hohastillpilp getragene Pelerine, die aus menschlichen Kopfhäuten hergestellt wurde und mit den Daumen und Fingern mehrerer Männer, die er im Kampf erschlagen hatte, verziert war.

14. Mai [LEWIS] Dies ist eine sehr geeignete Stelle zur Verteidigung.

Wir lagerten bei einer alten Behausung der Indianer; sie war ungefähr vier Fuß in den Boden eingelassen und mit einer etwa dreieinhalb Fuß hohen Erdmauer umgeben … Hier sind wir nach indianischen Informationen in der Nähe der besten Jagdgründe und besonders günstig bezüglich des Lachses, den wir täglich erwarten, und haben eine ausgezeichnete Weide für unsere Pferde … Kurzum, da wir gezwungen sind, eine Weile in dieser Umgebung zu bleiben, fühle ich mich mit unserer Position vollkommen zufrieden.

[ORDWAY] Wir schlachteten mehrere Hengste, da sie uns lästig wurden.

15. Mai [LEWIS] Der Grizzlybär bewies mir die Existenz verschiedenfarbener Bären in diesem Land, die alle nur einer Art angehören. Das weibliche Tier ist schwarz mit einem beträchtlichen Anteil untergemischter weißer Haare und einem weißen Fleck auf der Brust. Ein junger Bär war fast schwarz und ein anderer von hellem, rötlichen Braun oder Beige. Die Pelzhaare dieser Bären sind unendlich viel länger, feiner und dicker als die des Schwarzbären, ihre Krallen sind auch länger und heller, als seien sie durch das Graben nach Wurzeln abgenutzt. Den weiß und den rötlich braunen oder beigefarbenen Bären sah ich am Missouri gleichzeitig; den beigefarbenen Bären und den Grizzly haben wir hier zusammen gesehen, und eben solche sind gestern von Collins getötet worden. Kurzum, es finden sich hier kaum zwei Bären dieser Art von genau derselben Farbe, und wenn wir den Versuch machten, sie durch ihre Fellfarben zu unterscheiden und jeder Farbe eine einzelne Art zuordnen wollten, würden wir bald auf wenigstens zwanzig Arten kommen. Von unseren Jägern wurden auch einige fast weiße Bären gesichtet. Die bemerkenswertesten Unterschiede zwischen diesen Bärenarten und dem gewöhnlichen Schwarzbären sind ihre Größe, die längeren Krallen und Reißzähne, ihr ausgeprägtes Jagdverhalten und die kürzere Verweildauer in den Winterquartieren. Sie besteigen keine Bäume, obwohl dies immer hartnäckig behauptet wird. Der buntscheckige Bär ist meiner Meinung nach der gleiche wie jener am Missouri, nur nicht so wild – vielleicht, weil sie wegen des Mangels an Beutetieren in dieser Gegend gezwungen sind, mehr von Wurzeln zu leben, und daher sein natürlicher Jagdinstinkt verkümmert ist.

16. Mai [LEWIS] Sacagawea sammelte eine Menge fenchelartiger Wurzeln, die wir sehr wohlschmeckend fanden, der Geschmack dieser Wurzel ist einem Aniskorn nicht unähnlich, und sie lindern die Darmwinde, welche die Cous und Camas genannten Wurzeln verursachen.

17. Mai [LEWIS] Es regnete den größeren Teil der letzten Nacht bis acht Uhr früh. Das Wasser drang durch unsere Nachtwäsche und durchnässte unser Bett völlig. Kurzum, wir lagen die halbe Nacht im Wasser. Unglücklicherweise wurde mein Chronometer, das ich der größeren Sicherheit wegen seit den letzten zehn Tagen in meiner Uhrentasche getragen habe, letzte Nacht nass; meine Reithose, die ich unter meinem Kopf verstaut hatte, blieb merkwürdigerweise trocken, außer der bereits erwähnten Uhrentasche nebst Zeitmesser. Ich öffnete ihn und fand ihn fast mit Wasser gefüllt, das ich vorsichtig ausfließen ließ; dann legte ich ihn an die Luft und wischte die Uhrwerke so gut ich konnte mit trockenen Federn ab, worauf ich sie mit ein wenig Bärenöl abtupfte. Mehrere Teile der eisernen und stählernen Werke waren ein wenig gerostet und ich wischte sie mit allergrößter Sorgfalt ab. Ich setzte das Uhrwerk erfolgreich in Gang und hoffe, dass es keine erhebliche Beschädigung davongetragen hat … Ich bin erfreut darüber, den Fluss so schnell ansteigen zu sehen, was zweifellos dem schmelzenden Schnee der Berge zuzuschreiben ist, dieser eisigen Barriere, die mich von meinen Freunden und meinem Land trennt, von all dem, was das Leben lebenswert macht. Geduld, Geduld.

19. Mai [CLARK] Die Frauen haben eine Vielzahl von Leiden, am häufigsten Rheumatismus, Rückenschmerzen und wunde Augen … Ich verordnete allen Augenwasser, zwei der Frauen gab ich ein Abführmittel. Einer anderen, deren Lebensgeister beinahe erloschen waren, verabreichte ich 30 Tropfen Laudanum.

21. Mai [LEWIS] Heute teilten wir den Rest unserer Handelsware unter der Truppe mit der Absicht auf, dass jeder ein Bündel Wurzeln und Brot von den Eingeborenen als Vorrat für die Rocky Mountains kaufen sollte, denn es scheint nur wenig Aussicht zu bestehen, uns mit getrocknetem Fleisch zu bevorraten, und wir können uns bis jetzt auch keine genaue Vorstellung machen, ob mit reichlichem Fischfang zu rechnen sein wird. Der Warenbestand jedes Mannes beläuft sich auf nicht mehr als eine Ahle, eine Stricknadel, eine halbe Unze Zinnober, zwei Nähnadeln, einige Rollen Zwirn und etwa ein Yard Borte; karge Mittel in der Tat, um damit für diese düstere Wildnis einen Lebensmittelvorrat anzulegen. Wir würden die Männer diese Wurzeln selbst sammeln lassen, aber es gibt mehrere Arten von Schierling, die den Cous so sehr ähneln, dass es schwierig ist, sie zu unterscheiden, und wir haben Angst, dass sie sich vergiften könnten. Die Indianer haben uns noch ein Pferd gegeben, welches wir als Reservevorrat halten. Bezüglich des Lebensunterhalts sind wir auf unsere Gewehre angewiesen, den Fisch, den wir vielleicht fangen können, die Wurzeln, die wir von den Einheimischen käuflich erwerben können, und als die letzte Alternative auf unsere Pferde. Wir essen heute Abend den letzten Bissen Fleisch, doch scheint niemand über den Zustand der Vorräte sehr besorgt.

[ORDWAY] Ich und ein weiterer Mann der Truppe gingen zu einem Dorf, das etwa fünf Meilen auf der Südseite an der Flanke eines Hügels und einer Quelle gelegen war … Im Verlaufe des Tages hörten wir im Dorf einige Frauen laut schreien. Ich fragte mithilfe von Gebärden nach dem Grund ihres Klagens, und sie gaben mir zu verstehen, dass sie einige ihrer Söhne im Kampf verloren hatten … Sie weinen und klagen eine lange Zeit, die betagten Frauen machen bloß ein lautes Geräusch.

22. Mai [LEWIS] Charbonneaus Kind ist heute Abend sehr krank; es bekommt gerade Zähne und hat seit einigen Tagen starken Durchfall.

Nachdem dieser plötzlich aufhörte, wurde es von einem hohen Fieber befallen, und sein Hals und seine Kehle sind heute Abend stark geschwollen. Wir gaben ihm eine Dosis Weinsteinpaste und Schwefelpulver und legten einen Breiumschlag aus gekochten Zwiebeln um seinen Hals, so heiß es ihn ertragen konnte.

[GASS] Diese Indianer sind die aktivsten Reiter, die ich jemals sah: Sie jagen ihre Pferde über Abgründe, über die ich mich nicht wagen würde. Die Stege ihrer Sättel sind aus kunstvoll verbundenem Holz gefertigt und mit rohen Häuten bespannt, die, wenn sie trocken werden, die Teile fest zusammenschnüren und die Verbindungsstücke an ihren Stellen halten. Die Sättel sind vorn und hinten sehr hoch, in der Art der Sattel der Spanier, von denen sie ohne Zweifel die Form imitierten und auch ihre Pferderasse erwarben.

23. Mai [LEWIS] Die Paste aus Weinstein und das Schwefelpulver verabreichten wir dem Kind mehrere Male im Verlauf der letzten Nacht, ihm geht es heute Morgen beträchtlich besser, obwohl sich die Schwellung des Halses nur wenig vermindert hat; wir legten Breiumschläge aus Zwiebeln auf, die wir ebenfalls häufig erneuerten.

Nachmittags besuchten uns vier Indianer, die aus einem Dorf am Lewis River stammten, zwei Tagesritte von uns entfernt, um ein wenig Augenwasser zu erhalten. Captain C. wusch ihre Augen aus, dann brachen sie wieder zu ihrem Dorf auf. Unsere Geschicklichkeit als Ärzte und die Wirksamkeit unserer Arznei haben sich, scheint es, auf eine große Entfernung herumgesprochen. Ich wünsche ernsthaft, dass es in unserer Macht stünde, diesen armen leidenden Kreaturen Erleichterung zu verschaffen.

24. Mai [CLARK] Das Kind war letzte Nacht sehr unruhig, die Kiefer- und Rachenschwellung hat sich seit gestern noch verstärkt. Ich gab ihm eine Dosis Weinsteinpaste und eine frische Packung aus Zwiebeln … W. Bratton ist noch sehr elend, er isst herzhaft, aber er ist so schwach im Kreuz, dass er nicht gehen kann. Wir haben jede Arznei benutzt, um ihn wiederherzustellen, ohne dass es die gewünschte Wirkung gehabt hätte. Einer aus unserer Truppe, John Shields, berichtete von Männern in ähnlichen Situationen, die durch heftiges Schwitzen geheilt wurden. Darauf bat Bratton um eine Schwitzkur nach Shields Angaben, dem wir zustimmten. Shields grub ein rundes Loch, vier

Fuß tief und drei Fuß im Durchmesser, in dem er ein großes Feuer machte, um es zu erhitzen, worauf das Feuer ausgemacht und eine Sitzgelegenheit in das Loch gestellt wurde. Der Patient musste darauf mit einem Brett unter seinen Füßen Platz nehmen und bekam eine Kanne Wasser ausgehändigt, das er auf den Erdboden und Seiten des Loches spritzen sollte. So konnte er selbst den Grad der Hitze bestimmen, der für ihn erträglich war. Dann wurden Decken über das Loch gelegt. Ungefähr 20 Minuten musste der Patient ausharren, dann wurde er einige Minuten in kaltes Wasser gesetzt. Anschließend wiederholte sich die Schwitzkur, die er nun eine ganze Stunde auszuhalten hatte.

Nach dieser Prozedur durfte er das Loch verlassen und wurde mit mehreren Decken umhüllt, die nach und nach abgenommen wurde, bis der Patient abkühlte. Dieses Heilverfahren fand gestern statt, und Bratton spaziert heute herum und fühlt sich viel besser.

25. Mai [LEWIS] Wir gaben ihm [Jean Baptiste] eine Dosis Weinsteinpaste, die nicht anschlug, wir verpassten ihm deshalb abends ein Klistier. Wir veranlassten, dass für den Indianerhäuptling ein Schwitzbad in der gleichen Art wie für Bratton vorbereitet wird.

Wir versuchten es, aber er war unfähig, sich aufzurichten, und konnte auch nicht an den Ort des Geschehens getragen werden. Wir machten den Indianern klar, dass wir kein anderes Mittel wüssten, außer einer Schwitzkur in ihren eigenen Schwitzhütten und dem Trinken einer reichlichen Menge Rossminzetee. Letzteres sei wahrscheinlich nicht erfolgreich, da sich der Kranke schon zu lange in seiner gegenwärtigen Lage befinde. Ich bin sicher, dass dieser eine ausgezeichnete Versuchsperson für die Anwendung von Elektrizität wäre, und bedaure sehr, dass mir diese Art der Therapie nicht möglich ist.

26. Mai [LEWIS] Das dem Kind gestern Abend gegebene Klistier wirkte sehr gut. Es ist heute Abend fieberfrei und ihm geht es viel besser, die Schwellung ist beachtlich vermindert und es scheint, als ob sie ohne zu eitern verschwinden wird. Wir wiederholten ständig die frischen Zwiebelumschläge auf die geschwollene Stelle.

27. Mai [LEWIS] Hohastillpilp sagte uns, dass die meisten der Pferde, die in dieser Umgebung frei herumlaufen, ihm selbst und seinen Leuten gehören, und erlaubte uns ein Tier zu töten, wann immer wir Not an Fleisch litten. Dies ist ein Beispiel von Großzügigkeit, das denjenigen zur Ehre gereichen würde, die stolz auf ihre Zivilisation sind; tatsächlich zweifele ich, ob es nicht eine große Anzahl unserer Landsleute gibt, die uns viele Tage fasten ließen, ehe ihr Mitgefühl sie zu einer ähnlichen Großherzigkeit anregen würde … Charbonneaus

Sohn geht es heute viel besser, obwohl die Schwellung auf der Seite seines Halses vermutlich in einem hässlichen Abszess ein wenig unter dem Ohr enden wird. Die Indianer waren so begierig, den kranken Häuptling unter unserer Aufsicht schwitzen zu lassen, dass sie um einen zweiten Versuch baten. Dementsprechend wurde das Loch ein wenig vergrößert, und sein Vater, ein sehr gut aussehender alter Mann, ging mit ihm hinein und hielt ihn während der Behandlung in einer stabilen Position; wir konnten ihn auf diese Weise freilich nicht so reichlich schwitzen lassen, wie wir es wünschten.

Nach der Behandlung klagte er über beträchtliche Schmerzen, wir gaben ihm 30 Tropfen Laudanum, die ihn bald beruhigten … Dies war zumindest ein starkes Zeichen elterlicher Zuneigung. Sie alle scheinen ausgesprochen aufmerksam gegenüber diesem kranken Mann und lassen dabei nicht nach, obwohl er seit mehr als drei Jahren krank und hilflos ist. Die Chopunnish scheinen gegenüber ihren alten Leuten sehr aufmerksam und nett zu sein und behandeln ihre Frauen mit mehr Respekt als die Nationen des Missouris … Den schwarzen Specht zu untersuchen, den ich häufig erwähnt habe, und der in den meisten Teilen der Rocky Mountains sowie den westlichen und südwestlichen Bergen vorkommt, ist mir erst jetzt möglich, nachdem wir vor ein paar Tagen mehrere von ihnen getötet und aufbewahrt hatten. Dieser Vogel ist etwa von der Größe des Lerchenspechts oder der Turteltaube, obwohl seine Flügel länger sind als bei diesen Vögeln. Der Schnabel ist schwarz, ein Zoll lang, eher breit an der Schnabelwurzel, etwas gekrümmt und spitz zulaufend. Um die Schnabelwurzel herum, einschließlich des Auges und eines kleinen Teils der Kehle ist sein Gefieder von einem prächtigen Karmesinrot. Der Hals ist bis unter dem Kropf von einem eisenfarbenen Grau. Bauch und Brust weisen eine merkwürdige Mischung aus Weiß und Blutrot auf und sehen aus, als ob sie mit dieser Farbe künstlich bemalt worden seien. Dabei dominiert Rot. Der Scheitel des Kopfes, Rücken, Seiten, äußere Oberfläche der Flügel und der Schwanz sind schwarz, bei entsprechendem Lichteinfall mit einem hauchdünnen Stich ins Grün. Die Unterseite der Flügel und der Schwanz sind von einem rußigen Schwarz. Er hat zehn spitz zulaufende Federn im Schwanz; die in der Mitte sind mit 2½ Zoll die längsten. Die Zunge ist mit Widerhaken versehen, spitz, und von einer elastischen knorpeligen Substanz. Das Auge ist nicht allzu groß, die Pupille schwarz und die Iris von einem dunklen gelblichen Braun. Die Flugbewegungen und der Ruf des Vogels ähneln denen des gewöhnlichen kleinen rotköpfigen Spechts der Atlantikstaaten … Er ernährt sich von Käfern, Würmern und einer Vielfalt von Insekten.

[LEWIS und CLARK, Wetteranmerkungen] Tauben gurren ständig. Nach Aussagen der Indianer ist dies das Signal für das Auftauchen des Lachses.

28. Mai [LEWIS] Dem kranken Häuptling ging es heute Morgen viel besser, er kann Hände und Arme benutzen und scheint hoch erfreut über die Genesungsaussicht, er sagt, dass er sich viel besser als seit Monaten fühlt. Ich wünsche aufrichtig, dass dieses Schwitzen ihn wiederherstellen kann … Dem Kind geht es auch besser, es ist fieberfrei, der Abszess ist nicht so groß und scheint ausgereift zu sein.

30. Mai [LEWIS] All unsere Kranken sind auf dem Wege der Gesundung … Die Reptilien, die ich in dieser Gegend beobachtet habe, sind die Klapperschlange von der am Missouri beschriebenen Art, sie ist überall häufig anzutreffen und ist die einzige Giftschlange, auf die wir gestoßen sind, seit wir St. Louis verließen. Die zweite Spezies Schlangen ist von einer harmlosen Art und wurde bereits beschrieben. Die gewöhnliche schwarze Eidechse, die gehörnte Eidechse, ein kleiner grüner Baumfrosch, der kleine Frosch, der auch zu Hause heimisch ist und im Frühling quakt, eine große Froschart, die im Wasser häufiger Zuflucht sucht als unser Ochsenfrosch, seine Gestalt scheint ein Zwischending zwischen der zierlichen und langen Gestalt unseres Ochsenfrosches und derjenigen unseres Landfrosches oder unserer Kröte zu sein. Dazu kommen noch die Mokassin- oder Kupferkopfschlange, ein Anzahl von Vipern und eine Vielzahl von Eidechsen. Die gewöhnliche Kröte und den Ochsenfrosch etc. haben wir hier nicht gesehen. Die meisten der in den Vereinigten Staaten bekannten Insekten findet man auch hier; so z. B. Schmetterlinge, gewöhnliche Haus- und Schmeißfliegen, die Pferdefliegen, außer der goldfarbenen Ohrfliege, an deren Stelle wir eine braunfarbene Fliege von etwa der gleichen Größe antreffen, die sich am Ohr des Pferdes anheftet und genauso lästig ist. Die Seidenraupe findet sich ebenso wie eine große Vielfalt von Käfern, ausgenommen der große Kuhkäfer und der schwarze Käfer, normalerweise Mistkäfer genannt. Die Hornisse, die Wespe und die gelbe Wespe oder Gelbjacke, wie sie häufig genannt werden, kommen in dieser Gegend nicht vor.

31. Mai [LEWIS] Goodrich und Willard besuchten heute Morgen die Indianerdörfer und kehrten abends zurück. Willard führte das aufbereitete Fell eines Bären mit sich, das er für Captain C. gekauft hatte. Dieses Fell war von einer einheitlichen blassen rötlich braunen Farbe, die Indianer teilten uns mit, dass es nicht vom *Hoh-host* oder weißen Bären, sondern vom *Yâck-kâh* stamme. Diese Unterscheidung der Indianer veranlasste uns, weitere Erkundungen bezüglich ihrer

Ansichten von den verschiedenen Bärenarten in diesem Land zu machen. Wir breiteten mehrere Bärenfelle aus, die wir an diesem Ort erbeutet hatten, und ein beinahe weißes, welches ich gekauft hatte. Die weißen, die dunkel- und hellrot-grauen, die dunkelbraun-grauen, und all jene, deren Fellhaarspitzen von einer weißen oder eisigen Farbe waren, nannten sie Hoh-host und versicherten uns, dass sie die gleichen wie die weißen Bären sind, dass sie zusammengehören, sehr bösartig sind, nie die Bäume besteigen und viel längere Krallen als die anderen haben. Die vollkommen schwarzen, die schwarz-weiß gemischten, die schwarzen mit weißer Brust, die einheitlich beigen, braunen und hell rötlich braunen nannten sie Yâck-kâh; diese besteigen nach Aussage der Indianer Bäume, haben kurze Krallen und sind nicht bösartig, sodass man sie verfolgen und ohne große Gefahr töten kann. Sie bestätigten auch, dass sie viel kleiner seien als der weiße Bär. Ich bin geneigt, die indianische Unterscheidung bezüglich dieser Bären anzunehmen und sie als zwei verschiedene Arten zu betrachten. Die weißen und die Grizzlybären dieser Umgebung sind die gleichen wie die, die wir am oberen Teil des Missouris entdeckten, und die einheitlich rötlich braunen und schwarzen etc. dieser Gegend sind mit unserem Schwarzbären und dem Schwarzbären der Pazifikküste nicht verwandt, welch Letzte meiner Meinung nach wiederum mit denen der Atlantikküste identisch sind.

1. Juni [LEWIS] Ich stieß heute auf eine eigenartige, in Blüte befindliche Pflanze, von der ich ein Exemplar aufbewahrte; sie wächst an den steilen Hängen der fruchtbaren Hügel in der Nähe dieses Orts.[85]

2. Juni [LEWIS] Nachdem unsere gesamte Handelsware aufgebraucht ist, sind wir gezwungen, zu jeder List Zuflucht zu nehmen, um uns in der umfassendsten in unserer Macht stehenden Art und Weise darauf vorzubereiten, diesen schlimmsten Teil unserer Reise, die Überquerung der Rocky Mountains, zu bestehen, wo Hunger und Kälte in ihren härtesten Formen den gebeutelten Reisenden angreifen; keiner von uns hat schon die Leiden in diesen Bergen im letzten September vergessen, und ich denke, kaum einer wird es je tun. Unseren Händlern McNeal und York gaben wir Knöpfe, die Captain C. und ich von unseren Mänteln abschnitten, etwas Augenwasser und Basilicon, das wir für diesen Zweck herstellten, und einige Phiolen und kleine Zinnbehälter, die ich mit Phosphor

85 Das Mandelröschen wurde später von der Wissenschaft nach Clark »Clarkia pulchella« benannt.

aufgefüllt hatte. Am Abend kehrten sie erfolgreich mit etwa drei Scheffeln Wurzeln und etwas Brot zurück und erfreuten uns damit nicht viel weniger, als es einen Ostindienhändler erfreut, wenn er eine wertvolle Ladung erhält … Drewyer kam heute Abend mit Neeshneparkkeeook und Hohastillpilp an, die ihn zu den Wigwams der Personen begleiteten, die unsere Tomahawks hatten. Er erhielt beide Kriegsbeile zurück, hauptsächlich durch den Einfluss des Erstgenannten dieser Häuptlinge. Den einen, der gestohlen worden war, schätzten wir am meisten, da er das persönliche Eigentum des verstorbenen Sergeants Floyd war und Captain C. bestrebt war, ihn seinen Freunden zurückzugeben.

[GASS] Gegen Mittag kehrten drei Männer zurück, die zu dem etwa zweieinhalb Tagesreisen entfernten Lewis River hinübergegangen waren, um etwas Fisch zu bekommen …

Einer dieser Männer erhielt von einem Indianer zwei spanische Taler für ein altes Rasiermesser. Sie sagten, dass sie die Taler vom Halsschmuck eines Schlangenindianers erbeutet hatten, den sie vor einiger Zeit getötet hatten. Es existieren verschiedene Talerstücke unter diesen Leuten, die sie auf irgendeine Weise bekommen. Wir nehmen an, dass die Schlangenindianer, welche zum Teil unweit von New Mexico leben, sie von den Spaniern in jener Gegend erhalten.

3. Juni [LEWIS] Unsere Kranken sind alle auf dem Weg der Besserung; Bratton hat sich erholt und bewegt sich einigermaßen leicht. Der Indianerhäuptling scheint allmählich den Gebrauch seiner Glieder wiederzuerlangen, und das Kind ist fast gesund; der Abszess an seinem Hals ist in hohem Maße abgeklungen und hinterließ eine harte Geschwulst unterhalb von seinem linken Ohr. Wir setzen die Anwendung des Zwiebelumschlages noch fort … Heute entsandten die Indianer einen Eilboten über die Berge nach Travelers Rest … Da die Berge für diesen Eilboten gangbar waren, hielten wir es für wahrscheinlich, dass wir auch darüber können, aber die Indianer informierten uns, dass mehrere der Wasserläufe unsere Pferde noch davonschwemmen würden, dass es kein Gras gebe und dass die Wege ausgesprochen tief und schlüpfrig seien; sie erklärten uns, dass wir in zwölf oder vierzehn Tagen bequem passieren können. Wir beschlossen, uns am 10. Juni von hier zu den Camas-Gründen jenseits von Collins Creek zu begeben, um in dieser Gegend einige Tage zu jagen, wenn möglich, einen Vorrat an Fleisch anzulegen und dann gegen Mitte des Monats die Berge in Angriff zu nehmen. Ich beginne, jede Hoffnung auf den Lachs zu verlieren, da dieser Fluss nicht genug sinken wird, um sie zu erwischen, bevor wir ihn verlassen werden; und bis jetzt hat es nicht den Anschein, dass sie in Ufernähe wandern, wie die Indianer es für die nächsten Tage vorausgesagt haben.

[ORDWAY] Mein Pferd, auf dem ich hinüber zum Kimooenim River ritt, versagte beinahe, sein Rücken ist sehr wund und mager; wie es der Zufall wollte, brachte ein Indianer mir ein großes, gutes, starkes Pferd und tauschte es gegen das meinige, von dem er wusste, dass es zur Büffeljagd taugt. Hauptgrund der Indianer, Pferde zu erwerben, ist derjenige, die Büffel einzuholen.

4. Juni [LEWIS] Die Nez-Percé-Häuptlinge gaben mir keine positive Antwort auf meine Bitte, es möchten mich einige junge Männer zu den Fällen des Missouris begleiten, um dort meine Rückkehr vom oberen Teil des Marias Rivers abzuwarten, wo ich wahrscheinlich mit einigen der Minnetares-Gruppen von Fort de Prairie zusammentreffen würde. Ich versprach ihnen, dass ich mich in diesem Fall bemühen würde, ein gutes Verständnis zwischen diesen Indianern und ihnen selbst herbeizuführen, wovon sie beim Gelingen durch eben diese jungen Männer informiert werden sollten, und ebenso beim Misslingen, wenn ich nicht erfolgreich mit diesen Leuten zusammentreffen oder sie nicht zu friedlichem Umgang bewegen könnte; in letzterem Fall könnten sie dann jedenfalls noch auf der Hut bleiben, bis es in der Macht der Weißen stehe, ihnen wirksamere Unterstützung zu geben.

6. Juni [CLARK] *Broken Arm* teilte mir mit, dass die Nation die Berge erst in der zweiten Sommerhälfte überschreiten würde. Bezüglich der jungen Männer, um deren Begleitung wir gebeten hatten, sei noch nichts entschieden. Dies sollte in einer Ratsversammlung geschehen, welche in zehn oder zwölf Tagen einberufen werde.

7. Juni [GASS] Einige Einheimische besuchten uns erneut. Einer gab einem unserer Männer, der sich sehr gern mit ihnen unterhält und ihre Sprache erlernen möchte, ein Pferd.

8. Juni [LEWIS] Heute Abend wurden mehrere Wettläufe zwischen den Indianern und unseren Männern gestartet. Die Indianer sind sehr aktiv; einer von ihnen erwies sich als genauso schnell wie Drewyer und R. Fields, unsere schnellsten Läufer. Als das Wettrennen vorbei war, teilten sich die Männer in zwei Parteien und spielten das Barlaufspiel. Körperliche Ertüchtigung ist für meine Männer sehr wichtig, ehe wir uns in die Berge aufmachen, vor allem für die, die keine Jäger sind. Viele hatten zuletzt so wenig zu tun, dass sie faul und träge geworden sind.

Nach Einbruch der Dunkelheit ließen wir Geige spielen und tanzten zu unserem und der Indianer Vergnügen. Einer der Indianer informierte uns, dass wir die Berge nicht vor dem nächsten Vollmond oder etwa dem ersten Juli überqueren könnten, dass, wenn wir es früher versuchten, unsere Pferde auf der Spitze des Berges wenigstens drei Tage ohne Futter sein würden; diese Informationen sind unangenehm, da sie einigen Zweifel bezüglich des geeignetsten Zeitpunktes für unseren Aufbruch verursachen. Indessen haben wir keine Zeit zu verlieren, wir werden das Wagnis auf uns nehmen und so früh aufbrechen, wie die Indianer es für halbwegs durchführbar halten, ich denke Mitte dieses Monats.

9. Juni [LEWIS] Unsere Truppe scheint von der Vorstellung begeistert, bald in Richtung ihrer Freunde und ihrer Heimat weiterzureisen … Sie halten alles für einen Aufbruch in Bereitschaft, und ungeachtet des Mangels an Lebensmittelvorräten haben sie sich gerade beim Austragen des Wettlaufens, des Wurfringspiels, Barlaufs etc. sehr vergnügt.

[ORDWAY] Ein Häuptling, den wir *Cut Nose* (Abgeschnittene Nase) nennen, verfolgte über eine gewisse Entfernung junge Adler. Er fing mehrere, indem er mithilfe eines Seils einen Baum erklomm. Die Federn dieser Adler werden bemalt und zu kriegerischem Kopfschmuck verarbeitet. Für die Indianer ist dies eine wichtige Sache.

10. Juni [LEWIS] Um elf Uhr vormittags brachen wir mit der Truppe auf, wobei jeder Mann gut beritten ist und eine leichte Ladung auf einem zweiten Pferd mit sich führt, zusätzlich nehmen wir noch mehrere überzählige Pferde für den Fall eines Unglücks oder dem Mangel an Lebensmitteln mit. Wir fühlten uns deshalb vollkommen für die Berge gerüstet. Wir stiegen die Flusshügel hinauf, die sehr hoch sind und sich etwa drei Meilen ausdehnen. Unsere Richtung ist Nord 22° Ost, von da Nord 15° West, zwei Meilen zum Collins Creek, von da genau nach Norden fünf Meilen zum östlichen Rand der Camas-Ebenen, wo wir in der Nähe der Stelle lagern wollen, an der wir letzten Herbst zum ersten Mal mit den Chopunnish zusammentrafen.

11. Juni [LEWIS] Da ich häufige Gelegenheit gehabt habe, die Pflanze zu erwähnen, die die Chopunnish Camas nennen, werde ich hier eine ausführlichere Beschreibung dieser Pflanze und der Art und Weise geben, sie zuzubereiten, wie dies von den Chopunnish und anderen in der Nähe der Rocky Mountains lebenden Stämmen praktiziert wird, bei denen sie den weitaus größten Teil ihrer Ernährung bildet[86].

12. Juni [LEWIS] Die Tage sind jetzt sehr warm, und die Moskitos, unsere alten Begleiter, sind sehr lästig geworden … Die Camas steht jetzt in Blüte; ihre Farbe ähnelt in kurzer Entfernung dem feinen kla-

86 Lewis beschreibt in einem langen Eintrag die Camas-Pflanze und ihre ethnobotanischen Verwendungen.

ren Wasser von Seen; so vollständig ist diese Täuschung auf den ersten Blick, dass ich hätte schwören können, Wasser vor mir zu haben.

13. Juni [LEWIS] Wir fertigten einen Überblick der indianischen Nationen westlich der Rocky Mountains, die wir gesehen haben oder von denen wir wiederholt durch die unterrichtet worden sind, mit denen wir uns unterhalten haben. Sie belaufen sich nach unserer Schätzung auf 69 000 Seelen.

14. Juni [LEWIS] Wir sind jetzt fast fünf Wochen durch Schnee aufgehalten worden; ein erheblicher Zeitverlust in dieser für das Reisen so angenehmen Jahreszeit. Ich bin immer noch besorgt, dass der Schnee und der Mangel an Futter für unsere Pferde sich als eine ernste Behinderung auf der wenigstens vier Tage dauernden Tour durch die Berge erweisen werden, die über Höhen und entlang einer niemals vollständig von Schnee entblößten Leiste von Bergen führt. Jedermann scheint pausenlos in Bewegung zu sein und ist überzeugt, keine Zeit verlieren zu dürfen, wenn wir unser Vorhaben, die Vereinigten Staaten noch in diesem Jahr zu erreichen, verwirklichen wollen. Ich bin fest entschlossen, dieses Vorhaben zu verwirklichen, wenn es in meiner Macht steht.

16. Juni [LEWIS] Die Vegetation ist entsprechend zurückgeblieben; der Hundszahn ist gerade in Blüte, das Geißblatt, die amerikanische Heidelbeere und eine kleine Art weißen Ahorns beginnen gerade, Blätter zu treiben; diese äußeren Erscheinungen in dieser verhältnismäßig niedrigen Region verheißen nichts Gutes bezüglich der Durchführbarkeit der Bergüberquerung. Wir beschlossen dennoch weiterzuziehen, und nachdem wir eine hastige Mahlzeit eingenommen hatten, brachen wir auf und setzten unseren Weg durch einen dichten, von umgestürzten Bäumen geschädigten und durch viele steile Schluchten und hohe Hügel unterbrochenen Wald fort. Die Schneemenge hat derart zugenommen, dass heute Abend der größere Teil unserer Wegstrecke eine geschlossene Schneedecke aufwies, die fest genug war, um unsere Pferde tragen zu können. Sonst wäre es für uns unmöglich gewesen, die Reise fortzusetzen, da der Schnee an einigen Stellen acht oder zehn Fuß hoch lag. Wir konnten den Weg nur unter allergrößten Schwierigkeiten verfolgen, da er häufig vom Schnee zugedeckt war …

17. Juni [LEWIS] Wir fanden uns in zwölf bis 15 Fuß tiefen Schnee eingehüllt, sogar auf den Südseiten der Berge, die offen der Sonne preisgegeben sind; hier war Winter mit all seinen Härten; die Luft war kalt, meine Hände und meine Füße waren starr vor Kälte. Wir wussten, dass es fünf Tage erfordern würde, die Fischwehre an der

Einmündung des Colt Creeks zu erreichen, vorausgesetzt wir wären so glücklich, den richtigen Bergkämmen zu diesem Ort zu folgen, was Drewyer, als Waldläufer und Führer unser Hauptverlass, bezweifelte. Ehe wir an diesen Punkt gelangen, können wir auf kein Futter für unsere Pferde hoffen, nicht einmal auf Unterholz, da alles viele Fuß tief mit Schnee bedeckt ist. Falls wir weitergehen und uns in diesen Bergen verirren, ist der Verlust aller Pferde voraussehbar. Wir laufen dann Gefahr, Gepäck, Instrumente, vielleicht unsere Papiere und folglich den Ertrag unserer Entdeckungen zu verlieren, auch wenn es uns vielleicht gelänge, das nackte Leben zu retten. Unter diesen Umständen hielten wir es in dieser Phase der Expedition für Wahnsinn, ohne einen Führer weiterzugehen, der uns bestimmt zu den Fischwehren am Kooskooske führen könnte. Unsere Pferde halten gewiss keine Reise von mehr als fünf Tagen ohne Futter aus. Wir kamen deshalb zu dem Entschluss, mit unseren Pferden zurückzukehren, solange sie noch kräftig sind, und sie so in guter Verfassung zu halten, bis wir einen Indianer beschaffen konnten, um uns über die Schneeberge zu führen, und sofort wieder aufzubrechen, sobald wir einen solchen Führer gefunden hätten … Nachdem wir diesen Beschluss gefasst hatten, befahlen wir der Truppe, ein Depot für all das Gepäck anzulegen, für das wir keine unmittelbare Verwendung haben, und auch für alle Wurzeln und das Cous-Brot, außer einer Ration für wenige Tage, die es uns ermöglichen sollte, zu einer Stelle zurückzukehren, an der wir durch Jagen überleben könnten, bis ein Führer beschafft ist. Wir hinterließen unsere Instrumente, Papiere etc., da wir sie hier sicherer wähnen, als wenn wir sie zu Pferde über die Pfade und die Wasserläufe zurücktransportierten, die wir überquert hatten.

Nachdem unser Gepäck auf Gerüste gelegt und gut bedeckt worden war, begannen wir um ein Uhr nachmittags unseren Rückmarsch … Die Truppe war sehr niedergeschlagen, doch nicht so total, wie ich befürchtet hatte. Dies ist das erste Mal auf dieser langen Reise, dass wir gezwungen sind, zurückzuweichen und kehrtzumachen. Es regnete den größten Teil des Abends.

18. Juni [LEWIS] Heute Morgen waren wir noch nicht lange unterwegs, als Potts sich das Bein sehr schlimm an einem großen Messer aufschnitt und dabei eine der großen Venen auf der Innenseite des Beines erwischte; ich konnte das Blut erst stoppen, als ich einen dichten Verband mit einem kleinen Polster aus Holz und Werg auf die Vene unterhalb der Wunde presste. Colters Pferd stürzte samt Reiter, als sie den Hungry Creek überquerten, beide wurden eine beträchtliche

Strecke weit abgetrieben und wälzten sich zwischen den Felsen übereinander. Colter entkam glücklicherweise ohne Verletzung oder den Verlust seines Gewehres.

20. Juni [LEWIS] Wir beschlossen, am Morgen bis zu den Camas-Ebenen zurückzukehren und uns dort, falls möglich einen weiteren Fleischvorrat für die Berge anzulegen, da unser bisheriger Vorrat jetzt beinahe aufgebraucht ist und ebenso das, was wir auf unserer Rückreise erlegt haben. Wenn wir zu den Camas-Ebenen zurückkehren, werden wir bald erfahren, ob wir einen Bergführer auftreiben können oder nicht. Sollte es uns nicht gelingen, sind wir entschlossen, eine Passage nach dem unmittelbar folgenden Plan zu riskieren, da wir bei längerem Warten auf die Schneeschmelze nicht darauf hoffen können, die Vereinigten Staaten diesen Winter noch zu erreichen. Deshalb werden Captain C. oder ich vier unserer sachkundigsten Waldläufer mit drei oder vier unserer besten Pferde nehmen und mit reichlich Proviant zwei Tage vorausgehen. Dieser Trupp soll dem Pfad nach den Spuren, die das Gepäck der Indianer an vielen Stellen an den Bäumen hinterlassen hat, und den Markierungen durch Kriegsbeile folgen. Sollte es allerdings passieren, dass die Vorhut den Pfad nicht finden könnte, nachdem sie es zwei Tage versucht hätte, würde die gesamte Gruppe zum Gros der Truppe zurückkehren. In diesem Fall würden wir unser Gepäck zurückholen und eine Passage über die Berge durch das weiter südlich gelegene Land der Shoshonen entlang der südwestlichen Gabelung des Lewis Rivers und des Madison- oder Gallatin Rivers versuchen, wo es nach den Informationen der Chopunnish eine Passage gibt, die in dieser Jahreszeit nicht durch Schnee behindert wird. Allerdings bedeutete dies einen größeren Umweg, für den wir mindestens einen Monat Zeit brauchten. Die Shoshonen informierten uns, als wir zum ersten Mal mit ihnen zusammentrafen, dass es in dieser Gegend eine Passage quer über die Berge gebe, aber sie schilderten auch die Schwierigkeiten, die sich aus steilen, hohen und zerklüfteten Bergen und einer ausgedehnten und unfruchtbaren Prärie ergaben, die ohne Wild passiert werden musste …

Das Reisen in den Bergen auf dem Schnee ist gegenwärtig angenehm, der Schnee trägt die Pferde einfach wunderbar; es ist ein fester grober Schnee ohne Kruste und die Pferde haben einen guten Stand, ohne viel auszurutschen; die einzige Schwierigkeit besteht darin, den Pfad zu finden, aber ich denke, der Plan, den wir uns ausgedacht haben, wird Erfolg haben, selbst wenn wir nicht in der Lage sein sollten, einen Führer zu bekommen.

21. Juni [LEWIS] Am Pass von Collins Creek trafen wir zwei Indianer, die auf dem Weg über den Berg waren … Wir drängten diese Indianer, bei uns zu bleiben und uns bei der Rückkehr von Drewyer und Shannon über den Berg zu führen. Sie stimmten zu, zwei Nächte bei uns zu bleiben.

23. Juni [LEWIS] Besorgt wegen Drewyers Ausbleiben und in der Ungewissheit, ob er auf irgendeine Schwierigkeit beim Beschaffen eines Führers gestoßen war, und auch deswegen, dass die zwei Indianer, die versprochen hatten, zwei Nächte bei uns zu bleiben, heute aufbrechen würden, hielten wir es für überaus ratsam, heute Morgen Frazier und Wiser in der Absicht zu ihnen zu schicken, sie wenn möglich einen Tag oder zwei länger aufzuhalten. Sollte es ihnen nicht möglich sein, die Indianer aufzuhalten, lautete die Weisung, dass Sergeant Gass, R. und J. Fields und Wiser die Indianer auf jeder Route in Richtung Travelers Rest begleiten sollten. Dabei sollten sie Bäume deutlich markieren und dort bis zu unserer Ankunft mit der Truppe warten … Um vier Uhr nachmittags kamen Drewyer, Shannon und Whitehouse zurück. Drewyer brachte drei Indianer mit, die zugestimmt hatten, uns zu den Fällen des Missouris zum Preis von zwei Gewehren zu begleiten. Einer dieser Männer ist der Bruder von *Cut Nose* und die anderen zwei sind die gleichen, die bei einem früheren Anlass Captain Clark und mich im Wigwam von *Broken Arms* mit einem Pferd beschenkten. Alle sind junge Männer von gutem Charakter und bei ihrer Nation hoch angesehen.

24. Juni [LEWIS] Wir trieben heute Morgen unsere Pferde zusammen und brachen auf, begleitet von unseren drei Führern.

25. Juni [LEWIS] Gestern Abend unterhielten uns die Indianer damit, dass sie Fichten in Brand setzten. Sie haben viele trockene Äste aufgeschichtet. Wenn diese in Brand gesetzt werden, entsteht ein sehr plötzliches und gewaltiges Feuer vom Boden bis zu den Wipfeln dieser hohen Bäume. Ein wunderschöner Anblick bei Nacht. Diese Vorführung erinnerte mich an ein Feuerwerk. Die Eingeborenen erzählten uns, dass ihre Absicht beim Inbrandsetzen jener Bäume darin bestand, schönes Wetter für unsere Reise herbeizurufen. Wir holten sogleich unsere Pferde zusammen und brachen heute Morgen zu früher Stunde auf. Einer unserer Führer klagte über Unwohlsein, ein Symptom, das mir gar nicht gefiel, da solche Klagen bei einem Indianer im Allgemeinen der Vorbote für den Ausstieg aus einem Unternehmen ist, an dem er keinen Gefallen findet. Wir ließen sie in unserem Lager zurück und sie versprachen, uns in einigen Stunden nachzufolgen. Um elf Uhr vormittags kamen wir am Hungry Creek an, wo wir R. und J. Fields fanden. Sie hatten nichts erlegt. Hier machten wir Rast, um etwas zu essen, und unsere Führer holten uns ein. An dieser Stelle stieß ich auf eine Pflanze, deren Wurzel die Shoshonen essen. Es ist eine kleine, birnenförmige Wurzel, im Geschmack und in der Beschaffenheit der Erdartischocke vergleichbar. Die Indianer blieben bei uns und ich glaube, dass sie geneigt sind, ihrer Verpflichtung nachzukommen. Ich gab dem kranken Indianer einen Überwurf aus Büffelfell, da er außer seinen Mokassins und einer aufbereiteten Wapitihaut ohne Fellhaare nichts anzuziehen hatte.

26. Juni [LEWIS] Am Rand des schneebedeckten Gebietes erlegten wir zwei kleine schwarze Fasane und einen gesprenkelten Fasan, die Erstgenannten haben 16 Schwanzfedern und der Letzte 20, während der gewöhnliche Fasan nur 18 hat. Die Indianer informierten uns, dass keine dieser beiden Arten trommelt; sie scheinen sehr schweigsame Vögel zu sein, denn ich hörte niemals irgendeinen von ihnen ein Geräusch von sich geben.

27. Juni [LEWIS] Auf einem erhöhten Punkt hielten wir auf Bitten der Indianer einige Minuten und rauchten die Pfeife. Auf dieser Anhöhe haben die Eingeborenen einen kegelförmigen Hügel aus sechs oder acht Fuß hohen Steinen aufgerichtet und auf seiner Spitze eine 15 Fuß lange Kiefernstange aufgestellt ... Von dieser Stelle aus hatten wir eine umfassende Sicht auf diese fantastischen Berge, ebenso schneebedeckt wie der, auf dem wir standen. Diese Berge umringten uns vollständig; ihnen jemals zu entrinnen, wenn man sich nicht auskannte, erschien fast unmöglich. Kurzum, ohne die Hilfe unserer Führer bezweifele ich sehr, ob wir, obwohl wir sie schon einmal überquert hatten, in der gegenwärtigen Situation unseren Weg nach Travelers Rest finden könnten, denn die markierten Bäume, auf die wir unser ganzes Vertrauen gesetzt haben, sind gering an Zahl und viel schwieriger zu finden, als wir gedacht hatten. Diese Burschen sind äußerst bewundernswerte Führer ... Nachdem wir die Pfeife geraucht und diese Szenerie, die jedermann außer uns abgehärteten Abenteurern entmutigt hätte, genügend nachdenklich betrachtet hatten, setzten wir unseren Marsch fort.

29. Juni [LEWIS] Als wir diesen Gebirgskamm hinabstiegen, sagten wir dem Schnee Adieu ... Nach dem Mittagessen setzten wir unseren Marsch sieben Meilen weiter bis zu den warmen Quellen fort ... Sowohl die Männer als auch die Indianer vergnügten sich heute Abend mit einem Bad. Ich beobachtete, dass die Indianer, nachdem sie so lange wie sie es ertragen konnten, in dem heißen Bad geblieben waren, sich in den eiskalten Wasserlauf stürzten; nachdem sie hier einige

Minuten ausgeharrt hatten, kehrten sie wieder zu dem warmen Bad zurück und wiederholten diesen Wechsel mehrere Male, sie endeten aber immer mit dem warmen Bad.

30. Juni [LEWIS] Als ich heute Morgen an der steilen Flanke eines hohen Hügels hinunterstieg, rutschte mein Pferd mit beiden Hinterläufen auf dem Pfad aus und stürzte, ich stürzte ebenfalls und rutschte fast 40 Fuß den Hügel hinunter, bevor ich mich festhalten konnte, so steil war der Abhang; das Pferd fiel beinahe auf mich, kam aber glücklicherweise wieder auf die Beine. Wir blieben beide unverletzt.

[CLARK] Als wir den Berg zu Travelers Rest herunterstiegen, ließen wir diese schrecklichen Berge hinter uns – bei deren Überquerung wir Kälte und Hunger in einem Ausmaß erlitten haben, das ich niemals vergessen werde.

1. Juli [LEWIS] Captain Clark und ich verabredeten folgenden Plan: Von diesem Ort aus wollte ich mit einem kleinen Trupp auf der direktesten Route zu den Fällen des Missouris vordringen, dort Thompson, McNeal und Goodrich zurücklassen, damit sie Karren und Gerät für den Transport der Kanus und des Gepäcks über die Portage herrichteten. Ich selbst und sechs Freiwillige sollten den Marias River in der Absicht hochziehen, das Land zu erforschen und festzustellen, ob irgendein Arm dieses Flusses bis zu 50 nördlicher Breite vordringt.[87] Dann sollten wir wieder zurückkehren und an der Einmündung des Marias Rivers zu der zurückgelassenen Gruppe und der Abteilung von Sergeant Ordway stoßen, um mit ihr den Missouri hinabzufahren. Ich forderte jetzt Freiwillige auf, mich auf dieser Strecke zu begleiten. Viele meldeten sich, aus denen ich Drewyer, die zwei Fields, Werner, Frazier und Sergeant Gass auswählte. Der andere Teil der Truppe sollte mit Captain Clark zur Quelle des Jefferson Rivers weiterziehen, wo wir verschiedene Dinge deponiert und unsere Kanus zurückgelassen hatten. Von hier soll Sergeant Ordway mit einem Trupp von neun Männern mit den Kanus den Fluss hinabfahren, Captain C. mit den verbliebenen zehn Mann einschließlich Charbonneau und York wird zum Yellowstone River weiterreisen, und zwar dahin, wo er den drei Gabelungen des Missouris am nächsten kommt. Hier wird er ein Kanu bauen und den Yellowstone River mit Charbonneau, der In-

87 Lewis' Unternehmen verfolgte den dreifachen Zweck, ein Gebiet zu erkunden, das möglicherweise bis zum 50. Breitengrad durch den Louisiana Purchase an die USA gefallen war, britische Handelsambitionen in diesem Gebiet zu konterkarieren und auf Mitglieder der Blackfoot- und Assiniboine-Stämme zu stoßen, um mit ihnen Friedensgespräche zu führen.

dianerfrau, seinem Diener York und fünf anderen bis zum Missouri hinabfahren, wo er, falls er als Erster eintrifft, meine Ankunft abwarten soll. Sergeant Pryor soll mit zwei anderen Männern und den Pferden auf dem Landweg zu den Mandans weiterziehen und von dort zu den britischen Handelsniederlassungen bei den Assiniboines mit einem Brief an Mr. Haney und der Bitte, er möge die Sioux-Häuptlinge überreden, sich uns am Missouri anzuschließen und uns zum Sitz der Zentralregierung zu begleiten.

Nachdem wir das alles vereinbart hatten, wurde die Truppe von unseren Absichten unterrichtet und traf entsprechende Vorbereitungen.

11. Trennung und Wiedervereinigung

3. Juli – 12. August 1806

[Von diesem Zeitpunkt, bis die Trupps sich am 12. August wieder vereinigen, werden die Tagebücher der Captains getrennt dargeboten, da Lewis auf den Marias zusteuert, während Clark den Yellowstone sucht. Die Tagebücher der Korporale und Mannschaftsdienstgrade werden mit dem Trupp verknüpft, dem sie zugeordnet wurden.]

Lewis auf dem Marias

3. Juli [LEWIS] nachdem jetzt alle Vorkehrungen für die Verwirklichung der verschiedenen Pläne abgeschlossen waren, die wir auf unserer Rückkehr durchführen wollten, sattelten wir unsere Pferde und brachen auf. Ich nahm Abschied von meinem trefflichen Freund und Kameraden Captain Clark und dem Trupp, der ihn begleitete. Ich konnte nicht verhehlen, bei dieser Gelegenheit Abschiedsschmerz zu spüren, obwohl ich hoffte, dass diese Trennung nur vorübergehend sei. Ich fuhr mit meinem Trupp von neun Männern und fünf Indianern den Clarks River sieben Meilen weit hinunter … Diese Leute [die Nez-Percé-Führer] unterrichteten mich jetzt, dass der Pfad, den sie mir in der Nähe unseres Lagers zeigten, den östlichen Arm des Clarks Rivers und einen Fluss, den sie Cokahlarishkit oder den *Fluss des Pfades zu Büffeln* nennen, hochführen würde, und von da zum Medicine River und den Fällen des Missouris, wohin wir ja zu gelangen wünschten. Sie behaupteten, der Pfad sei ein gut gebahnter Weg, den wir jetzt nicht mehr verfehlen könnten, und da sie fürchteten, mit ihren Feinden, den Minnetares, zusammenzutreffen, könnten sie nicht daran denken, noch länger bei uns zu bleiben.

4. Juli [LEWIS] Die Führer waren uns sehr ans Herz gewachsen. Sie bedauerten die Trennung von uns aufrichtig und waren überzeugt davon, dass die Pahkees (ihre Bezeichnung für die Minnetares) uns voneinander abschneiden würden.

[GASS] es ist nur gerecht, zu sagen, dass die ganze Nation [Nez Percé], zu der sie gehören, die freundlichsten, ehrlichsten und aufrichtigsten Leute birgt, die wir im Verlauf unserer Expedition kennengelernt haben.

Nachdem wir uns von diesen gutherzigen, gastfreundlichen und entgegenkommenden Söhnen des Westens verabschiedet hatten, zogen wir weiter.

6. Juli [LEWIS] Wir erwarten, mit den Minnetares zusammenzutreffen, und sind deshalb Tag und Nacht auf der Hut. Der Hartriegel steht in Blüte. Ich sah die gewöhnliche kleine amerikanische Schwertlilie und Pfeffergras. Das südliche Gehölz und zwei andere Straucharten sind in der hügeligen Prärie häufig. Bewahrte Musterexemplare von ihnen auf.

7. Juli [LEWIS] Wir passieren die Wasserscheide zwischen den Gewässern des Columbias und des Missouri Rivers … Nachdem wir unser Lager errichtet hatten, erlegte Drewyer zwei Biber und schoss einen dritten, der aber schwer verletzt entkam.

9. Juli [LEWIS] Joseph Fields erlegte einen sehr fetten Büffelbullen und wir hielten, um zu speisen. Wir nahmen die besten Stücke des Fleisches mit, so viel wir auf unseren Pferden transportieren konnten. Der Tag blieb regnerisch und kalt, und ich beschloss, den ganzen Tag zu bleiben. Wir taten uns an dem Büffel gütlich.

11. Juli [LEWIS] Es ist jetzt die Jahreszeit, in der die Büffel sich zu paaren beginnen und die Bullen ein fürchterliches Brüllen von sich geben. Wir konnten sie viele Meilen weit hören, und es gibt so viele von ihnen, dass das Gebrüll nicht aufhört. Unseren Pferden war der Anblick von Büffeln nicht vertraut, sie schienen über ihr Aussehen und das Brüllen sehr beunruhigt. Als ich in Sichtweite der Weißbärinseln ankam, waren die Missouri-Niederungen beiderseits des Flusses voll mit Büffeln. Ich glaube ehrlich, dass es nicht weniger als zehntausend Büffel innerhalb eines Umkreises von zwei Meilen gab.

13. Juli [LEWIS] Wir zogen zu meinem früheren Lager um, das etwas oberhalb und gegenüber der Landspitze der Weißbärinsel lag. Wir schlugen unser Lager auf und ich ließ Thompson etc. an die Arbeit gehen, um das Pferdegeschirr zu vervollständigen. Danach öffneten wir das Depot. Meine Bärenfelle waren durch das Wasser vollkommen verrottet, nachdem der Fluss so hoch gestiegen war, dass Wasser hatte eindringen können. All meine Pflanzenexemplare sind auch verdorben. Die Karte des Missouris blieb glücklicherweise unversehrt. Ich öffnete meine Truhen und Kisten und legte die Sachen zum Trocknen aus. Fand meine Papiere feucht und vieles klamm. Aus einer Phiole Laudanum waren die Pfropfen herausgedrückt, der Inhalt in die Schublade gelaufen und hatte einen großen Teil meiner Medizin so weit zerstört, dass es hoffnungslos war, etwas retten zu wollen … Die Moskitos sind überaus lästig; ohne den Schutz meines Moskitonetzes wäre es unmöglich, auch nur einen Moment lang zu schreiben. Die Büffel sind im Aufbruch und ziehen nach Südosten weiter.

14. Juli [LEWIS] Wir haben die Karrenräder ausgegraben. Fanden sie in gutem Zustand. Der eiserne Rahmen des Bootes hatte nicht wesentlich gelitten. Schnitten das Fleisch dünner und legten es in der Sonne zum Trocknen aus. Und wir haben einige Cous-Wurzeln, von denen ich noch einen kleinen Vorrat habe, zu Mehl für die Reise zerstoßen. Ich betrachte das fette Büffelfleisch als eine große Verbesserung gegenüber dem Brei aus den Wurzeln.

15. Juli [LEWIS] Um ein Uhr mittags kehrte Drewyer ohne die Pferde zurück ... Seine sichere Rückkehr hat mich von einer großen Sorge befreit. Ich hatte mich bereits damit abgefunden, dass ein Weißbär ihn getötet hatte, und wäre morgen auf die Suche nach ihm aufgebrochen, und falls ich ihn nicht hätte finden können, hätte ich meinen Weg zum Marias River fortgesetzt. Ich wusste, falls er in den Prärien auf einen Bären träfe, würde dieser ihn angreifen. Und wenn ihn in dieser Lage ein unvorhersehbares Ereignis von seinem Pferd trennen würde, stünden die Chancen, getötet zu werden, neun zu zehn. Ich fühlte mich so sehr erleichtert, dass er heil zurückkehrte, dass ich nur wenig an die Pferde dachte, obwohl sie sieben der besten waren, die ich hatte. Dieser Verlust, so groß er auch sein mag, ist nicht gänzlich irreparabel, noch macht er meine Absicht, den Marias River zu erforschen, zunichte. Ich habe noch zehn verbleibende Pferde, von denen ich zwei der besten und zwei der schlechtesten zurücklasse, um den Männern zu helfen, die Kanus und das Gepäck über die Portage zu schaffen. Die sechs übrigen nehme ich mit; es sind meist nur mittelmäßige Pferde, aber ich hoffe, dass sie unseren Zwecken dienen. Ich werde drei Männer aus meinem beabsichtigten Trupp zurücklassen, nämlich Gass, Frazier und Werner, und die zwei Fields und Drewyer mitnehmen. Dadurch haben wir zwei Ersatzpferde, womit wir die jeweiligen Reitpferde entlasten können.

Nachdem diese Vereinbarung getroffen war, gab ich Anweisungen für einen frühen Aufbruch am Morgen; tatsächlich wäre ich sofort aufgebrochen, aber McNeal hatte eines der Pferde, das ich mitnehmen will, und ist noch nicht zurückgekehrt. Erst kurz vor Einbruch der Dunkelheit kehrte McNeal mit seiner am Luntenschloss abgebrochen Muskete zurück und informierte mich, dass bei seiner Ankunft am Willow Creek er sich bis auf zehn Fuß einem weißen Bären genähert hatte, ohne ihn zu bemerken, da der Bär im dichten Gestrüpp verborgen war. Das Pferd wurde von Panik ergriffen und warf ihn, als es kurz umwendete, unmittelbar vor dem Bären ab. Das Tier erhob sich zum Kampf auf seine Hinterläufe und gab ihm dadurch Zeit, sich von seinem Sturz zu erholen. Augenblicklich schlug er mit seinem Musketenkolben dem Bären über den Kopf und schnitt ihn dabei mit der Schutzvorrichtung des Schlosses. Das Luntenschloss zerbrach, der Bär fiel von dem Schlag wie betäubt zu Boden und rieb sich seinen Kopf mit den Pranken; dies gab McNeal Zeit, einen Weidenbaum zu besteigen, der da stand, und er entkam somit glücklicherweise. Der Bär wartete am Fuß des Baums bis spät in den Abend, bevor er fortging; erst dann wagte sich McNeal hinunter und fing sein Pferd ein, das unterdessen zwei Meilen weit weggelaufen war und zum Lager zurückkehren wollte. Dieser Bär ist ein äußerst schreckliches Tier; es scheint, dass die Hand der Vorsehung höchst wunderbar zu unseren Gunsten gewirkt hat; sonst wären einige von uns längst ihrer Wildheit zum Opfer gefallen. Es scheint ein gewisses, mit der Nachbarschaft dieser Fälle verbundenes Verhängnis zu geben, denn es ereignet sich bei jedem Aufenthalt eine Serie von Unfällen. Die Moskitos befallen uns in solcher Art, dass es kaum auszuhalten ist; ich bin ihnen trotz meines Moskitonetzes wenigstens drei Viertel der Zeit ausgesetzt. Sogar mein Hund heult bei der Folter, die er von ihnen erfährt, sie sind fast unerträglich und so zahlreich, dass sie häufig in Mund und Rachen geraten, wenn wir atmen.

16. Juli [LEWIS] Ich schickte Drewyer und R. Fields mit den Pferden zur unteren Seite des Medicine Rivers und fuhr selbst in unserem Kanu aus Büffelhäuten mit all unserem Gepäck und J. Fields den Missouri zur Mündung des Medicine Rivers hinunter. Wir waren gezwungen, die Pferde oberhalb der Weißbärinsel und über den Medicine River schwimmen zu lassen, da der Missouri unterhalb der Mündung dieses Flusses sehr breit ist.

Nachdem wir sicher angekommen waren, sattelten wir sofort unsere Pferde und ritten den Fluss entlang zu dem anmutigen Wasserfall hinunter, wo ich etwa zwei Stunden hielt und eine hastige Skizze dieser Fälle fertigte. In der Zwischenzeit hatten wir etwas Fleisch gekocht und das Mittagessen eingenommen, worauf wir zu den Great Falls weiterritten, wo wir bei Sonnenuntergang ankamen.

[GASS] Als Captain Lewis uns verließ, wies er uns an, an der Mündung des Marias Rivers bis zum 1. Sept. zu warten. Falls er zu diesem Zeitpunkt noch nicht da sei, sollten wir weiterziehen und uns Captain Clark an der Mündung des Yellowstone Rivers anschließen und dann nach Hause zurückkehren; sollte er aber sein Leben und seine Gesundheit bewahren, würde er uns am 5. August an der Mündung des Marias Rivers treffen.

17. Juli [LEWIS] Um fünf Uhr nachmittags kamen wir am Rose River an, wo ich vorschlug, die ganze Nacht zu bleiben, da ich heute Abend den Marias River nicht mehr erreichen konnte ... Die Minnetares von Fort de Prairie und die Blackfoot-Indianer streifen durch diesen Landstrich, und da sie ein gemeiner, gesetzloser und eher wilder Haufen sind, möchte ich ein Zusammentreffen mit ihnen, falls möglich, vermeiden. Ich habe kaum einen Zweifel, dass sie unsere Pferde stehlen würden, falls es in ihrer Macht stünde, und würden sie uns schwach finden und sie zufällig zahlreicher sein, würden sie uns höchstwahrscheinlich unserer Waffen berauben und unser Gepäck zu stehlen versuchen. Auf alle Fälle bin ich entschlossen, jede mögliche Vorkehrung zu ergreifen, um sie möglichst zu meiden.

18. Juli [LEWIS] Ich halte jede Nacht sorgfältige Ausschau und übernehme wie meine Männer einen Wachrundgang.

19. Juli [ORDWAY] Etwa gegen drei Uhr nachmittags kamen wir im Weißbärlager am oberen Ende der Portage an. Sergeant Gass und fünf weitere Männer hatten hier kampiert.

20. Juli [LEWIS] Die Prärien sind zerklüfteter, als sie es gestern waren, und in puncto Bodenbeschaffenheit minderwertiger geworden; eine große Menge kleinen Kieses bedeckt überall die Oberfläche der Erde, was das Vorankommen für unsere unbeschlagenen Pferde äußerst schmerzhaft macht. Der Erdboden besteht im Allgemeinen aus weißem oder weißlich blauem Lehm. Wo er bei Nässe durch die Büffel festgetreten worden ist, ist er jetzt so hart wie Backstein geworden und hat unzählige Erhebungen wie kleine Nadeln, die fast genauso schrecklich für unsere Pferde sind wie der Kies. Die in den Prärien des Missouris vorhandenen Mineralsalze kommen hier vermehrt vor. Die Steilufer des Flusses sind etwa 200 Fuß hoch, unregelmäßig und bestehen aus Erde, die sich bei Feuchtigkeit sogleich auflöst, wegrutscht und in den Fluss hinabstürzt.

21. Juli [LEWIS] Um zwei Uhr nachmittags stießen wir auf einen nördlichen Zweig des Marias Rivers ... Da ich überzeugt war, dass dieser Strom von den Bergen kommt, beschloss ich, ihm zu folgen, da er mich zum nördlichsten Punkt führen wird, bis zu dem die Wasser des Marias reichen. Allerdings fürchte ich jetzt, dass dies nicht ganz so weit nördlich sein wird, wie ich es wünschte und erwartete.

22. Juli [LEWIS] Wir kamen an einer Baumgruppe großer Silberpappeln in einer schönen und ausgedehnten Sohle des Flusses etwa zehn Meilen unterhalb des Fußes der Rocky Mountains an. Da ich von hier aus sehr deutlich sehen konnte, wo der Fluss in die Berge eintritt und da die Richtung dieses Punktes südwestlich ist, hielt ich es für unnötig, weiter vorzudringen und ließ deshalb das Lager aufschlagen, um uns selbst und die Pferde ein paar Tage auszuruhen und die notwendigen Beobachtungen vorzunehmen … Ich habe jetzt alle Hoffnung verloren, dass sich die Gewässer dieses Flusses überhaupt bis 50° nördlicher Breite erstrecken, obwohl ich noch hoffe und es für mehr als wahrscheinlich halte, dass sich sowohl der White Earth River als auch der Milk River bis zum 50° Breitengrad erstrecken.

23. Juli [LEWIS] Drewyer berichtete uns von einem Indianerlager, das aus elf Wigwams besteht, die vor etwa zehn Tagen verlassen wurden; nur die Stangen der Wigwams sind noch vorhanden. Wir sind sicher, dass es die Minnetares von Fort de Prairie sind, und vermuten, dass sie sich zu diesem Zeitpunkt wahrscheinlich irgendwo am Hauptarm des Marias in der Nähe der Büffel aufhalten.

[ORDWAY] Die Karrenräder, die das große Kanu trugen, brachen oft und bereiteten uns viel Verdruss. Wiser schnitt sich mit einem Messer ins Bein, sodass er nicht mehr gehen kann, und es ist eine schlimme Wunde.

25. Juli [LEWIS] Ich bin entschlossen, morgen aufzubrechen, selbst wenn es wolkig bleiben sollte. Ich beginne mir Sorgen zu machen, dass ich in diesem Jahr die Vereinigten Staaten nicht mehr erreichen werde. Ich will aber versuchen, alles in meiner Macht Stehende zu tun, um das Unmögliche möglich zu machen. Ich werde diesen Ort nur ungern verlassen, wenn ich nicht die notwendigen Daten erhalten habe, um seinen Längengrad festzulegen. Als ob die ganze Welt sich gegen mich verschworen hätte, blieb mein Chronometer heute aus irgendeinem unbekannten Grund stehen. Zum Glück konnte ich es wieder in Gang setzen.

26. Juli [LEWIS] Der Morgen war wolkig, und es regnete in einem fort. Ich verschob deshalb den Aufbruch bis neun Uhr früh in der Hoffnung, dass es aufklaren würde. Aber als das Gegenteil eintraf, ließ ich die Pferde einfangen, und wir brachen auf und entboten diesem Ort ein nachhaltiges Adieu, den ich jetzt *Camp Disappointment* (Lager der Enttäuschung) nenne … Hier finden sich drei Silberpappelarten, die ich auf meiner Reise bereits kennengelernt habe. Die für den Columbia übliche Art habe ich niemals vorher an den Gewässern des Missouris gesehen, auch die schmal- und breitblättrige Art nicht … Nach dem Mittagessen setzte ich meine Route flussabwärts in nordöstlicher Richtung drei Meilen weit fort, bis die Hügel auf der Südseite nahe heranrückten. Ich beschloss, zur Hochebene aufzusteigen, wobei ich die beiden Fields mitnahm. Drewyer überquerte den Fluss und hielt sich das Tal entlang … Ich hatte kaum die Hügel erklommen, als ich zu meiner Linken etwa eine Meile entfernt eine Ansammlung von etwa 30 Pferden entdeckte. Ich blieb stehen und nahm mein Fernglas, mit dessen Hilfe ich mehrere Indianer auf der Spitze einer Erhebung genau über ihnen entdeckte, die in Richtung des Flusses hinunterzublicken schienen, ich nahm an auf Drewyer. Etwa die Hälfte der Pferde war gesattelt. Dies war ein sehr unerfreulicher Anblick, indessen beschloss ich, das Beste aus unserer Situation zu machen und mich ihnen in einer freundlichen Art zu nähern. Ich befahl J. Fields, die Fahne zu enthüllen, die ich für diesen Zweck mitgebracht hatte, und ging langsam auf sie zu. Jetzt erst entdeckten sie uns und schienen in einer sehr verwirrten Art und Weise durcheinanderzulaufen, als ob sie äußerst bestürzt seien. Ihre Aufmerksamkeit war vorher so auf Drewyer fixiert gewesen, dass sie uns erst entdeckten, als wir direkt auf sie zuschritten. Einige von ihnen stiegen den Hügel hinab und trieben ihre Pferde auf den Gipfel, dann kehrten sie wieder zu der Anhöhe zurück, um unsere Ankunft abzuwarten oder sich zu verteidigen. Ich schätzte, dass sich die Anzahl der Männer mit derjenigen der Pferde deckte, und sah ein, dass unser Weglaufen sie zur Verfolgung einladen würde, da es sie überzeugen würde, dass wir ihre Feinde seien; und da unsere Pferde so mittelmäßig waren, konnten wir ohnehin nicht hoffen, ihnen zu entkommen. Hinzu kam, dass Drewyer von uns getrennt war und ich befürchten musste, er werde, da er von den Indianern nichts wusste, im Falle unseres Fluchtversuchs ihnen höchstwahrscheinlich zum Opfer fallen. Während solcher Überlegungen schritt ich langsam auf sie zu; als wir bis auf eine Viertelmeile an sie herankommen waren, bestieg einer von ihnen sein Pferd und ritt in vollem Galopp auf uns zu. Ich hielt an und stieg vom Pferd ab. Er kam bis auf einhundert Schritte heran, hielt, blickte auf uns und wendete sein Pferd und kehrte genauso forsch zu seinem Trupp zurück, wie er herangeprescht war. Solange er in unserer Nähe war, streckte ich meine Hand aus und winkte ihm zu, aber er schenkte meinen Annäherungsversuchen keine Aufmerksamkeit. Bei seiner Rückkehr zu seinem Trupp stiegen alle den Hügel hinab, bestiegen ihre Pferde und ritten in unsere Richtung; dann ließen sie die Pferde zurück und schritten auf uns zu. Auch wir schritten voran, um sie zu treffen. Ich zählte acht von ihnen, nahm aber an, dass es mehr waren, da ich weitere gesattelte Pferde entdeckte. Ich äußerte gegenüber meinen beiden Begleitern die Befürchtung, dass wir die Minnetares von Fort de Prärie vor uns hätten und dass wir wegen ihres bekannten Charakters einige Schwierigkeit mit ihnen haben dürften; dass sie, wenn sie sich für stark genug hielten, wohl versuchen würden, uns auszurauben.

Ich sei in diesem Fall entschlossen, so viele es auch sein sollten, bis zum Äußersten Widerstand zu leisten und lieber in den Tod zu gehen, als meiner Unterlagen, Instrumente und meines Gewehres beraubt zu werden; ich wünschte nur, dass die beiden die gleiche Entschlossenheit zeigen und wachsam und auf der Hut sein würden. Als wir nur noch einhundert Yards voneinander entfernt waren, hielten die Indianer außer einem an, ich befahl den zwei Männern bei mir, das Gleiche zu tun, und schritt allein weiter vor, um den Indianer zu treffen. Wir schüttelten uns die Hände und ich ging dann zu den weiter hinten Wartenden, der Indianer seinerseits ging auf meine Männer zu. Wir versammelten uns jetzt alle und die Indianer baten darum, mit uns zu rauchen. Ich sagte ihnen, dass der Mann, den sie unten am Fluss gesehen hatten, meine Pfeife bei sich habe, und wir erst rauchen könnten, wenn er sich uns wieder angeschlossen habe. Ich bat, dass einer von ihnen mit einem meiner Männer auf die Suche nach ihm gehen solle, da sie gesehen hatten, welchen Weg er ging. Dem stimmten sie bereitwillig zu, und ein junger Mann brach mit R. Fields auf die Suche nach Drewyer auf. Ich fragte sie jetzt mittels Zeichen, ob sie die Minnetares vom Norden wären, was sie bejahten; ich fragte, ob ein Häuptling unter ihnen sei, und sie zeigten auf drei Männer. Ich glaubte ihnen zwar nicht, hielt es aber für richtig, ihnen zu gefallen, und gab einem eine Medaille, einem zweiten eine Fahne und einem dritten ein Taschentuch, womit sie zufriedengestellt schienen. Bei dieser ersten Unterredung wirkten sie sehr nervös. In der Tat glaube ich, dass sie über diese zufällige Begegnung beunruhigter waren als wir selbst. Da kein Weiterer erschien, schlussfolgerte ich jetzt, dass sie wirklich nur zu acht waren, und söhnte mich mit unserer Situation aus, da ich überzeugt war, dass wir diese Anzahl in Schach halten konnten, sollten sie irgendwelche feindlichen Akte versuchen. Als es langsam spät wurde, schlug ich vor, gemeinsam zum nächstgelegenen Teil des Flusses zu gehen und zusammen zu lagern. Ich versicherte den Indianern, dass ich mich über die Begegnung mit ihnen freute und ihnen eine Menge zu sagen hätte. Wir bestiegen unsere Pferde und ritten zum Fluss, der nicht weit entfernt war. Auf unserem Weg wurden wir von Drewyer, Fields und dem Indianer eingeholt. Wir stiegen ein etwa 250 Fuß hohes Steilufer zum Fluss hinab, an dessen Ende eine kleine Senke von etwa einer halben Meile Länge und etwa 250 Yards Breite lag. In dieser Talsohle standen drei einzelne Bäume; bei einem von ihnen schlugen die Indianer ein großes halbkreisförmiges Lager aus aufbereiteten Büffelhäuten auf und luden uns ein, uns auch unter das Schutzdach zu begeben. Drewyer und ich nahmen an und die Fields lagen in der Nähe des Feuers vor dem Obdach. Mit der Hilfe von Drewyer unterhielt ich mich im Verlauf des Abends angeregt mit diesen Leuten. Ich erfuhr von ihnen, dass sie Teil einer großen Gruppe waren, die gegenwärtig am Fuß der Rocky Mountains beim Hauptzweig des Marias einen halben Tagesmarsch von unserem gegenwärtigen Lager entfernt lagerte; dass ein Weißer bei ihnen sei; dass es eine weitere große Schar ihrer Nation gab, die in der Nähe der zerklüfteten Berge Büffel jage, und auf ihrem Weg zur Mündung des Marias sei, wo sie wahrscheinlich im Verlauf der nächsten Tage eintreffen würde. Sie teilten uns auch mit, dass man von hier aus bis zu der Handelsstation am Saskatchewan River nur sechs Tage leichten Marsches zu bewältigen habe, was sie üblicherweise auch ihren Frauen und Kindern zumuteten; die Entfernung betrage etwa 150 Meilen. Dass sie von den dortigen Händlern Waffen, Munition, Spirituosen, Decken etc. im Tausch gegen Wolfsfelle und einige Biberfelle erhalten. Ich erzählte diesen Leuten, dass ich einen langen Weg vom Osten den großen Fluss hochgekommen war, der in Richtung der aufgehenden Sonne fließt, dass ich an den großen Wassern gewesen war, wo die Sonne untergeht, und viele Nationen gesehen hatte, die ich alle eingeladen hatte, zu kommen und mit mir an den Flüssen diesseits der Berge Handel zu treiben, dass ich die meisten von ihnen im Krieg mit ihren Nachbarn angetroffen hatte, aber im Wiederherstellen des Friedens unter ihnen erfolgreich gewesen war, dass ich jetzt auf meinem Heimweg war und meine Truppe an den Fällen des Missouris mit Befehlen zurückgelassen hatte, den Fluss bis zur Einmündung des Marias Rivers hinabzufahren und dort meine Ankunft abzuwarten, und dass ich auf der Suche nach ihnen gekommen war, um sie zu bewegen, mit ihren Nachbarn auf der Westseite der Berge in Frieden zu leben, und sie dafür zu gewinnen, mit mir zu handeln, wenn die Handelsstation an der Einmündung dieses Flusses für alle fertiggestellt sei. Sie stimmten all dem bereitwillig zu und erklärten, dass es ihr Wunsch sei, in Frieden mit den Tushepaws zu leben, denen sie aber nachtrugen, dass sie kürzlich eine Anzahl ihrer Verwandten getötet hatten; dabei zeigten sie auf mehrere Anwesende, die ihre Haare abgeschnitten hatten, was als Beweis der Wahrheit dessen, was sie behauptet hatten, galt. Dem Rauchen waren sie ausgesprochen zugetan und ich versah sie reichlich mit der Pfeife.

Ich schlug ihnen vor, einige junge Männer mit einer Einladung an ihre Häuptlinge und Krieger zu ihrer Gruppe zu schicken und mit dem weißen Mann zusammen herunterzukommen, um sich mit mir an der Einmündung des Marias zu beratschlagen. Die anderen sollten mich zu der Stelle begleiten, wo ich meine Leute zu treffen hoffte, von denen ich einige Zeit getrennt war und die sich Sorgen um mich machten. Falls sie mit mir gingen, würde ich ihnen zehn Pferde und etwas Tabak geben. Auf diesen Vorschlag gaben sie keine Antwort, ich hielt heute Abend die erste Wache und richtete mich bis halb zwölf ein. Die Indianer waren inzwischen alle eingeschlafen, ich weckte R. Fields auf und legte mich hin; ich befahl Fields, die Bewegungen der Indianer zu beobachten und, falls irgendeiner von ihnen das Lager verlassen sollte, uns alle zu wecken, da ich befürchtete, dass sie versuchen würden, unsere Pferde zu stehlen. Anschließend fiel ich in einen tiefen Schlaf und erwachte erst, als die Geräusche der Männer und der Indianer mich kurz nach Tagesanbruch am Morgen weckten.

[ORDWAY] Wir kehrten zum Willow Creek zurück … und hielten, um den Pferden zu helfen, als die Karrenräder beinahe bis zur Radnabe im Schlamm versanken … Wir kehrten stark erschöpft zum Portage-Fluss zurück und schafften die Kanus und das ganze Gepäck zur weißen Piroge hinunter.

27. Juli [LEWIS] Heute Morgen standen die Indianer bei Tagesanbruch auf und drängten sich um das Feuer. J. Fields, der auf Posten war, hatte sein Gewehr nachlässig hinter sich abgelegt, in der Nähe seines noch schlafenden Bruders. Einer der Indianer, der Kerl, dem ich gestern Abend die Medaille gegeben hatte, schlüpfte hinter ihm vorbei und entwendete von ihm unbemerkt sein Gewehr und dasjenige seines Bruders. Im gleichen Moment ergriffen zwei andere die Gewehre von Drewyer und mir selbst. Als J. Fields dies bemerkte, drehte er sich um, um nach seinem Gewehr zu schauen, und sah den Kerl gerade mit seinem und seines Bruders Gewehr weglaufen. Er rief seinem Bruder, der sofort aufsprang und den Indianer mit ihm zusammen verfolgte. 50 oder 60 Schritte vom Lager entfernt holten sie ihn ein und entrissen ihm ihre Gewehre; R. Fields stach dem Indianer mit seinem Messer ins Herz. Der Kerl rannte noch etwa 15 Schritte und fiel tot um; von diesem Zwischenfall erfuhr ich zunächst nichts.

Nachdem sie ihre Gewehre wiedererlangt hatten, liefen sie sofort zum Lager zurück. Drewyer, der erwachte, sah den Indianer sich seines Gewehres bemächtigen, sprang sofort auf und entriss es ihm, aber der Indianer hatte noch seinen Kugelbeutel. Indessen weckten mich sein Aufspringen und sein Fluchen. Ich sprang auf und fragte, was los sei, war aber sofort im Bilde, als ich Drewyer mit dem Indianer um sein Gewehr raufen sah. Ich streckte meine Hand aus, um mein Gewehr zu packen, und entdeckte, dass es weg war. Ich zog eine Pistole aus dem Halfter, und als ich mich umwendete, sah ich den Indianer sich mit meinem Gewehr davonmachen. Ich stürzte mit meiner Pistole auf ihn los und forderte ihn auf, mein Gewehr hinzulegen. Dies wollte er gerade tun, als die Fields zurückkehrten und ihre Gewehre hochrissen, um ihn zu erschießen. Ich gebot ihnen Einhalt, da der Indianer keinen Widerstand zu leisten schien. Er ließ das Gewehr fallen und ging langsam weg, ich hob es sofort auf. Inzwischen hatte Drewyer Gewehr und Kugelbeutel zurückerlangt und fragte mich, ob er jetzt den Kerl töten dürfte. Auch das verbot ich, da der Indianer seinerseits keine Tötungsabsichten zu haben schien. Sobald sie uns alle im Besitz unserer Waffen sahen, flüchteten sie und versuchten dabei alle Pferde wegzutreiben. Meine Männer verfolgten den Haupttrupp, der die Pferde flussaufwärts trieb. Ich verfolgte den Mann, der mein Gewehr zu stehlen versucht hatte, und einen weiteren, der einen Teil der Pferde wegtrieb, die sich auf der linken Seite des Lagers befanden. Ich war so dicht an sie herangekommen, dass sie zwölf ihrer eigenen Pferde nicht mehr mitnehmen konnten, dafür aber eines der Meinigen mit ein paar anderen weitertrieben.

Nach etwa dreihundert Schritten gelangten sie an einen jener tiefen Einschnitte im Steilufer, wobei sie die Pferde immer noch vor sich hertrieben. Da ich fast außer Atem war, konnte ich sie nicht weiterverfolgen, ich rief ihnen zu, wie schon mehrere Male zuvor, dass ich sie erschießen würde, wenn sie mir mein Pferd nicht zurückgäben, und hob mein Gewehr. Einer von ihnen sprang hinter einen Felsen und sprach zu dem anderen, der sich umwandte und etwa 30 Schritte von mir entfernt innehielt. Ich schoss ihm in den Bauch, er fiel auf seine Knie und den rechten Ellbogen. Aus dieser Position richtete er sich halbwegs auf und feuerte auf mich, und nachdem er sich umgewandt hatte, schleppte er sich hinter einen nahen Felsen. Er schoss über mich hinweg, und weil ich barhäuptig war, fühlte ich den Luftzug seiner Kugel sehr deutlich. Da ich meinen Kugelbeutel nicht bei mir hatte, konnte ich mein Gewehr nicht wieder laden. Weil meine Gegner zu zweit und gut gedeckt waren, hielt ich es nicht für ratsam, mit einer Pistole auf sie zuzustürzen, die ich abgefeuert hatte und erst im Lager wieder laden konnte. Ich drehte deshalb um, unterwegs traf ich Drewyer, der, nachdem er die Gewehrschüsse gehört hatte, auf der Suche nach mir zurückgekehrt war und es den Fields überlassen hatte, die Indianer zu verfolgen. Ich bat ihn, mit mir zum Lager zu eilen, mir beim Einfangen einiger Indianerpferde zu helfen und den Fields zuzurufen, falls sie in Hörweite wären, sie möchten zurückkehren, weil wir immer noch genug Pferde besäßen. Er versuchte es, aber sie waren zu weit weg, um ihn zu hören. Wir erreichten das Lager und begannen, die Pferde einzufangen und sie zu satteln und die Packen aufzulegen. Der Grund, weswegen ich meinen Kugelbeutel nicht bei mir hatte, war der, dass ich keine Zeit hatte, die 50 Yards zum Lager zurückzulegen, nachdem ich mein Gewehr wiedererlangt hatte.

Ich war gezwungen, die Indianer zu verfolgen, um zu verhindern, dass sie alle Pferde wegtrieben. Wir hatten die Pferde bald eingefangen und gesattelt und fingen an, die Packen zu ordnen, als die Fields mit vier unserer Pferde zurückkehrten; wir ließen eines davon zurück und nahmen vier der besten Indianerpferde. Während die Männer die Pferde vorbereiteten, nahm ich vier Schilde und zwei Bogen und Köcher mit Pfeilen in die Hand, die am Feuer mit verschiedenen anderen Gegenständen zurückgelassen worden waren. Offensichtlich überließen sie ihr ganzes Gepäck unserer Gnade. Sie hatten nur zwei Gewehre und eines davon ließen sie zurück. Die anderen waren mit Bogen und Pfeilen und Dolchen bewaffnet. Das Gewehr nahmen wir mit. Ich nahm auch wieder die Flagge an mich, aber ließ die Medaille um den Hals des toten Mannes, damit sie sehen konnten, wer wir waren. Wir nahmen einiges von ihrem Büffelfleisch und machten uns daran, das Steilufer auf der gleichen Route hochzusteigen, die wir am letzten Abend hinuntergestiegen waren. Die restlichen neun Pferde ließen wir zurück, da wir sie nicht brauchten. Die Fields berichteten mir, dass drei der Indianer, die sie verfolgten, den Fluss durchschwammen, einer von ihnen auf meinem Pferd. Und dass zwei andere den Hügel hinaufgerannt und mit einem Teil der Pferde entkommen seien. Von den zweien, die ich verfolgt hatte, lag einer tot in der Nähe des Lagers, und über den achten wussten wir nicht Bescheid, nahmen aber an, dass er sich frühzeitig aus dem Staub gemacht hatte.

Nachdem wir die Hügelspitze erreicht hatten, setzten wir unseren Weg in Richtung Südosten durch eine schöne, ebene Prärie fort. Mein Plan war, so schnell wie möglich zur Einmündung des Marias Rivers zu eilen, in der Hoffnung, dort mit den Kanus und der Truppe zusammenzutreffen. Ich hatte keinen Zweifel, dass uns die Indianer mit einem großen Trupp verfolgen würden, und da sich eine Gruppe in der Nähe der zerklüfteten Berge aufhielt, oder wahrscheinlich zwischen diesen und der Mündung dieses Flusses, konnten wir vorhersehen, dass sie bald Nachricht von uns erhalten und diesen Ort fast beinahe so schnell erreichen würden wie wir. Deshalb durfte keine Zeit verloren werden, und wir trieben deshalb unsere Pferde so hart an, wie sie es ertragen konnten … Um drei Uhr nachmittags erreichten wir den Rose River und zwar fünf Meilen oberhalb der Stelle, wo wir ihn bei unserer Hinreise überquert hatten; wir hatten nach meiner Schätzung etwa 63 Meilen zurückgelegt. Hier machten wir anderthalb Stunden halt, nahmen einige Stärkungen zu uns und ließen unsere Pferde grasen … Bei Anbruch der Dunkelheit hatten wir weitere 17 Meilen hinter uns gebracht. Wir hielten jetzt, um uns selbst und die Pferde etwa zwei Stunden auszuruhen, wir töteten eine Büffelkuh und aßen eine kleine Menge des Fleisches.

Nachdem wir uns gestärkt hatten, brachen wir bei Mondlicht wieder auf. Schwere Gewitterwolken lauerten rund um uns herum und bedeckten den ganzen Himmel, bis auf eine Stelle, aus welcher der Mond uns Licht gab. Wir kamen während der ganzen Nacht an immensen Büffelherden vorbei. Wir ritten bis zwei Uhr morgens und hatten meiner Schätzung nach seit Einbruch der Dunkelheit etwa 20 Meilen geschafft. Wir trieben jetzt unsere Pferde auf die Weide und legten uns erschöpft nieder, was für jedermann leicht vorstellbar sein dürfte. Mein Indianerpferd trug mich sehr gut – viel besser, als es mein eigenes getan hätte. Ich habe also keinen Grund, den Raub zu beklagen.

28. Juli [LEWIS] Ich schlief fest, aber erwachte glücklicherweise bei Tagesanbruch. Ich weckte die Männer und befahl, die Pferde zu satteln. Von meinem gestrigen Ritt war ich so wund, dass ich kaum stehen konnte, und die Männer klagten über ähnliche Beschwerden. Ich ermutigte sie, indem ich sie darauf aufmerksam machte, dass in diesem Moment sowohl unser eigenes Leben wie auch das unserer Freunde und Reisegefährten von unseren Anstrengungen abhingen; sie waren bald munter, bereiteten die Pferde vor und wir ritten weiter. Die Männer schlugen vor, den Missouri an der Grog-Quelle zu überqueren, wo der Rose River ihm sehr nahe kommt, und dann auf der Südseite weiterzuziehen. Dagegen wandte ich ein, dass es uns fast einen ganzen Tag kosten würde, wenn wir unser Ziel auf diesem Umweg zu erreichen suchten, und dass der Feind dann Zeit hätte, die Truppe am Missouri zu überraschen und zu vernichten, falls sie schon am Zielpunkt angelangt sei. Ich legte ihnen nahe, dass wir der Sicherheit unserer Freunde verpflichtet seien und wir in dieser Situation unser Leben riskieren und auf dem kürzesten Weg zum Treffpunkt weiterreiten müssten. Wenn die Truppe dort noch nicht angelangt sei, würde ich den Missouri eine kurze Strecke flussaufwärts mit einem Floß befahren, unser Gepäck verstecken und zu Fuß den Fluss entlang durch den Wald marschieren, bis ich den Kanus begegnen oder an den Fällen auf sie stoßen würde. Ich informierte sie, dass es meine feste Absicht sei, wenn wir in den Prärien auf unserem Weg zum Zielort angegriffen würden, die Zügel der Pferde zusammenbinden zu lassen, sie zu verteidigen und unser Leben so teuer wie möglich zu verkaufen. Wir waren etwa zwölf Meilen in einer östlichen Richtung weitergeritten, als wir nahe an den Missouri gelangten. Wir hörten einen Knall, den wir für einen Gewehrschuss hielten, waren aber nicht sicher. Wir ritten das nordöstliche Ufer des Missouris noch etwa acht Meilen weiter hinunter; als wir dann etwa fünf Meilen von der Grog-Quelle entfernt waren, hörten wir auf dem Fluss zu unserer Rechten sehr deutlich den Knall mehrerer Gewehre. Wir eilten freudig diesem Geräusch entgegen, und als wir am Ufer des Flusses angelang waren, hatten wir die unbeschreibliche Genugtuung, unsere Kanus herunterfahren zu sehen. Wir kletterten eilig das Steilufer hinab und fanden uns bei unseren Leuten ein, luden unsere Pferde ab, ließen sie frei und schafften ohne Zeitverlust unser Gepäck an Bord. Ich erfuhr jetzt, dass alle Sachen in Sicherheit waren, sie keinen Verlust davongetragen noch irgendeinen Unfall von Bedeutung erlitten hatten. Wiser hatte sich mit einem Messer schlimm ins Bein geschnitten und war infolgedessen unfähig gewesen, zu arbeiten. Wir fuhren flussabwärts in die Nähe unseres geheimen Depots. Wir wagten es erst zu öffnen, nachdem wir die Umgebung erkundet hatten. Das geheime Depot war eingestürzt und die meisten der darin vergrabenen Sachen beschädigt; ich hatte zwei große Bärenfelle verloren, was ich sehr bedauere; der größte Teil der den Männern gehörenden Pelze und ihr sonstiges Gepäck hatte ebenfalls Schaden genommen. Das Schießpulver, Mais, Mehl, Schweinefleisch und Salz hatten nur wenig Schaden gelitten, das gedörrte Fleisch war verdorben oder fast verdorben. Wir hatten keine Zeit, um diese Sachen der Luft auszusetzen, was dringend notwendig gewesen wäre. Wir suchten jetzt den Ort auf, wo wir noch mehrere kleine Verstecke angelegt hatten. Wir fanden alles in bestem Zustand, nur drei Drewyer gehörende Fallen waren verschwunden. Hier, welch ein glücklicher Zufall, schlossen sich um ein Uhr Sergeant Gass und Willard uns wieder an, die die Pferde von den Fällen brachten. Ich hatte ihnen befohlen, die Pferde bis zu dieser Stelle herunterzubringen, damit sie für den Fleischtransport eingesetzt werden könnten. Alle hatten den Auftrag, Wild zu erlegen und das Fleisch zu trocknen, wobei ich annahm, dass sie mit der Piroge und den Kanus mehrere Tage vor meiner Rückkehr hier eintreffen würden. Da uns jetzt nichts mehr aufhalten sollte, setzten wir sofort zu der Insel in der Einmündung des Marias Rivers über, um die rote Piroge ins Wasser zu lassen, fanden sie aber so sehr verfault, dass sie mit den uns zur Verfügung stehenden Mitteln nicht mehr zu reparieren war. Wir entnahmen ihr deshalb lediglich die Nägel und anderes uns nützliches

Eisenwerk und ließen sie zurück. Wir schifften uns jetzt wieder auf der weißen Piroge und fünf kleinen Kanus ein, fuhren den Fluss etwa 15 Meilen hinunter und lagerten auf der Südwestseite.

[ORDWAY] Gegen neun Uhr früh entdeckten wir auf einer Uferhöhe vor uns Captain Lewis und die drei Männer, die mit ihm zu Pferde unterwegs waren, von der Nordseite auf uns zukommen. Wir kamen zum Ufer und feuerten die Drehbasse ab, um ihn und seinen Trupp zu begrüßen. Wir begrüßten sie auch mit Salut der kleinen Waffen und waren erfreut, sie zu sehen etc. Captain Lewis nahm uns alle bei der Hand.

29. Juli [LEWIS] Gestern Abend kurz nach Einbruch der Dunkelheit kam ein heftiger, von Regen, Hagel, Donner und Blitz begleiteter Sturm aus Nordwesten, der den größeren Teil der Nacht andauerte. Da wir keine Mittel hatten, einen Unterstand anzufertigen, lag ich die ganze Nacht im Wasser.

[ORDWAY] Die zwei Fields töteten zwei große Widder, die große Hörner hatten. Captain Lewis ließ sie skelettieren, um sowohl alle Knochen und Hörner als auch das Fell zum Sitz der Regierung mitzunehmen.

1. August [LEWIS] Ich beschloss, wenigstens diesen einen Abend hierzubleiben und zu versuchen, meine Dickhornschafhäute zu trocknen, da sie zu schimmeln begannen. Normalerweise hätte ich dieser Sache keine Beachtung geschenkt, aber wir verlassen jetzt das Land, wo diese Tiere heimisch sind, und ich könnte deshalb den Verlust der Häute niemals ausgleichen.

3. August [LEWIS] In Zukunft soll die Truppe, nachdem wir das Lager aufgeschlagen haben, jeden Abend so viel Fleisch kochen, dass es auch noch für den nächsten Tag ausreicht. Dadurch gewinnen wir Zeit und beschleunigen unsere Reise um mindestens zwölf bis fünfzehn Meilen pro Tag. Wir sahen im Verlauf dieses Tages nur wenige Büffel, aber eine große Anzahl von Wapitis, Rotwild, Wölfen, einige Bären, Biber, Gänse, einige Enten, den bunten Corvus, einen Calumet-Adler, eine Anzahl kahler Adler, rotköpfige Spechte etc.

4. August [ORDWAY] Ich machte mich heute früh mit Willard in einem kleinen Kanu auf, um zu jagen ... Gegen elf Uhr in der Nacht befanden wir uns an einer Stelle voll von Sägern.[88] Die Strömung zog uns hinein und wir hatten keine Chance, wieder herauszukommen.

88 Als »Säger« bezeichnete man teilweise untergetauchte Bäume, deren sichtbarer Teil das Wasser in eine auf- und abziehende, ruckartige Bewegung »sägt« und für Boote eine Gefahr bedeutet.

Hilflos trieben wir die halbe Wegstrecke dahin, als plötzlich das Heck unter den Ast eines Baumes geriet. Willard, der sich im Heck aufhielt, blieb an dem Ast hängen und wurde aus dem Boot gezogen, da die Strömung sehr stark war. Er hielt sich an dem Ast fest, und ich ergriff mein Paddel und drehte den Bug des Kanus hin und her, um die Säger wegzuräumen und sicher hindurchzukönnen. Ich lenkte das Kanu an Land und stürzte die Uferböschung hoch. Willard auf der gegenüberliegenden Seite rief mir zu, ob alles in Ordnung sei. Ich bejahte seine Frage, aber er konnte mich nicht hören, da das Wasser hinter den Sägern toste. Inzwischen hatte Willard aus zwei Ästen, die er im Wasser treibend erwischte, ein kleines Floß gebastelt. Darauf befestigte er seine Kleider und durchschwamm damit diese schwierige Stelle. Ich rannte hinunter, fuhr mit dem Kanu los und zog den Schwimmer ins Boot.

6. August [LEWIS] Es gibt viel Wild, das nicht scheu ist und sich mühelos jagen lässt.

7. August [LEWIS] Um acht Uhr früh passierten wir die Einmündung des Martha Rivers. Sie hat sich verändert, seit wir sie letztes Jahr passierten, und befindet sich gegenwärtig etwa eine Viertelmeile weiter unten. Bei oder genauer gesagt unterhalb der Einmündung dieses Flusses stießen wir auf das erste Vorkommen von abgebrannten Kohlehügeln und Bimsstein, beides scheint irgendwie zusammenzugehören. Hier finden wir auch die erste Ulme und Zwergzeder auf den Steilufern und eine einzige Esche … Um vier Uhr nachmittags kamen wir an der Einmündung des Yellowstone Rivers an. Ich landete und fand die Stelle, wo Captain Clark gelagert und die er offensichtlich vor sieben oder acht Tagen verlassen hatte. Ich fand einen Zettel auf einer Stange, der lediglich meinen Namen in der Handschrift von Captain Clark enthielt. Wir fanden auch den Rest einer Notiz, die an einem Stück Wapitihorn befestigt war. Aus diesem Fragment erfuhr ich, dass Wild an diesem Ort rar und die Moskitos lästig waren. Dies waren wohl die Hauptgründe für seine Weiterreise. Ich erfuhr weiterhin, dass er beabsichtigte, meine Ankunft einige Meilen flussabwärts abzuwarten. Ich schrieb eine an Colter und Collins gerichtete Notiz und befahl ihnen, vorausgesetzt, sie waren hinter uns, ohne Zeitverlust aufzuschließen; diese Notiz wickelte ich in Leder ein und befestigte sie auf der gleichen Stange, die Captain Clark an der Stelle aufgestellt hatte.

Nachdem ich dieses erledigt hatte, schiffte ich mich sofort wieder ein und fuhr den Fluss in der Hoffnung hinunter, Captain Clarks Lager vor Einbruch der Nacht zu erreichen. Etwa sieben Meilen unterhalb dieses Ortes sah ich auf dem südwestlichen Ufer Fleisch auf einer Stange hängen; ich befahl Sergeant Ordway, ans Ufer zu fahren und den Platz zu untersuchen; bei seiner Rückkehr berichtete er, dass er die Spuren von zwei Männern entdeckt habe, die so frisch schienen, als stammten sie vom heutigen Tag. Die Feuerstelle, die er auf dem Platz fand, glühte noch und schien innerhalb der letzten Stunden nachgelegt worden zu sein. Er fand an dieser Stelle einen Teil von einem Chinook-Hut, den meine Männer als den Hut von Gibson erkannten; aus diesen Umständen schlossen wir, dass Captain Clarks Lager nicht weit entfernt sein konnte, und setzten so unseren Weg bis zum Einbruch der Dunkelheit in der Hoffnung fort, sein Lager zu erreichen. Hierin wurden wir indessen enttäuscht, und die hereinbrechende Nacht zwang uns, auf dem südöstlichen Ufer in der nächsten Talsohle oberhalb unseres Lagers vom 23. und 24. April 1805 zu lagern.

8. August [LEWIS] Als wir Captain Clark nicht fanden, wusste ich nicht, was für eine Berechnung bezüglich seines Aufenthaltes zu machen sei, und beschloss deshalb, den Weg ohne Rücksicht fortzusetzen und den Rest der Reise dem Zufall anheimzustellen. An diesem Ort fand ich einen geeigneten Strand, um die Piroge und eines der Kanus, das abgedichtet und repariert werden musste, an Land zu ziehen. Meine Männer haben keine Zeit gehabt, seit wir die Westseite der Rocky Mountains verließen, um irgendwelche Häute zuzubereiten oder sich Kleidungsstücke anzufertigen, deshalb sind die meisten von ihnen halb nackt … Wir fanden die Moskitos äußerst lästig, aber dies wird sich bis nach St. Louis hinunter kaum noch ändern. Zwischen unserem jetzigen Aufenthaltsort und dem Little Missouri gibt es eine große Menge Wild. Ich werde deshalb, wenn ich diesen Ort verlasse, in meinen Mußestunden umherschweifen und bei jeder Gelegenheit Fleisch ansammeln und trocknen, bis ich für unsere Reise eine ausreichende Menge zur Verfügung habe, da ich nicht weiß, welchen Vorrat Captain Clark angelegt hat.

9. August [LEWIS] Colter und Collins haben uns noch nicht eingeholt, ich fürchte, dass ihnen irgendein Missgeschick zugestoßen ist, denn ihre frühere Zuverlässigkeit und ihr einwandfreies Benehmen widersprechen der Annahme, sie könnten sich absichtlich verzögert haben.

11. August [LEWIS] Genau gegenüber den verbrannten Hügeln graste zufällig eine Herde Wapitis auf einer dichten Weidenbarre. Ich beschloss, an Land zu gehen, um einige Tiere zu erlegen, wobei mich nur Cruzatte begleitete. Wir feuerten auf die Wapitis, ich tötete einen, und er verwundete einen weiteren. Dann luden wir unsere Gewehre wieder und nahmen auf unterschiedlichen Pfaden durch die dichten Weiden die Verfolgung der Wapitis auf. Ich wollte eben ein zweites Mal auf den Wapiti feuern, als eine Kugel meinen linken Oberschenkel etwa einen Zoll unterhalb meines Hüftgelenks traf, den Knochen verfehlte und sich quer durch den hinteren Teil des rechten Oberschenkels bohrte; der Schlag war sehr stark; ich nahm sofort an, dass Cruzatte mich fälschlich für einen Wapiti gehalten hatte, da ich mit braunem Lederzeug bekleidet war und er nicht sehr gut sehen kann; solches vermutend rief ich aus: ›*Hol dich der Teufel, du hast mich getroffen*‹, und sah in Richtung der Stelle, aus der die Kugel gekommen war. Als ich nichts sah, rief ich mehrere Male so laut wie ich konnte Cruzattes Namen, aber erhielt keine Antwort. Ich war jetzt überzeugt, dass es ein Indianer war, der auf mich geschossen hatte, da der Knall des Gewehres nicht mehr als 40 Schritte von mir weg entstanden und Cruzatte außer Hörweite zu sein schien. Da ich nicht wusste, wie viele Indianer dort in den Büschen verborgen sein könnten, hielt ich es für das Beste, meinen Rückzug zur Piroge anzutreten, und rief, während ich die ersten Hundert Schritte rannte, so laut ich konnte in Richtung Cruzatte, er solle sich zurückziehen, weil Indianer drohten; ich hoffte, ihn rechtzeitig zu warnen, um auch ihn zur Flucht zu veranlassen. Als ich in Sichtweite der Piroge kam, rief ich die Männer zu den Waffen, was eiligst geschah. Ich berichtete ihnen, dass ich verwundet war, aber wie ich hoffte, nicht tödlich, und zwar vermutlich durch einen Indianer. Ich befahl ihnen, mir zum Tatort zu folgen, wo wir uns ihnen zum Kampf stellen und Cruzatte wenn möglich befreien würden, der, fürchtete ich, in ihre Hände gefallen war. Die Männer gehorchten und folgten mir nach, aber nach etwa einhundert Schritten begannen mich meine Wunden so zu schmerzen und mein Oberschenkel wurde so steif, dass ich kaum noch vorankommen konnte. Kurzum, ich war gezwungen, haltzumachen und befahl den Männern, weiterzugehen und falls sie sich zahlenmäßig unterlegen fänden, sich in Gefechtsformation unter Aufrechterhaltung eines Gewehrfeuers zurückzuziehen. Ich humpelte mühsam zur Piroge zurück und bereitete mich mit einer Pistole, meinem Gewehr und meiner Luftdruckwaffe darauf vor, mein Leben so teuer wie möglich zu verkaufen, da ein Rückzug unmöglich war. In diesem Zustand von Besorgnis und Ungewissheit verblieb ich etwa 20 Minuten, als der Trupp mit Cruzatte zurückkam und berichtete, dass man auf keine Indianer gestoßen sei und keine Spuren von ihnen entdeckt habe. Cruzatte schien sehr bestürzt und erklärte, wenn er mich angeschossen hätte, sei dies gewiss nicht seine Absicht gewesen und dass er einen Wapiti in den Weiden geschossen hatte, nachdem er sich von mir getrennt hatte. Ich fragte ihn, ob er mich nicht gehört habe, als ich ihn so häufig rief, was er absolut verneinte. Ich glaube nicht, dass der Kerl es absichtlich tat, aber er war doch bestrebt, sein Missgeschick zu verbergen, obwohl er wusste, dass er mich beschossen hatte. Die Kugel war in meinen Reithosen stecken geblieben und entstammte einem kurzen Gewehr, wie er es benutzte. Da es außer ihm und mir keine andere Person da draußen gab, und auch keine Indianer, die wir entdecken konnten, bestand kein Zweifel an seiner Schuld. Mithilfe von Sergeant Gass zog ich meine Kleidungsstücke aus und behandelte meine Wunden, so gut ich konnte. Ich führte Mullgaze in die Kugellöcher ein, die Wunden bluteten beträchtlich, aber glücklicherweise stellte ich fest, dass weder Knochen noch eine Arterie getroffen waren … Da es schmerzhaft für mich war, transportiert zu werden, schlief ich an Bord der Piroge; der Schmerz, den ich durchmachte, löste ein hohes Fieber aus, und ich hatte eine sehr unbehagliche Nacht.

12. August [LEWIS] Um acht Uhr früh unterrichtete mich der Bugmann, dass er am nordöstlichen Ufer ein Kanu und ein Lager von Weißen gesichtet hätte. Ich befahl der Besatzung der Piroge und der Kanus, diese Stelle aufzusuchen. Es handelte sich um das Lager zweier Jäger namens Joseph Dickson und Forest Hancock aus Illinois. Diese Männer teilten mir mit, dass Captain Clark den vorherigen Tag gegen Mittag an ihnen vorbeigefahren war. Sie informierten mich auch darüber, dass sie im Sommer 1804 den Illinois verlassen hatten. Seit dieser Zeit waren sie den Missouri hinaufgefahren, um Biber zu jagen; dass sie von Indianern ausgeraubt wurden und der Erstgenannte letzten Winter von den Tetons verwundet worden war; dass sie auf ihrer Reise bisher erfolglos gewesen waren, da sie bis jetzt nur wenige Biber gefangen hatten, aber immer noch entschlossen seien weiterzuziehen. Ich gab ihnen eine kurze Beschreibung des Missouris, eine Liste der Entfernungen zu den auffallendsten Strömen und bemerkenswertesten Stellen weiter flussaufwärts und zeigte ihnen Stellen, wo Biber überaus reichlich vorhanden waren. Ich gab ihnen auch eine Feile und ein paar Pfund Pulver mit etwas Blei. Dies waren Dinge, die, so versicherten sie mir, sie dringend benötigten. Ich blieb anderthalb Stunden bei diesen Männern; dann verabschiedete ich mich und zog weiter. Während ich bei diesen Männern war, schlossen sich Colter und Collins, die sich am dritten d. M. von uns getrennt hatten, uns wieder an. Sie waren beide wohlauf; nachdem sie uns am ersten Tag nicht eingeholt hatten, kamen sie zu dem Schluss, dass wir hinter ihnen zurück sein müssten, und hatten mehrere Tage auf uns gewartet. Meine Wunden fühlten sich sehr hart an und waren heute Morgen entzündet, aber bereiteten mir keine großen Schmerzen. Die Entzündung war geringer, als ich zuerst befürchtet hatte. Ich hatte gestern Abend einen Breiumschlag aus Chinarinde aufgetragen. Um ein Uhr mittags holte ich Captain Clark und seinen Trupp ein und hatte die Freude, sie alle wohlauf zu finden. Da das Schreiben in meiner gegenwärtigen Situation für mich äußerst schmerzvoll ist, werde ich damit bis zu meiner Genesung aufhören und meinem Freund Captain Clark die Fortsetzung unseres Tagebuchs überlassen. Vorher muss ich aber noch eine außergewöhnliche Kirsche erwähnen, die am Missouri in den niedrig gelegenen Landstrichen um die Biberteiche herum und in geringer Entfernung unterhalb des White Earth Rivers gefunden wird[89].

Clark auf dem Yellowstone

3. Juli [CLARK] Wir trieben unsere Pferde zusammen, und nach dem Frühstück nahm ich Abschied von Captain Lewis und den Indianern und brach um acht Uhr früh mit [Leerstelle] Männern, dem Dolmetscher Charbonneau und seiner Frau und Kind (als Dolmetscher und Dolmetscherin für die Crow-Indianer und Letztere für die Shoshonen) mit 50 Pferden auf.

4. Juli [CLARK] Heute ist der Tag der Unabhängigkeitserklärung der Vereinigten Staaten, der in meinem Land stets feierlich begangen wird. Daher hatte ich auch das Bedürfnis, ihn gebührend zu würdigen. Ich machte frühzeitig halt und wir gönnten uns ein üppiges Mittagsmahl, das aus einem fetten Rückenstück Wildbret und Cous-Wurzelbrei bestand.

6. Juli [CLARK] Charbonneaus Ehefrau sagte mir, dass sie früher häufig in dieser Prärie war und sie gut kenne. Der Wasserlauf, den wir hinabfuhren, sei ein Arm des Wisdom Rivers. Wenn wir zum höher gelegenen Teil der Prärie hinaufstiegen, würden wir einen Einschnitt in den Bergen entdecken, der in Richtung unserer Kanus liege, und wenn wir dort ankämen, würden wir den hohen Gipfel eines schneebedeckten Berges sehen.

[CLARK, Wetteranmerkungen] Kalte Nacht mit Frost. Ich schlief durchgefroren unter zwei Decken.

89 Es handelt sich um die Weichselkirsche. Dies ist der letzte botanische Hinweis von Lewis und sein letzter Tagebucheintrag überhaupt.

7. Juli [CLARK] Nach 16 Meilen kamen wir an einer kochenden Quelle an, die etwa 100 Schritte von einer großen östlichen Gabelung des Small Rivers entfernt in einer offenen Talebene liegt. Sie befindet sich gegenüber und östlich von den drei Gabeln dieses kleinen Flusses, der in den schneebedeckten Bergen südöstlich und südwestlich der Quellen entspringt. Diese Quelle fördert eine beträchtliche Menge an Wasser und blubbert selbst noch 20 Schritte unterhalb der Stelle, wo sie aufsteigt, vor Hitze. Sie ist sogar kochend heiß; man kann seine Hand keine drei Sekunden darin belassen. Ich beauftragte Sergeant Pryor und John Shields, jeweils ein Stück Fleisch von unterschiedlicher Größe in das Wasser zu legen. Das eine, etwa drei Finger dick, kochte in 25 Minuten gut durch, das andere, viel dickere war 32 Minuten im Wasser, bevor es ausreichend durch war. Dieses Wasser kocht zwischen einem lockeren, harten, grobkörnigen Stein hoch und ist etwas schwefelhaltig.

8. Juli [CLARK] Nach dem Mittagessen rückten wir weiter flussaufwärts … zu unserem Lager vom 17. August [1805]. Wie schon erwähnt, hatten wir dort unsere Kanus und einige andere Sachen vergraben. Die meisten aus meiner Truppe waren Tabakkauer und so ungeduldig, dass sie sich kaum Zeit ließen, ihre Sättel von ihren Pferden zu nehmen, bevor sie zum Depot drängten. Ich fand jeden Artikel unversehrt, bloß ein wenig feucht. Ich gab jedem Mann, der Tabak konsumierte, etwa zwei Fuß von einem Teil einer Rolle. Nahm ein Drittel des Restes für mich selbst und bewahrte das dann noch Verbleibende in einer Kiste auf, um sie mit dem Großteil der Dinge, die wir an diesem Ort zurückgelassen hatten, mit den Kanus zu Captain Lewis hinunterzuschicken.

10. Juli [CLARK] Ich habe alle Kanus zu Wasser gelassen und alles, was hinuntertransportiert werden sollte, an Bord bringen lassen. Dann ließ ich die Pferde zusammentreiben und mit den wenigen Gegenständen beladen, die ich zum Rochejaune River mitzunehmen beabsichtige.

Nach dem Frühstück brachen wir alle zur gleichen Zeit auf und rückten weiter den Jefferson River hinunter.

11. Juli [CLARK] Um sieben Uhr abends kam ich an der Einmündung des Wisdom Rivers an und lagerte an der Stelle, wo wir am [6.] August letzten Jahres kampiert hatten. Hier fanden wir ein Bajonett, das zurückgelassen worden war, und das Kanu fast unversehrt. Ich veranlasste, dass alle Nägel aus diesem Kanu herausgezogen und aus seinen Bordwänden Paddel hergestellt wurden.

13. Juli [CLARK] Wir brachen heute Morgen früh auf und kamen zügig weiter bis zu unserem alten Lager vom 27. Juli letzten Jahres an der Einmündung des Medicine Rivers. Um zwölf Uhr entdeckte ich Sergeant Pryor und den Trupp mit den Pferden, sie waren an diesem Ort eine Stunde vor uns angekommen. Sein Trupp hatte sechs Hirsche und einen weißen Bären erlegt. Ich ließ alle Pferde quer durch den Medicine und Gallatin River treiben und rastete unmittelbar unterhalb der Einmündung des Gallatin, um zu essen und die Pferde grasen zu lassen. Ich ließ alles Gepäck des Landtrupps aus den Kanus herausnehmen, und nach dem Mittagessen brachen die sechs Kanus und der Trupp von zehn Männern unter der Leitung von Sergeant Ordway auf. Vor ihrer Abreise gab ich Anweisungen, wie sie weiter vorzurücken hatten. Ich schrieb auch an Captain Lewis via Sergeant Ordway … Um fünf Uhr nachmittags brach ich von der Quelle des Missouris an den drei Gabelungen auf … Ich beobachte mehrere Hauptwege, die in ostnordöstlicher Richtung zu einem etwa 18 oder 20 Meilen entfernten Bergeinschnitt führen. Die Indianerfrau, die für mich als Führerin durch dieses Land von großem Nutzen gewesen ist, empfiehlt einen Einschnitt im Berg, der weiter südlich liegt. Ich werde ihn durchqueren.[90]

14. Juli [CLARK] Die Indianerfrau sagte mir, dass es wenige Jahre zuvor in diesen Prärien und Tälern bis fast zur Quelle des Jefferson Rivers hoch noch viele Büffel gab, aber in letzter Zeit nur noch wenige in diese Täler kommen. Dies liegt an den Shoshonen, die Angst haben, in die Prärien westlich der Berge hinüberzureiten, und sich von dem Wild ernähren, das sie in den Bergen erbeuten können, und von dem Fisch, den sie in dem östlichen Arm des Lewis Rivers fangen. Kleine Shoshonen-Trupps ziehen allerdings für ein paar Tage am Stück in die Prärien hinüber und töten Büffel, um Felle und getrocknetes Fleisch zu gewinnen, und kehren dann sofort in die Berge zurück.

17. Juli [CLARK] Heute Abend kam ich in einer kleinen Talsohle an einem Indianerfort vorbei, das wohl letzten Sommer errichtet worden ist. Dieses Fort wurde aus Baumstämmen und Rinde erbaut. Die Baumstämme waren sehr dicht aufgestellt, eng miteinander verbunden und bestens abgedichtet … Die Indianerfrau erklärte mir, dass, wenn Kriegstrupps sich verfolgt fühlen, sie solche Forts errichten, um sich darin gegen die Verfolger zu verteidigen, deren überlegene Anzahl sie anderenfalls überwältigen und vernichten könnte.

18. Juli [CLARK] Um elf Uhr vormittags sah ich aus den Prärien bei den Ausläufern der (schneebedeckten) Rocky Mountains in südsüd-

90 Sacagawea empfahl den (später so genannten) Bozeman Pass, den Clark auf seinem Weg zum Yellowstone am 15. Juli 1806 überquerte. Dieser Pass ist bald darauf zu einem der wichtigsten Einfallstore in den Westen geworden.

westlicher Richtung Rauch aufsteigen. Dieser Rauch muss von den Crow-Indianern stammen und sollte wohl ein Signal für uns oder andere Gruppen sein. Ich halte es für höchst wahrscheinlich, dass sie unsere Spur entdeckt haben, und da sie uns für Shoshonen etc. auf der Suche nach ihnen halten, haben die Crow-Indianer, wie es ihre Gewohnheit ist, diesen Rauch entfacht, um zu zeigen, wo sie sind, da sie Handel treiben wollen. Oder, falls sie uns für ihre Feinde halten, senden sie dieses Rauchzeichen für andere Gruppen, um diese zu warnen … Als Gibson heute Abend versuchte, sein Pferd zu besteigen, nachdem er einen Hirsch geschossen hatte, fiel er auf einen Aststumpf herab, welcher sich beinahe zwei Zoll in den muskulären Teil seines Oberschenkels bohrte. Dieser Aststumpf hatte einen Durchmesser von einem Zoll und war am einen Ende verbrannt. Es entstand eine sehr schlimme und äußerst schmerzhafte Wunde, die ich zu behandeln versuchte.

19. Juli [CLARK] Ich erhob mich früh und behandelte Gibsons Wunde. Er schlief sehr wenig letzte Nacht und klagt über große Schmerzen in Knie, Hüfte und Oberschenkel. Da es an diesem Abschnitt des Rochejaune keine ausreichend großen Bäume für den Bau eines Kanus gibt und Zeit kostbar ist (da es unser Wunsch ist, noch dieses Jahr die Vereinigten Staaten zu erreichen), beschließen wir, Gibson auf einer Art Trage mitzunehmen, falls er nicht fähig ist, den Fluss so weit hinunterzureiten, bis ich einen für meinen Zweck ausreichend großen Baum finde. Ich ließ das stärkste und sanfteste Pferd satteln und Felle und Decken so auflegen, dass er eine bequeme Sitzposition einnehmen konnte. Wir passierten den Rosebud River auf der Südseite. Ich ritt etwa neun Meilen weiter und hielt, um die Pferde grasen und Gibson ausruhen zu lassen. Sein Bein war vom langen Verweilen in derselben Lage ganz taub und schmerzte fürchterlich. Ich befahl Shields, den dichten Waldbestand nach einem ausreichend großen und gesunden Baum zu durchforsten, um daraus ein Kanu herzustellen, und auch nach etwas wildem Ingwer für einen Breiumschlag für Gibsons Wunde zu suchen … Seine Schmerzen wurden immer schlimmer, sodass sich Gibson nach einem zweistündigen Ritt nicht mehr auf dem Pferd halten konnte. Ich befahl Sergeant Pryor und einem Mann, eine Stunde lang bei ihm unter dem Schatten eines Baumes zu bleiben und dann zu der Stelle weiterzureiten, wo ich das Lager aufschlagen würde, nämlich beim allerersten baumbestandenen Platz … Ungefähr vier Meilen unterhalb der Stelle, wo ich Sergeant Pryor mit Gibson zurückgelassen hatte, fand ich einige große Bäume, in deren Umgebung auch das Gras ziemlich gut war. Ich lagerte im dichten Hain jener Bäume.

23. Juli [CLARK] Sergeant Pryor fand einen indianischen Mokassin und ein kleines Stück eines Überwurfs. Der Mokassin war an der Sohle verschlissen und doch nass und ist allem Anschein nach wenige Stunden zuvor getragen worden. Diese indianischen Zeichen überzeugen mich, dass die Indianer jene 24 Pferde gestohlen haben, die wir in der Nacht des 20. des Monats verloren; und dass die, welche letzte Nacht herumgeschlichen sind, auf der Suche nach dem Rest unserer Pferde waren, sie aber nicht finden konnten, weil sie sich glücklicherweise in eine kleine dicht bewaldete Prärie im Talgrund zurückgezogen hatten … Ich gab Sergeant Pryor seine Anweisungen und einen Brief an Mr. Haney und befahl, dass er, G. Shannon und Windsor mit den restlichen Pferden zu den Mandans reiten sollten, wo er nach Mr. H. Haney fragen solle; wenn sich dieser bei den Handelsstationen am Assiniboine River aufhalte, solle er zwölf oder 14 Pferde nehmen und dorthin reiten, um Mr. Haney den Brief zu übergeben, der in der Absicht abgefasst ist, diesen zu bewegen, auf einige der bestinformierten und einflussreichsten Häuptlinge der verschiedenen Sioux-Gruppen einzuwirken, dass sie uns zum Sitz unserer Regierung begleiten und so unsere Bevölkerung und unsere Ressourcen etc. sehen. Es ist, glaube ich, die zuverlässigste Garantie der Treue der Wilden zu einem Volk, dass sie die Macht seiner Regierung, jede Aggression sofort zu bestrafen, erkennen. Sergeant Pryor ist angewiesen, den Rest der Pferde beim Oberhäuptling der Mandans zu lassen und bis zu unserer Ankunft in dessen Dorf ein Reisejournal von seiner Route, Wegrichtungen, Entfernungen, Wasserläufen, Bodenbeschaffenheiten, Naturprodukten zu führen und insbesondere Tiere zu erwähnen.

24. Juli [CLARK] Eine Schätzung der verschiedenen Arten von Wildtieren an diesem Fluss, insbesondere Büffel, Wapitihirsche, Antilopen und Wölfe, zu versuchen oder zu geben, wäre unglaubhaft. Ich werde deshalb zu diesem Thema nichts weiter sagen. Doch es ist so, wir haben einen großen Überfluss an bestem Fleisch.

25. Juli [CLARK] Um vier Uhr nachmittags erreichten wir einen bemerkenswerten Felsen, der in einer weitläufigen Talsohle auf der Steuerbordseite des Flusses und 250 Schritte von ihm entfernt gelegen ist. Diesen Felsen bestieg ich und hatte von oben eine weitreichende Sicht in alle Richtungen. Dieser Fels, den ich Pompys Turm[91] nennen werde, ist 200 Fuß hoch und 400 Schritte im Umfang und nur auf

91 Clark benannte den Felsen nach dem Kosenamen des kleinen Jean Baptiste Charbonneau; er befindet sich in der Nähe der Stadt Billings, Montana, und trägt noch immer, gut sichtbar, Clarks Inschrift.

einer Seite, der nordöstlichen, zugänglich, da die anderen Teile aus einer senkrechten Klippe aus hellfarbenem, grobkörnigem Gestein bestehen. Oben auf dem Felsen liegt ein brauchbarer Erdboden von etwa fünf oder sechs Fuß Dicke und mit kurzem Graswuchs. Die Indianer haben zwei Steinhaufen auf der Spitze dieses Turmes errichtet. Die Eingeborenen haben auf der Wand dieses Felsens die Gestalten von Tieren etc. eingraviert, neben denen ich meinen Namen und den Tag, Monat und Jahr vermerkte … Nachdem ich mich ausreichend an diesem herrlichen Ausblick auf das ausgedehnte Land ringsherum und die gewaltigen Herden von Büffeln, Wapitis und Wölfen erfreut hatte, stieg ich hinunter und zog ein paar Meilen weiter.

30. Juli [CLARK] Wir brachen heute Morgen früh auf. Nach zwölf Meilen erreichten wir den Beginn von Untiefen der Fahrrinne auf der Steuerbordseite in der Nähe eines hohen Steilufers. Wir passierten auf einer Strecke von sechs Meilen solcher Untiefen, die untere lief fast quer durch den Fluss und schien nur etwa drei Fuß zu haben. Hier waren wir gezwungen, die Kanus von Hand hinunterzulotsen, aus Furcht, dass sie auf einen unter dem Wasser befindlichen Felsen laufen und zerschellen könnten. Dies ist mit Abstand die gefährlichste Stelle, die ich auf diesem Fluss von den Rocky Mountains bis hierher angetroffen habe, auf einer Strecke immerhin von 694 Meilen. Ich nenne sie die Büffeluntiefen, da ich eines dieser Tiere in ihnen gesehen habe.

1. August [CLARK] Wir hatten den ganzen Tag wiederholt Regenschauer mit Unterbrechung von nur wenigen Minuten. Meine Situation ist sehr unangenehm; ich bin in einem offenen Kanu, durchnässt und ohne Möglichkeit, mich zu trocknen … Um zwei Uhr mittags war ich gezwungen, zu landen, um die Büffel über den Fluss setzen zu lassen. Ungeachtet einer Insel von einer halben Meile Breite, die diese Büffelherde überqueren musste, und dem Flussbett links und rechts der Insel von jeweils einer Viertelmeile Breite, schwammen die Tiere dicht geschlossen. Ihre Reihe reichte von der einen bis zur anderen Seite. Das Flussbett auf der Seite der Insel, wo sie eintauchten, war eine halbe Stunde lang mit diesen Tieren vollgestopft, die andere Seite der Insel mehr als eine dreiviertel Stunde. Mit vier Männern erlegte ich vier wohlgenährte Kühe, um so viel Fett und Fleisch zu erhalten, wie die kleinen Kanus nur tragen konnten. Diejenigen, die wir wenige Tage zuvor erlegt hatten, waren vom nassen Wetter fast verdorben.

3. August [CLARK] Um acht Uhr morgens erreichte ich den Zusammenfluss des Rochejaune mit dem Missouri und schlug mein Lager unmittelbar auf der Landzunge zwischen den zwei Flüssen auf, wo die ganze Truppe bereits am 26. April 1805 kampiert hatte.

4. August [CLARK] Die Moskitos sind äußerst lästig, so sehr, dass die Männer klagten, sie könnten wegen dieser lästigen Insekten nicht an ihren Fellen arbeiten. Und ich finde es völlig unmöglich, in den Talsohlen zu jagen, da die Insekten so zahlreich und quälend sind und es einem Menschen unmöglich machen, sich in den bewaldeten Landstrichen aufzuhalten. Wir ziehen uns deshalb am besten auf die Sandbänke im Fluss zurück, und sogar diese Stellen sind nur mückenfrei, wenn der Wind einmal weht. Das geschah heute einige Stunden in der Mittagszeit. Abends, nachts und morgens sind sie fast unerträglich, insbesondere weil mein Trupp keine Moskitonetze hat, um sie nachts fernzuhalten, und außer ihren abgenutzten und löchrigen Decken nichts, um sich zu schützen. Die Moskitoplage und der Mangel an Büffelfleisch veranlassen mich zu dem Entschluss, eine geeignetere Stelle den Missouri stromabwärts zu suchen, wo die Insekten weniger lästig und die Büffel zahlreicher sind … Ich schrieb eine Notiz an Captain Lewis, die ihn über meine Absichten informierte, und band sie an eine Stange, die ich auf der Landzunge aufgestellt hatte. Um fünf Uhr nachmittags brachen wir auf und fuhren zur zweiten Landzunge hinunter, die für meinen Zweck geeigneter schien. Ich erlegte ein Stachelschwein. Auf dieser Landzunge waren die Moskitos jedoch so zahlreich, dass wir viel schlimmer gequält wurden als auf der letzten Landzunge. Das Kind von Charbonneau ist so sehr von den Moskitos zerstochen, dass sein Gesicht stark aufgedunsen und angeschwollen ist.

6. August [CLARK] Heute Morgen wurden wir von einem großen weißen Bären überrascht. Wir schwammen gerade im Fluss und er sprang mit einem Satz ins Wasser, da er uns wahrscheinlich für Büffel hielt, und verfolgte uns. Ich befahl den Männern, sich still zu verhalten. Das Tier kam bis auf etwa 40 Yards zu uns heran, dann machte es kehrt. Wir feuerten alle auf ihn, ohne ihn zu töten, und der Wind war so heftig, dass wir ihn nicht verfolgen konnten. So rettete er sich schwer verwundet ans Ufer. Ich habe tote Büffel den Fluss hinuntertreiben sehen, die wohl während des Übersetzens ertrunken sind.

8. August [CLARK] Um acht Uhr früh kamen Sergeant N. Pryor, Shannon, Hall und Windsor in zwei aus Büffelhäuten gefertigten Kanus den Fluss herunter. Sergeant Pryor informierte mich, dass er am zweiten Abend, nachdem er sich auf dem Fluss Rochejaune von mir getrennt hatte, gegen vier Uhr nachmittags an den Ufern eines großen Wasserlaufs angekommen sei, der kein fließendes Wasser enthielt. Er rastete, um die Pferde grasen zu lassen. Währenddessen ließ ein schwerer Regenschauer den Creek so hoch anschwellen, dass mehrere Pferde, die im Bett dieses Wasserlaufes umhergestreift waren, zurückschwimmen mussten. Er beschloss, die ganze Nacht hierzubleiben, da für die Pferde reichlich Futter vorhanden war. Am Morgen konnte er keine Pferde mehr sehen. Als sie um ihr Lager herum nachschauten, entdeckten sie innerhalb von 100 Schritten um ihr Lager etliche Spuren, die sie verfolgten und dabei die Stelle fanden, wo die Pferde eingefangen und weggetrieben worden waren. Sie verfolgten die Indianer fünf Meilen weit, dann teilten diese sich in zwei Trupps. Sie setzten die Verfolgung des größeren Trupps fünf Meilen weiter fort und stellten fest, dass es nicht die geringste Chance gab, ihn einzuholen. Sie kehrten zu ihrem Lager zurück und luden ihr Gepäck auf den Rücken und schlugen eine nordöstliche Richtung zum Rochejaune-Fluss ein, wo sie auf Pompys Turm stießen. Dort erlegten sie einen Büffelbullen und fertigten ein Kanu in der Form und Gestalt wie die der Mandans und Ricaras … In der Nacht, nachdem die Pferde gestohlen worden waren, biss ein Wolf Sergeant Pryor im Schlaf in die Hand, und dieses Tier war so bösartig, dass es sogar den Versuch machte, Windsor anzufallen. Zum Glück gelang es Shannon, das Tier zu erschießen. Sergeant Pryors Hand ist beinahe wieder geheilt.

9. August [CLARK] Die Squaw brachte mir eine große und wohlschmeckende Stachelbeere von einer prächtigen karmesinroten Farbe und dunkelpurpurrote Beeren von der Johannisbeerart, die an diesem Fluss bis zu den Mandans hinab wachsen. Die Dienstverpflichteten nennen sie die indianische Johannisbeere.

10. August [CLARK] Ich beendete eine Ausführung meiner Skizzen vom Rochejaune River.

11. August [CLARK] Gegen Mittag brach ich auf und war noch nicht zwei Meilen weitergekommen, als ich ein Kanu nahe dem Ufer beobachtete. Ich befahl meinen Männern anzulegen und traf auf zwei Männer vom Illinois, Jos. Dixon und [Leerstelle] Hancock. Sie befinden sich auf einer Pelztierjagd-Expedition den Rochejaune River hoch. Sie informieren mich, dass sie im Sommer 1804 den Illinois verlassen hatten. Den letzten Winter verbrachten sie mit den Tetons in Gesellschaft von einem Mr. *Coartong*, der Waren mitgebracht hatte, um Handel zu treiben. Die Tetons raubten ihm den größeren Teil der Waren und verwundeten diesen Dixon mit einem harten Ladepfropfen am Bein. Die Tetons gaben Mr. *Coartong* einige wenige Überwürfe für die Artikel, die sie ihm weggenommen hatten. Diese

Männer unterrichteten mich des Weiteren, dass sie das Boot und die Truppe, das wir von Fort Mandan flussabwärts schickten, in der Nähe des Kansas Rivers getroffen hätten. An Bord befand sich ein Häuptling der Ricaras. Außerdem begegneten sie den Yankton-Häuptlingen, Mr. Dorion, McClellan und mehreren anderen Händlern auf ihrem Weg nach Süden. Die Mandans und Minnetares lebten mit den Ricaras auf Kriegsfuß und hätten wohl zwei der Letzten getötet. Auch die Assiniboines führten mit den Mandans etc. Krieg und hätten die Händler aus dem Nordwesten daran gehindert, an den Missouri zu kommen, um Geschäfte zu betreiben. Sie haben kürzlich einen Händler in der Nähe des Mouse Rivers getötet und warten jetzt auf Mr. McKenzie, einen der Handelsbeauftragten, die lange Zeit bei den Minnetares lebten. Falls dies alles der Wahrheit entspricht, fürchte ich, dass unsere Erwartungen, die Mandan-, Minnetare- und Ricara-Häuptlinge würden uns in die Vereinigten Staaten begleiten, sich nicht erfüllen werden. Trotzdem werden wir uns bemühen, einen Frieden zwischen Mandans, Minnetares und Ricaras zustande zu bringen und auf einige ihrer Häuptlinge einzuwirken, uns in die Vereinigten Staaten zu begleiten.

12. August [CLARK] Gegen Mittag kam Captain Lewis mit der Truppe in Sicht, die den Missouri abwärtsfuhr, oder ihn vom Travelers Rest am Clarks River begleitete; ich war beim Anlegen der Kanus sehr bestürzt darüber, dass mein Freund Captain Lewis durch einen Unfall verwundet war. Er lag in der Piroge und behauptete, seine Wunde sei nur geringfügig und in 20 oder 30 Tagen verheilt. Diese Information beruhigte mich sehr. Als ich mir aber die Verletzung ansah, bot sich mir ein schlimmer Anblick. Die Kugel war durch den fleischigen Teil seines linken Oberschenkels unterhalb des Hüftknochens hindurchgegangen und hatte die Backe der rechten Gesäßhälfte auf drei Zoll Länge und der Tiefe der Kugel aufgerissen … Ich säuberte die Wunde, die sich bereits entzündet hatte, was Captain Lewis ziemliche Schmerzen verursachte.

12. Auf nach Hause

13. August – 23. September 1806

14. August [CLARK] Als wir gegenüber des großen Minnetare-Dorfs angekommen waren, sahen wir eine beträchtliche Anzahl von Eingeborenen nach uns Ausschau halten. Wir befahlen, mehrere Salven mit den Donnerbüchsen abzufeuern. Bald danach trafen wir auch auf eine Menge Eingeborener am Ufer gegenüber vom Dorf der Shoe-Indianer oder *Mah-har-has*, wo ich dem Oberhäuptling des kleinen Dorfes der Minnetares und dem ersten Häuptling der *Mah-har-has* begegnete. Diese Leute waren äußerst erfreut, uns zu sehen. Der Häuptling des kleinen Dorfes der Minnetares weinte herzzerreißend. Ich erkundigte mich nach der Ursache und erfuhr, dass sein Sohn kürzlich von den Schwarzfußindianern getötet worden war.

Nach ein paar Minuten rückte ich bis zum *Black-Cat*-Dorf auf der nordöstlichen Seite des Missouris vor, wo ich beabsichtigte, das Lager aufzuschlagen. Aber der Sand wehte so stark, dass wir beschlossen, nicht auf dieser Uferseite zu bleiben, sondern auf die andere Flussseite zurückzukehren. Wir wurden hier von allen Bewohnern dieser Ortschaft aufgesucht, die über das Wiedersehen gleichfalls hocherfreut schienen. Ich ging bis zum *Black-Cat*-Dorf und aß dort etwas Beerenmus und rauchte eine Pfeife. Dieses Dorf war verändert worden, seit ich es verlassen hatte, und viel kleiner als es vorher war. Ich fragte nach der Ursache und erfuhr, dass nach einem Streit einige Wigwams auf die gegenüberliegende Seite umgezogen waren. Ich hatte, als ich an Land ging, sogleich Charbonneau zu den Minnetares entsandt, um ihre Häuptlinge einzuladen, uns zu besuchen, und ebenso Drewyer hinunter zum unteren Dorf der Mandans, um Mr. Jessomme zu bitten, für uns zu übersetzen. Mr. Jessomme kam und ich sprach zu den Häuptlingen des Dorfes und sagte ihnen, dass wir so zu ihnen sprächen, wie wir dies beim ersten Mal getan hätten. Wir wiederholten jetzt unsere Einladung an die führenden Häuptlinge aller Dörfer, uns in die Vereinigten Staaten zu begleiten etc. Der *Black-Cat*-Häuptling der Mandans teilte mir mit, dass er gerne die Vereinigten Staaten und seinen Großen Vater besuchen würde, aber Angst vor den *Sioux* hätte, die jetzt im Krieg mit ihnen seien und mehrere ihrer Männer getötet hätten, seit wir sie verlassen hätten. Die Feinde hielten sich jetzt stromabwärts auf und würden ihn gewiss töten, falls er versuchte, den Missouri hinunterzureisen. Ich bemühte mich, seine Befürchtungen zu zerstreuen, indem ich ihm versicherte, dass wir diesen Indianern nicht gestatten würden, irgendeines unserer roten Kinder zu verletzen, die es für richtig hielten, uns zu begleiten, und dass sie auf ihrer Rückreise gleichfalls beschützt würden und ebenso Geschenke erhalten sollten, die sehr großzügig sein würden und die auf Kosten der Vereinigten Staaten in ihre Dörfer befördert würden etc. … Der Oberhäuptling von allen Minnetares, *One Eye*, kam zum Lager, ebenso mehrere andere Häuptlinge aus den verschiedenen Dörfern.

[ORDWAY] Captain Lewis fiel in Ohnmacht, als Captain Clark seine Wunde verband, kam aber bald wieder zu sich.

15. August [CLARK] Nachdem die Häuptlinge sich versammelt und eine Pfeife geraucht hatten, informierte ich sie, dass ich noch immer die gleichen Worte spreche, die wir zu ihnen gesprochen hatten, als wir zum ersten Mal im Herbst 1804 in ihr Land kamen … Der Oberhäuptling der Minnetares sagte, er wünschte sehr, seinen Großen Vater zu sehen, aber dass die Sioux im Wege seien und ihn ganz gewiss ebenso wie jeden anderen töten würden, der sich flussabwärts wagte. Sie seien schlimme Leute und würden nicht auf Worte hören. Bei unserem letzten Zusammentreffen hätten wir ihm berichtet, dass wir mit allen Nationen stromabwärts Frieden geschlossen hätten. Seit dieser Zeit hätten die Sioux aber acht seiner Männer getötet und mehrere Pferde gestohlen. Er sagte, dass er seine Ohren geöffnet habe und unserem Rat gefolgt sei und dass er mit den Cheyenne und Rocky Mountains-Indianern Frieden geschlossen habe, und wiederholte die gleichen Einwendungen dann noch einmal. Er bekräftigte dann, dass er gegen niemanden Krieg beginnen werde und bereit sei, alle Nationen als Freunde zu empfangen …

Als ich von einem unserer Dolmetscher davon informiert wurde, dass der zweite Häuptling der Mandans, gewöhnlich *Little Crow* genannt, beabsichtigte, uns stromab zu begleiten, nahm ich Charbonneau und ging zum Dorf, um diesen Häuptling zu sehen und mit ihm über das Thema zu reden. Er sagte mir, dass er sich entschlossen hatte mitzukommen, wolle aber zuerst später am Tag eine Ratsversammlung mit seinen Leuten abhalten. Ich rauchte mit Little Crow eine Pfeife und kehrte zum Boot zurück. Colter, einer unserer Männer, äußerte den Wunsch, sich einigen Sioux anzuschließen, die ihm angeboten hätten, Teilhaber bei ihnen zu werden und ihm Fallen zu liefern etc. Das Angebot sei für ihn sehr verlockend, und seine Dienste könnten künftig vielleicht entbehrt werden. Da wir geneigt waren, einem jeden aus unserer Truppe gefällig zu sein, der seine Pflicht so gewissenhaft wie Colter erfüllt hatte, willigten wir ein, vorausgesetzt, dass sonst niemand in der Truppe eine ähnliche Erlaubnis erbitten oder erwarten würde. Alle willigten ein und wünschten Colter jeden erdenklichen Erfolg. Gleichzeitig versicherten uns die Männer, dass keiner von ihnen auszuscheiden gedenke, ehe wir St. Louis erreicht hätten … Wir gaben Jo. Colter einige kleine Artikel, die wir nicht brauchten, und etwas Pulver und Blei. Auch die Mannschaft gab ihm Verschiedenes, das ihm auf seiner Expedition nützlich sein konnte. Heute Abend informierte mich Charbonneau, dass gleich nach unserem Aufbruch ein Kriegstrupp aus den zwei Minnetare-Dörfern hinterhergekommen sei und die Snake-Indianer angegriffen und getötet hätte, die wir besucht hatten. Bei dieser Auseinandersetzung verloren die Minnetares zwei ihrer Männer. Einer war der Sohn des Oberhäuptlings aus dem kleinen Dorf.

16. August [CLARK] Da die Drehbasse uns nicht länger nützte, weil sie an Bord der größten Piroge nicht abgefeuert werden kann, beschlossen wir, sie dem Oberhäuptling der Minnetares (*One Eye*) in der Absicht zum Geschenk zu machen, ihn uns stärker zu verpflichten. Ich ließ die Drehbasse laden und versammelte die Häuptlinge in einem Kreis um sie und hielt eine feierliche Ansprache … Als Teil der Zeremonie machte ich dann *One Eye* die Drehbasse zum Geschenk und sagte ihm, wenn er diese Kanone abfeuerte, solle er sich stets der Worte seines Großen Vaters erinnern, die wir ihm überbracht hatten … Der Häuptling schien hocherfreut zu sein und beförderte sie sofort zu seinem Dorf etc.

[CLARK, Wetteranmerkungen] Letzte Nacht habe ich Nordlichter gesehen.

17. August [CLARK] Ich vereinbarte mit Toussaint Charbonneau die Entschädigung für seine Dienste als Dolmetscher und den Preis eines zum allgemeinen Nutzen erworbenen Pferdes und eines Wigwams; die Summe belief sich auf 500 $ 33 Cent … Um zwei Uhr verließen wir unser Lager, nachdem wir von Colter Abschied genommen hatten, der zusammen mit den Herren Dickson und Hancock, allerdings den Fluss hoch, aufbrach. Wir nahmen auch unseren Abschied von T. Charbonneau, seiner Frau aus der Schlangennation und ihrem kleinen Sohn, die uns auf unserem Weg zum Pazifischen Ozean in der Eigenschaft als Dolmetscher und Dolmetscherin begleitet hatten. T. Charbonneau war daran interessiert, uns in besagter Eigenschaft weiter zu begleiten, falls wir die Minnetare-Häuptlinge dazu gebracht hätten, mit uns den Fluss zu den Vereinigten Staaten hinabzufahren. Aber da keiner dieser Häuptlinge, mit deren Sprache er vertraut war, uns begleiten würde, waren seine Dienste für die Vereinigten Staaten nicht länger von Nutzen und er wurde deshalb entlassen und ausgezahlt. Wir boten an, ihn bis zum Illinois hinunter mitzunehmen. Er lehnte mit der Begründung ab, vorerst nicht weiterreisen zu wollen. Er meinte, er hätte dort unten keine Bekannten und keine Aussichten, seinen Lebensunterhalt zu sichern. Ich bot an, seinen kleinen Sohn aufzunehmen, ein schönes, vielversprechendes Kind von 19 Monaten. Beide Elternteile willigten ein, vorausgesetzt das Kind sei erst einmal entwöhnt. Sie bemerkten, dass der Junge in einem Jahr alt genug sein werde, seine Mutter zu verlassen, und er würde ihn dann zu mir bringen, falls ich so freundlich wäre, das Kind für ihn in solch einer Weise großzuziehen, wie ich dies für richtig hielte, worin ich einwilligte etc. Wir fuhren anschließend langsam zu dem Mandan-Dorf des Häuptlings *Big White* eine halbe Meile auf der Südseite flussabwärts, alle Indianer zogen auf dem Landweg mit hinunter. Und ich ging zum Wigwam des Häuptlings, den ich von seinen Freunden umgeben fand; die Männer saßen rauchend in einem Kreis, während die Frauen weinten. Er schickte sein Gepäck mit seiner Frau und Sohn … zu den für sie bereitgestellten Kanus.

Nachdem er eine Pfeife geraucht und etwas Pulver und Blei, das wir ihm gegeben hatten, verteilt hatte, erklärte er, dass er bereit sei, und wir wurden vom ganzen Dorf zu den Kanus begleitet … Wir salutierten mit einem Gewehrschuss, legten ab und fuhren weiter zum Fort Mandan. Dort ging ich an Land, um die alten Gebäude und Werkstätten anzusehen. Außer einem Haus in der hinteren Bastion waren alle einem Brand zum Opfer gefallen und nur zum Fluss hin standen noch einige Palisaden.

18. August [CLARK] Ich setzte mich mit dem Häuptling *Big White Man* nieder und stellte Nachforschungen bezüglich des Brauchtums seiner Nation sowie dem Zeitpunkt an, seit dem sie ihre Dörfer bewohnen, auch bezüglich der Anzahl der Dörfer, deren Überreste wir an verschiedenen Abschnitten des Flusses gesehen hatten, und der Ursache ihrer Räumung. Er erzählte mir, dass seine Nation ursprünglich unter der Erde lebte, wo sie ein großes Dorf bewohnte. Eine Weinrebe wuchs durch die Erde zu ihrem Dorf hinab und sie sahen Licht. Einige ihrer Leute kletterten dann an der Weinrebe auf die Erde hoch und sahen Büffel und all die anderen Tierarten, auch Weintrauben, Pflaumen etc. Sie sammelten einige Weintrauben und nahmen sie mit zu dem Dorf hinunter. Die Leute kosteten davon und fanden sie gut, sie beschlossen also nach oben zu gehen und auf der Erde zu leben – Männer, Frauen und Kinder kletterten an der Rebe hoch und … schließlich zerbrach eine große dickbäuchige Frau beim Hochklettern die Rebe, fiel wieder hinunter und alle, die in dem unterirdischen Dorf geblieben waren, seien jetzt noch dort. (Die Mandans glauben, dass sie zu diesem Dorf zurückkehren, wenn sie sterben.) Die, die auf der Erde geblieben waren, errichteten ein Dorf am Fluss stromabwärts und vermehrten sich. Der Häuptling sagte, dass er in dem Dorf gegenüber von unserem Lager geboren wurde und dass zu diesem Zeitpunkt seine Nation sieben große Dörfer bewohnte. Die Sioux und die Pocken töteten jedoch den größeren Teil von ihnen und machten sie so schwach, dass alle, die übrig geblieben waren, in zwei kleinen Dörfern Platz fanden, die in der Nähe des alten Ricara-Dorfs stromaufwärts gebaut wurden. Ihre Konflikte mit den Sioux und Pawnees oder Ricaras zwangen sie, von dort wieder wegzuziehen und an der Stelle ein Dorf zu bauen, wo sie jetzt leben.

19. August [CLARK] Captain Lewis' Wunden heilen sehr schnell, ich hoffe sehr, dass er in acht oder zehn Tagen wieder gehfähig sein wird.

20. August [CLARK] Ich beobachte an dieser Stelle eine merkliche Veränderung im Strömungsverlauf und Erscheinungsbild des Missouris. An Stellen, wo es im Herbst 1804 Sandbänke gab, fließt jetzt die Hauptströmung und wo sie damals floss, ist jetzt eine Sandbank. Sandbänke, die damals unbewachsen waren, sind jetzt mehrere Fuß hoch mit Weiden bedeckt.

21. August [CLARK] Ein Mann von etwa 32 Jahren wurde mir als erster Häuptling der Nation [Arikara] genannt. Er wird *Grey Eye* genannt. Zum Zeitpunkt unserer Hinfahrt war er nicht anwesend. Der Mann [Kakawissassa], den wir als Oberhäuptling kennengelernt hatten, unterrichtete mich, dass *Grey Eye* ein größerer Häuptling als er selbst sei, und dass er all seine Ansprüche mit der Fahne und der Medaille an *Grey Eye* abgetreten hatte … [*Grey Eye*] hielt eine sehr lebendige Rede, in der er seine Bereitschaft erklärte, den Ratschlägen zu folgen, die wir ihnen gegeben hatten. Er erwähnte, dass einige schlechte junge Männer nicht auf die Ratschläge hörten, sondern sich den Sioux anschließen würden, dass sie deshalb diese Kerle fallen gelassen und aus ihren Dörfern vertrieben hätten. Die Sioux seien die Ursache allen Übels und hätten seit meinem letzten Besuch mehrere Ricaras getötet. Mehrere Häuptlinge wünschten uns zu begleiten, um ihren Großen Vater zu sehen, wollten aber zunächst die Rückkehr des Häuptlings, der sich letzten Sommer aufgemacht hatte, abwarten. Er drückte einige Besorgnis bezüglich der Sicherheit dieses Häuptlings aus, die er durch die Sioux gefährdet sah.[92]

92 Der Arikara-Häuptling Piaheto starb in Washington, DC (siehe Eintrag 12. September 1806).

22. August [CLARK] Mein trefflicher Freund Captain Lewis erholt sich schnell, er versuchte heute zum ersten Mal, ein paar Schritte zu gehen. Ich habe aufgehört, das Loch zu tamponieren, aus dem die Kugel getreten ist.

26. August [CLARK] Da wir uns jetzt in dem Land befanden, wo sich die Sioux gerade sammelten, waren wir sehr auf der Hut und entschlossen, keine Beleidigungen von den Sioux-Gruppen hinzunehmen. Alle Waffen waren einsatzbereit.

27. August [CLARK] Wir entdecken die ersten Spuren des wilden Truthahnes … Mein Freund Captain Lewis unternahm einen längeren Spaziergang auf der Sandbank, was ihm sehr schadete. Er hielt durch, verbrachte aber eine sehr unangenehme Nacht.

29. August [CLARK] Von dieser Erhebung hatte ich einen Blick auf die größte Büffelherde, die ich je gesehen habe. Es müssen nahezu 20 000 Tiere auf dieser Prärie gegrast haben. Ich habe beobachtet, dass in dem Landstrich, der zwischen den Nationen liegt, die gegeneinander Krieg führen, die größten Mengen von Wildtieren anzutreffen sind.

[ORDWAY] Wir bewahren alle Büffelhörner auf, die wir finden können, um sie in die Staaten mitzunehmen, da sie ausgezeichnete Griffe für Messer und Gabeln abgeben.

30. August [CLARK] Ich machte die Teton-Indianer darauf aufmerksam, dass sie unsere Ratschläge nicht beachtet und uns schlecht behandelt hätten, als wir den Fluss vor zwei Jahren hinauffuhren, und sie alle Weißen, die sie seither besuchten, ebenfalls missbraucht hätten. Ich halte sie für schlechte Leute und würde ihnen nicht gestatten, den Fluss in Richtung unseres Lagers zu überqueren. Ich befahl ihnen, mit ihrer Gruppe zu ihrem Lager zurückzukehren, und drohte, jeden zu töten, der sich in unsere Nähe wage … Sieben von ihnen blieben auf der Spitze des Hügels und beschimpften uns; sie drohten uns mit dem Tod, falls wir in ihr Revier kämen, wovon wir keine Notiz nahmen. Wir alle waren zu diesem Zeitpunkt wegen der Ankunft der zwei Fields und Shannons sehr besorgt, die wir hinter uns gelassen hatten. Zu unserer großen Freude kamen diese Männer um sechs Uhr abends in Sicht.

1. September [CLARK] etwa zwei Meilen unterhalb des Quicurre liefen neun Indianer das Ufer hinunter und winkten uns heran. Sie schienen ein Kriegstrupp zu sein, ich hielt sie für Tetons, und wir erwiesen ihnen keine weitere Aufmerksamkeit, außer nach ihrer Stammeszugehörigkeit zu fragen. Wir erhielten keine Antwort, wahrscheinlich haben sie uns nicht verstanden. Da noch ein Kanu

Mandan-Häuptling

hinter uns war, gingen wir an einer offenen, überschaubaren, aber außer Sichtweite der Indianer liegenden Stelle an Land, entschlossen auszuharren, bis sie mit dem Kanu aufgeschlossen hätten. Etwa 15 Minuten nach unserer Landung feuerten die Indianer mehrere Gewehrschüsse vermutlich auf die hinter uns verbliebenen drei Männer ab. Ich rief 15 Mann auf und stürmte ihnen in wilder Entschlossenheit entgegen, um sie soweit möglich zu decken, mochte die Anzahl der Indianer auch noch so groß sein. Captain Lewis humpelte auf das Ufer hoch und stellte den Rest der Truppe an einer wohlüberlegten Stelle auf, um sie selbst und die Kanus zu verteidigen. Als ich etwa 250 Yards zu der Landzunge vorrückte, entdeckte ich das Kanu ungefähr eine Meile flussaufwärts und die Indianer dort, wo wir sie verlassen hatten. Ich ging dann auf den Sandstrand und die Indianer kamen herunter, um mich zu treffen. Ich gab ihnen die Hand und erkundigte mich bei ihnen, auf was sie geschossen hätten; sie teilten mir mit, dass sie ihre Gewehre auf ein altes Fässchen abschossen, das wir aus einem der Kanus hinausgeworfen hatten und das jetzt stromabwärts schwamm. Diese Indianer erklärten mir, dass sie Yanktons seien.

3. September [CLARK] Um halb fünf Uhr nachmittags erspähten wir zwei Boote und mehrere Mann Besatzung. Unsere Truppe ruderte seitlich an die Boote heran. Die Männer dieser Boote begrüßten uns mit Salutschüssen aus ihren kleinen Waffen; ich legte an und wurde von einem Mr. James Airs empfangen. Dieser Gentleman gehört zum Haus Dickson & Co. of Prairie Du Chien, das eine Genehmigung hat, ein Jahr lang mit den Sioux Handel zu treiben. Er hat für diesen Zweck zwei Boote mit Handelsware beladen. Dieser Gentleman empfing sowohl Captain Lewis als auch mich selbst mit jedem erdenklichen Zeichen von Freundschaft, er selbst litt augenblicklich und schon seit einigen Tagen an Anfällen von Wechselfieber. Unsere erste Frage galt dem Präsidenten unseres Landes und dann unseren Freunden und dem Zustand der Politik unseres Landes etc. und dem Stand der Indianerangelegenheiten. Auf alle Fragen gab Mr. Airs uns halbwegs befriedigende Informationen, soweit er solche am Illinois hatte sammeln können … Dieser Gentleman unterrichtete uns von vielen Veränderungen und Missgeschicken, die im Illinois-Gebiet stattgefunden hatten, unter anderem vom Verlust von Mr. Cady Chouteaus Haus und Möbel durch einen Brand. Das Unglück unseres Freundes Chouteau machte mich sehr betroffen. Er informierte uns auch, dass General Wilkinson jetzt der Gouverneur von Louisiana und in St. Louis sei. 300 Mann der amerikanischen Truppen seien ein paar Meilen oberhalb der Missouri-Mündung stationiert worden. Konflikte mit den Spaniern im Natchitoches-Land seien die Ursache für diese Stationierung. Die Spanier hätten eine Fregatte der Vereinigten Staaten im Mittelmeer gekapert, zwei britische Linienschiffe hätten auf ein amerikanisches Schiff im Hafen von New York gefeuert und dabei den Bruder des Kapitäns getötet. Zwei Indianer seien in St. Louis wegen Mordes gehängt worden, und mehrere andere säßen im Gefängnis. Und dass Mr. Burr und General Hambleton ein Duell bestritten und der Letztere getötet wurde.[93] Ich bin froh, dass es meinem wackeren Freund Captain Lewis wieder so gut geht, dass er ohne Beschwerden gehen kann.

4. September [CLARK] Da wir dringend etwas Tabak benötigten, schlug ich Mr. Airs vor, uns vier Rollen zu überlassen; die Rechnung wollten wir bei einem beliebigen Händler aus St. Louis begleichen. Er erklärte sich damit einverstanden und gab jedem Mann so viel Tabak, wie er bis zu unserer Ankunft in St. Louis brauchte. Diese Großzügigkeit wurde von unseren Männern gebührend anerkannt. Mr. Airs bestand auch darauf, dass wir ein Fass Mehl annahmen … Gegen Mittag gelangten wir zu Floyds Bluff unterhalb der Einmündung des Floyd Rivers und erklommen mit Captain Lewis und mehreren Männern den steilen Uferhügel. Wir stellten fest, dass das Grab von den Eingeborenen geöffnet und nur halb bedeckt zurückgelassen war. Wir ließen sein Grab vollständig neu auffüllen und kehrten zu den Kanus zurück und reisten weiter.

6. September [CLARK] Wir trafen ein zum Jacques River ziehendes Handelsboot von Mr. Auguste Chouteau aus St. Louis, das dort mit den Yanktons Handel treiben will; dieses Boot stand unter der Aufsicht eines Mr. Henry Delorme; er hatte seine gesamte Ladung ausgelegt und fünf seiner Leute ausgeschickt, um zu jagen; sie kamen bald mit einem Wapiti zurück. Wir kauften eine Gallone Whisky von diesem Mann und gaben jedem in der Truppe einen Schluck – die erste Spirituose, die sie seit dem 4. Juli 1805 anrühren. Einige Männer tauschten Leder- gegen Leinenhemden und Biberhüte gegen andere Kopfbedeckungen.

93 Das Gebiet westlich von Natchitoches, Louisiana, war zwischen den Vereinigten Staaten und der spanischen Regierung in Mexiko umkämpft. Die Spanier feuerten im Herbst 1804 auf die US-Fregatte President, während die Briten im April 1806 das amerikanische Handelsschiff Richard angriffen und dabei einen Seemann töteten. James Wilkinson war von 1805 bis 1807 Gouverneur von Louisiana und mit Aaron Burr in in einige verworrene Verschwörungen involviert, ehe der Letztere Alexander Hamilton in einem Duell tötete.

8. September [CLARK] Da alle darauf brennen, heute noch zum *Platte River* zu gelangen, legten sich alle eifrig in die Riemen, und wir kamen bis zu unserem alten Lagerplatz am White Catfish.

9. September [CLARK] Unsere Truppe drängt darauf, zügig voranzukommen, und mit jedem Tag scheint ihre Ungeduld zu wachsen, in die Heimat und zu den Freunden zurückzukehren. Mein wackerer Freund Captain Lewis ist vollständig genesen, seine Wunden sind abgeheilt und er kann beinahe so gut gehen und sogar laufen wie vor dem Unfall. Die Narben sind noch empfindlich.

12. September [CLARK] Wir trafen Mr. McClellan in der St. Michael's Prairie und Mr. Jo. Gravelin, den Ricara-Dolmetscher, den wir im Frühling 1805 mit einem Ricara-Häuptling flussabwärts geschickt hatten, und den alten Mr. Dorion, den Sioux-Dolmetscher. Wir prüften die Anweisungen dieser Dolmetscher und stellten fest, dass Gravelin mit einer Rede des Präsidenten der Vereinigten Staaten und einigen Geschenken zu den Ricaras geschickt worden war, die deren Häuptling überreicht worden waren, der die Vereinigten Staaten besucht hatte und unglücklicherweise in der Stadt Washington gestorben war. Gravelin war beauftragt, die Ricaras in Landwirtschaft zu unterrichten und intensive Nachforschungen nach Captain Lewis, mir und der Truppe zu betreiben.

[ORDWAY] Mr. McClellan teilte uns mit, dass die Leute in den Vereinigten Staaten sich große Sorgen um uns machen, da sie gehört hatten, dass wir alle umgekommen seien, dann wieder gerüchteweise hörten, dass die Spanier uns in die Minen verschleppt hätten.

14. September [CLARK] Wir trafen drei große, für die Yanktons und Mahars bestimmte Boote, Eigentum von Mr. Lacroy, Mr. Aiten und Mr. Chouteau, alle aus St. Louis. Diese jungen Männer empfingen uns mit großer Freundschaft und drängten uns etwas Whisky für unsere Männer, Kekse, Schweinefleisch und Zwiebeln und einen Teil ihrer Vorräte auf … Unsere Truppe bekam einen Schluck und sang bis elf Uhr in der Nacht in der größten Eintracht Lieder.

[CLARK] Wir passierten die Einmündung des Kansas Rivers, der sehr niedrig stand, etwa eine Meile weiter stromabwärts landeten wir, und Captain Lewis und ich bestiegen einen Hügel, der eine beherrschende Stelle für ein Fort darstellen könnte. Das Ufer ist unmittelbar am Fuß des Hügels steil und felsig, von dem Gipfel des Hügels hat man eine vollständige Übersicht über den Fluss. Dieser Hügel liegt in Richtung des Kansas. Wir landeten einmal kurz, um die Männer Papaya oder den Zuckerapfel sammeln zu lassen, die dieses Land im Überfluss hat; die Männer mögen sie sehr.

17. September [CLARK] Um elf Uhr vormittags trafen wir einen Captain McClellan, ehemaliger Captain der Artillerie der Armee der Vereinigten Staaten, der in einem großen Boot flussaufwärts fuhr. Dieser Gentleman, ein Bekannter meines Freundes Captain Lewis, war ein wenig erstaunt, uns zurückkehren zu sehen, schien aber über unseren Anblick hocherfreut. Wir fanden in ihm einen wohlunterrichteten Mann, von dem wir einen teilweisen Bericht vom politischen Zustand unseres Landes erhielten. Wir machten Nachfragen und tauschten Antworten bis nahe Mitternacht aus. Dieser Gentleman informierte uns, dass wir seit Langem von den Leuten des U.S. Generalstabs aufgegeben und fast vergessen worden seien. Der Präsident der Vereinigten Staaten habe aber die Hoffnung noch nicht ganz verloren. Wir erhielten einige Luxusartikel von Captain McClellan, er gab uns Kekse, Schokolade, Zucker und Whisky – Dinge, die unserer Truppe fremd geworden waren und wofür wir ihm im Gegenzug ein Fass Mais schenkten und ihm unsere tiefe Verbundenheit ausdrückten.

20. September [CLARK] Die Truppe rudert jetzt mit allen ihr zur Verfügung stehenden Kräften unserem Ziel entgegen. Wir sahen einige Kühe am Ufer weiden, was für die Truppe ein froher Anblick war und Freudengeschrei auslöste. Um [Leerstelle] Uhr nachmittags kamen wir in Sichtweite des kleinen französischen Dorfes namens Charriton. Die Männer erhoben ein Freudengeschrei und warfen sich in die Riemen; bald darauf landeten wir gegenüber dem Dorf. Unsere Truppe bat um Erlaubnis, ihre Gewehre abfeuern zu dürfen; sie schoss drei Salven mit einem von Herzen kommenden Hurra-Ruf, der von fünf Handelsbooten, die gegenüber dem Dorf lagen, erwidert wurde … Wir kauften von einem Bürger zwei Gallonen Whisky für unsere Truppe, für die wir bezahlen mussten, acht Dollar in bar, eine schamlose Übervorteilung durch diesen Bürger. Jedermann, ob Franzose oder Amerikaner drückte große Freude über unsere Rückkehr aus und bekennt sein Erstaunen über unsere Rückkehr. Sie dachten alle, wir seien seit Langem verschollen oder gar umgekommen.

21. September [CLARK] Um vier Uhr nachmittags kamen wir in Sichtweite von St. Charles, die Truppe frohlockte beim Anblick dieses gastlichen Dorfes, handhabte ihre Ruder mit großer Gewandtheit und bald langten wir gegenüber der Stadt an. Da dieser Tag ein Sonntag war, beobachteten wir eine Anzahl feiner Herren und Damen, die am Ufer spazieren gingen, wir grüßten das Dorf durch drei Salven aus unseren Donnerbüchsen und den kleinen Waffen der Truppe und legten unweit des unteren Teils der Stadt an. Die Bewohner bereiteten uns einen herzlichen Empfang. Sie wetteiferten untereinander, uns mit der größtmöglichen Höflichkeit zu begegnen.

23. September [CLARK] Wir fuhren stromabwärts bis zum Mississippi und dann den Fluss hinunter nach St. Louis, wo wir gegen zwölf Uhr ankamen. Wieder erlaubten wir der Truppe, die Stadt mit einem Salutschuss zu begrüßen. Wir wurden von der ganzen Ortschaft empfangen und erhielten ein herzliches Willkommen von ihren Bewohnern.

[ORDWAY] Wir sind sehr glücklich, dass wir die Expedition beendet haben und schauen uns jetzt in der Stadt nach einer Unterkunft um. Dann aber beabsichtigen wir, endlich zu unseren Angehörigen heimzukehren, von denen wir so lange getrennt gewesen sind.

Editorische Notiz

Bei der Bearbeitung der amerikanischen Originalausgabe der Tagebücher der Lewis und Clark-Expedition haben sich Herausgeber und Verlag darum bemüht, eine den Bedürfnissen des deutschen Lesers angemessene Form der Darstellung zu erzielen. Die ursprüngliche Einleitung von Gary E. Moulton wurde somit nicht übernommen, sondern durch eine neue Einführung des deutschen Herausgebers ersetzt. Ebenso wurden die in der englischen Ausgabe verwendeten Karten zugunsten einer Gesamtübersicht über den Expeditionsverlauf mit separater Auflistung der aktuellen Wegmarken ersetzt, die eigens für die Ausgabe der Edition Erdmann angefertigt wurden. Aus technischen Gründen musste das umfangreiche Fußnotenwerk des amerikanischen Herausgebers auf die für das Verständnis des deutschen Lesers unerlässlichen Elemente reduziert werden.

Die recht unterschiedliche Schreibung von Namen im Text wurde zum leichteren Verständnis für den Leser vereinheitlicht und der heute üblichen Orthografie angepasst.

Literaturhinweis

Habent sua fata libelli – für wenige Bücher gilt diese Spruchweisheit mehr als für die Reiseniederschriften der Captains Lewis und Clark. Keine andere Expedition hat eine ähnliche Fülle an Aufzeichnungen hinterlassen; aber die Öffentlichkeit musste ein Jahrhundert auf ihre (selbst dann noch unvollständige) Publikation warten. Dabei hatte Meriwether Lewis die amerikanische Nation nach seiner Rückkehr aus den Weiten des Westens von der Absicht in Kenntnis gesetzt, sie an der Reise teilhaben zu lassen, und im März 1807 im »National Intelligencer« ein dreibändiges Werk angekündigt: Die zwei ersten Bände sollten den Expeditionsbericht, der dritte deren wissenschaftlichen Ertrag enthalten. Zum Leidwesen seines Mentors Thomas Jefferson, der allein schon aus politischen Gründen die Publikation der Tagebücher herbeisehnte, scheint Lewis freilich bis zu seinem Tod im Oktober 1809, aus welchen Gründen auch immer, kein einziges Wort des angekündigten Opus zu Papier gebracht zu haben. William Clark, vom Tod des Freundes tief bewegt, sicherte dessen schriftlichen Nachlass, mochte sich aber, in realistischer Einschätzung seiner Fähigkeiten, nicht selbst an die editorische Arbeit wagen. Er bat Thomas Jefferson, diese Aufgabe zu übernehmen. Der hatte inzwischen die zweite Amtszeit als Präsident der Vereinigten Staaten hinter sich gebracht und schlug die Bitte mit Verweis auf die Notwendigkeit ab, sich endlich um seine Privatangelegenheiten kümmern zu müssen; immerhin hat er aber später dafür Sorge getragen, dass der größte Teil des schriftlichen Materials in die Obhut der »American Philosophical Society« in Philadelphia gelangte und damit der Nachwelt erhalten worden ist. Clark aber fand schließlich in dem jungen Anwalt und Intellektuellen Nicholas Biddle den kongenialen Enthusiasten, der in die Kärrnerarbeit einwilligte, aus dem Wust der Unterlagen ein zweibändiges Werk zu formen, dessen erster Band die Nacherzählung des Expeditionsgeschehens beinhaltete, dessen zweiter, vom renommierten Naturwissenschaftler Benjamin Smith Barton zu bearbeiten, den wissenschaftlichen Ertrag des Unternehmens präsentieren sollte. Auch dieses Projekt ist unter keinem günstigen Stern gestanden. Krieg, Verlagskonkurs und

Bartons Hinfälligkeit haben schließlich nur jenen paraphrasierenden Reisebericht ermöglicht, den Biddle 1814 unter dem Titel »History of the Expedition under the Command of Captains Lewis and Clark to the Sources of the Missouri, thence across the Rocky Mountains and down the River Columbia to the Pacific Ocean« veröffentlichte – in bescheidener Auflage und vom Lesepublikum kaum noch zur Kenntnis genommen. Während im ganzen 19. Jahrhundert nur verballhornte Versionen der »Journals« kursieren, gelingt eine halbwegs vollständige Ausgabe der Tagebücher in ihrem ursprünglichen Wortlaut erst im Jahre 1904, als Reuben Gold Thwaites die achtbändige Ausgabe der »Original Journals of the Lewis and Clark Expedition, 1804–1806« vorlegt, sieben Textbände, die neben den Tagebüchern von Lewis und Clark auch Aufzeichnungen der Expeditionsmitglieder Charles Floyd und Joseph Whitehouse enthalten und als Ergänzung einen kartografischen Band. Aber selbst der »Thwaites« büßte rasch seinen Anspruch auf Vollständigkeit ein, als das Tagebuch von Sergeant John Ordway und Aufzeichnungen von Lewis und Clark aus dem Jahr 1803 entdeckt und 1916 veröffentlicht worden sind. Seit den 1980er-Jahren ist unter der Federführung von Gary Moulton an der University of Nebraska die wohl auf lange Zeit gültige historisch-kritische Gesamtausgabe der »Journals of the Lewis and Clark Expedition« in 13 Bänden erarbeitet und rechtzeitig zu den Jubiläumsfeierlichkeiten fertiggestellt worden – die einbändige Kompilation des Jahrhundertwerks liegt dem vorliegenden Buch zugrunde.

Seit 2003 existiert eine von Friedhelm Rathjen besorgte Textauswahl in deutscher Sprache, die im Verlag Zweitausendeins erschienen ist. Sie präsentiert im Wesentlichen die Expeditionsereignisse und will einen »kontinuierlichen Erzählstrang« wahren, vernachlässigt deshalb auch die wissenschaftlichen Passagen der »Journals« und lässt den zuverlässig von den tagtäglichen Begebenheiten berichtenden William Clark sehr viel mehr zu Wort kommen als den gedankenreicheren, freilich immer wieder wochen- oder monatelang verstummenden Meriwether Lewis. Überdies unternimmt Rathjen den anfechtbaren Versuch, orthografische und grammatikalische Normabweichungen der Captains in seiner Übersetzung »nachzuformen«, was gelegentlich gelingt, häufiger zu eher skurrilen Ergebnissen führt. Der hier vorliegende Text basiert demgegenüber gänzlich auf der wissenschaftlichen Aufbereitung der »Journals« in der Edition der University of Nebraska und verzichtet aus Gründen der Verständlichkeit auf den Versuch, sprachliche »Authentizität« zu erzeugen. Ebenso liegt in deutscher Sprache seit 1814, zuletzt im Reprint des Münchner Verlags Lothar Borowsky (o. J.), das »Tagebuch einer Entdeckungsreise durch Nord-America von der Mündung des Missouris an bis zum Einfluss des Columbias in den stillen Ocean, gemacht in den Jahren 1804, 1805 und 1806 auf Befehl der Regierung der Vereinigten Staaten von den beiden Captains Lewis und Clarke (sic!)«, von Sergeant Patrick Gass vor, dem freilich nicht das Original, vielmehr die von einem »ghost writer« im Jahre 1807 erstellte und heftig polierte Textversion zugrunde liegt.

Seit einigen Jahren wächst die Sekundärliteratur zur Lewis und Clark-Expedition rasch an, wohl deshalb, weil die Texte-Edition von Gary Moulton endlich eine verlässliche Basis für einschlägige Forschungsprojekte liefert und überdies die Jubiläumsfeierlichkeiten Aufmerksamkeit für solche Publikationen verhießen. Auf einige der wichtigsten Titel sei an dieser Stelle verwiesen:

- John Logan Allen: Lewis and Clark and the Image of the American Northwest, New York 1991 (Dover Publications).
  Schilderung des geografischen Wissens über den amerikanischen Westen in der Zeit vor 1804.

- Stephen E. Ambrose: Undaunted Courage. Meriwether Lewis, Thomas Jefferson, and the Opening of the American West, New York 1996 (Simon und Schuster).
  Eine gelungene und detaillierte Schilderung des Expeditionsunternehmens in all seinen Aspekten.
- Donald Jackson: Thomas Jefferson and the Stony Mountains: exploring the West from Monticello, Neuaufl. Norman 1993 (University of Oklahoma Press).
  Hervorragende Studie über den Beitrag Jeffersons zur Erkundung und Besitznahme des amerikanischen Westens.
- Larry E. Morris: The Fate of the Corps. What Became of the Lewis and Clark Explorers after the Expedition, New Haven/London 2004 (Yale University Press).
  Eindrucksvolle Schilderung der Lebensschicksale aller Mitglieder der »permanent party« nach dem Ende der Expedition.
- James P. Ronda: Lewis and Clark Among the Indians, Lincoln 1984 (University of Nebraska Press).
  Kritische Analyse der Begegnungen des »Corps of Discovery« mit den verschiedenen Indianerstämmen.

In deutscher Sprache liegt die Studie des Herausgebers vor:

- Hartmut Wasser: Die große Vision: Thomas Jefferson und der amerikanische Westen, Wiesbaden 2004 (VS Verlag für Sozialwissenschaften).
  Das Buch vereint eine biografische Skizze des dritten US-Präsidenten mit dessen Vision vom »Westen« und bettet das Lewis und Clark-Geschehen in den Kontext amerikanischer Vergangenheit, Gegenwart und Zukunft ein.

Der Herausgeber

Aktuelle Wegmarken der Lewis & Clark-Expedition von St. Louis zum Pazifik

Mai 1804: Von St. Louis über St. Charles und La Charette bis Hermann am Gasconade River; *Missouri*

Juni 1904: Von Jefferson City über Boonville, Arrow Rock, Marshall und Fort Osage nach Kansas City; *Missouri und Kansas*

Juli 1804: Von Kansas City über St. Joseph, Iowa Point, Nemaha und Nebraska City nach Omaha, Council Bluffs; *Kansas, Nebraska und Iowa*

August 1804: Von Blair über Onawa, Sioux City und Vermillion nach Yankton; *Nebraska, Iowa und South Dakota*

September 1804: Von Yankton über Oacoma nach Pierre; *South Dakota*

Oktober 1804: Von Pierre über Mobridge und Mandan nach Bismarck; *North Dakota*

April 1805: Fort Mandan/Bismarck über Washburn nach Williston; *North Dakota*

Mai 1805: Von Williston über Poplar, Fort Peck und Long Point nach Fort Benton; *Montana*

Juni 1805: Von Fort Benton bis Great Falls; *Montana*

Juli 1805: Von Great Falls über Ulm, Holter Dam, Helena und Toston nach Three Forks; *Montana*

August 1805: Von Whitehall über Twin Bridges, Dillon und Grant über den Lemhi Pass nach Tendoy; *Montana und Idaho*

September 1805: Von Gibbonsville über Sula, Hamilton und Stevensville über den Lolo-Pass (südwestlich von Missoula) nach Weippe und Orofino; *Montana* und *Idaho*

Oktober 1805: Von Lenore über Spalding, Lewistown, Clarkston, Pasco, Plymouth und Wishram nach The Dalles; *Washington* und *Oregon*

November 1805: Von The Dallas über Cascade Locks, North Bonneville, Portland-Vancouver und Skamokawa nach Long Beach; *Oregon* und *Washington*

Dezember 1805: Fort Clatsop (5 Meilen südwestlich von Astoria); *Oregon*